호(雅號)책

아호는 제2의 이름이다

저자 임삼업(林三業)

· 전라남도 나주 출생
· 광주상업고등학교 졸업
· 공군 병장 전역
· 전주 영생대학교 1년 수료
· 광주지방국세청 산하 세무서 근무(1967~1999년)
· 현재 一等 작명사주연구소 운영
  광주대학교 평생교육원 교수
· 저서 『아호연구』, 『작명 백과사전』,
  『비법 작명기술』, 『호(雅號)책』

전화 (062)431-0996
팩스 (062)361-9119
휴대폰 019-807-7324
홈페이지 http//www.aplusname.biz

호(雅號)책

1판 1쇄 인쇄일 │ 2010년 8월 6일
1판 1쇄 발행일 │ 2010년 8월 16일

발행처 │ 삼한출판사
발행인 │ 김충호
지은이 │ 임삼업

신고년월일 │ 1975년 10월 18일
신고번호 │ 제305-1975-000001호

411-776 경기도 고양시 일산서구 일산동 1654번지
산들마을 304동 2001호

대표전화 (031) 921-0441
팩시밀리 (031) 925-2647

값 20,000원
ISBN 978-89-7460-151-5 03180

신비한 동양철학 · 97

호(雅號)책

아호는 제2의 이름이다

임삼업 편저

삼한

■ 머리말

 사람은 누구나 태어나면 이름을 갖게 되고, 그 이름을 평생 쓰는
것이 당연한 인간사이다. 그리고 인격체로 성장해 가면서 본명 외
에도 아명(兒名), 자(字), 아호(雅號) 등을 사용하여 시기나 정도에
따라 별칭을 부르는 미덕이 있어 왔다.

 특히 우아한 칭호라는 뜻의 아호(雅號)를 갖는 미풍양속은 두 가
지 이상의 이름을 갖는 복명속(復名俗)과 상대방의 이름과 인격을
존경하고 공경하는 경명사상(敬名思想) 때문에 약관(弱冠)의 나이
20세가 지나면 성인의 이름 부르기를 피하는 실명경피속(實名敬避
俗)에서 나왔다고 한다.

 아호는 대인관계에서 호칭에 불편이 없도록 남을 배려하는 정신
과 예절을 함께 아우르는 의식 같은 것이다. 우리 선조들은 성인이
되어 관례(冠禮) 때 받은 자(字)로도 미흡하여 호(號)를 사용하였
다. 이는 삼국시대부터 천 수백 년을 면면히 이어오는 전통이다.

 아호는 이름있는 문학인이나 서화가나 정치인이나 연예인이나 철
학자들만의 전유물은 아니다. 남녀를 불문하고 평범한 보통사람들
도 지어 누구나 허물없고 거리낌없이 정있게 부를 수 있도록 고상
하고 점잖으면서도 품위있게 살아가는 지극히 쉬운 멋을 부려볼
필요가 있다.

더욱 본명이 흉명(凶名)임을 직간접적으로 알고서도 개명(改名)이라는 번거롭고 경제적인 어려움을 대신하여, 본명 외의 칭호로써 자신이 타고난 숙명을 다소 인위적으로 양도하여 행운이 찾아오게 하는 유일한 수단으로, 개명에 따른 법적절차가 필요없다는 장점 때문에 이러한 아호의 사용이 전적으로 각광받고 있다.

근래에는 생활의 여유와 정신문화의 진작으로 물질만능의 이면에 억눌린 정신적인 감성의 발로인 것 같이, 아호의 상용화는 유행까지 되는 추세이다. 옛날과 달리 인구가 폭발적으로 증가하다 보니 동명이인이 너무나도 많은 세상이 되어 본명과는 별개인 호(號)를 가짐으로써, 개성이 다른 자신을 차별화할 수 있는 전략으로 그 중요성과 필요성이 강조되고 있다.

인간으로의 참모습과 하나뿐인 인격체로의 나 자신만의 고유명사가 흔해 빠진 돌멩이처럼 굴러다니는데, 정상인의 소양이라면 하나쯤 별호를 갖고 싶은 호기심이나 충동을 느끼고도 남을 일이다. 처자가 있는 어른의 이름을 마구 부르고 상스러운 언어를 사용하는 것 보다, 동료 친지간 그리고 선후배 그 이상의 사람까지도 거리낌 없이 점잖고 친근하게 부를 수 있는 아호(雅號)를 사용하는 것이 인격도야의 측면에서도 얼마나 보람있고 가치있는 일이겠는가?

아호는 웃어른이나 스승이 지어 주거나 자호(自號)라 하여 본인이 스스로 지어 사용할 수 있다는 것이 특색이라고 할 수 있다. 약관(弱冠)의 나이 성년 20세에는 고등교육을 마치고 자립하여 생활 전선에 뛰어들거나 대학생활을 하는 때인데 이 시기에 아호(雅號)를 갖는 것이 바람직한 일이다. 그런데 입지(立志) 30세, 불혹(不惑) 40세를 지나 지천명(知天命) 50세에 지위와 돈은 있으면서도 아호(雅號)가 없다면 좀 이상하지 않겠는가?

필자는 오래 전부터 작명(作名)을 공부하며 연구하는 데 열중하였지만 대부분의 작명책에는 아호에 관해서는 전혀 언급하지 않았다. 간혹 거론했어도 단 몇 줄 정도의 뜻풀이에 불과하거나 일반작명방법에 준한다는 암시만 풍기며 끝을 맺기 일쑤였다.

그중에는 몇 쪽을 할애하기도 하였으나 그마저 서설식이여서 그 논거조차 찾아보기 힘들었고, 선인들의 아호 일부만을 소개하는 정도일 뿐 그 내용이 많지 않았다. 따라서 필자가 참고한 문헌도 상대적으로 적었음을 인정한다. 아호(雅號)에 관심이 있어도 자료를 구하지 못하는 안타까운 현실을 생각하면서 필자 나름대로 각고 끝에 이 책을 내기로 한 것이다.

호(號)를 짓는 방법들을 소개하였지만 그것이 대단하거나 크게 복잡한 사안은 결코 아니라고 단언할 수 있다. 성명(姓名)의 찬정(撰定)도 마찬가지지만 부록의 5,178자에 달하는 인명용 한자는 본서의 장점으로 여러 가지로 쓰임새가 있을 것으로 믿으며 작호(作號)나 감호(鑑號)하는데 도움이 되기를 바란다.

누구나 불혹의 나이 40이 넘었다면 호(號)를 짓는 일이 우선되어야 할 것이다. 아호(雅號)를 너나없이 아무 거리낌없이 서로 불러주는 사회에서 만족을 느끼고, 각자의 운세도 좋은 쪽으로 이끌어가자고 제안을 드린다.

더구나 지금처럼 각박하고 메마른 사회 속에서 아호의 사용이야말로 물심양면으로 풍요와 균형을 이루는 일이고, 진정으로 살맛나는 세상을 만들어가는 일이 되며, 우리 언어의 순화에도 크게 기여할 것으로 기대한다.

역대 유명인사 2,420여 명의 아호(雅號)를 수집하여 정리하였고, 말미에 아호(雅號) 목록을 가나다 순으로 첨부하여 자신이나 관심인의 아호 동일여부나 중복을 파악하는데 쓰도록 남다른 노력을 하였다. 그리고 마지막으로 정서(淨書)의 수고를 해준 임양금 여사와 출판계의 어려움에도 흔쾌히 출판을 응해주신 삼한출판사 김충호 사장님께 깊은 감사를 드린다.

木向堂에서 敬義齋 林三業 識

제 I 장. 호(號)는 무엇인가 — 13

제 II 장. 역대 유명인사의 아호 — 45

제Ⅲ장. 작호법(作號法) ─ 150

제Ⅰ장. 호(號)는 무엇인가

1. 아호(雅號)

號(호, 雅號)는 이름이나 字(자) 외에 누구나 허물없이 부를 수 있도록 지은 칭호이다. 영어의 pen name과 비슷한 뜻이다.

인간이 육체는 물론 정신적으로 좀 더 나은 삶을 영위하고 싶은 욕망을 항상 지니고 사는 원초적인 명분에 비추어 그 사람의 품위와 인격을 구현하는 일종의 부호와 같은 의미를 내포하고 있는 것이 아호이다. 아호는 우아하고 고상함은 물론 어딘가 무게감이 느껴져야 한다. 아호가 한 가지 物名(물명)에 속하는 정도라면 속된 느낌이 들어서 진정한 아호의 깊은 맛을 담을 수 없다고 보는 것이다.

이러한 號(호)는 雅號(아호)와 堂號(당호)로 나누어 볼 수 있다. 아호란 예술가 등이 詩文(시문)이나 書畵(서화) 등에 쓰는 본명 외의 우아한 號(호, 아호의 준말)란 뜻이며, 堂號(당호)는 집의 이름이라 풀이할 수 있지만 본래 堂宇(당우)의 별칭이었으나 후에 그 집의 주인을 나타내는 별칭이 되었다가 지금은 號, 雅號, 堂號 등이 모두 같은 의미로 쓰이고 있다.

號(호)는 본래 중국에서 정자, 별장, 주거지, 출생지 등에 연유해서 붙인 이름을 각자의 별명으로 하여 시문이나 서화 등 작품의 서명에 많이 썼던 것인데 중국 송대부터 그 사용이 보편화 되면서 호는 누구나 거리낌 없이 부를 수 있는 가장 널리 불려지는 칭호로 바뀐 것이다.

別號(별호) 宅號(택호, 俗 댁호), 諡號(시호) 불가의 法名(법명, 僧名), 천주교의 세례명도 광의의 號에 속한다. 宅號(택호)는 유명인사의 가옥 위치를 그 사람의 호로 부르는 것으로 운니동 대감댁이나 시골에서 어른들을 무슨 양반 무슨 댁으로 부르는 것을 말하여 온 것인데 대개 시집온 마을 이름을 따서 그곳에서 시집온 여자, 그곳으로 장가든 남자라는 뜻이 된다.

그래서 성인남녀에게 택호는 평생 바꿀 수 없는 명예가 됨과 동시에 구속도 되겠지만 가족과 이웃들은 가령 서동댁, 서동양반, 서동아주머니, 서동아저씨, 서동할머니, 서동할아버지로 바뀌어가면서 친근하게 불려왔던 그리 머지않은 옛 시절 그런 감각으로 이 시대에 걸맞은 택호 같은 아호의 사용이 요구된다 할 것이다.

이렇게 號의 사용이 일반화되면서부터 成人(성인)의 이름은 君師父(군사부) 외에는 부를 수 없을 정도로 존귀하게 여겨 敬名思想(경명사상), 避諱(피휘)하는 實名敬避俗(실명경피속)

의 하나로 字(자)와 함께 실제의 이름을 공경하여 부르기를 꺼려한 데서 나왔다고 한다.

호는 학문이나 도덕 혹은 예술에서 일가를 이루어 남을 가르칠만한 자리에 이른 사람만이 가지는 명예이며, 대개는 스승이 지어주거나 가까운 친구가 지어주기도 하고 때로는 스스로 짓기도 한다. 그리고 호를 가진 사람에게는 선생이라는 극존칭을 붙이는 경우도 볼 수 있지만 아마 의례적으로 그리 해온 것 같다(圃隱 선생, 栗谷 선생 등).

요즘은 미술은 물론 음악, 연극, 영화 등 예술분야에 종사하는 연예인들이 본명과 성조차 다르게 짓거나, 성 없이 이름만으로 세련되고 멋있게 지어 쓰거나, 영어의 발음을 한글 표기식으로 지어 쓰고 있는데 이 또한 號라 할 수 있을 것이다.

이와 마찬가지로 字(자) 역시 平交(평교) 이하는 부를 수 없게 되었으므로 아호의 사용이 더욱 널리 성행하고 있다. 그래서 후세 사람들이 先人(선인)들의 名이나 字보다는 號를 더 잘 알고 쓰게 된 연유가 된 것 같다. 사람이 호를 얻게 되면 그 이상의 영예가 없다 할 수 있으므로 이웃이나 제자들은 모두 호를 부를 뿐 字나 이름을 부르지 않게 되는 것이다.

예) 아호 李栗谷(이율곡) : 이름 李珥(이이)
　　아호 丁茶山(정다산) : 이름 丁若鏞(정약용)

그리고 筆名(필명, 문학 작품 등의 글을 쓸 때 사용하는 저술가의 이름에 성씨를 넣어 표기한 예도 많다.

예) 金素月(김소월), 朴木月(박목월), 朴花城(박화성), 김삿갓

號가 없는 사람은 시호나 관직명을 붙였으며(李忠武公(이충무공), 黃政丞(황정승), 李博士(이박사) 등), 그도 없으면 先生(선생)이라는 칭호를 붙여 불러왔다. 이를 통해 보더라도 우리의 옛 선인들이 이름을 얼마나 소중하게 여겼는가를 알 수 있다.

號는 본인도 자신의 名이나 字 대신 사용하였고, 타인이 名이나 字 대신 불러주는 것이 통례이다. 그러나 타인이 호를 부를 때는 상대를 존경하는 뜻으로 불러야 할 것이다.

字(자)는 성인이 되면 부모나 집안 어른이 지어주는 것이 보통이다. 그러나 號는 웃어른이나 스승이 지어주거나 自號(자호)라 하여 스스로 지어 사용하는 것이 특색이다.

本名(본명, 이름)에는 선대의 함자를 절대 사용하지 않는 것이 불문율이듯이 선인이나 선배가 사용했던 雅號는 예의상 쓰지 않는 것이 원칙이다. 근래에는 본명이 凶名(흉명)임에도 개명의 곤란한 점이나 노령 등으로 본명 이외의 칭호로 자신의 운명을 인위적으로 양도하는 수단으로 개명과 같은 법적

절차가 필요없다는 장점 때문에 아호의 사용이 전적으로 통
용되고 있는 실정이며 더불어 유행까지 되고 있는 추세이다.

본명은 본명대로 사용하고 별도로 雅號를 사용하는 경우가
되는데, 본명의 運氣(운기) 영향력이 줄어드는 40대부터는 姓
名運(성명운) 전체 10 중 아호는 5~6의 비중으로 운세가 변화
발전한다고 보고 있다. 다른 견해는 本名(본명)이 6~70%, 아
호는 3~40%의 비중이라고도 하나, 이는 先天受記(선천수기)
인 先天名(선천명, 四柱(사주))의 好·不好(호·불호)와 格
(격)의 호·불호 그리고 아호의 호·불호에도 달려있다.

雅號의 사용 시기가 선천명이 지배적인 영향을 끼치는 청년기
를 지나 아호의 영향력이 점증하는 40세 이후의 장년기, 다시
말하면 출세하여 公人(공인)이 되는 등 시기적인 측면도 참작하
여 그 비율이 정해질 수 있다고 보는 것이다. 실제로 인생 80이
라면 雅號는 40~50년 정도 사용하는 셈이 된다.

우선 雅號에 많이 쓰는 글자를 적어 보면 강(岡, 江), 경(耕),
계(溪), 광(光), 곡(谷), 남(南), 당(堂) 란(蘭), 봉(峰), 산(山),
석(石), 설(雪) 암(庵, 菴, 岩, 巖), 운(雲), 원(圓, 元, 苑), 월
(月), 재(齋), 전(田) 정(亭, 貞), 죽(竹), 중(中), 천(川, 泉), 촌
(村), 파(坡, 波), 헌(軒), 호(湖) 등이다.

그리고 동문, 동지, 도반을 나타내며, 결속을 다짐하면서 道(도)

를 같이 지향하는 것을 암시하는 예도 있다.

예) 海月(해월) 崔時亨(최시형) : 동학 교조
　　→ 庵(암) 字
　　也山(야산) 李達(이달) : 근세 주역의 대가
　　→ 山(산), 岡(강), 峰(봉) 字

　필자도 也山 門下의 眞山 文明洙(진산 문명수) 선생의 弟子(제자)로서 管山(관산)이라는 아호를 師號(사호)로 받아 소중하게 쓰고 있다. 여기에 1998년 5월에 마니산 참성단에서 告天(고천)한 필자(林炅桓 임경환)의 雅號 '管山(관산)'에 대하여 恩師(은사) 眞山(진산)이 내려준 號文(호문)을 적어본다.

桓 公 之 炅 春 秋 新 (환공지경춘추신)
환공(춘추시대 齊나라 15대 임금)의 빛남이 춘추로 새로움은
富 國 强 兵 管 仲 申 (부국강병관중신)
나라가 부흥하고 군사가 강하게 함을 관중(제나라 명상)이 폄일세
鳴 鶴 在 陰 其 子 和 (명학재음기자화)
우는 학(周易(주역) 中孚卦(중부괘) 九二(구이), 繫辭(계사) 上8章)
이 그늘에 있거늘 그 아들이 화답하고
聖 君 言 出 加 乎 民 (성군언출가호민)
성군(繫辭上8章)이 말을 내어(명령하여) 백성을 가호하네

※ 繫辭上 8장 2절

鳴鶴이 在陰이어늘 其子ㅣ和之로다 我有好爵하야 吾與爾靡
之라 하니 子曰 君子ㅣ居其室하야 出其言에 善이면 則千里之
外ㅣ應之하나니 況其邇者乎여 居其室하야 出其言에 不善이면
則千里之外ㅣ違之하나니 況其邇者乎여 言出乎身하야 加乎民
하며 行發乎邇하야 見乎遠하나니 言行은 君子之樞機니 樞機
之發이 榮辱之主也ㅣ라 言行은 君子之所以動天地也ㅣ니 可
不愼乎아

【字義】鳴(울명), 爵(벼슬작), 和(화할화), 爾(너이), 愼(삼가할
신), 見(나타날현), 靡(얽을미,함께할미), 邇(가까울이), 樞(문지도리
추), 機(기틀기), 樞機(문설주의 지도리로 중추적인 역할을 하는
곳), 辱(욕될욕), 室(방실), 榮(영화영), 孚(믿을부), 敷(펼부), 衍(펼
연,흐를연), 經(경영할경), 綸(경륜할륜), 脈(맥맥,맥박맥), 境(지경
경), 靈(신령령), 違(어길위)

【해설】우는 학이 그늘에 있거늘(보이지 않는다는 뜻) 그 아들
이 화답하도다. 내게 좋은 벼슬이 있어 내가 너와 더불어 얽히고자
하니, 공자 말씀하시되 군자가 그 방에 거해서 그 말을 냄에 착하
면 곧 천리의 밖에서 응하나니 하물며 그 가까운 데랴. 그 방에 거
해서 그 말을 냄에 착하지 아니하면 곧 천리의 밖에서 어기나니 하
물며 그 가까운 데랴. 말이 몸에서 나와 백성에게 더하여지며 행실
이 가까운 데서 발해서 먼 데까지 나타나나니, 언행은 군자의 추기
(지도리와 기틀)니 추기의 발함이 영욕의 주가 된다. 언행은 군자가
써 천지를 움직이는 바이니 가히 삼가하지 아니하랴.

이 문장은 風澤中孚卦(풍택중부괘 ䷼) 九二爻(구이효)에 대한 敷衍(부연) 說明(설명)으로 언행의 중요함을 말하였다.

2. 아호(雅號)의 유래

號의 기원에 대한 명확한 기록은 없는 것 같다. 다만 신라 말기의 고승 元曉(원효, 617~686)는 小性居士(소성거사), 아들 대학자인 薛聰(설총)은 氷月當(빙월당)이라는 號를 남겼으며, 그 뒤의 碩學(석학) 崔致遠(최치원)의 字가 孤雲(고운)이었음에 비추어, 그 시기는 불교문화가 창달한 때로 號 역시 字와 함께 사용되었으리라고 생각한다.

우리나라 최초로 號作法(호작법)에 대하여 기술한 사람은 고려 중엽의 白雲去士(백운거사, 三酷好先生) 李奎報(이규보)이다. 李奎報(이규보)는 東國李相國集(동국이상국집)에서 옛날 사람들은 號로 이름을 대신한 사람이 많았다 하고, 號를 지을 때 ①거처하는 곳을 따서 호를 삼는 사람이 있고 ②소유한 재물로 호를 삼는 이와 ③혹은 자기가 얻고 깨달은 실체를 호로 하는 것 등이 있다고 하였다.

800년 전에 號로 이름을 대신하는 사람이 많았다고 말할 정도였으니 식자층에서는 사용이 보편화되었음과 우리의 선인들은 삶을 여유롭고 정신적으로 목가적인 생활을 영유하였

음도 엿볼 수 있다. 이를 토대로 作號對象(작호대상)을 소
재별로 다음과 같이 분류한다.

3. 아호(雅號)의 분류

1. 형이상적(形而上的) 의미의 아호

당사자의 이성이나 인생관을 나타내는 정신적이며 관념적인
號로써 극히 추상성을 지닌다.

예) 海公(해공) 申翼熙(신익희) → 독립운동가, 정치가, 대
통령 후보.

海者心也 公者我也(해자심야 공자아야). 바다는 마음을 뜻하
고, 공이라는 것은 나라는 것을 뜻한다는 옛글을 인용한 것으
로 '마음과 나' 즉 '마음의 주인이 나' 라는 것이다.

예) 无涯(무애) 梁柱東(양주동) → 시인, 문필가, 국문학자,
영문학자.

出典(출전)은 莊子(장자)의 養生主(양생주) 첫머리. 그는 '가
없는 것을 좋아한다' 하였으며, 같은 음으로 무애(無哀, 無
愛)라 쓸 수 있는데 모두 동경하는 삶의 이상이라 하였다.

예) 憑虛(빙허) 玄鎭健(현진건) → 소설가, 언론인.

자기가 좋아하는 蘇東坡(소동파)의 赤壁賦(적벽부)에서 본
땄다 한다. 철학적인 의미를 지닌 自號(자호)이며, 蒼空(창
공)을 뜻한다 하였다.

그 외의 예를 들면 다음과 같다.
- 無極(무극) 一 然(일 연) 1206~1289 → 고려 후기 고승
- 古佛(고불) 孟思誠(맹사성) 1359~1438 → 조선 초기 명신
- 太古(태고) 普 愚(보 우) 1301~1382 → 고려 말기 승려
- 尤史(우사) 金奎植(김규식) 1877~1952 → 독립운동가, 정치가
- 春史(춘사) 羅雲奎(나운규) 1904~1937 → 영화인
- 空超(공초) 吳相淳(오상순) 1894~1963 → 근대 시인
- 草夢(초몽) 南宮璧(남궁벽) 1895~1922 → 신문학 시인
- 餘心(여심) 朱耀燮(주요섭) 1902-1972 → 작가, 교육자

2. 형이하적(形而下的) 자연의 아호

자연이나 우주의 물건을 소재로 지은 號를 말한다. 주로 당
사자와 연고 있는 지역이나 지명, 좋아하는 산, 들, 언덕, 바
위, 돌 등의 무생물, 달과 구름, 집과 초목 등을 소재로 하였
다. 예부터 호를 擬自然化(의자연화)하여 인생관이나 의지를
표현하고, 은연 중에 자긍심을 갖고 생활을 즐겼음도 알 수 있

다. 이를 다시 편의상 7가지로 분류하여 설명을 곁들인다.

1) 지명의 아호

· 栗谷(율곡) 李珥(이이) 1536~1584 → 조선 중기 대학자.
 관직을 그만두고 낙향하여 경기도 파주 栗谷村(율곡촌)에서
 후학을 양성하였다.
· 花潭(화담) 徐敬德(서경덕) 1489~1546 → 조선 중기 학자.
 지금의 북한 개성의 花潭(화담)에서 살았다.
· 樹州(수주) 卞榮魯(변영로) 1897~1961 → 신문학 시인.
 경기도 부천군의 신라시대 지명이 樹州(수주)이다.
· 巴人(파인) 金東煥(김동환) 1901~1950 → 서사시인, 기자.
 중국의 詩聖(시성) 李太白(이태백)이 자랐던 중국의 파촉
 땅을 동경하여 지었다고 한다.

 그 외의 예를 들면 다음과 같다.
· 陽村(양촌) 權 近(권 근) 1352~1409 → 조선 초기 학자, 명신
· 耐村(내촌) 姜弘立(강홍립) 1560~1627 → 조선 중기 장군
· 梧里(오리) 李元翼(이원익) 1547~1634 → 조선 중기 대신
· 檀圓(단원) 金弘道(김홍도) 1760~미상 → 조선 후기 화가
· 春圓(춘원) 李光洙(이광수) 1892~미상 → 소설가, 평론가
· 靑田(청전) 李象範(이상범) 1897~1972 → 근대 한국화 화가

2) 당(堂), 재(齋), 헌(軒)의 아호

 집이나 집 일부의 명칭이었으나 후대에 와서는 그런 건물을 갖지 않고도 이상이나 추상적으로 堂齋(당재)의 號를 갖는 것이 보편화 되었다. 號譜(호보)에 의하면 선인들이 사용한 주거의 명칭은 齋(재), 堂(당), 庵(암), 軒(헌), 亭(정) 순으로 많았다. 그 외 窩(와), 樓(루), 閣(각), 室(실), 屋(옥), 庄(장), 宇(우), 館(관), 巢(소) 등도 있다. 그리고 여자로서 당호를 얻은 사람도 더러 있다(申師任堂, 許蘭雪軒).

• 不憂軒(불우헌) 丁克仁(정극인) 1401~1481 → 조선 세종 때 학자.
 그 吟(음)에서 "푸른 산에는 흰 구름이 얽혀 있고, 목마르면 물 마시고 한가로움 속이 멋이여 밝은 달 맑은 바람과 더불어 살리라" 하였다.

• 芸齋(운재) 尹濟述(윤제술) 1904~1986 → 정치인, 서예가
 芸(운)은 향기 나는 플로 책갈피에 넣으면 좀을 막는 역할을 한다. "별로 두드러지지 않고 모양 있는 플도 아니면서 좀을 막을 수 있는 그런 플이 되고프다"라고 하였다. 선생은 藝(예)의 약자와 비슷해서 "예"로 부르면 질색했다고 한다. 누구나 한자를 잘못 읽으면 무식을 탓하면서도 마음이 언짢아진다. 가뜩이나 예민한 세상인데 조심해야 한다.

 불우헌이나 운재는 두 사람 다 건국 초기 격동기에 욕심

없이 80세까지 장수한 선비로 유사한 점이 많다. 不憂軒(불우헌)에는 집헌(軒)의 뜻이 은연 중에 풍기는 반면, 芸齋(운재)의 집재(齋)의 의미는 아무런 실사성을 찾기 어렵다. 현재 堂(당), 齋(재), 軒(헌) 등의 號는 대부분 상징성만을 지닌다고 보아야 한다.

그 외의 예를 들면 다음과 같다.
- 梅竹軒(매죽헌) 成三問(성삼문) 1418~1456 → 사육신, 학자
- 學易齋(학역재) 鄭麟趾(정인지) 1396~1478 → 조선 초기 학자
- 春　亭(춘　정) 卞季良(변계량) 1369~1430 → 조선 초기 문신
- 希樂堂(희락당) 金安老(김안로) 1471~1531 → 조선 중종 때 권신
- 阮　堂(완　당) 金正喜(김정희) 1786~1856 → 금석학자, 서도가
- 以　堂(이　당) 金殷鎬(김은호) 1892~1979 → 근대 채색화의 대가
- 韋　庵(위　암) 張志淵(장지연) 1864~1921 → 구한말 언론인
- 梅　軒(매　헌) 尹奉吉(윤봉길) 1908~1932 → 의사, 독립운동가

3) 산(山), 암(巖)의 아호

山(산), 峰(봉), 谷(곡), 岡(강), 嶽(악) 등의 산과 峴(현), 嶺(령), 厓(애), 坡(파), 丘(구), 陵(능), 堤(제), 陸(육) 등의 고개나 언덕과 巖(암), 石(석) 등의 글자를 썼다. 조선시대 선비들은 자연에 대한 회귀를 담은 山, 溪, 隱 字 등을 즐겨 사용하였다 한다. 예를 들면 다음과 같다.

• 孤山(고산) 尹善道(윤선도) 1587~1671 → 조선 중기 시조작가
• 西山(서산) 休 靜(휴 정) 1520~1604 → 조선 선조 때 고승
• 茶山(다산) 丁若鏞(정약용) 1762~1836 → 조선 말기 대학자
• 雪山(설산) 張德秀(장덕수) 1896~1947 → 구한말 정치가
• 芝峯(지봉) 李睟光(이수광) 1563~1628 → 조선 중기 명신
• 白巖(백암) 朴殷植(박은식) 1859~1926 → 독립운동가
• 石坡(석파) 李昰應(이하응) 1820~1898 → 흥선대원군

4) 강(江), 해(海), 연(蓮)의 아호

海(해), 江(강), 河(하), 湖(호), 蓮(연), 潭(담), 塘(당), 沼(소), 地(지), 澤(택), 浦(포), 洲(주), 汀(정), 津(진), 川(천), 溪(계), 潮(조), 浪(랑), 波(파) 등을 號(호)에 사용하였다. 예를 들면 다음과 같다.

• 秋江(추강) 南孝溫(남효온) 1454~1492 → 조선 세조 때 생육신
• 白湖(백호) 林 悌(임 제) 1486~1857 → 조선 선조 때 문장가
• 海月(해월) 崔時亨(최시형) 1829~1898 → 종교가, 동학교주
• 西浦(서포) 金萬重(김만중) 1637~1692 → 조선 숙종 때 문학자
• 丹溪(단계) 河緯地(하위지) 1387~1456 → 조선 세조 때 사육신
• 退溪(퇴계) 李 滉(이 황) 1501~1570 → 조선 중기 대학자
• 月灘(월탄) 朴鍾化(박종화) 1901~1981 → 시인, 소설가

5) 운(雲), 일(日), 월(月), 성(星)의 아호

天(천), 日(일), 月(월), 星(성), 陰陽(음양), 東西南北(동서남북), 上下(상하), 氣候(기후), 雨雲(우운) 등 천지공간의 물체나 현상을 號에 사용하였다. 예를 들면 다음과 같다.

- 守天(수천) 鄭光弼(정광필) 1462~1538 → 조선 중종 때 정치가, 정승
- 梧陰(오음) 尹斗壽(윤두수) 1533~1601 → 조선 선조 때 문신
- 漢陰(한음) 李德馨(이덕형) 1561~1613 → 조선 중기의 충신
- 夢陽(몽양) 呂運亨(여운형) 1885~1947 → 정치가. 사상가
- 月南(월남) 李商在(이상재) 1850~1927 → 정치가 · 민권운동가, 종교인
- 月城(월성) 崔 北(최 북) 1712~1786 → 조선 영조 때 화가
- 又月(우월) 金活蘭(김활란) 1899~1970 → 여성교육자
- 素月(소월) 金涎湜(김정식) 1902~1934 → 신문학 시인
- 木月(목월) 朴泳鍾(박영종) 1916~1976 → 문인, 소설가
- 古下(고하) 宋鎭禹(송진우) 1894~1945 → 독립운동가. 정치가

6) 초(草), 목(木), 금(禽), 수(獸)의 아호

松(송), 竹(죽), 桂(계), 梅(매), 菊(국), 蓮(련), 花(화), 林(림), 草(초) 등 초목과 관련된 나무나 꽃, 鳳(봉), 鶴(학), 馬(마), 鹿(록), 鵝(아) 등 상서로운 동물의 이름을 사용하였다. 예를 들면 다음과 같다.

- 一松(일송) 金東三(김동삼) 1878~1937 → 독립운동가
- 中樹(중수) 朴正熙 (박정희) 1917~1979 → 대한민국 제5~9대 대통령
- 菊初(국초) 李人稙(이인직) 1862~1916 → 신소설 작가, 언론인
- 靑馬(청마) 柳致環(유치환) 1908~1967 → 시인, 교육자
- 鷺山(노산) 李殷相 (이은상) 1903~1982 → 시조시인, 사학자

7) 인(人), 민(民), 거사(居士) 등 기타 아호

人(인), 民(민), 居士(거사), 隱(은), 翁(옹), 子(자), 處士(처사), 散人(산인), 史(사), 客(객), 山人(산인) 등 사람을 지칭하는 글자를 쓰기도 하였다. 예를 들면 다음과 같다.

- 牧隱(목은) 李 穡(이 색) 1328~1396 → 고려말 문신, 성리학자
- 圃隱(포은) 鄭夢周(정몽주) 1337~1392 → 고려말 학자, 정치가, 충신
- 冶隱(야은) 吉 再(길 재) 1353~1419 → 여말선초 학자
- 巽翁(손옹) 周世鵬(주세붕) 1495~1554 → 조선 중종 때 문신, 성리학자, 서원창시
- 佐翁(좌옹) 尹致昊(윤치호) 1864~1946 → 구한말 정치가, 계몽운동가
- 三憂居士(삼우거사) 文益漸 (문익점) 1325~1398 → 고려말 학자
- 古山子(고산자) 金正浩 (김정호) 미상~1864 → 조선 후기 지리학자
- 雅人(아인) 金來成(김래성) 1909~1957 → 신문학 작가
- 定齋散人(정재산인) 朴泰輔(박태보) 1654~1689 → 조선 중종 때 문신
- 汝諧(여해) 李舜臣(이순신) 1545~1598 → 조선 선조 깨 수군명장
- 神眼生(신안생) 李海朝(이해조) 1869~1927 → 신소설 작가

3. 한글 아호

- 한힌샘 周時經(주시경) 1876~1914 → 학자, 국어운동가,
  교육자
- 늘봄   田榮澤(전영택) 1891~1968 → 소설가, 목사
- 한결   金允經(김윤경) 1894~1969 → 국어학자, 교육자
- 외배   李光洙(이광수) 1892~1950 → 소설가, 문학평론가,
  사상가, 언론인
- 한솔   李孝祥(이효상) 1906~1989 → 정치가, 시인
- 가람   李秉岐(이병기) 1891~1968 → 시조시인, 국문학자
- 저절로 禹昇圭(우승규) 1903~1985 → 언론인, 작가

4. 이름과 유사한 아호

- 夕汀(석정)   辛錫正(신석정)   1907~1974 → 신문학 시인
- 尚火(상화)   李相和(이상화)   1900~1943 → 문인, 백조 창간
- 想白(상백)   李相佰(이상백)   1904~1966 → 사회학자, 체육인
- 想涉(상섭)   廉尚燮(염상섭)   1897~1963 → 신문학 소설가
- 冬州(동주)   李東柱(이동주)   1920~1979 → 시인
- 琴童(금동)   金東仁(김동인)   1900~1951 → 신문학 소설가

5. 다호(多號)

    살다보면 인생관이나 나이나 예술작품의 변화 등으로 號를 다시 지어 여러 개를 갖는 경우가 있다. 필자도 필부에 지나지 않지만 號(호)가 여러 개 있다. 3字號는 경로우대 대상이 되면서 漢學者(한학자)에게 부탁하여 얻은 것이고, 紹古子(소고자)는 더 나이 들어 고희 때쯤에나 쓰려고 준비한 것이다.

    苦突(고돌), 乙田(을전), 向木(향목) 管山(관산)－2字 號
    敬義齋(경의재)－3字 號

先人(선인)의 예를 들어보면 다음과 같다.
- 金正喜(김정희) 1786~1856 → 조선 말기 금석학자, 서도가
  秋史(추사), 阮堂(완당), 梅花舊主(매화구주), 老融(노융), 果坡(과파), 時庵(시암), 騎虎老人(기호노인), 覃研齋(담연재) 등 60개나 된다고 한다. 박재희 교수는 503개라고 한다.

- 林悌(임 제) 1786~1857 → 조선 선조 때 문장가
  白湖(백호), 楓江(풍강), 嘯癡(소치), 謙齋(겸재)

- 李圭報(이규보) 1168~1241 → 고려 고종 때 문장가
  三酷好先生(삼혹호선생), 白雲居士(백운거사), 止止軒(지지헌) 四可齋(사가재), 自娛堂(자오당), 南軒丈老(남헌장노)

• 金時習(김시습) 1435~1493 → 조선 세조 때 생육신, 학자
  梅月堂(매월당), 淸寒子(청한자), 雪岑(설잠), 東峰(동봉)
  碧山淸隱(벽산청은)

• 許 鈞(허 균) 1501~1570 → 조선 중기 문신, 문장가
  喬山. 蛟山(교산), 惺所(성소), 鶴山(학산)

• 李 滉(이황) 1501~1570 → 조선 중종~선조 때 대학자, 18현
  芝山(지산), 退溪(퇴계), 陶山老人(도산노인), 淸浪山人(청
  랑산인)

• 李 珥(이 이) 1536~1584 → 조선 선조 때 대학자
  栗谷(율곡), 石潭(석담), 愚齋(우재)

• 丁若庸(정약용) 1762~1836 → 조선 말기 문신, 학자, 저술가
  三眉(삼미), 茶山(다산), 俟菴(사암), 託翁(탁옹), 與猶堂(여유당),
  明巖逸人(명암일인), 鐵馬山樵(철마산초), 三眉子(삼미자)

• 南孝溫(남효온) 1454~1492 → 조선 세조 때 생육신
  秋江(추강), 杏雨(행우), 最樂堂(최락당)

• 李光洙(이광수) 1892~납북 → 소설가, 평론가
  春園(춘원), 長白山人(장백산인), 孤舟(고주), 외배, 올보리,
  외돗, 노아자, Y生 등 15개나 된다고 함.

• 崔南善(최남선) 1890~1957 → 사학자, 작가, 신문화운동가
  六堂(육당), 六堂學人(육당학인), 公六(공육), 公六子(공육
  자), 覺泉(각천), 大夢生(대몽생), 引慶度人(인경도인), 白雲
  香徒(백운향도), 한샘 등 18개나 된다고 함.

• 許百練(허백련) 1891~1977 → 근세 동양화의 대가
  毅齋(의재), 毅齋散人(의재산인), 毅道人(의도인), 毅翁(의옹)

■ 광주 지방 서화가의 아호

沃山(옥산)	金玉珍(김옥진)	丁山(정산)	白賢鎬(백현호)
碩星(석성)	金亨洙(김형수)	木雲(목운)	吳鈃奎(오견규)
梅汀(매정)	李昌柱(이창주)	一玄(일현)	柳永烈(유영렬)
雅山(아산)	趙邦元(조방원)	長田(장전)	河南鎬(하남호)
稻邨(도촌)	辛永卜(신영복)	雲庵(운암)	趙鏞敏(조용민)
月峰(월봉)	趙東熙(조동희)	龍谷(용곡)	曺基銅(조기동)
希載(희재)	文章浩(문장호)	鶴亭(학정)	李敦興(이돈흥)
林農(임농)	河喆鏡(하철경)	雲谷(운곡)	朴重來(박중래)
愚軒(우헌)	崔悳寅(최덕인)	金艸(금초)	鄭侊柱(정광주)
忍齋(인재)	朴素榮(박소영)	松南(송남)	梁丁太(양정태)
聽谷(청곡)	尹義重(윤의중)	東隅(동우)	崔惇相(최돈상)
景山(경산)	朴熙錫(박희석)	一粟(일속)	吳明燮(오명섭)

溪山(계산) 張贊洪(장찬홍)　　石溪(석계) 張珠賢(장주현)

月娥(월아) 梁桂南(양계남)　　靜山(정산) 梁正鎬(양정호)

石雲(석운) 金在一(김재일)　　厚山(후산) 鄭在錫(정재석)

浦馬(포마) 魯卿相(노경상)　　白民(백민) 曹圭逸(조규일)

直軒(직헌) 許達哉(허달재)　　又湖(우호) 林炳星(임병성)

芝岩(지암) 金大原(김대원)　　白悅(백열) 金永太(김영태)

石峴(석현) 朴銀容(박은용)　　雲江(운강) 明昌俊(명창준)

4. 작호(作號)의 일반적인 기준

雅號를 지을 때는 글자의 뜻을 고려해야 하는데 대개 다음과 같이 세분할 수 있다. 이는 작호의 기준일 뿐 아니라 필수적이며 우선적이고 공통 사항이다.

① 所處(소처) : 하는 곳

　출생한 곳, 성장한 곳, 특별히 인연이 있는 곳

② 所志(소지) : 바라는 것

　소망, 목표, 의지, 덕행목

③ 所遇(소우) : 만나는 것

　자신이 처한 환경, 직업, 활동무대

④ 所玩(소완) : 노는 것

　좋아하는 물건, 자연물, 취미, 기호

⑤ 特徵(특징) : 표나는 것

자신의 인상, 인품. 특징. 특기. 장점
⑥ 聯關性(연관성) : 맺는 것
성명과의 관계, 선조와 연관성

5. 작호(作號)할 때 유의사항

① 難字(난자)나 僻字(벽자)를 피하고 쉬운 글자를 쓴다.
② 별명이 들어가는 글자나 어감이 좋지 않은 글자는 피한다.
③ 글자의 의미가 좋아야 하며 고상하면 더욱 좋다.
④ 부르기 쉽고 싫증이 나지 않아야 한다.
⑤ 지나치게 고상하지 않고 자신의 위치에 맞는 것이 좋다.
⑥ 저속하거나 자기를 비하하는 것은 좋지 않다.
⑦ 자신의 인품, 환경, 직업 등에 맞게 짓는다.
⑧ 무엇보다 성명학 상식 정도는 고려한다.

6. 자호(自號, 自作號)

先人(선인, 현존인물 포함)의 雅號(아호)를 보면 극히 단순하며 쉬운 예가 많은 것에 유의할 필요가 있다.

• 李之菡(이지함) 土亭(토정) → 마포나루터 토담집에서 살았음.
• 李承晩(이승만) 雩南(우남) → 서울 우이동 남쪽에서 살았음(중구 도동 雩守峴).
• 金泳三(김영삼) 巨山(거산) → 경남 거제도에서 출생, 성장.

• 金大中(김대중) 後廣(후광) → 고향 마을 이름이 後廣里.
• 禹 卓(우 탁) 易東(역동) → 동방에서 周易에 능함.
• 方定煥(방정환) 小波(소파) → 어린이라는 말을 처음 사용.

그 외 自號(자호)의 예를 들면 다음과 같다.

• 白凡(백범) 金 九(김 구) → 독립운동가, 임시정부 주석
안중근 의거 후 데라우찌 일본총독의 암살모의혐의로 복역
중에 白丁(백정)과 凡人(범인)을 따서 가장 미천한 사람까지
애국심을 가져야 한다는 소망을 담았다고 한다.

• 島山(도산) 安昌浩(안창호) → 독립운동가, 계몽가, 교육자
24세 때 갓 결혼한 신부와 함께 인천항을 떠나 미국유학 길
에 올라 수일간의 항해 끝에 하와이 섬을 보는 순간 號想(호상)이
떠올라 지었다고 한다.

• 陸史(육사) 李源三(이원삼, 源祿(원록)) → 독립운동가, 시인
일제시대 때 의혈단원으로 대구 조선은행폭파사건 때문에 검
거되어 복역했는데 수감번호 '264' 를 아호로 썼다고 한다.

그 외 유명인의 자서전이나 전기를 다독하지 않아 많은 예
를 인용하지 못하였음을 아쉽게 생각한다.

7. 선호하는 아호 글자의 예

인물사전류를 보면 아호가 매우 다양하다는 것을 알 수 있다. 아래에 문자별로 그 일부를 나열하니 참고하기 바란다.

■ 岡(강)
靑岡(청강)
雲岡(운강)
栢岡(백강)
文岡(문강)
日岡(일강)
一岡(일강)
南岡(남강)
小岡(소강)
利岡(이강)
白岡(백강)
蘭岡(난강)
同岡(동강)
春岡(춘강)
花岡(화강)
華岡(화강)
和岡(화강)

■ 崗(강)
日崗(일강)

■ 江(강)
文江(문강)
一江(일강)
瑞江(서강)

■ 乾(건)
日乾(일건)

■ 謙(겸)
以謙(이겸)
利謙(이겸)
又謙(우겸)

■ 耕(경)
雲耕(운경)

日耕(일경)
一耕(일경)
耕學(경학)

■ 景(경)
慧景(혜경)

■ 庚(경)
後庚(후경)

■ 溪(계)
東溪(동계)
月溪(월계)
小溪(소계)
淸溪(청계)
嵐溪(람계)
月溪(월계)
石溪(석계)

■ **皐**(고)

青皐(청고)

一皐(일고)

■ **谷**(곡)

仁谷(인곡)

壯谷(장곡)

日谷(일곡)

松谷(송곡)

■ **觀**(관)

何觀(하관)

貞觀(정관)

靜觀(정관)

一觀(일관)

淸觀(청관)

■ **光**(광)

泰光(태광)

後光(후광)

星光(성광)

道光(도광)

惠光(혜광)

秋光(추광)

文光(문광)

東光(동광)

淸光(청광)

靑光(청광)

雲光(운광)

文光(문광)

■ **琴**(금)

月琴(월금)

琴隱(금은)

■ **南**(남)

日南(일남)

佳南(가남)

南球(남구)

南樵(남초)

南洲(남주)

■ **潭**(담)

荷潭(하담)

■ **堂**(당)

恩堂(은당)

琴堂(금당)

謨堂(모당)

仁堂(인당)

有堂(유당)

衍堂(연당)

模堂(모당)

受堂(수당)

晩堂(만당)

離堂(이당)

晤堂(오당)

錦堂(금당)

壽堂(수당)

厚堂(후당)

智堂(지당)

悟堂(오당)

浩堂(호당)

萬堂(만당)

元堂(원당)

又堂(우당)

利堂(이당)

美堂(미당)

芝堂(지당)

蕙堂(혜당)

銀堂(은당)

琳堂(임당)

克堂(극당)
伊堂(이당)
慈堂(자당)
愛堂(애당)

■ 塘(당)
蓮塘(연당)
芝塘(지당)

■ 東(동)
東橋(동고)

■ 蓮(련)
白蓮(백련)
錦蓮(금련)
蓮淨(연정)

■ 里(리)
珂里(가리)

■ 梅(매)
庭梅(정매)

■ 民(민)
白民(백민)

惠民(혜민)

■ 明(명)
啓明(계명)

■ 峰(봉)
雲峰(운봉)
月峰(을봉)
秀峰(수봉)

■ 山(산)
藷山(저산)
海山(해산)
秀山(수산)
文山(문산)
奇山(기산)
觀山(관산)
兎山(토산)
仁山(인산)
寅山(인산)
蕙山(혜산)
日山(일산)
靜山(정산)
白山(백산)

晩山(만산)
柏山(백산)
敦山(돈산)
老山(노산)
佳山(가산)
韶山(소산)
昭山(소산)
謙山(겸산)
心山(심산)
浩山(호산)
維山(유산)
壽山(수산)
松山(송산)
嘉山(가산)
智山(지산)
能山(능산)
斗山(두산)
中山(중산)
仲山(중산)
德山(덕산)
乙山(을산)
茅山(모산)
離山(이산)
伊山(이산)

雲山(운산)　　暎山(영산)　　■ 星(성)
智山(지산)　　景山(경산)　　乙星(을성)
志山(지산)　　芝山(지산)
履山(이산)　　利山(이산)　　■ 笑(소)
桂山(계산)　　模山(모산)　　百笑(백소)
費山(비산)　　嵩山(승산)
曉山(효산)　　軒山(헌산)　　■ 松(송)
翠山(취산)　　　　　　　　于松(우송)
訝山(아산)　　■ 三(삼)　　日松(일송)
芽山(아산)　　三驅(삼구)　　一松(일송)
明山(명산)　　三共(삼공)　　義松(의송)
咸山(함산)　　　　　　　　澗松(간송)
眉山(미산)　　■ 裳(상)　　百松(백송)
彌山(미산)　　黃裳(황상)　　月松(월송)
陽山(양산)　　　　　　　　松汀(송정)
亨山(형산)　　■ 石(석)　　松下(송하)
炯山(형산)　　佳石(가석)　　雲松(운송)
逈山(형산)　　友石(우석)　　碧松(벽송)
如山(여산)　　仁石(인석)
尼山(이산)　　池石(지석)　　■ 室(실)
華山(화산)　　石下(석하)　　石室(석실)
宜山(의산)
義山(의산)　　■ 仙(선)　　■ 我(아)
貞山(정산)　　松仙(송선)　　觀我(관아)

■ 岩(암)

斗岩(두암)

靈岩(영암)

松岩(송암)

錦岩(금암)

玄岩(현암)

晶岩(정암)

虎岩(호암)

■ 庵(암)

槿庵(근암)

惺庵(성암)

淸庵(청암)

友庵(우암)

省庵(성암)

壽庵(수암)

■ 巖(암)

鏡巖(경암)

靑巖(청암)

■ 陽(양)

元陽(원양)

■ 易(역)

交易(교역)

■ 屋(옥)

台屋(태옥)

■ 堯(요)

古堯(고요)

■ 雲(운)

錦雲(금운)

東雲(동운)

■ 苑(원)

梨苑(이원)

梅苑(매원)

蒼苑(창원)

嘉苑(가원)

文苑(문원)

斐苑(비원)

芷苑(지원)

羅苑(나원)

■ 園(원)

桃園(도원)

■ 羅園(나원)

梨園(이원)

井園(정원)

東園(동원)

費園(비원)

貞園(정원)

蕙園(혜원)

靑園(청원)

德園(덕원)

梅園(매원)

■ 遠(원)

志遠(지원)

■ 元(원)

乾元(건원)

坤元(곤원)

艮元(간원)

東元(동원)

保元(보원)

■ 月(월)

觀月(관월)

月夏(월하)

月宮(월궁)

■ 囿(유)
同囿(동유)

■ 隱(은)
晚隱(만은)
道隱(도은)
南隱(남은)

■ 人(인)
同人(동인)
公人(공인)

■ 仁(인)
貢仁(공인)

■ 印(인)
心印(심인)

■ 一(일)
一宇(일우)
一淸(일청)
一經(일경)

一道(일도)
世一(세일)
博一(박일)

■ 章(장)
含章(함장)

■ 齋(재)
以齋(이재)
臨齋(임재)
友齋(우재)
謙齋(겸재)
同齋(동재)
岡齋(강재)

■ 田(전)
禾田(화전)
利田(이전)
蒼田(창전)
龍田(용전)
友田(우전)
星田(성전)
農田(농전)
德田(덕전)

豊田(풍전)
現田(현전)

■ 禎(정)
維禎(유정)

■ 亭(정)
松亭(송정)
石亭(석정)
月亭(월정)
柯亭(가정)
履亭(이정)
雲亭(운정)
忟亭(민정)

■ 井(정)
雲井(운정)

■ 貞(정)
利貞(이정)
需貞(수정)
坤貞(곤정)
蕙貞(혜정)
攸貞(유정)

■ 庭(정)

蘭庭(난정)

錦庭(금정)

■ 中(중)

時中(시중)

利中(이중)

貫中(관중)

剛中(강중)

日中(일중)

八中(팔중)

中孚(중부)

■ 地(지)

仁地(인지)

■ 泉(천)

東泉(동천)

月泉(월천)

利泉(이천)

芝泉(지천)

守泉(수천)

小泉(소천)

松泉(송천)

白泉(백천)

惠泉(혜천)

韶泉(소천)

德泉(덕천)

■ 川(천)

白川(백천)

■ 天(천)

旿天(오천)

東天(동천)

■ 靑(청)

靑藍(청람)

■ 村(촌)

芝村(지촌)

杏村(행촌)

梅村(매촌)

德村(덕촌)

柏村(백촌)

林村(임촌)

■ 翠(취)

晩翠(만취)

■ 坡(파)

靑坡(청파)

銀坡(은파)

靑坡(청파)

松坡(송파)

■ 浦(포)

菊浦(국포)

■ 圃(포)

春圃(춘포)

竹圃(죽포)

■ 河(하)

蓮河(연하)

星河(성하)

河銀(하은)

■ 退(하)

又退(우하)

■ 鶴(학)

松鶴(송학)

■ 香(향)

靜香(정향)

又香(우향)

■ 軒(헌)

陽軒(양헌)

三軒(삼헌)

春軒(춘헌)

知軒(지헌)

同軒(동헌)

德軒(덕헌)

椿軒(춘헌)

■ 湖(호)

東湖(동호)

淸湖(청호)

晚湖(만호)

靑湖(청호)

芝湖(지호)

大湖(대호)

碧湖(벽호)

■ 薰(훈)

餘薰(여훈)

■ 和(화)

一和(일화)

淸和(청화)

■ 華(화)

曜華(요화)

蓮華(연화)

■ 海(해)

梅海(매해)

海情(해정)

8. 별난 예명의 예

최영한-최불암　송승복-송승헌　정영자-정혜선　김청희-김　청

황정만-황신혜　옥보경-옥소리　이효순-이은하　김희수-김수희

이영재-이휘재　도지영-도지원　성락만-성　진　심금매-신신애

손미라-윤정희　홍경일-남궁원　이중업-하리수　강신영-신성일

최홍기-나훈아　김혜자-패티김　김남진-남　진　김명선-현　미

강상수-현　철　이영춘-설운도　오방헌-태진아　김인순-인순이

정현철-서태지　심민경-심수봉　김승주-혜은이　허　식-김보성

김덕용-남보원　정주일-이주일　배성우-탁재훈　임유진-류　진

남광우-윤다운   이유미-이영자   임종창-임성훈   이본숙-이 본
안철현-강 타   김려원-려 원   신민아-미 나   최성희-바 다
정지훈- 비   이지선-신 지   김도진-원 빈   김덕은-자 두
박춘재-전 진   정재영-제 이   안승호-토니안   이경은-하리수
이상용-허 참   신동현-MC몽   문정혁-에 릭   정용준-장 혁
곽태근-지 성   추은주-추자현   윤미래- 티   하동훈-하 하
황윤석-환 희

제Ⅱ장. 역대 유명인사의 아호

여기에 실은 아호 명단은 2,400여 명으로 신라, 고려, 조선 시대는 물론 구한말과 현재에 이르기까지 유명한 인물들을 수록하였다. 현존하는 인명사전을 기초로 하여 다음의 원칙에 따라 등재했으니 작호나 대조 등에 활용하기 바란다. 국사사전에서 충신, 의사, 순국열사, 독립투사, 독립운동가, 항일무장 등의 史實(사실)을 대하면서도 아호가 없어 수록하지 못한 것이 못내 아쉽다.

① 이름의 가나다 순으로 수록하였고, 시대와 간단한 약력을 수록하였다.
② 아호는 대표적인 것이나 처음에 사용한 것이나 통용된 것 하나만을 수록하였다. 호가 없거나 전하지 않은 몇 분은 [ ] 안에 字를 넣었고, 諡號(시호)는 생략하였다. 그리고 우리와 같은 성을 쓰는 중국인도 있다.
③ 시대별과 분야별은 물론 성씨별로 고르게 안배하는 등 의도적으로 대상을 선정하지 않았다.

1. ㄱ

姜 景 叙 (강경서)	草堂 (초당)	→ 조선 연산군 때 문신
姜 克 誠 (강극성)	竹醉 (죽취)	→ 조선시대 시인
姜 浛 (강 노)	貞隱 (정은)	→ 조선 고종 때 상신
姜 大 遂 (강대수)	[勉哉 면재]	→ 조선 인조 때 문신
姜 大 適 (강대적)	鷗洲 (구주)	→ 조선 인조 때 의병장
姜 孟 卿 (강맹경)	[子章 자장]	→ 조선 초기 명신
姜 敏 著 (강민저)	[采叔 채숙]	→ 조선시대 학자
姜 碩 期 (강석기)	月塘 (월당)	→ 조선 인조 상신
姜 碩 德 (강석덕)	玩易齋 (완역재)	→ 조선 초기 명신
姜 碩 賓 (강석빈)	[渭師 위사]	→ 조선 현종 때 상신
姜 善 餘 (강선여)	[積而 적이]	→ 조선시대 문관
姜 世 晃 (강세황)	豹菴 (표암)	→ 조선 정조 때 서화가
姜 叔 突 (강숙돌)	[子讓 자양]	→ 조선시대 문관
姜 紳 (강 신)	東皐 (동고)	→ 조선시대 문관
姜 信 文 (강신문)	紹菁 (소청)	→ 근대 서도가
姜 龍 律 (강용율)	小泉 (소천)	→ 아동문학가
姜 宇 奎 (강우규)	日愚 (일우)	→ 독립운동투사
姜 瑋 (강 위)	秋琴 (추금)	→ 조선 말기 한문학자
姜 瑜 (강 유)	商谷 (상곡)	→ 조선 선조 때 문신
姜 有 爲 (강유위)	南海 (남해)	→ 중국 학자
姜 裕 後 (강유후)	玉溪 (옥계)	→ 조선 중기 문신
姜 彛 五 (강이오)	若山 (약산)	→ 조선 정조 때 화가

姜 一 淳 (강일순)　甑山　(증산)　→ 흠치교 시조, 학자
姜 在 天 (강재천)　松石　(송석)　→ 항일투사
姜 宗 慶 (강종경)　梅墅　(매서)　→ 조선 선조 때 문관
姜 　 籀 (강 주)　竹窓　(죽창)　→ 조선 중기 문인
姜 浚 欽 (강준흠)　三溟　(삼명)　→ 조선 순조 때 문신, 서예가
姜 晋 圭 (강진규)　櫟菴　(역암)　→ 조선 고종 때 문신
姜 璡 熙 (강진희)　靑雲　(청운)　→ 조선 말기 서화가
姜 必 履 (강필리)　[錫汝 석여]　→ 조선시대 문관
姜 鶴 年 (강학년)　復泉　(복천)　→ 조선 중기 문인
姜 　 漢 (강 한)　琴齋　(금재)　→ 조선 초기 서도가
姜 　 抗 (강 항)　睡隱　(수은)　→ 정유재란 때 의병장
姜 　 渾 (강 혼)　木溪　(목계)　→ 조선 중종 때 문신
姜 弘 立 (강홍립)　耐村　(내촌)　→ 조선 중기 장군
姜 淮 伯 (강회백)　通亭　(통정)　→ 고려 말기 명신
姜 希 孟 (강희맹)　私淑齋(사숙재)　→ 조선 초기 명신
姜 希 顔 (강희안)　仁齋　(인재)　→ 조선 세종 때 명신
高 敬 命 (고경명)　霽峰　(제봉)　→ 조선 선조 때 의병장
高 秉 幹 (고병간)　灑由　(여유)　→ 의사, 교육자
高 尙 顔 (고상안)　泰村　(태촌)　→ 조선 중기 문인
高 時 彦 (고시언)　省齋　(성재)　→ 조선 선조 때 학자
高 若 海 (고약해)　[順平 순평]　→ 조선 초기 문인
顧 炎 武 (고염무)　亭林　(정림)　→ 중국 학자
高 　 雲 (고 운)　霞川　(하천)　→ 조선 중종 때 문장가, 화가
高 裕 燮 (고유섭)　又玄　(우현)　→ 근대 미술사학자

高 應 陟 (고응척)　杜谷　(두곡)　→ 조선시대 학자
高 因 厚 (고인후)　鶴峰　(학봉)　→ 조선시대 의병, 敬命의 자
高 兆 基 (고조기)　鷄林　(계림)　→ 고려 인종 때 문신
高 從 厚 (고종후)　準峰　(준봉)　→ 조선시대 충신
高 羲 東 (고희동)　春谷　(춘곡)　→ 동양화가, 최초 서양화
穀 梁 赤 (곡양적)　[元始 원시]　→ 중국 학자
孔 　 丘 (공 구)　[仲尼 중니]　→ 성인 孔子
孔 瑞 麟 (공서린)　休巖　(휴암)　→ 조선 중기 명신
郭 再 祐 (곽재우)　忘憂　(망우)　→ 임진왜란 때 의병장
郭 　 越 (곽 준)　存齋　(존재)　→ 조선 중기 무인
郭 忠 恕 (곽충서)　[恕先 서선]　→ 중국 학자
具 　 宏 (구 굉)　群山　(군산)　→ 조선 인조 때 명신
具 鳳 齡 (구봉령)　栢潭　(백담)　→ 조선 명종 때 문관
具 思 孟 (구사맹)　八谷　(팔곡)　→ 조선 선조 때 명신
具 然 英 (구연영)　春景　(춘경)　→ 항일투사
具 允 明 (구윤명)　兼山　(겸산)　→ 조선 영·정조 때 문신
具 人 文 (구인문)　睡翁　(수옹)　→ 조선 단종 때 충신
具 仁 垕 (구인후)　柳浦　(유포)　→ 조선 효종 때 무신
具 宅 奎 (구택규)　存齋　(존재)　→ 조선 숙·영조 때 문신
弓 寅 聖 (궁인성)　晩翠　(만취)　→ 독립운동가
權 　 格 (권 격)　六有堂(육유당)　→ 조선 시대 문관
權 景 裕 (권경유)　癡軒　(치헌)　→ 조선 성종 때 문관
權 克 中 (권극중)　靑霞　(청하)　→ 조선 선조 때 학자
權 　 近 (권 근)　陽村　(양촌)　→ 조선 초기 대학자

權　　挐 (권　남)　　所閑堂(소한당)　→ 조선 태·세종 때 문신
權 達 手 (권달수)　　桐溪　 (동계)　→ 조선 연산군 때 학자
權　　膽 (권　담)　　夢巖　 (몽암)　→ 고려 충렬왕 때 문신
權 大 運 (권대운)　　石潭　 (석담)　→ 조선 인·효종 때 상신
權 大 任 (권대임)　　七友亭(칠우정)→ 조선 중기 문신, 서예가
權 大 載 (권대재)　　蘇川　 (소천)　→ 조선 숙종 때 학자
權 悳 奎 (권덕규)　　崖溜　 (애류)　→ 근대 국문학자, 사학자
權 敦 仁 (권돈인)　　彝齋　 (이재)　→ 조선 현종 때 문신, 서도가
權 東 鎭 (권동진)　　憂堂　 (우당)　→ 독립운동가
權 斗 經 (권두경)　　蒼雪齋(창설재)→ 조선 숙종 때 학자
權 得 己 (권득기)　　晚晦　 (만회)　→ 조선시대 문관
權 孟 孫 (권맹손)　　松堂　 (송당)　→ 조선 태종 때 판서
權 文 海 (권문해)　　草磵　 (초간)　→ 조선 선조 때 학자
權　　橃 (권　벌)　　冲齋　 (충재)　→ 조선 중종 때 정치가
權 秉 德 (권병덕)　　淸庵　 (청암)　→ 독립운동가
權　　浮 (권　부)　　菊齋　 (국재)　→ 고려시대 학자
權 山 海 (권산해)　　竹林　 (죽림)　→ 조선시대 의인
權 常 愼 (권상신)　　日紅堂(일홍당)→ 조선 순조 때 상신
權 尙 遊 (권상유)　　癯溪　 (구계)　→ 조선 숙종 때 학자
權 相 一 (권상일)　　淸臺　 (청대)　→ 조선 영조 때 학자
權 尙 任 (권상임)　　江波　 (강파)　→ 조선 숙종 때 문신, 학자, 청백리
權 尙 夏 (권상하)　　遂庵　 (수암)　→ 조선 순종 때 학자
權 聖 矩 (권성구)　　鳩巢　 (구소)　→ 조선시대 문관
權 順 長 (권순장)　　[孝元 효원]　→ 조선시대 의인

權　視 (권　시)	炭翁 (탄옹)	→ 조선 효·현종 때 학자
權五福 (권오복)	小遊 (소유)	→ 조선 성종 때 학자
權用正 (권용정)	小游 (소유)	→ 조선 후기 화가
權　遇 (권　우)	梅軒 (매헌)	→ 조선 초기 학자
權　慄 (권　율)	晩翠堂(만취당)	→ 조선 선조 때 도원수
權應銖 (권응수)	白雲齋(백운재)	→ 조선 선조 때 무관
權應昌 (권응창)	知足堂(지족당)	→ 조선 명종 때 문관
權以鎭 (권이진)	有懷堂(유회당)	→ 조선 숙·영조 때 학자
權一身 (권일신)	移庵 (이암)	→ 조선 말기 천주교신자
權　節 (권　절)	栗亭 (율정)	→ 조선 세종 때 충신, 생육신
權正忱 (권정침)	平庵 (평암)	→ 조선 중기 문신
權　蹄 (권　제)	止齋 (지재)	→ 조선 초기 문신, 학자
權重道 (권중도)	退庵 (퇴암)	→ 조선 숙종 때 학자
權仲和 (권중화)	東皐 (동고)	→ 조선 초기 학자
權　徵 (권　징)	松菴 (송암)	→ 조선 선조 때 문관
權　轍 (권　철)	雙翠軒(쌍취헌)	→ 조선 명종 때 문관
權　韠 (권　필)	石洲 (석주)	→ 조선 광해군 때 현유
權　悏 (권　협)	石塘 (석당)	→ 조선 선조 때 문신
權好文 (권호문)	松巖 (송암)	→ 조선 선조 때 학자
權　弘 (권　홍)	松雪軒(송설헌)	→ 조선 태종 때 문관
奇　虔 (기　건)	靑坡 (청파)	→ 조선 세종 때 명신, 청백리
金　農 (금　농)	冬心 (동심)	→ 중국 문인
奇大升 (기대승)	高峰 (고봉)	→ 조선 선조 때 성리학자
奇參衍 (기삼연)	省齋 (성재)	→ 구한말 의병장

奇 宇 萬 (기우만)　松沙　(송사)　→ 구한말 의병장
奇 自 獻 (기자헌)　晩全　(만전)　→ 조선 명·인조 때 문신
奇 正 鎭 (기정진)　蘆沙　(노사)　→ 조선 고종 때 성리학자
奇　　遵 (기 준)　服齋　(복재)　→ 조선 중종 때 문관
奇 孝 諫 (기효간)　錦江　(금강)　→ 조선시대 학자
吉 善 宙 (길선주)　靈溪　(영계)　→ 독립운동가
吉　　再 (길 재)　冶隱　(야은)　→ 여말선초 학자, 청백리
金 嘉 鎭 (김가진)　東巖　(동암)　→ 항일독립투사
金　　幹 (김 간)　厚齋　(후재)　→ 조선 영조 때 참찬
金　　勘 (김 감)　一齋　(일재)　→ 조선 중기 문신
金　　鎧 (김 개)　獨松亭(독송정)　→ 조선 선조 때 판서, 청백리
金 開 物 (김개물)　[元龜 원귀]　→ 조선시대 문관
金 健 淳 (김건순)　嘉橘　(가귤)　→ 조선시대 종교인
金 謙 光 (김겸광)　西亭　(서정)　→ 조선 세조 때 문신, 청백리
金 慶 門 (김경문)　蘇岩　(소암)　→ 조선시대 문관
金 景 鈙 (김경서)　松厓　(송애)　→ 조선 효종 때 문관
金 景 河 (김경하)　菊山　(국산)　→ 독립운동가
金 係 錦 (김계금)　六一　(육일)　→ 조선시대 문관
金 繼 輝 (김계휘)　黃岡　(황강)　→ 조선 중기 문신
金　　瓘 (김 관)　默齋　(묵재)　→ 조선 성종 때 정치가
金 光 遂 (김광수)　尙古堂(상고당)　→ 조선 중기 화가
金 光 粹 (김광수)　松隱　(송은)　→ 조선시대 시인
金 光 燁 (김광엽)　竹日　(죽일)　→ 조선시대 문관
金 光 煜 (김광욱)　竹所　(죽소)　→ 조선 인조 때 문관

金 光 炫 (김광현)	水北 (수북)	→ 조선 인조 때 문신
金 宏 弼 (김굉필)	寒暄堂(한훤당)	→ 조선 초기 학자, 문신, 18현
金 九 (김 구)	白凡 (백범)	→ 독립운동가, 정치가
金 構 (김 구)	觀復齋(관복재)	→ 조선 숙종 때 賢臣
金 絿 (김 구)	自庵 (자암)	→ 조선 중기 효자, 서도가
金 九 容 (김구용)	惕若齋(척약재)	→ 고려 공민왕 때 학자
金 國 光 (김국광)	瑞石 (서석)	→ 조선 예종 때 문신
金 權 (김 권)	拙灘 (졸탄)	→ 임진왜란 때 공신
金 貴 榮 (김귀영)	東圓 (동원)	→ 조선 중기 문신
金 圭 植 (김규식)	尤史 (우사)	→ 독립운동가, 정치가
金 奎 鎭 (김규진)	海崗 (해강)	→ 근대 서화가
金 克 己 (김극기)	老峰 (노봉)	→ 고려 명종 때 학자
金 克 成 (김극성)	靑羅 (청라)	→ 조선 중종 때 문관
金 根 培 (김근배)	梅下 (매하)	→ 구한말 지사
金 綺 秀 (김기수)	蒼山 (창산)	→ 조선 고종 때 문신
金 基 昇 (김기승)	原谷 (원곡)	→ 서예가
金 起 宗 (김기종)	聽荷 (청하)	→ 조선 인조 때 문신
金 基 瀅 (김기형)	海岳 (해악)	→ 독립운동가
金 基 厚 (김기후)	[士重 사중]	→ 조선 정조 때 현신
金 吉 通 (김길통)	[叔經 숙경]	→ 조선 세조 때 공신
金 樂 行 (김낙행)	九思堂(구사당)	→ 조선 영조 때 학자
金 鸞 祥 (김난상)	餠山 (병산)	→ 조선 선조 때 문신
金 蘭 淳 (김난순)	碧谷 (벽곡)	→ 조선 후기 문관, 서도가
金 南 重 (김남중)	野塘 (야당)	→ 조선 인조 때 대사간

金 來 成 (김내성)　　雅人　(아인)　　→ 신문학 작가
金　　魯 (김 노)　　東皐　(동고)　　→ 조선 초기 문신
金 魯 敬 (김노경)　　酉堂　(유당)　　→ 조선 순조 때 판서, 秋史의 부
金 魯 應 (김노응)　　一窩　(일와)　　→ 조선 순조 때 판서
金　　汮 (김 늑)　　栢巖　(백암)　　→ 조선 선조 때 명신
金 達 淳 (김달순)　　一靑　(일청)　　→ 조선 후기 문신
金　　淡 (김 담)　　撫松軒(무송헌)　→ 조선 세조 때 판서
金 大 德 (김대덕)　　蘇峰　(소봉)　　→ 조선 중기 문관
金 德 成 (김덕성)　　玄隱　(현은)　　→ 조선 후기 화가
金 德 承 (김덕승)　　少痊　(소전)　　→ 조선 중기 문관
金 德 遠 (김덕원)　　休谷　(휴곡)　　→ 조선 숙종 때 문관
金 道 泰 (김도태)　　希天　(희천)　　→ 교육자, 독립운동가
金 圖 鉉 (김도현)　　碧棲　(벽서)　　→ 구한말 의병장
金 道 喜 (김도희)　　柱下　(주하)　　→ 조선 현종 때 문신
金 敦 熙 (김돈희)　　惺堂　(성당)　　→ 근대 서도가
金 東 三 (김동삼)　　一松　(일송)　　→ 독립운동가
金 東 仁 (김동인)　　琴童　(금동)　　→ 신문학 소설가
金 東 弼 (김동필)　　樂健亭(낙건정)　→ 조선 숙·영조 때 문관
金 東 煥 (김동환)　　巴人　(파인)　　→ 최초 서사시인
金 斗 樑 (김두량)　　南里　(남리)　　→ 조선 중기 화가
金 得 臣 (김득신)　　兢齋　(긍재)　　→ 조선 후기 화가
金　　瑬 (김 류)　　北渚　(북저)　　→ 조선 중기 공신
金 萬 重 (김만중)　　西浦　(서포)　　→ 조선 숙종 때 문신, 문학자
金　　末 (김 말)　　[乾之 건지]　　→ 여말선초 학자

金 邁 淳 (김매순)　臺山　(대산)　→ 조선 정조 때 학자
金 孟 性 (김맹성)　止止堂 (지지당)　→ 조선 성종 때 학자
金 沔 (김 면)　松岩　(송암)　→ 조선 선조 때 의병장
金 明 國 (김명국)　蓮潭　(연담)　→ 조선 인조 때 화가
金 明 淳 (김명순)　彈實　(탄실)　→ 여류작가, 시인
金 命 元 (김명원)　酒隱　(주은)　→ 조선 선조 때 문신, 충신
金 命 喜 (김명희)　山泉　(산천)　→ 조선 후기 서도가
金 汶 (김 문)　西軒　(서헌)　→ 조선 세종 때 학자
金 文 起 (김문기)　白村　(백촌)　→ 조선 세조 때 문신
金 泮 (김 반)　松亭　(송정)　→ 조선 정종 때 학자
金 槃 (김 반)　虛舟　(허주)　→ 조선 중기 문관
金 範 (김 범)　後溪　(후계)　→ 조선 명종 때 학자
金 法 麟 (김법린)　梵山　(범산)　→ 승려, 독립운동가
金 炳 國 (김병국)　潁漁　(영어)　→ 조선 고종 때 상신
金 炳 冀 (김병기)　思潁　(사-영)　→ 조선 철종 때 권신
金 炳 德 (김병덕)　約山　(약산)　→ 조선 현종·고종 때 정승
金 炳 魯 (김병로)　街人　(가인)　→ 정치가, 법률가
金 炳 始 (김병시)　蓉庵　(용암)　→ 조선 고종 때 정치가
金 炳 淵 (김병연)　蘭皐　(난고)　→ 조선 후기 방랑시인
金 炳 學 (김병학)　潁樵　(영초)　→ 조선 고종 때 문신
金 補 根 (김보근)　三松　(삼송)　→ 조선 철종 때 문신
金 普 澤 (김보택)　惕齋　(척재)　→ 조선 숙종 때 문신
金 輔 鉉 (김보현)　蘭齋　(난재)　→ 조선 고종 때 문인
金 復 鎭 (김복진)　井觀　(정관)　→ 근대 조각가

金 富 軾 (김부식)　雷川　(뇌천)　→ 고려 인종 때 명신, 사학자

金　　憑 (김　빙)　[敬仲 경중]　→ 조선 선조 때 문신

金 思 穆 (김사목)　雲巢　(운소)　→ 조선 순조 때 상신

金 士 衡 (김사형)　洛圃　(낙포)　→ 조선 개국공신

金 相 璣 (김상기)　省菴　(성암)　→ 구한말 의사

金 相 魯 (김상로)　霞溪　(하계)　→ 조선 영조 때 대신

金 相 福 (김상복)　稷下　(직하)　→ 조선 영조 때 문신

金 尙 星 (김상성)　道溪　(도계)　→ 조선 영조 때 문신

金 相 肅 (김상숙)　坏窩　(배와)　→ 조선 중기 서도가

金 尙 容 (김상용)　仙源　(선원)　→ 조선 인조 때 상신

金 尙 雋 (김상준)　休菴　(휴암)　→ 조선 중기 문관

金 尙 喆 (김상철)　華西　(화서)　→ 조선 영·정조 때 대신

金 尙 台 (김상태)　白愚　(백우)　→ 구한말 의병장

金 尙 憲 (김상헌)　淸陰　(청음)　→ 조선 선조·효종 때 상신, 청백리

金 尙 鉉 (김상현)　經臺　(경대)　→ 조선 고종 때 문신

金 相 賢 (김상현)　後農　(후농)　→ 정치인, 민주당 재창당신

金 錫 文 (김석문)　大谷　(대곡)　→ 조선 숙종 때 학자

金 錫 臣 (김석신)　蕉園　(초원)　→ 조선 후기 화가

金 錫 胄 (김석주)　息庵　(식암)　→ 조선 숙종 때 상신

金 奭 準 (김석준)　山堂　(소당)　→ 조선 후기 문신, 서도가

金 奭 鎭 (김석진)　梧泉　(오천)　→ 조선 고종 때 문신

金 聲 久 (김성구)　八吾軒 (팔오헌)→ 조선시대 문관

金 聖 器 (김성기)　釣隱　(조은)　→ 조선 영조 때 음악가, 시인

金 誠 立 (김성립)　西堂　(서당)　→ 조선 선조 때 문관

金 性 洙 (김성수)　仁村　(인촌)　→ 정치가, 교육가
金 誠 一 (김성일)　鶴峯　(학봉)　→ 조선 선조 때 명신
金 盛 最 (김성최)　佚老堂(일로당)　→ 조선 숙종 때 문관
金 世 均 (김세균)　晚齋　(만재)　→ 조선 고종 때 문신
金 世 濂 (김세렴)　東溟　(동명)　→ 조선 인조 때 명신
金 世 鎬 (김세호)　龜州　(구주)　→ 조선 숙종 때 학자
金 珽 湜 (김소월)　素月　(소월)　→ 신문학 시인
金 　 晬 (김 수)　夢村　(몽촌)　→ 조선 선조 때 명신
金 　 銖 (김 수)　松亭　(송정)　→ 여말선초 학자
金 洙 根 (김수근)　溪山樵老(계산초로)　→ 조선 헌종 때 중신
金 壽 童 (김수동)　晚保堂(만보당)　→ 조선 중종 때 영의정
金 守 렴 (김수렴)　野黨　(야당)　→ 조선시대 문관
金 守 溫 (김수온)　乖崖　(괴애)　→ 조선 태·성종 때 학자
金 壽 長 (김수장)　老歌齋(노가재)　→ 조선 영조 때 문인
金 洙 增 (김수증)　谷雲　(곡운)　→ 조선 숙종 때 문신
金 秀 哲 (김수철)　北山　(북산)　→ 조선 후기 화가
金 守 漢 (김수한)　一聲　(일성)　→ 정치인, 15대 국회의장
金 壽 恒 (김수항)　文谷　(문곡)　→ 인조·숙종 때 문신
金 壽 興 (김수흥)　退憂堂(퇴우당)　→ 조선 후기 상신
金 叔 滋 (김숙자)　江湖　(강호)　→ 조선 세종 때 학자
金 崇 謙 (김숭겸)　觀復庵(관복암)　→ 조선 후기 시인
金 承 萬 (김승만)　竹林　(죽림)　→ 독립운동가
金 　 禔 (김 시)　養松堂(양송당)　→ 조선 중기 화가
金 時 觀 (김시관)　節谷　(절곡)　→ 조선 숙·영조 때 학자

金 始 澖 (김시난)　梅谷　(매곡)　→ 조선 영조 때 문신
金 時 瑞 (김시서)　自然堂(자연당) → 조선 중기 문인
金 是 聲 (김시성)　錦浦　(금포)　→ 조선 숙종 때 문관
金 時 習 (김시습)　梅月堂(매월당) → 조선시대 학자, 생육신
金 時 讓 (김시양)　荷潭　(하담)　→ 조선 선·인조 때 공신
金 時 獻 (김시헌)　艾軒　(애헌)　→ 조선 광해군 때 문신
金 時 顯 (김시현)　河求　(하구)　→ 독립운동가
金 始 煥 (김시환)　梅谷　(매곡)　→ 조선 영조 때 문신
金 時 晄 (김시황)　道岩　(도암)　→ 독립운동가
金　　湜 (김 식)　沙西　(사서)　→ 조선 중종 때 성리학자
金 安 國 (김안국)　慕齋　(모재)　→ 조선 전기 명신
金 安 老 (김안로)　希樂堂(희락당) → 조선 중종 때 권신
金 若 魯 (김약로)　晩休堂(만휴당) → 조선 영조 때 문신
金 躍 淵 (김약연)　圭巖　(규암)　→ 독립운동가, 교육자
金 若 恒 (김약항)　惕若齋(척약재) → 조선 태조 때 문신
金 養 根 (김양근)　東埜　(동야)　→ 조선시대 문관
金 良 彦 (김양언)　[善益 선익]　→ 조선시대 문관
金 陽 澤 (김양택)　健庵　(건암)　→ 조선 영조 때 문신
金 亮 行 (김양행)　止庵　(지암)　→ 조선 중기 문인
金　　億 (김 억)　岸曙　(안서)　→ 신문학 시인
金 彦 璣 (김언기)　唯一齋(유일재) → 조선 선조 때 학자
金 汝 岉 (김여물)　披裘子(피구자) → 조선 선조 때 무관
金　　演 (김 연)　魯庵　(노암)　→ 조선 선조 때 의사
金　　緣 (김 연)　雲巖　(운암)　→ 조선시대 문관

金 永 壽 (김영수)　荷亭　(하정)　→ 조선 말기 문신
金 英 淳 (김영순)　石陵　(석릉)　→ 조선 순조 때 문신
金 寧 濟 (김영제)　槐庭　(괴정)　→ 음악가, 4대 사장
金 禮 蒙 (김예몽)　[敬甫 경보]　→ 조선 전기 문신
金 玉 均 (김옥균)　苦筠　(고균)　→ 구한말 정치가, 개화운동가
金 完 圭 (김완규)　松石　(송석)　→ 독립운동가, 33인
金 用 謙 (김용겸)　嘐嘐齋(교교재)　→ 조선 정조 때 문신
金 龍 洙 (김용수)　首雲　(수운)　→ 근대 화가
金 龍 澤 (김용택)　孤松軒(고송헌)　→ 조선 숙종 때 유학자
金 宇 顒 (김우옹)　東岡　(동강)　→ 조선 선조 때 명신
金 祐 鎭 (김우진)　焦星　(초성)　→ 근세 연극인
金 宇 杭 (김우항)　甲峯　(갑봉)　→ 조선 숙종 때 문신
金 宇 亨 (김우형)　寄傲堂(기오당)　→ 조선 숙종 때 문관
金 元 亮 (김원량)　栗村　(율촌)　→ 조선 중기 문신
金 元 植 (김원식)　學海　(학해)　→ 조선 고종 때 정치가
金 元 行 (김원행)　伯春　(백춘)　→ 조선 영조 때 문신, 학자
金 偉 男 (김위남)　樂山　(요산)　→ 조선 초기 문인
金 　 紐 (김 유)　琴軒　(금헌)　→ 조선시대 문관
金 有 慶 (김유경)　龍洲　(용주)　→ 조선 영조 때 문신
金 有 淵 (김유연)　藥山　(약산)　→ 조선 고종 때 정승
金 逌 根 (김유근)　黃山　(황산)　→ 조선 후기 화가
金 有 聲 (김유성)　西巖　(서암)　→ 조선 후기 화가
金 　 堉 (김 육)　潛谷　(잠곡)　→ 조선 인·효종 때 문신
金 　 倫 (김 윤)　竹軒　(죽헌)　→ 고려 충숙왕 때 현신

金 允 經 (김윤경)	한결		→ 국어학자, 교육가
金 允 植 (김윤식)	永郎	(영랑)	→ 근대 시인
金 允 植 (김윤식)	雲養	(운양)	→ 구한말 관료, 문장가
金 　 隆 (김 융)	勿巖	(물암)	→ 조선 선조 때 학자
金 殷 鎬 (김은호)	以堂	(이당)	→ 근대 채색화의 대가
金 應 根 (김응근)	宜石	(의석)	→ 조선 헌종 때 문관
金 應 南 (김응남)	斗巖	(두암)	→ 조선 선조 때 명신
金 應 元 (김응원)	山湖	(산호)	→ 근대 화가
金 應 煥 (김응환)	復軒	(복헌)	→ 조선 영조 때 화가
金 應 顯 (김응현)	如初	(여초)	→ 서예가
金 義 元 (김의원)	困六齋(곤육재)		→ 조선 중기 문인
金 履 喬 (김이교)	竹里	(죽리)	→ 조선 순조 때 대신
金 履 素 (김이소)	庸巖	(용암)	→ 조선 정조 때 문신
金 履 元 (김이원)	素庵	(소암)	→ 조선 선조 때 문신
金 履 載 (김이재)	江右	(강우)	→ 조선 헌종 때 상신
金 履 衡 (김이형)	石溪	(석계)	→ 구한말 항일투사
金 益 兼 (김익겸)	[汝南 여남]		→ 조선 중기 문신
金 益 廉 (김익렴)	赤谷	(적곡)	→ 조선 중기 문신
金 益 勳 (김익훈)	光南	(광남)	→ 조선 숙종 때 노론의 거두
金 麟 厚 (김인후)	河西	(하서)	→ 조선 인종 때 명신, 18현
金 益 熙 (김익희)	滄洲	(창주)	→ 조선 인조 때 명신
金 一 鏡 (김일경)	丫溪	(아계)	→ 조선 경종 때 문관
金 馹 孫 (김일손)	濯纓	(탁영)	→ 조선 연산군 때 학자
金 子 粹 (김자수)	桑村	(상촌)	→ 고려 우왕 때 현신

金 自 點 (김자점)	洛西 (낙서)	→ 조선 인조 때 문신
金 長 生 (김장생)	沙溪 (사계)	→ 조선시대 문신, 학자, 18현
金 載 瓚 (김재찬)	海石 (해석)	→ 조선 영·순조 때 문신
金 在 魯 (김재로)	淸沙 (청사)	→ 조선 영조 때 재상
金 詮 (김 전)	伊溪 (이계)	→ 조선 중종 때 문관, 청백리
金 淨 (김 정)	冲菴 (충암)	→ 조선 전기 문신, 열사
金 正 國 (김정국)	思齋 (사재)	→ 조선 중기 문장가
金 涏 湜 (김정식)	素月 (소월)	→ 신문학 시인
金 鼎 集 (김정집)	石世 (석세)	→ 조선 헌종 때 문신
金 鼎 鉉 (김정현)	秋谷 (추곡)	→ 조선 현종 때 문사
金 正 浩 (김정호)	古山子 (고산자)	→ 조선 고종 때 학자, 대동여지도
金 正 喜 (김정희)	阮堂 (완당)	→ 조선 말기 금석학자, 서도가
金 齊 顔 (김제안)	竹軒 (죽헌)	→ 고려 공민왕 때 문인
金 濟 煥 (김제환)	素堂 (소당)	→ 구한말 의사
金 銚 (김 조)	拙齋 (졸재)	→ 조선 세종 때 명신
金 祖 根 (김조근)	紫塢 (자오)	→ 조선 후기 문신
金 祖 淳 (김조순)	楓皐 (풍고)	→ 조선 순조 때 문신
金 宗 南 (김종남)	海隱 (해은)	→ 조선 철종 때 악사, 국악사장
金 宗 瑞 (김종서)	節齋 (절재)	→ 조선 단종 때 충신, 무인
金 鍾 秀 (김종수)	夢梧 (몽오)	→ 조선 정조 때 권신
金 鍾 正 (김종정)	雲溪 (운계)	→ 조선 정조 때 문신
金 宗 直 (김종직)	佔畢齋 (점필재)	→ 조선 초기 학자, 청백리
金 鍾 必 (김종필)	雲庭 (운정)	→ 정치인, 국무총리
金 宗 漢 (김종한)	游霞 (유하)	→ 조선 말기 문신

金 鍾 厚 (김종후)　本庵　(본암)　→ 조선 정종 때 문관
金 宗 烋 (김종휴)　書巢　(서소)　→ 조선시대 학자
金 左 根 (김좌근)　荷屋　(하옥)　→ 조선 말기 재상
金 佐 明 (김좌명)　歸川　(귀천)　→ 조선 현종 때 문신
金 佐 鎭 (김좌진)　白冶　(백야)　→ 독립운동가, 장군
金 　 澍 (김 주)　寓菴　(우암)　→ 조선 중기 중신
金 柱 臣 (김주신)　洗心齋(세심재)　→ 조선 숙종 때 문신
金 　 準 (김 준)　竹峰　(죽봉)　→ 구한말 의병
金 指 南 (김지남)　廣川　(광천)　→ 조선시대 역관
金 地 粹 (김지수)　苔川　(태천)　→ 조선 중기 시인
金 砥 行 (김지행)　密庵　(밀암)　→ 조선 영조 때 학자
金 鎭 龜 (김진구)　晩求窩(만구와)　→ 조선 숙종 때 대신
金 鎭 圭 (김진규)　竹泉　(죽천)　→ 조선 숙종 때 판서
金 震 陽 (김진양)　草廬　(초려)　→ 고려 말기 문관
金 進 洙 (김진수)　蓮坡　(연파)　→ 조선시대 문인
金 晋 燮 (김진섭)　聽川　(청천)　→ 근대 수필가
金 震 標 (김진표)　悟涯　(오애)　→ 조선시대 문관
金 振 興 (김진흥)　松溪　(송계)　→ 조선 후기 역관, 서예가
金 　 質 (김 질)　永慕堂(영모당)　→ 조선 명종 때 학자, 효자
金 　 集 (김 집)　愼獨齋(신독재)　→ 조선 효종 때 학자, 18현, 청백리
金 　 瓚 (김 찬)　訥庵　(눌암)　→ 조선 선조 때 판서
金 昌 淑 (김창숙)　心山　(심산)　→ 유학자, 독립운동가
金 昌 業 (김창업)　稼齋　(가재)　→ 조선 후기 화가, 학자
金 昌 集 (김창집)　夢窩　(몽와)　→ 조선 경종 때 노론4대신

金 昌 協 (김창협)	農巖	(농암)	→ 조선 숙종 때 학자
金 昌 翕 (김창흡)	三淵	(삼연)	→ 조선 숙종 때 학자
金 昌 熙 (김창희)	石㙾	(석릉)	→ 조선 말기 문신
金 千 鎰 (김천일)	健齋	(건재)	→ 임진왜란 때 의병장
金 天 澤 (김천택)	南波	(남파)	→ 조선 영조 때 가인
金 哲 熙 (김철희)	友壺	(우호)	→ 조선 말기 서화가
金 添 慶 (김첨경)	東岡	(동강)	→ 조선 중기 문신
金 春 澤 (김춘택)	北軒	(북헌)	→ 조선 숙종 때 문인
金 忠 善 (김충선)	慕夏堂	(모하당)	→ 조선 선조 때 귀순한 일본인
金 忠 顯 (김충현)	一中	(일중)	→ 서예가
金 就 文 (김취문)	久菴	(구암)	→ 조선 명종 때 청백리
金 　 埴 (김 치)	退村	(퇴촌)	→ 조선 중기 화가
金 致 仁 (김치인)	古亭	(고정)	→ 조선 영조 때 재상
金 台 錫 (김태석)	惺齋	(성재)	→ 근대 서예가, 전각
金 太 虛 (김태허)	博淵亭	(박연정)	→ 조선 선조 때 장군
金 澤 榮 (김택영)	滄江	(창강)	→ 구한말 유학자, 문학자
金 平 默 (김평묵)	重庵	(중암)	→ 조선 말기 학자
金 平 植 (김평식)	文谷	(문곡)	→ 독립운동가
金 必 振 (김필진)	萍翁	(평옹)	→ 조선 숙종 때 관리
金 學 性 (김학성)	松石	(송석)	→ 조선 말기 문신
金 鶴 鎭 (김학진)	後夢	(후몽)	→ 조선 고종 때 정치가
金 翰 東 (김한동)	臥隱	(와은)	→ 조선시대 문관
金 海 卿 (김해경)	李箱	(이상)	→ 시인, 소설가
金 　 赫 (김 혁)	烏石	(오석)	→ 독립운동가

金 玄 成 (김현성)　南窓　(남창)　→ 조선 중기 문인
金 弘 根 (김홍근)　春山　(춘산)　→ 조선 말기 재상
金 弘 道 (김홍도)　檀園　(단원)　→ 조선 후기 화가
金 洪 福 (김홍복)　東園　(동원)　→ 조선 중기 문신
金 弘 集 (김홍집)　道園　(도원)　→ 구한말 개화당의 거두
金 活 蘭 (김활란)　又月　(우월)　→ 교육자, 최초 대학졸업 여성
金 黃 元 (김황원)　[天民 천민]　→ 조선시대 문관
金 孝 善 (김효선)　老風　(노풍)　→ 독립운동가, 만주호장군
金 孝 元 (김효원)　省庵　(성암)　→ 조선 선조 때 동인의 중심인물
金 厚 臣 (김후신)　彝齋　(이재)　→ 조선 후기 화가
金　　徽 (김　휘)　四休亭(사휴정)　→ 조선 중기 화가
金 興 慶 (김흥경)　急流亭(급류정)　→ 조선 중기 명신
金 興 根 (김흥근)　遊觀　(유관)　→ 조선 철종 때 재상
金　　熹 (김　희)　芹窩　(근와)　→ 조선 정조 때 재상
金 希 壽 (김희수)　悠然齋(유연재)　→ 조선 초기 문인
金 希 淳 (김희순)　山木　(산목)　→ 조선 후기 문신

2. ㄴ

羅 慶 孫 (나경손)　稻香　(도향)　→ 근대 소설가
羅 德 憲 (나덕헌)　壯岩　(장암)　→ 조선 인조 때 무관
羅 萬 甲 (나만갑)　驅浦　(구포)　→ 조선 인조 때 명신
羅 世 纘 (나세찬)　松齋　(송재)　→ 조선 중종 때 정치가

羅 壽 淵 (나수연)	小蓬 (소봉)	→ 조선 말기 서화가, 언론인
羅 良 佐 (나양좌)	明村 (명촌)	→ 조선 숙종 때 문신
羅 龍 煥 (나용환)	澤菴 (택암)	→ 독립운동가
羅 雲 奎 (나운규)	春史 (춘사)	→ 영화인, 영화예술의 선구자
羅 仁 協 (나인협)	泓庵 (홍암)	→ 천도교인 33인
羅 喆 (나 철)	弘巖 (홍암)	→ 대종교 교조
羅 惠 錫 (나혜석)	晶月 (정월)	→ 최초 여류 서양화가
南 啓 宇 (남계우)	一濠 (일호)	→ 조선 순조·헌종 때 화가
南 袞 (남 곤)	止亭 (지정)	→ 조선 전기 정치가, 문인
南 公 轍 (남공철)	思潁 (사영)	→ 조선 후기 문장가
南 九 萬 (남구만)	樂泉 (약천)	→ 조선 숙종 때 소론의 거두
南 宮 壁 (남궁벽)	草夢 (초몽)	→ 신문학 시인
南 宮 檍 (남궁억)	翰西 (한서)	→ 언론인, 황성신문 사장
南 宮 鈺 (남궁옥)	滄洲 (창주)	→ 조선 후기 문장가
南 老 星 (남노성)	雲谷 (운곡)	→ 조선 현종 때 도승지
南 秉 吉 (남병길)	六一齋 (육일재)	→ 조선 말기 대표적인 천문학자
南 秉 哲 (남병철)	圭齋 (규재)	→ 조선 철종 때 대제학
南 師 古 (남사고)	格菴 (격암)	→ 조선 명종 때 예언가
南 尙 敎 (남상교)	雨村 (우촌)	→ 천주교도, 동지돈령부사
南 秀 文 (남수문)	固城 (고성)	→ 조선 세종 때 학자
南 彦 經 (남언경)	東岡 (동강)	→ 조선 선조 때 학자
南 龍 翼 (남용익)	壺谷 (호곡)	→ 조선 숙종 때 이조판서
南 有 常 (남유상)	太華子 (태화자)	→ 조선 중기 문인
南 應 雲 (남응운)	菊牕 (국창)	→ 조선 초기 명신

南 以 恭 (남이공)	雪簑 (설사)	→	조선 선조 때 소북의 거두
南 二 星 (남이성)	宜拙 (의졸)	→	조선 중기 문인
南 以 信 (남이신)	直谷 (직곡)	→	조선 중기 명신
南 以 雄 (남이웅)	市北 (시북)	→	조선 중기 명신
南 以 興 (남이흥)	城隱 (성은)	→	조선 인조 때 명신
南 益 熏 (남익훈)	坡隱 (파은)	→	조선 숙종 때 문신
南 在 (남 재)	龜亭 (구정)	→	조선 개국공신
南 廷 哲 (남정철)	霞山 (하산)	→	조선 헌종 때 중신
南 致 勤 (남치근)	勤之 (조선)	→	조선 중기 무인
南 致 熏 (남치훈)	芝山 (지산)	→	조선 숙종 때 문관
南 孝 溫 (남효온)	秋江 (추강)	→	조선 세조 때 생육신
盧 公 弼 (노공필)	菊逸齋(국일재)	→	조선 중종 때 명신
盧 克 復 (노극복)	月華堂(월화당)	→	조선시대 학자
盧 克 弘 (노극홍)	沃村 (옥촌)	→	임진왜란 때 의병
盧 伯 麟 (노백린)	桂園 (계원)	→	독립운동가
盧 炳 大 (노병대)	錦園 (금원)	→	항일투사
盧 思 愼 (노사신)	葆眞齋(보진재)	→	조선 연산군 때 재상
盧 善 卿 (노선경)	東岳 (동악)	→	조선 세조 때 중신
盧 守 愼 (노수신)	蘇齋 (소재)	→	조선 명·선조 때 명신
盧 璛 (노 숙)	觀流堂(관류당)	→	조선 중종 때 무관
魯 迅 (노 신)	[豫才 예재]	→	중국 작가
盧 友 明 (노우명)	信古堂(신고당)	→	조선 중종 때 문인
盧 元 相 (노원상)	湖亭 (호정)	→	조선 말기 서화가
盧 子 泳 (노자영)	春成 (춘성)	→	근대 시인

盧 峻 命 (노준명)　　[正而 정이]　　→ 조선시대 문관
盧　　禛 (노 진)　　玉溪 (옥계)　　→ 조선 선조 때 명신 청백리
盧　　欽 (노 흠)　　立齋 (입재)　　→ 조선 선조 때 문인

3. ㄷ

都 應 兪 (도응유)　　翠崖 (취애)　　→ 조선시대 학자
獨 孤 入 (독고입)　　[卓然 탁연]　　→ 조선시대 무장

4. ㅁ

馬 湘 圭 (마상규)　　海松 (해송)　　→ 아동문학가
馬 應 房 (마응방)　　龍庵 (용암)　　→ 조선시대 의병장
馬 河 秀 (마하수)　　丹村 (단촌)　　→ 임진왜란 때 의병
孟 萬 始 (맹만시)　　栢枰 (백평)　　→ 조선 중기 서화가
孟 思 誠 (맹사성)　　古佛 (고불)　　→ 조선 세종 때 명신, 청백리
明 光 啓 (명광계)　　慕庵 (모암)　　→ 조선 선조 때 의사
明 以 恒 (명이항)　　成齋 (성재)　　→ 교육가, 독립운동가
文　　瓘 (문 관)　　竹溪 (죽계)　　→ 조선 중종 때 정치가
文　　參 (문 삼)　　白草堂(백초당)　→ 조선시대 학자
文 緯 世 (문위세)　　楓庵 (풍암)　　→ 조선시대 의병장
文 益 成 (문익성)　　玉洞 (옥동)　　→ 조선 선조 때 학자
文 益 漸 (문익점)　　三憂堂(삼우당)　→ 고려시대 학자, 문신
文 一 平 (문일평)　　湖岩 (호암)　　→ 구한말 사학자

文 希 舜 (문희순)	[汝華 여화]	→ 조선시대 선비
閔 奎 鎬 (민규호)	黃史 (황사)	→ 조선 고종 때 문관
閔 淇 (민 기)	觀物齋(관물재)	→ 조선 명종 때 상신
閔 起 文 (민기문)	櫟菴 (역암)	→ 조선 선조 때 정치가
閔 丙 吉 (민병길)	蘇雲 (소운)	→ 독립운동가
閔 聖 徽 (민성휘)	拙堂 (졸당)	→ 조선 인조 때 문신
閔 純 (민 순)	杏村 (행촌)	→ 조선 선조 때 유교현자
閔 黯 (민 암)	叉湖 (차호)	→ 조선 숙종 때 문신
閔 泳 綺 (민영기)	滿庵 (만암)	→ 구한말 대신
閔 泳 達 (민영달)	藕堂 (우당)	→ 조선 고종 때 대신
閔 泳 穆 (민영목)	泉食 (천식)	→ 조선 고종 때 관찰사, 서도가
閔 泳 翊 (민영익)	芸楣 (운미)	→ 조선 말기 대신
閔 泳 煥 (민영환)	桂庭 (계정)	→ 조선 말기 충신
閔 泳 徽 (민영휘)	荷汀 (하정)	→ 조선 말기 문신
閔 昱 (민 욱)	石溪 (석계)	→ 조선 인조 때 학자
閔 有 慶 (민유경)	楓墩 (풍돈)	→ 조선 광해군 때 문관
閔 維 重 (민유중)	屯村 (둔촌)	→ 조선 숙종 때 노론의 중진
閔 應 洙 (민응수)	梧軒 (오헌)	→ 조선 영조 때 상신
閔 應 植 (민응식)	藕堂 (우당)	→ 조선 고종 때 문신, 척신
閔 仁 伯 (민인백)	苔泉 (태천)	→ 조선 인조 때 문신
閔 點 (민 점)	雙梧 (쌍오)	→ 조선시대 문관
閔 鼎 重 (민정중)	老峰 (노봉)	→ 조선 숙종 때 문신
閔 霽 (민 제)	漁隱 (어은)	→ 고려 말기 문신, 조선 태종의 장인
閔 齊 仁 (민제인)	玄岩 (현암)	→ 조선 명종 때 문신

閔 致 福 (민치복)　　壙齋　 (광재)　　→ 조선 정조 때 현감
閔 種 默 (민종묵)　　翰山　 (한산)　　→ 구한말 외무대신
閔 鎭 遠 (민진원)　　丹巖　 (단암)　　→ 조선 영조 때 노론의 거두
閔 天 符 (민천부)　　[應明 응명]　 → 조선시대 문관
閔 致 庠 (민치상)　　荷堂　 (하당)　　→ 조선 고종 때 정치가
閔 泰 瑗 (민태원)　　牛步　 (우보)　　→ 소설가, 번역문학자
閔 台 鎬 (민태호)　　杓庭　 (표정)　　→ 조선 고종 때 정치가
閔 宅 基 (민택기)　　雪海　 (설해)　　→ 근대 서화가
閔 馨 男 (민형남)　　芝厓　 (지애)　　→ 조선 광해군 때 공신
閔　　 熙 (민 　희)　　皥汝　 (고여)　　→ 조선 숙종 때 상신

5. ㅂ

朴 景 順 (박경순)　　花城　 (화성)　　→ 문인, 소설가
朴 慶 後 (박경후)　　醉翁　 (취옹)　　→ 조선 중기 문신
朴 啓 周 (박계주)　　曙雲　 (서운)　　→ 소설가, 한성일보 편집고문
朴 啓 賢 (박계현)　　灌園　 (관원)　　→ 조선 선조 때 명신
朴 光 玉 (박광옥)　　懷齋　 (회재)　　→ 조선 선조 때 문관
朴 光 佑 (박광우)　　蓽齋　 (필재)　　→ 조선 중종 때 문관
朴 光 前 (박광전)　　竹川　 (죽천)　　→ 조선시대 문관
朴　　 權 (박 　권)　　歸菴　 (귀암)　　→ 조선 숙종 때 문신
朴 珪 壽 (박규수)　　桓齋　 (환재)　　→ 조선 고종 때 재상
朴 謹 元 (박근원)　　望日齋(망일재)　 → 조선 명·선조 때 문신
朴 綺 壽 (박기수)　　履坦齋(이탄재)　 → 조선 말기 문신

朴 基 駿 (박기준)　雲樵 　(운초)　→ 조선 후기 화가
朴　　簫 (박 노)　大瓠 　(대호)　→ 조선 인조 때 문관
朴　　漉 (박 녹)　醉睡翁 (취수옹)　→ 조선 중기 문신
朴 大 德 (박대덕)　合江 　(합강)　→ 조선 중기 무신
朴 大 立 (박대립)　無違堂 (무위당)　→ 조선 선조 때 문관
朴 大 厚 (박대하)　松谷 　(송곡)　→ 조선 광해군 때 문신
朴 東 亮 (박동량)　梧窓 　(오창)　→ 조선 선조 때 공신
朴 東 命 (박동명)　梅隱堂 (매은당)　→ 조선 중기 충신
朴 東 善 (박동선)　西浦 　(서포)　→ 조선 인조 때 충신
朴 東 說 (박동열)　南郭 　(남곽)　→ 조선 광해군 때 문신
朴 斗 星 (박두성)　松庵 　(송암)　→ 한글점자 창안자
朴 文 逵 (박문규)　雲巢子 (운소자)　→ 조선 말기 시인
朴 文 秀 (박문수)　耆隱 　(기은)　→ 조선 영조 때 공신, 어사
朴 文 一 (박문일)　懲菴 　(징암)　→ 조선 고종 때 학자
朴 文 鎬 (박문호)　壺山 　(호산)　→ 조선시대 문신
朴　　瀰 (박 미)　汾西 　(분서)　→ 조선 중기 문인, 서도가
朴 民 獻 (박민헌)　正菴 　(정암)　→ 조선 선조 때 문신
朴 師 洙 (박사수)　耐軒 　(내헌)　→ 조선 중기 문신
朴　　祥 (박 상)　訥齋 　(눌재)　→ 조선 초기 문장가, 청백리
朴 尙 衷 (박상충)　[誠夫 성부]　→ 고려 말기 학자
朴　　瑞 (박 서)　朱川 　(주천)　→ 조선 숙종 때 학자
朴 錫 命 (박석명)　頤軒 　(이헌)　→ 조선 초기 문신
朴 性 默 (박성묵)　[陽巖 양암]　→ 항일투사, 의병장
朴 性 源 (박성원)　圃菴 　(포암)　→ 조선 영조 때 학자

朴 聖 源 (박성원)　謙齋　(겸재)　→ 조선 중기 학자
朴 世 橋 (박세교)　[與乘 여승]　→ 조선시대 문관
朴 世 堂 (박세당)　西溪　(서계)　→ 조선 숙종 때 문관
朴 世 茂 (박세무)　消遙堂(소요당)　→ 조선 명종 때 학자
朴 世 采 (박세채)　玄石　(현석)　→ 조선 숙종 때 문신, 18현
朴 世 煦 (박세후)　認齋　(인재)　→ 조선 초기 문관
朴 世 熹 (박세희)　道源齋(도원재)　→ 조선 중종 때 문신
朴 壽 春 (박수춘)　菊潭　(국담)　→ 조선 인조 때 학자
朴 　 淳 (박 순)　思庵　(사암)　→ 조선 선조 때 재상
朴 承 宗 (박승종)　退憂亭(퇴우정)　→ 조선 광해군 때 재상
朴 信 圭 (박신규)　竹村　(죽촌)　→ 조선 숙종 때 문신
朴 審 問 (박심문)　淸齋　(청재)　→ 조선 세종 때 문관
朴 汝 龍 (박여룡)　松厓　(송애)　→ 조선 선조 때 학자
朴 　 堧 (박 연)　蘭溪　(난계)　→ 조선 세종 때 음악가
朴 　 濂 (박 염)　悟漢　(오한)　→ 조선 중기 의관
朴 　 燁 (박 엽)　菊窓　(국창)　→ 조선 광해군 때 지방관
朴 　 英 (박 영)　松堂　(송당)　→ 조선 중종 때 명신
朴 永 元 (박영원)　梧墅　(오서)　→ 조선 철종 때 문신
朴 泳 鍾 (박영종)　木月　(목월)　→ 문인, 소설가
朴 泳 孝 (박영효)　玄玄居士(현현거사)　→ 구한말 정치가
朴 英 熙 (박영희)　懷月　(회월)　→ 평론가, 시인, 작가
朴 容 萬 (박용만)　宇醒　(우성)　→ 언론인
朴 龍 喆 (박용철)　龍兒　(용아)　→ 신문학 시인
朴 　 雲 (박 운)　龍岩　(용암)　→ 조선 명종 때 학자

朴 雲 壽 (박운수)	德隱 (덕은)	→	조선 순조 때 문사
朴 元 度 (박원도)	竹窓 (죽창)	→	조선 중기 문사
朴 元 亨 (박원형)	晩節堂(만절당)	→	조선 세조 때 문신
朴 允 默 (박윤묵)	存齋 (존재)	→	조선 헌종 때 문관
朴 訔 (박 은)	釣隱 (조은)	→	조선 초기 문신
朴 誾 (박 은)	揖翠軒(읍취헌)	→	조선 연산군 때 청년학자
朴 殷 植 (박은식)	白巖 (백암)	→	언론인
朴 應 南 (박응남)	南逸 (남일)	→	조선 선조 때 문신
朴 應 福 (박응복)	拙軒 (졸헌)	→	조선 선조 때 문신
朴 毅 長 (박의장)	[士剛 사강]	→	조선 선조 때 무관
朴 宜 中 (박의중)	貞齋 (정재)	→	고려 말기 명신
朴 彝 叙 (박이서)	泌川 (비천)	→	조선 광해군 때 문관
朴 而 章 (박이장)	龍潭 (용담)	→	조선 선조·광해군 때 명신
朴 寅 亮 (박인량)	小華 (소화)	→	고려 초기 학자
朴 仁 老 (박인로)	蘆溪 (노계)	→	조선 선조 때 시인
朴 仁 碩 (박인석)	檜谷 (회곡)	→	고려시대 문관, 학자
朴 寅 浩 (박인호)	春庵 (춘암)	→	천도교인 48인
朴 長 遠 (박장원)	久堂 (구당)	→	조선 현종 때 문신
朴 長 浩 (박장호)	華南 (화남)	→	독립운동가
朴 全 之 (박전지)	杏山 (행산)	→	고려 충숙왕 때 공신
朴 炡 (박 정)	霞石 (하석)	→	조선 중기 문신
朴 廷 老 (박정로)	懶學者(나학자)	→	조선 광해군 때 문신
朴 定 陽 (박정양)	竹泉 (죽천)	→	조선 고종 때 대신
朴 正 熙 (박정희)	中樹 (중수)	→	제5~9대 대한민국 대통령

朴 齊 家 (박제가)　　楚亭　　(초정)　　→ 조선 후기 학자, 서화가
朴 齊 純 (박제순)　　平齋　　(평재)　　→ 구한말 친일 정치가
朴 宗 慶 (박종경)　　敦巖　　(돈암)　　→ 조선 영조 때 문신
朴 宗 與 (박종여)　　冷泉　　(냉천)　　→ 조선 영·정조 때 문신
朴 宗 儒 (박종유)　　晚峰　　(만봉)　　→ 조선 중기 문신
朴 鍾 鴻 (박종홍)　　洌巖　　(열암)　　→ 철학자, 교수
朴 鍾 和 (박종화)　　月灘　　(월탄)　　→ 시인, 소설가
朴 宗 薰 (박종훈)　　荳溪　　(두계)　　→ 조선 순조 때 상신
朴 準 承 (박준승)　　泚菴　　(자암)　　→ 독립운동가
朴 準 源 (박준원)　　錦石　　(금석)　　→ 조선 순조 때 판서
朴 仲 林 (박중림)　　閑碩堂(한석당)　　→ 조선 단종 때 이조판서
朴 仲 孫 (박중손)　　默齋　　(묵재)　　→ 조선 세조 때 공신
朴 知 誡 (박지계)　　潛冶　　(잠야)　　→ 조선 광해군 때 학자
朴 之 屛 (박지병)　　[汝障 여장]　　→ 조선시대 효자
朴 趾 源 (박지원)　　燕巖　　(연암)　　→ 조선 후기 학자
朴 枝 華 (박지화)　　守菴　　(수암)　　→ 조선 선조 때 학자
朴 震 英 (박진영)　　厓西　　(애서)　　→ 조선 인조 때 장군
朴 贊 翊 (박찬익)　　南坡　　(남파)　　→ 독립운동가 精一
朴 昌 夏 (박창하)　　余樂堂(여락당)　　→ 조선 숙종 때 시인
朴 處 綸 (박처륜)　　[巨卿 거경]　　→ 조선 성종 때 문신
朴 忠 元 (박충원)　　駱村　　(낙촌)　　→ 조선 명종 때 명신
朴 忠 佐 (박충좌)　　恥菴　　(치암)　　→ 고려 말기 학자
朴 致 遠 (박치원)　　泣愆齋(읍건재)　　→ 조선 영조 때 문신
朴 泰 輔 (박태보)　　定齋散人(정재산인)　　→ 조선 숙종 때 문신

朴 彭 年 (박팽년)　醉琴軒(취금헌)　→ 조선 초기 학자, 사육신, 청백리
朴 弼 正 (박필정)　逸休　(일휴)　→ 조선 영조 때 문신
朴 弼 周 (박필주)　黎湖　(여호)　→ 조선 영조 때 정치가, 학자
朴 漢 柱 (박한주)　迂拙子(우졸자)　→ 조선 연산군 때 간관
朴　煥 (박 환)　守愚　(수우)　→ 조선 인조 때 충신
朴　璜 (박 황)　懦軒　(나헌)　→ 조선 인조 때 문신
朴 晦 壽 (박회수)　壺谷　(호곡)　→ 조선 헌종 때 상신
朴　薫 (박 훈)　江叟　(강수)　→ 조선 중종 때 문신
潘 石 枰 (반석평)　松厓　(송애)　→ 조선 중종 때 문신
潘　嶽 (반 악)　[安仁 안인]　→ 중국 문인
方 戊 吉 (방무길)　惠淵　(혜연)　→ 근대 여류화가
房 元 震 (방원진)　晚悟　(만오)　→ 조선 중기 의사
方 定 煥 (방정환)　小波　(소파)　→ 아동문학가, 아동운동가
方 有 寧 (방유녕)　無欺堂(무기당)　→ 조선 중종 때 문신
裵 克 廉 (배극렴)　筆菴　(필암)　→ 조선 개국공신
裵 吉 基 (배길기)　時菴　(시암)　→ 교수, 서예가
裵 三 益 (배삼익)　臨淵　(임연)　→ 조선 명종 때 문관
裵 興 立 (배흥립)　[伯起 백기]　→ 조선 선조 때 무장
白 居 易 (백거이)　香山居士(향산거사)　→ 중국 시인
白 慶 楷 (백경해)　守窩　(수와)　→ 조선 순조 때 홍경래의난 평정
白 光 勳 (백광훈)　玉峰　(옥봉)　→ 조선 선조 때 시인
白 樂 寬 (백낙관)　秋江　(추강)　→ 조선 말기 의사
白 樂 龜 (백낙구)　雲亭　(운정)　→ 구한말 의병장
白 樂 濬 (백낙준)　庸齋　(용재)　→ 문인, 문교부장관

朴 賁 華 (박분화)　南陽　(남양)　→ 고려 희종 때 근신
朴 三 奎 (박삼규)　溫堂　(온당)　→ 독립운동가
白 相 奎 (백상규)　龍成　(용성)　→ 불교인, 33인
白 受 繪 (백수회)　松潭　(송담)　→ 조선 중기 문신
朴 時 源 (박시원)　老圃　(노포)　→ 조선 순조 때 공신
朴 殷 培 (박은배)　琳堂　(임당)　→ 조선 말기 화가
白 仁 傑 (백인걸)　休菴　(휴암)　→ 조선 선조 때 명신, 청백리
白 仁 海 (백인해)　審齋　(심재)　→ 독립운동가
白 鍾 烈 (백종열)　惠園　(혜원)　→ 독립운동가
白 振 南 (백진남)　松湖　(송호)　→ 조선 선조 때 시인
白 見 龍 (백현룡)　惺軒　(성헌)　→ 조선시대 학자
白 弘 悌 (백홍제)　[汝順 여순]　→ 조선시대 의인
范 世 東 (범세동)　伏厓　(복애)　→ 고려 말기 학자
法 　 藏 (법 장)　高峯　(고봉)　→ 백제시대 승려, 속성 金
卞 季 良 (변계량)　春亭　(춘정)　→ 조선 태종 때 문신
卞 榮 魯 (변영로)　樹州　(수주)　→ 신문학 시인
卞 榮 晚 (변영만)　三淸　(삼청)　→ 한학자, 법률가
卞 榮 泰 (변영태)　逸石　(일석)　→ 건국 초기 국무총리
卞 玉 希 (변옥희)　坪川　(평천)　→ 조선 선조 때 성리학자, 의병대장
邊 以 中 (변이중)　望菴　(망암)　→ 조선 선조 때 공신
卞 仲 良 (변중량)　春堂　(춘당)　→ 조선 초기 문신
卞 　 獻 (변 헌)　三一山人(삼일산인)　→ 조선 중기 문인, 임진왜란 때 승군
邊 　 協 (변 협)　南湖　(남호)　→ 조선 선조 때 장군
普 　 雨 (보 우)　虛應堂(허응당)　→ 조선 명종 때 중

普　　愚 (보　우)　　太古　(태고)　　→ 고려 말기 승려, 속성 洪
奉 汝 諧 (봉여해)　　默獻　(묵언)　　→ 조선 초기 학자

6. ㅅ

司 馬 遷 (사마천)　　[子長 자장]　　→ 중국 사학자
徐 居 正 (서거정)　　四佳亭(사가정)　→ 조선 초기 학자
徐 敬 德 (서경덕)　　花潭　(화담)　　→ 조선 중종 때 학자
徐 景 雨 (서경우)　　晩沙　(만사)　　→ 조선 중기 명신
徐 景　　(서경주)　　松岡　(송강)　　→ 조선 선·인조 때 문신
徐 光 範 (서광범)　　緯山　(위산)　　→ 조선 고종 때 정치가
徐　　起 (서　기)　　孤靑樵老(고청초로)　→ 조선 중기 학자
徐 箕 淳 (서기순)　　梅園　(매원)　　→ 조선 말기 명신
徐 堂 輔 (서당보)　　茶史　(다사)　　→ 조선 고종 때 중신
徐 邁 修 (서매수)　　戀軒　(공헌)　　→ 조선 중기 명신
徐 命 均 (서명균)　　嘯皐　(소고)　　→ 조선 영조 때 문신
徐 命 膺 (서명응)　　保晩齋(보만재)　→ 조선 중기 학자
徐 文 尙 (서문상)　　松坡　(송파)　　→ 조선 숙종 때 문신
徐 文 裕 (서문유)　　[季容 계용]　　→ 조선 숙종 때 문신
徐 文 重 (서문중)　　夢漁亭(몽어정)　→ 조선 중기 명신
徐 丙 五 (서병오)　　石齋　(석재)　　→ 서화가, 문인화, 군수
徐 相 日 (서상일)　　東庵　(동암)　　→ 독립운동가, 정치가
徐　　渻 (서　성)　　藥峯　(약봉)　　→ 조선 중기 명신
徐 世 忠 (서세충)　　春江　(춘강)　　→ 독립운동가

徐 龍 輔 (서용보)	心齋 (심재)	→ 조선 중기 명신
徐 元 履 (서원리)	華谷 (화곡)	→ 조선 효종 때 문신
徐 有 榘 (서유구)	準平 (준평)	→ 조선 말기 농정가, 문신
徐 有 望 (서유망)	[表民 표민]	→ 조선 순조 때 문관
徐 理 修 (서이수)	[而仲 이중]	→ 조선시대 학자
徐 載 弼 (서재필)	松齋 (송재)	→ 독립운동가, 독립협회
徐 宗 泰 (서종태)	晩靜 (만정)	→ 조선 중기 명신
徐 左 輔 (서좌보)	[公弼 공필]	→ 조선 중기 문신
徐 椿 (서 춘)	五峰 (오봉)	→ 언론인
徐 必 遠 (서필원)	六谷 (육곡)	→ 조선 중기 문신
徐 憲 淳 (서헌순)	石松 (석운)	→ 조선 말기 문신
徐 孝 修 (서효수)	[汝源 여원]	→ 조선시대 문관
徐 熙 (서 희)	[廉允 염윤]	→ 고려시대 외교가, 장군
宣 居 怡 (선거이)	親親齋(친친재)	→ 조선 중기 무신
宣 世 綱 (선세강)	梅谷 (매곡)	→ 조선시대 문관
鮮 于 浹 (선우협)	遯庵 (돈암)	→ 조선 인조 때 학자
偰 長 壽 (설장수)	芸齋 (운재)	→ 고려 말기 상신
薛 誓 幢 (설서당)	元曉 (원효)	→ 신라 말기 고승, 설총의 父
薛 聰 (설 총)	氷月堂(빙월당)	→ 신라시대 학자, 字는 聰智
成 聃 壽 (성담수)	文斗 (문두)	→ 조선 세조 때 생육신
成 夢 井 (성몽정)	[應卿 응경]	→ 조선 중종 때 명신
成 文 濬 (성문준)	滄浪 (창랑)	→ 조선시대 학자
成 奉 祖 (성봉조)	[孝夫 효부]	→ 조선 전기 문신
成 士 達 (성사달)	易菴 (역암)	→ 고려 말기 문신

成 三 問 (성삼문)　梅竹軒(매죽헌)　→ 조선 단종 때 충신, 사육신
成 石 璘 (성석린)　獨谷　(독곡)　→ 조선 초기 명신, 명필
成 石 瑢 (송석용)　檜谷　(회곡)　→ 조선 초기 문신
成 世 明 (성세명)　[如晦 여회]　→ 조선 연산군 때 문신
成 世 純 (성세순)　[太純 태순]　→ 조선시대 문관
成 世 章 (성세장)　思菴　(사암)　→ 조선시대 문관
成 世 昌 (성세창)　遯齋　(돈재)　→ 조선 성·명종 때 문신
成 守 琛 (성수침)　聽松　(청송)　→ 조선 명종 때 은사
成 　 勝 (성 승)　赤谷　(적곡)　→ 조선 세종 때 충신, 성삼문의 父
成 安 義 (성안의)　芙蓉堂(부용당)　→ 조선 인조 때 문신
成 汝 完 (성여완)　怡軒　(이헌)　→ 고려 말기 충신
成 佑 吉 (성우길)　[自受 자수]　→ 조선 광해군 때 장군
成 　 運 (성 운)　大谷　(대곡)　→ 조선 명종 때 은사
成 　 任 (성 임)　逸齋　(일재)　→ 조선 초기 학자
成 子 濟 (성자제)　松齋　(송재)　→ 조선시대 서예가
成 悌 元 (성제원)　東州　(동주)　→ 조선 명종 때 학자
成 周 德 (성주덕)　[縣之 현지]　→ 조선 초기 천문관, 학자
成 彭 年 (성팽년)　石谷　(석곡)　→ 조선시대 문관
成 夏 宗 (성하종)　[而建 이건]　→ 조선시대 문관
成 海 應 (성해응)　研經齋(연경재)　→ 조선 정조 때 문관
成 　 倪 (성 현)　慵齋　(용재)　→ 조선 초기 명신, 학자, 청백리
成 好 善 (성호선)　月蓑　(월사)　→ 조선시대 문관
成 虎 徵 (성호징)　[炳如 병여]　→ 조선시대 문관
成 　 渾 (성 혼)　牛溪　(우계)　→ 조선 선조 때 학자, 18현

成　渾 (성　혼)　默庵　(묵암)　→ 조선 선조 때 학자
成希顔 (성희안)　仁齋　(인재)　→ 조선 중종 때 공신
蘇世讓 (소세양)　陽谷　(양곡)　→ 조선 중종 때 명신
蘇始萬 (소시만)　菊軒　(국헌)　→ 조선시대 학자
孫　冠 (손　관)　[知足 지족]　→ 고려 중기 문신
孫德沈 (손덕심)　[慕軒 모건]　→ 임진왜란 때 의병장
孫秉熙 (손병희)　義菴　(의암)　→ 종교가, 민족대표
孫比長 (손비장)　笠巖　(입암)　→ 조선 성종 때 문신
孫叙倫 (손서륜)　[敦仲 돈중]　→ 조선시대 충신
孫舜孝 (손순효)　勿齋　(물재)　→ 조선 성종 때 상신
孫英濟 (손영제)　鄒川　(추천)　→ 조선시대 문관
孫一民 (손일민)　晦堂　(회당)　→ 독립운동가
孫鼎九 (손정구)　[孝卿 효경]　→ 조선시대 문관
孫貞道 (손정도)　石海　(석해)　→ 독립운동가
孫肇瑞 (손조서)　勉齋　(면재)　→ 조선 초기 학자
孫仲敦 (손종돈)　愚齋　(우재)　→ 조선 중종 때 문신, 청백리
孫晉泰 (손진태)　南滄　(남창)　→ 민속학자 국사학자
孫必大 (손필대)　歲寒齋 (세한재)　→ 조선시대 시인
孫弘祿 (손홍록)　寒溪　(한계)　→ 조선시대 학자
宋奎濂 (송규렴)　霽月堂 (제월당)　→ 조선 숙종 때 문관
訟近洙 (송근수)　立齋　(입재)　→ 조선 고종 때 재상
宋麒壽 (송기수)　楸坡　(추파)　→ 조선 명종 때 학자
宋基厚 (송기후)　聞道齋 (문도재)　→ 조선시대 학자
宋能相 (송능상)　雲坪　(운평)　→ 조선시대 학자

宋 大 立 (송대립)　　[信伯 손백]　　→ 조선 선조 때 충신
宋 德 榮 (송덕영)　　四貞　(사정)　　→ 조선 광해군 때 무관
宋 德 馹 (송덕일)　　釣隱　(조은)　　→ 조선 선조 때 장군
宋 明 輝 (송명휘)　　學川　(학천)　　→ 조선시대 학자
宋 明 欽 (송명흠)　　櫟泉　(역천)　　→ 조선 영조 때 학자
宋 民 古 (송민고)　　蘭谷　(난곡)　　→ 조선 중기 화가
宋 秉 璿 (송병선)　　淵齋　(연재)　　→ 구한말 충신
宋 相 琦 (송상기)　　玉吾齋(옥오재)　→ 조선 숙종 때 문신
宋 尙 敏 (송상민)　　石谷　(석곡)　　→ 조선시대 학자
宋 象 仁 (송상인)　　西郭　(서곽)　　→ 조선 인조 때 문신
宋 錫 夏 (송석하)　　石南　(석남)　　→ 민속학자
宋 松 禮 (송송례)　　貞烈　(정열)　　→ 고려 충렬왕 때 재상
宋 秀 萬 (송수만)　　醒菴　(성암)　　→ 조선 고종 때 무관, 항일투사
宋　　純 (송　순)　　俛仰亭(면앙정)　→ 조선 선조 때 시인
宋 時 吉 (송시길)　　[仲立 중립]　　→ 조선 인조 때 문관
宋 時 烈 (송시열)　　尤庵　(우암)　　→ 조선 중기 학자, 명신, 18현
宋 時 榮 (송시영)　　茂先　(무선)　　→ 조선 인조 때 문신
宋 彦 愼 (송언신)　　壺峯　(호봉)　　→ 조선 선조 때 문신
宋 汝 諧 (송여해)　　[虞卿 우경]　　→ 조선시대 문관
宋 英 耉 (송영구)　　瓢翁　(표옹)　　→ 조선 선조·광해군 때 문신
宋 翼 弼 (송익필)　　龜峰　(구봉)　　→ 조선 중기 학자, 문인
宋　　寅 (송　인)　　頤庵　(이암)　　→ 조선 중기 명신
宋 寅 明 (송인명)　　藏密軒(장밀헌)　→ 조선 영조 때 상신
宋 鱗 壽 (송인수)　　圭庵　(규암)　　→ 조선 중기 문신

宋 日 中 (송일중)　宋齋　(송재)　→ 조선시대 서예가
宋 廷 奎 (송정규)　迂叟　(우수)　→ 조선 숙종 때 문신
宋 鍾 翊 (송종익)　友江　(우강)　→ 독립운동가, 흥사단 이사장
宋 浚 吉 (송준길)　同春　(동춘)　→ 조선 중기 명신, 18현
宋 眞 明 (송진명)　疏亭　(소정)　→ 조선 숙종 때 문신
宋 鎭 禹 (송진우)　古下　(고하)　→ 정치가, 독립운동가
宋 徵 殷 (송징은)　約軒　(약헌)　→ 조선시대 학자
宋 　 贊 (송 찬)　西郊　(서교)　→ 조선 명·선조 때 문관
宋 千 喜 (송천희)　[懼夫 구부]　→ 조선 중기 문신
宋 　 樞 (송 추)　鼎山　(정산)　→ 종교인
宋 穉 圭 (송치규)　剛齋　(강재)　→ 조선 헌종 때 학자
宋 翰 弼 (송한필)　雲谷　(운곡)　→ 조선 중기 학자
宋 煥 箕 (송환기)　心齋　(심재)　→ 조선 순조 때 문신
宋 　 欽 (송 흠)　知止堂(지지당)　→ 조선 중종 때 명신, 청백리
宋 希 奎 (송희규)　倻溪散翁(야계산옹) → 조선 중종 때 문관
申 　 鑑 (신 감)　笑仙　(소선)　→ 조선시대 문관
愼 居 寬 (신거관)　獨齋　(독재)　→ 조선 명종 때 명신
申 景 洛 (신경락)　松村　(송촌)　→ 조선시대 문관
辛 景 衍 (신경연)　錦汀　(금정)　→ 조선시대 문관
申 景 濬 (신경준)　旅庵　(여암)　→ 조선 영조 때 실학자
辛 景 行 (신경행)　釣隱　(조은)　→ 조선 선조 때 공신
辛 啓 榮 (신계영)　仙石　(선석)　→ 조선 중기 문신
申 公 濟 (신공제)　伊溪　(이계)　→ 조선 중종 때 문신
申 光 洙 (신광수)　石北　(석북)　→ 조선 영조 때 문신

辛 光 業 (신광업)	龜齋 (구재)	→ 조선 광해군 때 문관
申 光 漢 (신광한)	企齋 (기재)	→ 조선 중·명종 때 학자
申 圭 植 (신규식)	晲觀 (예관)	→ 독립운동가
申 箕 善 (신기선)	陽園 (양원)	→ 조선 고종 때 대신
申 棄 疾 (신기질)	稼軒 (가헌)	→ 중국시인
申 大 羽 (신대우)	宛丘 (완구)	→ 조선 정조 때 문관
申 德 隣 (신덕린)	醇隱 (순은)	→ 고려 말기 서도가
辛 旽 (신 돈)	淸閑居士(청한거사)	→ 고려 말기 승려
申 得 洪 (신득홍)	芷潭 (지담)	→ 조선시대 문관
申 末 舟 (신말주)	歸來亭(귀래정)	→ 조선 단종 때 문관
申 復 淳 (신복순)	[淳之 순지]	→ 조선시대 문관
申 鏛 (신 상)	韋菴 (위암)	→ 조선 중종 때 정치가
申 錫 雨 (신석우)	于蒼 (우창)	→ 언론인, 주중대사
辛 錫 正 (신석정)	夕汀 (석정)	→ 신문학 시인
申 錫 祖 (신석조)	淵氷堂(연빙당)	→ 조선 세종 때 명신, 유학자
愼 守 勤 (신수근)	所閑堂(소한당)	→ 조선 연산군 때 문신
申 橚 (신 숙)	三畏堂(삼외당)	→ 조선 중기 문관
申 叔 舟 (신숙주)	保閑齋(보한재)	→ 조선 초기 문신, 학자
愼 承 善 (신승선)	仕止堂(사지당)	→ 조선 성종 때 재상
申 湜 (신 식)	用拙齋(용졸재)	→ 조선 중기 문관
申 岳 (신 악)	籟湖 (뇌호)	→ 독립운동가
申 元 綠 (신원록)	悔堂 (회당)	→ 조선시대 효자
申 浣 (신 완)	絅菴 (경암)	→ 조선 숙종 때 재상
申 用 漑 (신용개)	二樂亭(이락정)	→ 조선 중종 때 대신

申 禹 鉉 (신우현)	紫雲 (자운)	→	독립운동가
申 元 錄 (신원록)	悔堂 (회당)	→	조선시대 효자
申 緯 (신 위)	紫霞 (자하)	→	조선 말기 학자
申 維 翰 (신유한)	靑泉 (청천)	→	조선 숙종 때 문장가
申 潤 福 (신윤복)	蕙園 (혜원)	→	조선 후기 화가
申 應 時 (신응시)	白麓 (백록)	→	조선 중기 문인
申 應 朝 (신응조)	桂田 (계전)	→	조선 말기 문신
申 儀 華 (신의화)	四雅 (사아)	→	조선시대 문관
申 翊 龍 (신익룡)	濠梁 (호량)	→	조선시대 문관
申 翼 相 (신익상)	醒齋 (성재)	→	조선 숙종 때 상신
申 翊 聖 (신익성)	樂全堂(낙전당)	→	조선 선조의 부마, 문장, 서도가
申 翊 全 (신익전)	東江 (동강)	→	조선시대 문관
申 翼 熙 (신익희)	海公 (해공)	→	독립운동가, 정치가
辛 引 孫 (신인손)	石泉 (석천)	→	조선 초기 학자
申 鉌 (신 임)	漢竹 (한죽)	→	조선 숙·경종 때 문신
申 綽 (신 작)	石泉 (석천)	→	조선 순조 때 학자
申 潛 (신 잠)	靈川子(영천자)	→	조선 초기 명신, 문인
申 檣 (신 장)	巖軒 (암헌)	→	조선 태종 때 학자
申 在 孝 (신재효)	桐里 (동리)	→	조선 말기 가인
申 晸 (선 정)	汾厓 (분애)	→	조선 숙종 때 문신
申 靖 夏 (신정하)	恕庵 (서암)	→	조선 숙종 때 문신
申 從 濩 (신종호)	三魁亭(삼괴정)	→	조선 성종 때 문신
申 佐 模 (신좌모)	澹人 (담인)	→	조선 후기 문신
申 浚 (신 준)	懶軒 (나헌)	→	조선 중종 때 공신

申 遵 美 (신준미)	[仕休 사휴]	→ 조선시대 학자
申 之 悌 (신지제)	梧峰 (오봉)	→ 조선시대 문관
申 楫 (신 집)	河陰 (하음)	→ 조선 인조 때 문신
申 采 浩 (신채호)	丹齋 (단재)	→ 언론계 선구자, 독립운동
辛 礎 (신 초)	聞巖 (문암)	→ 조선시대 무장
申 最 (신 최)	春沼 (춘소)	→ 조선시대 문관
申 八 均 (신팔균)	洞川 (동천)	→ 구한말 무관, 항일투사
申 櫶 (신 헌)	威堂 (위당)	→ 조선 고종 때 정치가
申 浩 (신 호)	武壯 (무장)	→ 조선 선조 때 무신
申 混 (신 혼)	草庵 (초암)	→ 조선시대 문관
申 活 (신 활)	竹老 (죽로)	→ 조선시대 학자
申 鴻 周 (신홍주)	[儀之 의지]	→ 조선시대 문관
愼 後 聃 (신후담)	河濱 (하빈)	→ 조선 효·현종 때 학자
申 厚 載 (신후재)	葵亭 (규정)	→ 조선 숙종 때 문신
申 欽 (신 흠)	象村 (상촌)	→ 조선 인조 때 영의정
愼 希 福 (신희복)	觀泉子(관천자)	→ 조선 중기 문신
沈 健 永 (심건영)	寒溪 (한계)	→ 조선 중기 학자
沈 決 (심 결)	[通之 통지]	→ 조선 세조 때 문관
沈 光 世 (심광세)	休翁 (휴옹)	→ 조선 선조 때 문신
沈 光 彦 (심광언)	鈍菴 (둔암)	→ 조선 명종 때 문신
沈 權 (심 권)	[聖可 성가]	→ 조선 숙종 때 문신
沈 檀 (심 단)	藥峴 (약현)	→ 조선 영조 때 문신
沈 岱 (심 대)	西敦 (서둔)	→ 조선 선조 때 충신
沈 大 孚 (심대부)	泛齋 (범재)	→ 조선 인조 때 문신

沈 得 行 (심득행)	[道卿 도경]	→ 조선시대 문관
沈 民 覺 (심민각)	龜巖　(구암)	→ 조선시대 志士
沈 敏 謙 (심민겸)	杜菴　(두암)	→ 조선 선·인조 때 의사
沈 逢 源 (심봉원)	希容　(희용)	→ 조선 선조 때 문신
沈 守 慶 (심수경)	聽天堂(청천당)	→ 조선 중기 명신, 청백리
沈 思 遜 (심사손)	[讓卿 양경]	→ 조선 중종 때 문신, 청백리
沈 師 正 (심사정)	玄齋　(현재)	→ 조선 중기 화가
沈 裳 奎 (심상규)	斗室　(두실)	→ 조선 말기 명신
沈 壽 賢 (심수현)	止山　(지산)	→ 조선 영조 때 상신
沈 彦 光 (심언광)	漁村　(어촌)	→ 조선 중종 때 문신
沈 　 演 (심 연)	圭峰　(규봉)	→ 조선시대 문관
沈 連 源 (심연원)	保庵　(보암)	→ 조선 명종 때 영의정
沈 　 悅 (심 열)	南坡　(남파)	→ 조선 인조 때 영의정
沈 　 䇽 (심 영)	雨晴　(우청)	→ 조선 인종 때 문신
沈 友 勝 (심우승)	晚沙　(만사)	→ 조선 선조 때 문신
沈 　 攸 (심 유)	梧灘　(오탄)	→ 조선 숙종 때 문신
沈 義 謙 (심의겸)	巽庵　(손암)	→ 조선 선조 때 문신
沈 益 顯 (심익현)	竹塢　(죽오)	→ 조선 효종 때 문신
沈 　 貞 (심 정)	逍遙亭(소요정)	→ 조선 중종 때 상신
沈 定 鎭 (심정진)	霽軒　(제헌)	→ 조선 정조 때 문관
沈 　 諿 (심 즙)	南崖　(남애)	→ 조선 중기 문관
沈 之 源 (심지원)	晚沙　(만사)	→ 조선 효종 때 영의정
沈 之 漢 (심지한)	滄洲　(창주)	→ 조선 인조 때 문신
沈 忠 謙 (심충겸)	四養堂(사양당)	→ 조선 선조 때 공신

沈 通 源 (심통원)　勖齋　(욱재)　→ 조선 명종 때 상신
沈 豊 之 (심풍지)　頎頎齋(기기재)　→ 조선 정조 때 문신
沈 弘 模 (심홍모)　簡齋　(간재)　→ 조선 순조 때 학자
沈 煥 之 (심환지)　晩圃　(만포)　→ 조선 정조 때 상신
沈　　熏 (심　훈)　海風　(해풍)　→ 신소설 작가
沈 喜 壽 (심희수)　一松　(일송)　→ 조선 선조 때 상신

7. ㅇ

安　　堅 (안　견)　玄洞子(현동자)　→ 조선 초기 화가
安 克 家 (안극가)　磊石　(뇌석)　→ 조선시대 학자
安　　岐 (안　기)　麓邨　(녹촌)　→ 조선시대 서화가
安 魯 生 (안노생)　春谷　(춘곡)　→ 고려 공양왕 때 무관
安　　瑭 (안　당)　永慕堂(영모당)　→ 조선 중종 때 상신
安 名 世 (안명세)　[景應 경응]　→ 조선 중종 때 문관
安 命 說 (안명열)　睡心堂(수심당)　→ 조선 후기 역관, 서예가
安 夢 尹 (안몽윤)　[商卿 상경]　→ 조선시대 무관
安 玫 英 (안민영)　周翁　(주옹)　→ 조선 철종 때 가인
安 邦 俊 (안방준)　隱峰　(은봉)　→ 조선 인조 때 학자
安 桑 鷄 (안상계)　竹山　(죽산)　→ 조선 세종의 외손자
安 瑞 羽 (안서우)　兩棄齋(양기재)　→ 조선 숙·영조 때 학자
安 碩 柱 (안석주)　夕影　(석영)　→ 현대 삽화가
安　　省 (안　성)　雪泉　(설천)　→ 조선 초기 문관
安　　純 (안　순)　竹溪　(죽계)　→ 조선 세종 때 명신

安 崇 善 (안숭선)	甕齋 (옹재)	→ 조선 세종 때 명신
安 承 禹 (안승우)	下沙 (하사)	→ 조선말 의병장
安 時 賢 (안시현)	[君望 군망]	→ 조선시대 문관
顔 延 之 (안연지)	[延年 연년]	→ 조선시대 문인
安 　 衛 (안 위)	[大勳 대훈]	→ 조선 중기 무신
安 　 裕 (안 유)	晦軒 (회헌)	→ 고려명신, 18현
安 在 鴻 (안재홍)	民世 (민세)	→ 근세 정치가, 조선일보 주필
安 　 挺 (안 정)	竹窓 (죽창)	→ 조선 중종 때 문인
安 정 복 (안정복)	順菴 (순암)	→ 조선 정조 때 실학자
安 宗 源 (안종원)	雙淸堂 (쌍청당)	→ 고려 말기 상신
安 鍾 和 (안종화)	函齋 (함재)	→ 조선 말기 학자
安 重 根 (안중근)	[應七 응칠]	→ 독립운동가, 서예가
安 重 植 (안중식)	心田 (심전)	→ 근대 서화가
安 　 止 (안 지)	皐隱 (고은)	→ 조선 초기 문인
安 　 志 (안 지)	農厓 (농애)	→ 조선시대 학자
顔 之 推 (안지추)	[介 　 개]	→ 중국 학자
安 　 縝 (안 진)	鶴村 (학촌)	→ 조선 현종 때 문관
安 　 瓚 (안 찬)	[黃中 황중]	→ 조선시대 문관
安 昌 浩 (안창호)	島山 (도산)	→ 독립운동가, 교육자
安 處 謙 (안처겸)	謙齋 (겸재)	→ 조선 중종 때 문관
安 處 誠 (안처성)	竹溪 (죽계)	→ 조선시대 문관
安 　 軸 (안 축)	謹齋 (근재)	→ 고려 후기 학자
安 置 民 (안치민)	棄菴 (기암)	→ 고려시대 문관
安 　 琛 (안 침)	竹窓 (죽창)	→ 조선 중종 때 문신

安 泰 國 (안태국)	東吾 (동오)	→ 독립운동가
安　珦 (안 향)	晦軒 (회헌)	→ 고려시대 명신, 학자
安　玹 (안 현)	雪江 (설강)	→ 조선 명종 때 문관
安 浩 相 (안호상)	한뫼	→ 교육자, 철학자
安 孝 濟 (안효제)	守坡 (수파)	→ 조선 말기 애국자
安 熙 濟 (안희제)	白山 (백산)	→ 독립운동가
梁 起 鐸 (양기탁)	雲岡 (운강)	→ 독립운동가, 언론인
梁 基 薰 (양기훈)	石然 (석연)	→ 조선 후기 화가
梁 大 樸 (양대박)	松巖 (송암)	→ 조선 선조 때 의병장
楊 士 奇 (양사기)	竹齋 (죽재)	→ 조선시대 문관
楊 士 彦 (양사언)	蓬萊 (봉래)	→ 조선 중기 문관, 명필
楊 士 衡 (양사형)	漁溪 (어계)	→ 조선시대 문관
梁 誠 之 (양성지)	訥齋 (눌재)	→ 조선 초기 학자
梁 世 奉 (양세봉)	碧海 (벽해)	→ 독립운동가
楊 凝 式 (양응식)	[景度 경도]	→ 중국 서예가
梁 應 深 (양응심)	[彦容 언용]	→ 조선시대 무관
梁 應 鼎 (양응정)	松川 (송천)	→ 조선 명종 때 문인
梁　誌 (양 지)	[彦信 언신]	→ 조선시대 충신
梁 柱 東 (양주동)	无涯 (무애)	→ 시인, 국문학자, 영문학자
梁 漢 默 (양한묵)	芝江 (지강)	→ 독립운동가, 33인, 천도교인
梁 會 一 (양회일)	杏史 (행사)	→ 조선시대 의병장
魚 得 江 (어득강)	灌圃堂(관포당)	→ 조선시대 문관
魚 夢 龍 (어몽룡)	雪谷 (설곡)	→ 조선 선조 때 화가
魚 變 甲 (어변갑)	綿谷 (면곡)	→ 조선시대 문관

魚 世 謙 (어세겸)　西川　(서천)　→ 조선 초기 명신
魚 叔 權 (어숙권)　也足堂(야족당)　→ 조선 중기 학자
魚 有 龜 (어유구)　兢齋　(긍재)　→ 조선 경종의 장인, 문관
魚 有 鳳 (어유봉)　杞園　(기원)　→ 조선 중기 학자
魚 有 沼 (어유소)　[子游 자유]　→ 조선 초기 무관
漁 允 迪 (어윤적)　惠齋　(혜재)　→ 조선 고종 때 사학자
漁 允 中 (어윤중)　一齋　(일재)　→ 조선 고종 때 대신
魚 孝 瞻 (어효첨)　龜川　(구천)　→ 조선 초기 명신
蘖　玄 (얼　현)　翠竹　(취죽)　→ 조선시대 여류시인
嚴 漢 明 (엄한명)　晩香齋(만향재)　→ 조선 중기 문인, 서예가
呂 圭 亭 (여규정)　荷亭　(하정)　→ 한학자
呂 聖 齊 (여성제)　雲浦　(운포)　→ 조선 숙종 때 문신
呂 祐 吉 (여우길)　稚溪　(치계)　→ 조선 선조 때 문신
呂 運 亨 (여운형)　夢陽　(몽양)　→ 독립운동가, 정치가
呂 爾 栽 (여이재)　海翁　(해옹)　→ 조선시대 정치가
呂　稱 (여　칭)　檋谷　(화곡)　→ 여말선초 문·무신
呂 希 臨 (여희림)　圓亭　(원정)　→ 조선시대 학자
廉 想 涉 (염상섭)　橫步　(횡보)　→ 근대 소설가, 본명 尙燮
廉 溫 東 (염온동)　秋汀　(추정)　→ 독립운동가
芮 承 錫 (예승석)　[周卿 주경]　→ 조선 전기 문신
吳 剛 杓 (오강표)　無貳齋(무이재)　→ 구한말 義士
吳　健 (오　건)　德溪　(덕계)　→ 조선 선조 때 문관
吳 慶 林 (오경림)　筠廷　(균정)　→ 조선시대 문관
吳 慶 錫 (오경석)　亦梅　(역매)　→ 조선 말기 명필, 화가

吳　　端 (오　단)　　東巖　　(동암)　　→ 조선시대 문관
吳 達 濟 (오달제)　　秋潭　　(추담)　　→ 조선 인조 때 충신
吳 道 一 (오도일)　　西坡　　(서파)　　→ 조선 숙종 때 문관
吳 東 振 (오동진)　　松菴　　(송암)　　→ 독립운동가
吳 斗 寅 (오두인)　　暘谷　　(양곡)　　→ 조선 숙종 때 문신
吳 命 恒 (오명항)　　永慕庵(영모암)　→ 조선 영조 때 공신
吳 相 淳 (오상순)　　空超　　(공초)　　→ 근대 시인
吳 世 才 (오세재)　　[德全 덕전]　　→ 고려시대 학자
吳 世 昌 (오세창)　　葦滄　　(위창)　　→ 독립운동, 언론인, 33인
吳 始 壽 (오시수)　　水村　　(수촌)　　→ 조선 숙종 때 문신
吳 億 齡 (오억령)　　晚翠　　(만취)　　→ 조선 선조 때 문신
吳 　瑗 (오 원)　　月谷　　(월곡)　　→ 조선 영조 때 학자
吳 允 謙 (오윤겸)　　楸灘　　(추탄)　　→ 조선 중기의 재상
吳 挺 緯 (오정위)　　東沙　　(동사)　　→ 조선 숙종 때 문신
吳 挺 一 (오정일)　　龜砂　　(구사)　　→ 조선 효종 때 문관
吳 　竣 (오 준)　　竹南　　(죽남)　　→ 조선 후기 문신, 서도가
吳 　稷 (오 직)　　[士馨 사형]　　→ 독립운동가
吳 天 民 (오천민)　　養靜堂(양정당)　→ 조선시대 학자
吳 熙 常 (오희상)　　老洲　　(노주)　　→ 조선 순조 때 학자
邕 夢 辰 (옹몽진)　　[應龍 응룡]　　→ 조선시대 문관
王 僧 辯 (왕승변)　　[君才 군재]　　→ 중국 정치가
王 　太 (왕 태)　　數里　　(수리)　　→ 조선시대 시인
禹 拜 善 (우배선)　　月谷　　(월곡)　　→ 조선시대 의병장
禹 伏 龍 (우복룡)　　懼庵　　(구암)　　→ 조선 선조 때 문관

禹 善 言 (우선언)	楓崖 (풍애)	→ 조선 성종 때 학자
禹 成 圭 (우성규)	景齋 (경재)	→ 조선 말기 학자
禹 性 傳 (우성전)	秋淵 (추연)	→ 조선 중기 문인
禹 昇 圭 (우승규)	저절로	→ 언론인, 작가
禹 汝 度 (우여도)	晩悔 (만회)	→ 조선시대 문관
禹 鼎 (우 정)	葛齋 (갈재)	→ 조선 중기 문인
禹 倬 (우 탁)	[天章 천장]	→ 고려 말기 학자, 易東 선생
元 景 夏 (원경하)	肥窩 (비와)	→ 조선 영조 때 판서
元 繼 孫 (원계손)	換凡齋(환범재)	→ 조선 영조 때 서도가
元 繼 蔡 (원계채)	[壽甫 수보]	→ 조선 중종 때 문신
元 斗 杓 (원두표)	灘叟 (탄수)	→ 조선 효종 때 학자, 명신
元 萬 里 (원만리)	聽齋 (청재)	→ 조선시대 문관
袁 世 凱 (원세개)	容庵 (용암)	→ 중화민국 초대대통령
元 振 海 (원진해)	藏六堂(장육당)	→ 조선 효종 때 학자
元 天 錫 (원천석)	耘谷 (운곡)	→ 고려 말기 은자
元 昊 (원 호)	霧巷 (무항)	→ 조선 단종 때 생육신
魏 伯 珪 (위백규)	存齋 (존재)	→ 조선 정조 때 학자
柳 謙 明 (유겸명)	晩修 (만수)	→ 조선 영조 때 문신
俞 棨 (유 계)	市南 (시남)	→ 조선 중기 명신
俞 棨 (유 계)	市南 (시남)	→ 조선 중기 명신
柳 季 聞 (유계문)	[叔行 숙행]	→ 조선 세종 때 문신
柳 灌 (유 관)	松庵 (송암)	→ 조선 중기 명신
柳 寬 (유 관)	夏亭 (하정)	→ 조선 중기 문신, 청백리
柳 光 翼 (유광익)	楓巖 (풍암)	→ 조선 영조 때 학자

柳　　根 (유　근)	西坰　　(서경)	→ 조선 중기 문인
柳　　瑾 (유　근)	石儂　　(석농)	→ 언론인
兪 吉 濬 (유길준)	矩堂　　(구당)	→ 정치가, 개화운동가
柳 譚 厚 (유담후)	潔淸齋 (결청재)	→ 조선시대 문관
兪 大 逸 (유대일)	慵隱居士 (용은거사)	→ 조선시대 문관
柳 德 章 (유덕장)	岫雲　　(수운)	→ 조선 중기 화가
柳 圖 發 (유도발)	晦隱　　(회은)	→ 구한말 우국지사
柳 道 三 (유도삼)	敬庵　　(경암)	→ 조선 효종 때 문관
柳 得 恭 (유득공)	惠甫　　(혜보)	→ 조선 정조 때 실학자
柳　　林 (유　림)	旦洲　　(단주)	→ 독립운동가, 정치가
兪 命 雄 (유명웅)	晩休亭 (만휴정)	→ 조선 숙종 때 문신
柳 夢 寅 (유몽인)	於于堂 (어우당)	→ 조선 중기 명신
柳　　發 (유　발)	秀村　　(수촌)	→ 조선 영조 때 학자
柳 方 善 (유방선)	泰齋　　(태재)	→ 조선 후기 학자
兪 伯 曾 (유백증)	翠軒　　(취헌)	→ 조선 인조 때 문관
柳 秉 禹 (유병우)	海史　　(해사)	→ 구한말 의병장
柳 復 明 (유복명)	晩村　　(만촌)	→ 조선 영조 때 문신
柳 鳳 輝 (유봉휘)	晩菴　　(만암)	→ 조선 중기 명신
柳　　泗 (유　사)	雪江　　(설강)	→ 조선 명종 때 명신
柳 思 規 (유사규)	桑楡子 (상유자)	→ 조선시대 문관
柳 尙 運 (유상운)	一退　　(일퇴)	→ 조선 숙종 때 명신
柳 成 龍 (유성룡)	西厓　　(서애)	→ 조선 선조 때 영의정, 청백리
柳 誠 源 (유성원)	瑯玕　　(양간)	→ 조선 단종 때 사육신
柳 成 春 (유성춘)	懶翁　　(나옹)	→ 조선 중종 때 문관

柳　　淑 (유　숙)	思菴　(사암)	→ 고려 공민왕 때 현신
劉　　淑 (유　숙)	惠山　(혜산)	→ 조선 후기 화가
兪 肅 基 (유숙기)	兼山　(겸산)	→ 조선 영조 때 학자
柳　　洵 (유　순)	老圃　(노포)	→ 조선 초기 명신
柳 崇 組 (유숭조)	眞一齋(진일재)	→ 조선 성종 때 학자
柳　　乘 (유　승)	誠齋　(성재)	→ 조선 영조 때 학자
兪 莘 煥 (유신환)	鳳棲　(봉서)	→ 조선 철종 때 학자
兪 彦 鎬 (유언호)	則止軒(칙지헌)	→ 조선 정조 때 대신
劉 如 大 (유여대)	樂圃　(낙포)	→ 기독교 목사, 33인
兪 汝 周 (유여주)	林碧堂(임벽당)	→ 조선 중종 때 학자
柳 永 慶 (유영경)	春湖　(춘호)	→ 조선 중기 명신
柳 永 謹 (유영근)	竹扉　(죽비)	→ 조선 선조 때 문관
柳 榮 河 (유영하)	甫山　(보산)	→ 조선 말기 명신
柳　　藕 (유　우)	西峰　(서붕)	→ 조선 초기 학자
柳　　雲 (유　운)	恒齋　(항재)	→ 조선 중기 문인
柳 雲 龍 (유운룡)	謙菴　(겸암)	→ 조선 중기 문인
柳 元 之 (유원지)	拙齋　(졸재)	→ 조선 중기 학자
兪 應 孚 (유응부)	碧粱　(벽량)	→ 조선 세조 때 사육신
柳 宜 健 (유의건)	花溪　(화계)	→ 조선시대 학자
柳 義 孫 (유의손)	檜軒　(회헌)	→ 조선 세종 때 문관
柳 以 升 (유이승)	東湖　(동호)	→ 조선 숙종 때 문신, 서예가
柳 仁 貴 (유인귀)	睡齋　(수재)	→ 조선 세종·중종 때 문신
柳 仁 錫 (유인석)	毅庵　(의암)	→ 구한말 유학자, 義士
柳 麟 錫 (유인석)	毅庵　(의암)	→ 구한말 유학자, 의사

柳 仁 淑 (유인숙)	靜叟 (정수)	→	조선 중종 때 문신
有 一 (유 일)	蓮潭 (연담)	→	조선 말기 승려, 속성 千
柳 子 光 (유자광)	于俊 (우준)	→	조선 연산군 때 간신
柳 長 源 (유장원)	東巖 (동암)	→	조선 영·정조 때 학자
劉 在 建 (유재건)	兼山 (겸산)	→	조선 고종 때 학자
劉 在 韶 (유재소)	鶴石 (학석)	→	조선 후기 화가
柳 瑃 (유 전)	愚伏 (우복)	→	조선 선조 때 명신
惟 政 (유 정)	松雲 (송운)	→	조선 선조 때 고승, 임진왜란 승병장
柳 廷 亮 (유정량)	素閑堂(소한당)	→	조선시대 문관
柳 廷 顯 (유정현)	月亭 (월정)	→	조선 초기 명신
柳 重 敎 (유중교)	省齋 (성재)	→	조선 고종 때 학자
柳 仲 郢 (유중영)	立岩 (입암)	→	조선 중기 명신
柳 辰 仝 (유진동)	竹堂 (죽당)	→	조선 명종 때 문관
劉 敞 (유 창)	仙庵 (선암)	→	조선 태종 때 개국공신
兪 昌 煥 (유창환)	愚堂 (우당)	→	근대 서도가
兪 拓 基 (유척기)	知守齋(지수재)	→	조선 영조 때 상신
兪 㯖 (유 철)	醉翁 (취옹)	→	조선 현종 때 문관
兪 最 基 (유최기)	自樂軒(자락헌)	→	조선 영조 때 문신
兪 最 鎭 (유최진)	學山木齋(학산목재)	→	조선 고종 때 서화가
柳 致 明 (유치명)	定齋 (정재)	→	조선 철종 때 학자
兪 致 鳳 (유치봉)	霞山 (하산)	→	조선시대 서화가
柳 致 環 (유치환)	靑馬 (청마)	→	시인 교육자
柳 台 佐 (유태좌)	鶴棲 (학서)	→	조선시대 학자
兪 夏 益 (유하익)	百忍堂(백인당)	→	조선 숙종 때 문신

劉漢翼 (유한익)　海觀　(해관)　→ 근대 서도가
兪漢雋 (유한전)　著菴　(저암)　→ 조선 순조 때 학자
兪漢芝 (유한지)　綺園　(기원)　→ 조선 후기 문인, 서도가
柳赫然 (유혁연)　野堂　(야당)　→ 조선 중기 무장
柳　珩 (유　형)　石潭　(석담)　→ 조선 선조 때 장군
柳馨遠 (유형원)　磻溪　(반계)　→ 조선 현종 때 실학자
兪好仁 (유호인)　林溪　(임계)　→ 조선 초기 문장가
兪　泓 (유　홍)　松塘　(송당)　→ 조선 중기 명신
兪　惶 (유　황)　鳳洲　(봉주)　→ 조선 효종 때 문관
柳厚祚 (유후조)　嶺梅　(영매)　→ 조선 고종 때 문신
柳興龍 (유흥룡)　塾翁　(숙옹)　→ 조선 선조 때 학자
柳　僖 (유　희)　西波　(서파)　→ 조선 순조 때 한글학자
柳熙綱 (유희강)　劍如　(겸여)　→ 서예가, 왼손글씨
劉希慶 (유희경)　村隱　(촌은)　→ 조선 선조 때 현사
柳希亮 (유희량)　霽嶠　(제교)　→ 조선 중기 문관
柳希奮 (유희분)　華南　(화남)　→ 조선 선조 때 문신
柳熙緖 (유희서)　南麓　(남록)　→ 조선시대 문관
柳希春 (유희춘)　眉巖　(미암)　→ 조선 중기 학자
尹　絳 (윤　강)　無谷　(무곡)　→ 조선 말기 문신
尹　漑 (윤　개)　晦齋　(회재)　→ 조선 명종 때 상신
尹居衡 (윤거형)　松坡　(송파)　→ 조선 숙종 때 학자
尹　潔 (윤　결)　醉夫　(취부)　→ 조선 명종 때 문관
尹　璹 (윤　겸)　梧翁　(오옹)　→ 조선 인조 때 문관
尹　絅 (윤　경)　岐川　(기천)　→ 조선 효종 때 문신

이름	아호	설명
尹 敬 敎 (윤경교)	長湖 (장호)	→ 조선 숙종 때 문관
尹 棨 (윤 계)	薪谷 (신곡)	→ 조선 인조 때 척화신
尹 堦 (윤 계)	霞谷 (하곡)	→ 조선 숙종 때 문신
尹 寬 (윤 관)	三休子(삼휴자)	→ 조선 중종 때 학자
尹 光 顔 (윤광안)	盤湖 (반호)	→ 조선 순종 때 문관
尹 國 馨 (윤국형)	達川 (달천)	→ 조선 선조 때 문신
尹 根 壽 (윤근수)	月汀 (월정)	→ 조선 선조 때 문신
尹 汲 (윤 급)	近庵 (근암)	→ 조선 영조 때 문신
尹 兢 (윤 긍)	竹齋 (죽재)	→ 조선 성종 때 문관
尹 祁 (윤 기)	艮輔 (간보)	→ 조선 선조 때 문관
尹 洛 (윤 낙)	東湖 (동호)	→ 조선 선조 때 학자
允 多 (윤 다)	[法信 법신]	→ 고려 초기 고승
尹 德 駿 (윤덕준)	逸庵 (일암)	→ 조선 숙종 때 문신
尹 德 熙 (윤덕희)	駱西 (낙서)	→ 조선 숙종 때 화가
尹 暾 (윤 돈)	竹窓 (죽창)	→ 조선 선조 때 문신
尹 東 晳 (윤동석)	老耘 (노운)	→ 조선 정조 때 문관
尹 東 暹 (윤동섬)	八無堂(팔무당)	→ 조선 영조 때 문관
尹 東 野 (윤동야)	弦窩 (현와)	→ 조선 순조 때 학자
尹 東 源 (윤동원)	一菴 (일암)	→ 조선 영조 때 학자
尹 東 柱 (윤동주)	童舟 (동주)	→ 시인, 항일운동
尹 斗 緖 (윤두서)	恭齋 (공재)	→ 조선 중기 화가
尹 斗 壽 (윤두수)	梧陰 (오음)	→ 조선 선조 때 문신
尹 冕 東 (윤면동)	娛軒 (오헌)	→ 조선 정종 때 문관
尹 鳴 殷 (윤명은)	思亭 (사정)	→ 조선 인조 때 孝子

尹 文 擧 (윤문거)　石湖　(석호)　→ 조선 중기 학자
尹　　昉 (윤　방)　稚川　(치천)　→ 조선 인조 때 대신
尹 潽 善 (윤보선)　海葦　(해위)　→ 제4대 대한민국 대통령
尹 鳳 九 (윤봉구)　屛溪　(병계)　→ 조선 영조 때 학자
尹 奉 吉 (윤봉길)　梅軒　(매헌)　→ 독립운동, 義士
尹 鳳 五 (윤봉오)　石門　(석문)　→ 조선 영조 때 문신
尹 鳳 朝 (윤봉조)　圃巖　(포암)　→ 조선 영조 때 문관
尹 師 國 (윤사국)　直庵　(직암)　→ 조선 정조 때 문신
尹 師 路 (윤사로)　[果翁 과옹]　→ 조선 세조 때 문신
尹 三 擧 (윤삼거)　四梅堂(사매당)　→ 조선 숙종 때 학자
尹　　晳 (윤　석)　寒松　(한송)　→ 조선 연산군 때 문관
尹 宣 擧 (윤선거)　美村　(미촌)　→ 조선 중기 학자
尹 善 道 (윤선도)　孤山　(고산)　→ 조선 중기 시조학자
尹　　祥 (윤　상)　別洞　(별동)　→ 조선 세종 때 문신
尹　　暹 (윤　섬)　果齋　(과재)　→ 조선 선조 때 문신
尹 世 紀 (윤세기)　龍浦　(용포)　→ 조선 숙종 때 문신
尹 世 茸 (윤세용)　白菴　(백암)　→ 독립운동가
尹 紹 宗 (윤소종)　桐軒　(동헌)　→ 고려 공민왕 때 문신
尹　　淳 (윤　순)　白下　(백하)　→ 조선 영조 때 서도가, 학자
尹 舜 擧 (윤순거)　東土　(동토)　→ 조선 중기 지사
尹 順 之 (윤순지)　涬冥　(행명)　→ 조선 중기 문인, 서인
尹 順 勳 (윤순훈)　晴峰　(청봉)　→ 조선 선조 때 상신
尹 蓍 東 (윤시동)　方閒　(방한)　→ 조선 정조 때 상신
尹 新 之 (윤신지)　燕超齋(연초재)　→ 조선 선조의 부마

尹　深 (윤　심)　　懲庵　(징암)　→ 조선 숙종 때 문신
尹 心 衡 (윤심형)　臨齋　(임재)　→ 조선 영조 때 문신
尹 安 性 (윤안성)　宜觀　(의관)　→ 조선 선조 때 문관
尹 陽 來 (윤양래)　晦窩　(회와)　→ 조선 영조 때 문신
尹 彦 頤 (유언이)　金剛居士(금강거사) → 고려 인종 때 대신
尹　儼 (윤　엄)　　松巖　(송암)　→ 조선 선조 때 서화가
尹　寧 (윤　영)　　櫟翁　(역옹)　→ 조선 중·명종 때 학자
尹　愹 (윤　용)　　靑皐　(청고)　→ 조선 영조 때 화가
尹 用 求 (윤용구)　石村　(석촌)　→ 근대 서화가
尹 容 善 (윤용선)　自有齋(자유재) → 구한말 정치가
尹 元 擧 (윤원거)　龍西　(용서)　→ 조선 현종 때 학자
尹　游 (윤　유)　　晩霞　(만하)　→ 조선 경종 때 학자
尹 毅 立 (윤의립)　月潭　(월담)　→ 조선 선조 때 문신
尹 以 道 (윤이도)　龍湖　(용호)　→ 조선 숙종 때 문신
尹 以 明 (윤이명)　醉仙　(취선)　→ 조선 숙종 때 문관
尹 履 之 (윤이지)　秋峯　(추봉)　→ 조선 현종 때 대신
尹 仁 涵 (윤인함)　竹齋　(죽재)　→ 조선 선조 때 문관
尹 滋 悳 (윤자덕)　菊軒　(국헌)　→ 조선 말기 문신
尹 子 雲 (윤자운)　樂閒齋(낙한재) → 조선 성종 때 대신
尹　烇 (윤　전)　　後村　(후촌)　→ 조선 인조 때 문관
尹 廷 琦 (윤정기)　舫山　(방산)　→ 조선 말기 학자
尹 貞 立 (윤정립)　鶴山　(학산)　→ 조선 중기 화가
尹 定 鉉 (윤정현)　木岑溪 (잠계)　→ 조선 철종 때 문신
尹 濟 述 (윤제술)　芸齋　(운재)　→ 정치인, 서예가

尹 宗 儀 (윤종의)	淵齋 (연재)	→ 조선 고종 때 정치가
尹 拯 (윤 증)	明齋 (명재)	→ 조선 숙종 때 학자
尹 墀 (윤 지)	河濱翁 (하빈옹)	→ 조선 인조 때 문관
尹 知 敬 (윤지경)	滄州 (창주)	→ 조선 인조 때 문신
尹 智 敎 (윤지교)	夙夜齋 (숙야재)	→ 조선 숙종 때 학자
尹 趾 善 (윤지선)	杜浦 (두포)	→ 조선 인조·숙종 때 대신
尹 志 述 (윤지술)	北汀 (북정)	→ 조선시대 삼포의
尹 趾 完 (윤지완)	東山 (동산)	→ 조선 숙종 때 대신
尹 軫 (윤 진)	票亭 (표정)	→ 조선 선조 때 의병장
尹 集 (윤 집)	林溪 (임계)	→ 조선 인조 때 충신
尹 春 年 (윤춘년)	滄州 (창주)	→ 조선 명종 때 문관
尹 聚 東 (윤취동)	凝菴 (응암)	→ 조선시대 학자
尹 致 定 (윤치정)	石醉 (석취)	→ 조선 말기 문관
尹 致 義 (윤치의)	錦帆 (금범)	→ 조선 철종 때 문신
尹 致 昊 (윤치호)	佐翁 (좌옹)	→ 구한말 정치가
尹 卓 然 (윤탁연)	重湖 (중호)	→ 조선 선조 때 문신
尹 泰 駿 (윤태준)	石汀 (석정)	→ 조선 고종 때 문관
尹 澤 (윤 택)	栗亭 (율정)	→ 고려 공민왕 때 현신
尹 泙 (윤 평)	康夷 (강이)	→ 조선 태종의 사위
尹 弼 秉 (윤필병)	無號堂 (무호당)	→ 조선 순조 때 문관
尹 行 恁 (윤행임)	是聞齋 (시문재)	→ 조선 정조 때 문신
尹 憲 柱 (윤헌주)	二知堂 (이지당)	→ 조선 영조 때 문신
尹 鉉 (윤 현)	國磵 (국간)	→ 조선 명종 때 문관
尹 顯 振 (윤현진)	石山 (석산)	→ 독립운동가

尹　　泂 (윤　형)　　退村　(퇴촌)　　→ 조선 선조 때 문신
尹　　晧 (윤　호)　　松齋　(송재)　　→ 독립운동가
尹 弘 圭 (윤홍규)　　陶溪　(도계)　　→ 조선 정조 때 학자
尹　　煌 (윤　황)　　八松　(팔송)　　→ 조선 인조 때 문신
尹　　淮 (윤　회)　　淸香堂(청향당)　→ 조선 세조 때 명신
尹 孝 孫 (윤효손)　　揪溪　(추계)　　→ 조선 선조 때 명신
尹　　暉 (윤　휘)　　長州　(장주)　　→ 조선 인조 때 문신
尹　　鑴 (윤　휴)　　白湖　(백호)　　→ 조선 중기 학자, 남인의 거두
尹　　昕 (윤　흔)　　陶齋　(도재)　　→ 조선 인조 때 문신
尹 喜 求 (윤희구)　　于堂　(우당)　　→ 구대 한문학자
應　　允 (응　윤)　　鏡巖　(경암)　　→ 조선 정·순조 때 승려, 속성 閔
義　　旋 (의　선)　　順菴　(순암)　　→ 고려 충숙왕 때 승려
李 家 煥 (이가환)　　錦帶　(금대)　　→ 조선 말기 실학자 천주교인
李　　侃 (이　간)　　最樂堂(최락당)　→ 조선 숙종 때 왕족, 전예서가
李　　甲 (이　갑)　　秋汀　(추정)　　→ 독립운동가
李　　塏 (이　개)　　白玉軒(백옥헌)　→ 조선 단종 때 사육신
李 艮 男 (이간남)　　[靜卿 정경]　　→ 조선 명종 때 문관
李　　岡 (이　강)　　平齋　(평재)　　→ 고려 말기 서예가
李 康 年 (이강년)　　雲崗　(운강)　　→ 구한말 의병장
李 巨 易 (이거이)　　淸虛堂(청허당)　→ 조선 초기 명신
李　　建 (이　건)　　葵窓　(규창)　　→ 조선 효종 때 왕족, 삼절
李 健 命 (이건명)　　寒圃齋(한포재)　→ 조선 숙종 때 대신
李 建 奭 (이건석)　　醒石　(성석)　　→ 구한말 의사
李 建 昌 (이건창)　　寧齋　(영재)　　→ 조선 말기 문장가

李 建 弼 (이건필)　石帆　(석범)　→ 조선 철종 때 문신, 서도가
李 堅 基 (이견기)　楠亭　(남정)　→ 조선 초기 명신
李　　坰 (이　경)　東川　(동천)　→ 조선 인조 때 문신
李 慶 流 (이경류)　伴琴　(반금)　→ 조선시대 문관
李 慶 民 (이경민)　雲岡　(운강)　→ 조선 고종 때 문관
李 景 奭 (이경석)　白軒　(백헌)　→ 조선 효종 때 대신
李 慶 億 (이경억)　華谷　(화곡)　→ 조선 현종 때 상신
李 敬 輿 (이경여)　白江　(백강)　→ 조선 영조 때 대신
李 慶 胤 (이경윤)　駱坡　(낙파)　→ 조선 초기 화가
李 敬 一 (이경일)　聽軒　(청헌)　→ 조선 순조 때 대신
李 景 在 (이경재)　松西　(송서)　→ 조선 말기 문신
李 慶 全 (이경전)　石棲　(석서)　→ 조선 인조 때 명신
李 敬 中 (이경중)　丹崖　(단애)　→ 조선 선조 때 문신
李 景 曾 (이경증)　松陰　(송음)　→ 조선시대 문관
李 景 稷 (이경직)　石門　(석문)　→ 조선 인조 때 문신
李 耕 稙 (이경직)　莘夫　(신부)　→ 조선 말기 명신
李 慶 昌 (이경창)　西村　(서촌)　→ 조선 중기 철학자
李 慶 涵 (이경함)　晩沙　(만사)　→ 조선 인조 때 문관
李 烱 憲 (이경헌)　芝田　(지전)　→ 조선 인조 때 문관
李 慶 弘 (이경홍)　謹齋　(근재)　→ 조선 선조 때 학자
李 景 華 (이경화)　楓溪　(풍계)　→ 조선 정조 때 명의
李 慶 徽 (이경휘)　默好　(묵호)　→ 조선 현종 때 문관
李　　烓 (이　계)　鳴皐　(명고)　→ 조선 인조 때 문관
李 繼 孟 (이계맹)　墨谷　(묵곡)　→ 조선 초기 문신

李 繼 祐 (이계우)　休休堂(휴휴당) → 조선 중기 화가
李 季 甸 (이계전)　居養齋(거양재) → 조선 세조 때 명신
李 啓 朝 (이계조)　桐泉　(동천)　→ 조선 철종 때 문관
李　穀 (이 곡)　嫁亭　(가정)　→ 고려 말기 학자
李　拱 (이 공)　栗園　(율원)　→ 조선 선조 때 학자
李　廓 (이 곽)　[汝量 여량]　→ 조선 인조 때 무관
李　灌 (이 관)　晚隱　(만은)　→ 조선시대 문관
李 觀 命 (이관명)　屏山　(병산)　→ 조선 영조 때 대신
李 觀 徵 (이관징)　芹翁　(근옹)　→ 조선 숙종 때 문신
李　珖 (이 광)　杞泉　(기천)　→ 조선 인조 때 서도가, 선조의 8자
李 匡 呂 (이광려)　月巖　(월암)　→ 조선 영조 때 학자
李 光 文 (이광문)　小華　(소화)　→ 조선 말기 문신
李 光 師 (이광사)　圓嶠　(원교)　→ 조선 후기 학자, 서도가
李 光 洙 (이광수)　春園　(춘원)　→ 소설가, 평론가, 언론인
李 光 庭 (이광정)　海皐　(해고)　→ 조선 인조 때 명신
李 光 佐 (이광좌)　雲谷　(운곡)　→ 조선 영조 때 대신
李 光 軫 (이광진)　今是堂(금시당) → 조선 명종 때 문관
李 喬 岳 (이교악)　惜陰窩(석음와) → 조선 숙종 때 문관
李 敎 翼 (이교익)　松石　(송석)　→ 조선 말기 화가
李　球 (이 구)　蓮坊　(연방)　→ 조선 선조 때 학자
李 久 源 (이구원)　月潭　(월담)　→ 조선 현종 때 대신
李　貴 (이 귀)　默齋　(묵재)　→ 조선시대 인조반정 공신
李 奎 景 (이규경)　五州　(오주)　→ 조선 헌종 때 학자
李 奎 報 (이규보)　白雲居士(백운거사)→ 고려 고종 때 문장가

李 克 培 (이극배)	牛峯　(우봉)	→ 조선 성종 때 대신
李 肯 翊 (이긍익)	燃藜室(연여실)	→ 조선 영·정조 때 저술가
李　　沂 (이 기)	海鶴　(해학)	→ 구한말 애국지사
李　　芑 (이 기)	敬齋　(경재)	→ 조선 명종 때 대신
李 起 鵬 (이기붕)	晩松　(만송)	→ 국방장관, 민의원의장
李 基 翊 (이기익)	市隱　(시은)	→ 조선 중기 명신
李 基 祚 (이기조)	浩菴　(호암)	→ 조선 인조 때 문관
李 箕 鎭 (이기진)	牧谷　(목곡)	→ 조선 영조 때 문신
李 起 築 (이기축)	[希說 희열]	→ 조선 인조 때 반정공신
李 箕 洪 (이기홍)	直齋　(직재)	→ 조선 숙종 때 학자
李 捺 致 (이날치)	[敬淑 경숙]	→ 조선 말기 판소리 명창
李 南 軾 (이남식)	星谷　(성곡)	→ 조선 고종 때 무관
李　　輅 (이 노)	東津　(동진)	→ 조선 중기 문관
李 能 和 (이능화)	侃停　(간정)	→ 구한말 학자, 최초 불어교육자
李 端 相 (이단상)	靜觀齋(정관재)	→ 조선 현종 때 학자
李 端 錫 (이단석)	雙壺堂(쌍호당)	→ 조선 숙종 때 문관
李 亶 佃 (이단전)	疋齋　(필재)	→ 조선 정조 때 문장가
李 端 夏 (이단하)	畏齋　(외재)	→ 조선 숙종 때 대신
李　　達 (이 달)	也山　(야산)	→ 근세 역학자, 異人
李　　達 (이 달)	蓀谷　(손곡)	→ 조선 중기 한시인, 삼당
李 大 稙 (이대직)	道軒　(도헌)	→ 조선 고종 때 문관
李 德 懋 (이덕무)	炯庵　(형암)	→ 조선 정조 때 문장가
李 德 成 (이덕성)	盤谷　(반곡)	→ 조선 숙종 때 문관
李 德 洙 (이덕수)	怡愉堂(이유당)	→ 조선 인조 때 감사

李 德 壽 (이덕수)　　西堂　(서당)　→ 조선 영조 때 문신
李 德 一 (이덕일)　　漆室　(칠실)　→ 조선 중기 장수
李 德 馨 (이덕형)　　漢陰　(한음)　→ 조선 중기 명신
李 德 泂 (이덕형)　　竹泉　(죽천)　→ 조선 인조 때 명신
李 德 弘 (이덕홍)　　艮齋　(간재)　→ 조선 선조 때 학자
李 道 榮 (이도영)　　貫齋　(관재)　→ 근대 화가
李 東 寧 (이동녕)　　石吾　(석오)　→ 독립운동가, 임시정부 국무령
李 東 郁 (이동욱)　　蘇巖　(소암)　→ 조선 영·정조 때 문관
李 東 柱 (이동주)　　冬州　(동주)　→ 시인, 평론가, 실명소설
李 同 春 (이동춘)　　雨華　(우화)　→ 독립운동가
李 東 輝 (이동휘)　　誠齋　(성재)　→ 독립운동가
李 得 元 (이득원)　　竹齋　(죽재)　→ 조선 인조 때 서도가
李 得 胤 (이득윤)　　西溪　(서계)　→ 조선 중기 역학자, 음악가
李 晩 燾 (이만도)　　響山　(향산)　→ 조선 고종 때 학자
李 滿 敷 (이만부)　　息山　(식산)　→ 조선 영조 때 학자
李 晩 壽 (이만수)　　屐翁　(극옹)　→ 조선 후기 학자
李 晩 用 (이만용)　　東樊　(동번)　→ 조선 후기 시인
李 萬 運 (이만운)　　默軒　(묵헌)　→ 조선 정조 때 유학자
李 梅 窓 (이매창)　　癸生　(계생)　→ 조선시대 시인
李 孟 昀 (이맹균)　　漢齋　(한재)　→ 조선 세종 때 학자
李 孟 專 (이맹전)　　耕隱　(경은)　→ 조선 단종 때 생육신 청백리
李 勉 求 (이면구)　　南霞　(남하)　→ 조선 순조 때 문관
李 勉 兢 (이면긍)　　[大臨 대림]　→ 조선시대 문관
李 勉 伯 (이면백)　　岱淵　(대연)　→ 조선 정·순조 때 실학자

李　輔 (이　보)　南溪　(남계)　→ 조선 선조 때 문관
李 甫 欽 (이보흠)　大田　(대전)　→ 조선시대 문관
李 福 源 (이복원)　雙溪　(쌍계)　→ 조선 정조 때 대신
李　封 (이　봉)　蘇隱　(소은)　→ 조선 성종 때 문관
李 不 害 (이불해)　[太綬 태수]　→ 조선 명종 때 서화가
李 士 慶 (이사경)　雙谷　(쌍곡)　→ 조선 광해군 때 문관
李 思 鈞 (이사균)　訥齋　(눌재)　→ 조선 중종 때 문관
李 師 命 (이사명)　蒲庵　(포암)　→ 조선 숙종 때 공신
李 思 質 (이사질)　翕齋　(흡재)　→ 조선 영조 때 실학자
李 士 洪 (이사홍)　滄海　(창해)　→ 조선 광해군 때 왕족
李 山 光 (이산광)　竹林處士(죽림처사) → 조선 선조 때 학자
李 山 甫 (이산보)　鳴國　(명국)　→ 조선 선조 때 명신
李 山 海 (이산해)　鵝溪　(아계)　→ 조선 선조 때 대신
李　森 (이　삼)　[遠伯 원백]　→ 조선 영조 때 무관
李 三 晩 (이삼만)　蒼巖　(창암)　→ 조선 순조 때 서도가
李 參 鉉 (이삼현)　鍾三　(종삼)　→ 조선 말기 문신
李 尙 權 (이상권)　臨皐子(임고자) → 조선 정조 때 서화가
李 尙 伋 (이상급)　習齋　(습재)　→ 조선 인조 때 문관
李 尙 吉 (이상길)　東川　(동천)　→ 조선 인조 때 충신
李 相 龍 (이상룡)　石洲　(석주)　→ 독립운동가
李 相 伯 (이상백)　想百　(상백)　→ 사학자, 체육인
李 象 範 (이상범)　靑田　(청전)　→ 근대 한국화가
李 相 卨 (이상설)　溥齋　(부재)　→ 독립운동가, 義士
李 象 秀 (이상수)　悟堂　(오당)　→ 조선 말기 학자

李 商 在 (이상재)　月南　(월남)　→ 종교가, 정치가, 민권운동가
李 尙 迪 (이상적)　藕船　(우선)　→ 조선 순조 때 문인, 서도가
李 象 靖 (이상정)　大山　(대산)　→ 조선 정조 때 학자
李 尙 眞 (이상진)　晩庵　(만암)　→ 조선 숙종 때 대신
李 相 協 (이상협)　何夢　(하몽)　→ 언론인, 소설가
李 尙 馨 (이상형)　天默齋(천묵재)　→ 조선 인조 때 문관
李 相 和 (이상화)　尙火　(상화)　→ 문인, 백조 창간
李 相 潢 (이상황)　桐漁　(동어)　→ 조선 순조 때 상신
李　　穡 (이　색)　牧隱　(목은)　→ 고려 말기 성리학자, 삼은
李　　舒 (이　서)　戀翁　(당옹)　→ 조선 태종 때 대신
李　　曙 (이　서)　月峰　(월봉)　→ 조선 인조 때 공신
李　　舒 (이　서)　東湖　(동호)　→ 조선 인조 때 학자
李 書 九 (이서구)　惕齋　(척재)　→ 조선 순조 때 대신
李 瑞 雨 (이서우)　松谷　(송곡)　→ 조선 인조 때 문인
李 錫 奎 (이석규)　東江　(동강)　→ 조선 헌종 때 중신
李 石 亨 (이석형)　樗軒　(화헌)　→ 조선 세조 때 명신
李 石 薰 (이석훈)　琴南　(금남)　→ 소설가
李　　選 (이　선)　芝湖　(지호)　→ 조선 숙종 때 문관
李 成 桂 (이성계)　松軒　(송헌)　→ 조선시대 태조
李 聖 求 (이성구)　分沙　(분사)　→ 조선 인조 때 영의정
李 成 吉 (이성길)　滄洲　(창주)　→ 조선 전기 화가
李 星 齡 (이성령)　春坡　(춘파)　→ 조선 인조 때 문신
李 聖 麟 (이성린)　晩計窩(만계와)　→ 조선 현종 때 학자
李 聖 麟 (이성린)　蘇齋　(소재)　→ 조선 영조 때 화가

李 聖 任 (이성임)　月村　(월촌)　→ 조선 선조 때 문관
李 誠 中 (이성중)　坡谷　(파곡)　→ 조선 선조 때 공신
李 世 白 (이세백)　雲沙　(운사)　→ 조선 숙종 때 대신
李 世 永 (이세영)　古狂　(고광)　→ 독립운동가
李 世 應 (이세응)　安齋睡翁(안재수옹)　→ 조선 중종 때 문관
李 世 弼 (이세필)　龜川　(구천)　→ 조선 숙종 때 문관
李 世 華 (이세화)　雙栢堂(쌍백당)　→ 조선 숙종 때 문관, 청백리
李 昭 漢 (이소한)　玄州　(현주)　→ 조선 인조 때 명신
李 　 隨 (이 수)　深隱　(심은)　→ 조선 태종 때 중신
李 壽 卿 (이수경)　松史　(송사)　→ 근세 거문고 명인
李 壽 慶 (이수경)　晩醒　(만성)　→ 조선 숙종 때 문관
李 晬 光 (이수광)　芝峰　(지봉)　→ 조선 중기 명신, 저술가
李 秀 彦 (이수언)　聾溪　(농계)　→ 조선 숙종 때 중신
李 秀 一 (이수일)　隱庵　(은암)　→ 조선 인조 때 공신
李 壽 長 (이수장)　貞谷　(정곡)　→ 조선 인·영조 때 서도가
李 　 翻 (이 숙)　逸休亭(일휴정)　→ 조선 숙종 때 대신
李 叔 樑 (이숙량)　梅巖　(매암)　→ 조선 선조 때 학자
李 淑 諴 (이숙함)　夢菴　(몽암)　→ 조선 초기 문관
李 舜 臣 (이순신)　[汝諧 여해]　→ 임진왜란 때 수군명장
李 舜 岳 (이순악)　竹牖　(죽유)　→ 조선 숙종 때 학자
李 純 仁 (이순인)　孤潭　(고담)　→ 조선 선조 때 문인
李 崇 仁 (이숭인)　陶隱　(도은)　→ 고려 말기 학자, 삼은
李 承 達 (이승달)　守愚　(수우)　→ 조선 순조 때 문관
李 承 晩 (이승만)　雩南　(우남)　→ 대한민국 초대대통령

李 承 召 (이승소)　　三灘　(삼탄)　　→ 조선 성종 때 명신
李 昇 薰 (이승훈)　　南岡　(남강)　　→ 독립운동가, 교육자
李 承 休 (이승휴)　　動安居士(동안거사)→ 고려 말기 학자
李 時 昉 (이시방)　　西峯　(서봉)　　→ 조선 인조 때 공신
李 時 白 (이시백)　　釣巖　(조암)　　→ 조선 효종 때 영상, 청백리
李 時 省 (이시성)　　騏峯　(기봉)　　→ 조선 현종 때 문관
李 時 秀 (이시수)　　及健　(급건)　　→ 조선 정조 때 상신
李 始 榮 (이시영)　　省齋　(성재)　　→ 정치가, 독립운동가
李 是 遠 (이시원)　　沙磯　(사기)　　→ 조선 말기 충신
李 時 程 (이시정)　　[仲和 중화]　　→ 조선시대 문관
李 時 稷 (이시직)　　竹窓　(죽창)　　→ 조선 인조 때 문관
李 時 恒 (이시항)　　和隱　(화은)　　→ 조선 영조 때 학자
李 時 楷 (이시해)　　南谷　(남곡)　　→ 조선 효종 때 문관
李 　 植 (이 식)　　澤堂　(택당)　　→ 조선 인조 때 명신
李 愼 儀 (이신의)　　石灘　(석탄)　　→ 조선 인조 때 문관
李 心 英 (이심영)　　古道菴(고도암)　→ 조선 순조 때 학자
李 深 源 (이심원)　　默齋　(묵재)　　→ 조선 성종 때 문신
李 安 訥 (이안눌)　　東岳　(동악)　　→ 조선 인조 때 대신, 청백리
李 　 嵒 (이 암)　　杏村　(행촌)　　→ 고려 말기 서화가
李 野 淳 (이야순)　　廣瀨　(광뢰)　　→ 조선시대 학자
李 約 東 (이약동)　　老村　(노촌)　　→ 조선 성종 때 문관
李 若 氷 (이약빙)　　樽巖　(준암)　　→ 조선 중종 때 문관, 청백리
李 若 水 (이약수)　　牛泉　(우천)　　→ 조선 중종 때 유생
李 陽 昭 (이양소)　　琴隱　(금은)　　→ 조선 태종 때 隱士

李 陽 元 (이양원)	鷺渚 (노저)	→ 조선 선조 때 영의정
李 彦 英 (이언영)	浣亭 (완정)	→ 조선 인조 때 문관
李 彦 迪 (이언적)	晦齋 (회재)	→ 조선 중종 때 현신, 청백리
李 彦 瑱 (이언진)	松穆館(송목관)	→ 조선 영조 때 역관
李 彦 華 (이언화)	巨川 (거천)	→ 조선 인조 때 역관
李 勵 (이 여)	[得之 득지]	→ 조선시대 義士
李 畲 (이 여)	松厓 (송애)	→ 조선 중종 때 학자
李 瓔 (이 여)	明誠堂(명성당)	→ 조선 중기 학자
李 如 松 (이여송)	仰城 (앙성)	→ 명나라 장군
李 永 瑞 (이영서)	魯山 (노산)	→ 조선 세종 때 문관
李 芮 (이 예)	訥齋 (눌재)	→ 조선 성종 때 현신
李 沃 (이 옥)	博泉 (박천)	→ 조선 숙종 때 문인
李 浣 (이 완)	梅竹軒(매죽헌)	→ 조선 효종 때 무관
李 完 用 (이완용)	一堂 (일당)	→ 구한말 문신, 매국노
李 堯 憲 (이요헌)	笑笑翁(소소옹)	→ 조선 순조 때 문관
李 瑢 (이 용)	匪懈堂(비해당)	→ 조선 세종의 3자, 안평대군, 명필
李 容 九 (이용구)	海山 (해산)	→ 구한말 친일, 민족반역자
李 龍 九 (이용구)	無影 (무영)	→ 소설가
李 用 雨 (이용우)	春田 (춘전)	→ 현대의 화가
李 用 休 (이용휴)	惠寰齋(혜환재)	→ 조선 정조 때 문인
李 容 熙 (이용희)	淇園 (기원)	→ 조선 고종 때 무관
李 俁 (이 우)	觀瀾亭(관란정)	→ 조선 숙종 때 왕족
李 堣 (이 우)	松齋 (송재)	→ 조선 중종 때 문관
李 瑀 (이 우)	玉山 (옥산)	→ 조선 초기 서화가

李 佑 賓 (이우빈)	月浦 (월포)	→	조선 철종 때 학자
李 枟 (이 운)	灘翁 (탄옹)	→	조선 인조 때 문관
李 運 永 (이운영)	玉局齋(옥국재)	→	조선 정조 때 문관
李 原 (이 원)	容軒 (용헌)	→	조선 세종 때 상신, 청백리
李 元 卿 (이원경)	竹圃 (죽포)	→	조선 선조 때 학자
李 源 坤 (이원고)	靜虛窩(정허와)	→	조선 영조 때 학자
李 源 綠 (이원록)	陸史 (육사)	→	시인, 독립운동가
李 元 培 (이원배)	龜巖 (구암)	→	조선 정조 때 학자
李 元 翼 (이원익)	梧里 (오리)	→	조선 광해·인조 때 대신, 청백리
李 元 禎 (이원정)	歸巖 (귀암)	→	조선 숙종 때 문관
李 源 祚 (이원조)	凝窩 (응와)	→	조선 말기 문신
李 元 鎭 (이원진)	太湖 (태호)	→	조선 효종 때 문관
李 濡 (이 유)	鹿川 (녹천)	→	조선 숙종 때 영상
李 維 棟 (이유동)	一石 (일석)	→	조선시대 학자
李 裕 元 (이유원)	橘山 (귤산)	→	조선 말기 대신
李 惟 泰 (이유태)	草廬 (초려)	→	조선 현종 때 학자
李 陸 (이 육)	靑坡 (청파)	→	조선 성종 때 명신
李 潤 慶 (이윤경)	崇德齋(숭덕재)	→	조선 명종 때 명신
李 胤 永 (이윤영)	丹陵 (단릉)	→	조선 영조 때 서화가
李 允 宰 (이윤재)	한뫼	→	국어학자
李 溵 (이 은)	瞻齋 (첨재)	→	조선 영·정조 때 문신
李 殷 相 (이은상)	鷺山 (노산)	→	시조작가, 사학자
李 殷 相 (이은상)	東里 (동리)	→	조선 현종 때 문신
李 義 健 (이의건)	同隱 (동은)	→	조선 초기 문인

李 義 養 (이의양)　　雲齋　(운재)　→ 조선 순조 때 화가
李 義 淵 (이의연)　　有是齋(유시재)　→ 조선 경종 때 현관
李 宜 哲 (이의철)　　文菴　(문암)　→ 조선 말기 학자
李 宜 顯 (이의현)　　陶谷　(도곡)　→ 조선 영조 때 상신
李　　珥 (이 이)　　栗谷　(율곡)　→ 조선 중기 대학자, 18현
李 頤 命 (이이명)　　疎齋　(소재)　→ 조선 숙종 때 노론 대신
李 彛 章 (이이장)　　水南　(수남)　→ 조선 영조 때 문관
李 爾 瞻 (이이첨)　　觀松　(관송)　→ 조선 광해군 때 문신
李　　瀷 (이 익)　　星湖　(성호)　→ 조선 영조 때 남인학자
李　　翊 (이 익)　　農齋　(농재)　→ 조선 숙종 때 문관
李 翊 相 (이익상)　　梅磵　(매간)　→ 조선 숙종 때 문신
李 益 壽 (이익수)　　百默堂(백묵당)　→ 조선 숙종 때 문신
李 翼 延 (이익연)　　杏左　(행좌)　→ 조선 순조 때 서화가
李 益 秘 (이익필)　　霞翁　(하옹)　→ 조선 영조 때 공신
李 翊 會 (이익회)　　古東　(고동)　→ 조선 순조 때 문관
李 麟 奇 (이인기)　　松溪居士(송계거사)　→ 조선 인조 때 학자
李 仁 老 (이인로)　　雙明齋(쌍명재)　→ 고려 명종 때 학자
李 寅 文 (이인문)　　有春　(유춘)　→ 조선 후기 화가
李 麟 祥 (이인상)　　凌壺觀(능호관)　→ 조선 영조 때 화가
李 仁 孫 (이인손)　　楓厓　(풍애)　→ 조선 세조 때 상신
李 人 稙 (이인직)　　菊初　(국초)　→ 신소설작가, 언론인, 신극운동가
李 仁 亨 (이인형)　　梅軒　(매헌)　→ 조선 세종 때 문관
李 一 相 (이일상)　　靑湖　(청호)　→ 조선 현종 때 문관
李　　耔 (이 자)　　陰崖　(음애)　→ 조선 중종 때 명신

李 資 玄 (이자현)	息庵	(식암)	→ 고려 예종 때 학자
李 長 坤 (이장곤)	琴齋	(금재)	→ 조선 중종 때 문관
李 章 熙 (이장희)	古月	(고월)	→ 시인
李　　栽 (이　재)	密菴	(밀암)	→ 조선 숙종 때 학자
李　　縡 (이　재)	陶庵	(도암)	→ 조선 숙~정조 때 학자
李 在 寬 (이재관)	小塘	(소당)	→ 조선 후기 화가
李 載 冕 (이재면)	又石	(우석)	→ 조선 말기 정치가
李 載 完 (이재완)	石湖	(석호)	→ 구한말 정치가
李 在 學 (이재학)	芝浦	(지포)	→ 조선 정조 때 중신
李 載 亨 (이재형)	松巖	(송암)	→ 조선 영조 때 학자
李　　迪 (이　적)	晦齋	(회재)	→ 조선시대 문신, 학자, 18현
李　　㙉 (이　전)	月澗	(월간)	→ 조선 인조 때 문신
李　　楨 (이　정)	龜岩	(구암)	→ 조선 명종 때 학자
李　　楨 (이　정)	懶翁	(나옹)	→ 조선 선조 때 서화가
李　　霆 (이　정)	灘隱	(탄은)	→ 조선 중종 때 화가
李 廷 龜 (이정귀)	月沙	(월사)	→ 조선 인조 때 대신
李 正 根 (이정근)	心水	(심수)	→ 조선 중기 화가
李 廷 機 (이정기)	漫翁	(만옹)	→ 조선 인조 때 문관
李 正 魯 (이정로)	少渼	(소미)	→ 조선 고종 때 문신
李 正 履 (이정리)	醇溪	(순계)	→ 조선 헌종 때 문신
李 廷 立 (이정립)	溪隱	(계은)	→ 조선 선조 때 문신
李 貞 敏 (이정민)	玉溪	(옥계)	→ 조선 광해군·인조 때 학자
李 鼎 輔 (이정보)	三洲	(삼주)	→ 조선 영조 때 문신
李 貞 臣 (이정신)	松蘖堂	(송얼당)	→ 조선 영조 때 문관

李 廷 馣 (이정암)　四留居士(사류거사) → 조선 선조 때 공신

李 正 英 (이정영)　西谷　(서곡)　→ 조선 숙종 때 문관

李 貞 恩 (이정은)　月湖　(월호)　→ 조선 세종 때 문인

李 廷 翼 (이정익)　竹窩　(죽와)　→ 조선 선조 때 의사

李 廷 濟 (이정제)　竹湖　(죽호)　→ 조선 영조 때 문신

李 庭 綽 (이정탁)　晦軒　(회헌)　→ 조선 영조 때 문신

李 廷 馨 (이정형)　知退堂(지퇴당) → 조선 선조 때 명신

李 廷 煥 (이정환)　松巖　(송암)　→ 조선 중기 학자

李 濟 馬 (이제마)　東武　(동무)　→ 조선 말기 한의학자

李 濟 臣 (이제신)　陶丘　(도구)　→ 조선 선조 때 학자

李 濟 臣 (이제신)　夢應　(몽응)　→ 조선 선조 때 문신

李 齊 賢 (이제현)　益齋　(익재)　→ 고려 말기 시인, 성리학자

李 　 肇 (이 조)　鶴山　(학산)　→ 조선 숙종 때 문신

李 兆 年 (이조년)　梅雲堂(매운당) → 고려 충혜왕 때 충신

李 祖 默 (이조묵)　六橋　(육교)　→ 조선 순조 때 문필가

李 祖 淵 (이조연)　翫西　(완서)　→ 조선 고종 때 무관

李 存 秀 (이존수)　金石　(금석)　→ 조선 순조 때 대신

李 存 吾 (이존오)　石灘　(석탄)　→ 고려 공민왕 때 충신

李 在 中 (이존중)　惕菴　(양암)　→ 조선 영조 때 문관

李 鍾 乾 (이종건)　東山　(동산)　→ 재만 독립운동가

李 種 德 (이종덕)　三堂　(삼당)　→ 고려 우왕 때 문관

李 宗 文 (이종문)　洛浦　(낙포)　→ 조선 선조 때 의병장

李 宗 白 (이종백)　牧川　(목천)　→ 조선 영조 때 중신

李 宗 城 (이종성)　梧川　(오천)　→ 조선 영조 때 영의정

李 鍾 愚 (이종우)　石農　(석농)　→ 조선 철종 때 문신
李 鍾 一 (이종일)　沃坡　(옥파)　→ 언론인, 33인
李 宗 張 (이종장)　[文卿 문경]　→ 조선시대 무관
李 宗 準 (이종준)　慵齋　(용재)　→ 조선 초기 문인
李 鍾 學 (이종학)　麟齋　(인재)　→ 고려 말기 학자
李 鍾 勳 (이종훈)　正庵　(정암)　→ 독립운동가, 33인
李 　 胄 (이 주)　忘軒　(망헌)　→ 조선 연산군 때 문신
李 柱 國 (이주국)　梧栢　(오백)　→ 조선 정조 때 무장
李 周 鎭 (이주진)　炭翁　(탄옹)　→ 조선 영조 때 문신
李 　 儁 (이 준)　一醒　(일성)　→ 구한말 순국열사
李 　 埈 (이 준)　蒼石　(창석)　→ 조선 인조 때 문·무관
李 　 準 (이 준)　瀨眞子(뇌진자)　→ 조선 선조 때 공신
李 浚 慶 (이준경)　東皐　(동고)　→ 조선 선조 때 영의정, 청백리
李 俊 民 (이준민)　新菴　(신암)　→ 조선 선조 때 문신
李 埈 鎔 (이준용)　石庭　(석정)　→ 조선 말기 왕족, 대원군 손자
李 仲 燮 (이중섭)　大卿　(대경)　→ 근대 서양화가
李 仲 虎 (이중호)　履素齋(이소재)　→ 조선 중·명종 때 유학자
李 重 煥 (이중환)　淸潭　(청담)　→ 조선 영조 때 실학자
李 　 增 (이 증)　北崖　(북애)　→ 조선 선조 때 공신
李 之 蕃 (이지번)　松溪　(송계)　→ 조선 중종 때 학자
李 之 詩 (이지시)　松菴　(송암)　→ 조선 선조 때 순국자
李 之 億 (이지억)　醒軒　(성헌)　→ 조선 영조 때 문신
李 祉 永 (이지영)　林下　(임하)　→ 조선 정·순조 때 문신
李 志 完 (이지완)　斗峯　(두봉)　→ 조선 선조 때 문신

李 址 鎔 (이지용)	響雲 (향운)	→ 조선 고종 때 역신 5적
李 之 翼 (이지익)	桂村 (계촌)	→ 조선 숙종 때 중신
李 之 函 (이지함)	土亭 (토정)	→ 조선 선조 때 이인
李 智 活 (이지활)	孤隱 (고은)	→ 조선시대 충신
李 稷 (이 직)	亨齋 (형재)	→ 조선 태종 때 영의정
李 直 輔 (이직보)	中洲 (중주)	→ 조선 순조 때 중신
李 直 彦 (이직언)	秋泉 (추천)	→ 조선 인조 때 문신, 청백리
李 瑱 (이 진)	東庵 (동암)	→ 고려 충숙왕 때 중신
李 眞 儉 (이진검)	角里 (각리)	→ 조선 경종 때 문관
李 振 武 (이진무)	有四 (유사)	→ 독립운동가
李 震 白 (이진백)	西巖 (서암)	→ 조선 숙종 때 문신
李 眞 洙 (이진수)	石澗 (석간)	→ 조선 영조 때 문관
李 眞 淳 (이진순)	荷西 (하서)	→ 조선 영조 때 문관
李 鎭 龍 (이진용)	己千 (기천)	→ 독립운동가
李 眞 儒 (이진유)	北谷 (북곡)	→ 조선 영조 때 문신
李 鎭 衡 (이진형)	南谷 (남곡)	→ 조선 정조 때 문관
李 震 休 (이진휴)	省齋 (성재)	→ 조선 숙종 때 문관, 서예가
李 集 (이 집)	遁村 (둔촌)	→ 고려 말기 학자
李 楫 (이 집)	守分窩 (수분와)	→ 조선시대 왕족
李 塏 (이 집)	醉村 (취촌)	→ 조선 영조 때 대신
李 集 斗 (이집두)	琶西 (파서)	→ 조선 순조 때 문신
李 澄 (이 징)	虛舟 (허주)	→ 조선 중기 화가
李 昌 壽 (이창수)	耻齋 (치재)	→ 조선 정종의 현손
李 采 (이 채)	華泉 (화천)	→ 조선 순조 때 문관

李　　滌 (이　척)　　映湖亭(영호정) → 조선 인조 때 문관
李　　阡 (이　천)　　東巖叟(동암수) → 고려 고종 때 장군
李　　蕆 (이　천)　　佛谷　(불곡)　 → 조선 초기 무관
李 天 輔 (이천보)　　晋庵　(진암)　 → 조선 영조 때 영의정
李 天 相 (이천상)　　景退齋(경퇴재) → 조선 숙종 때 학자
李　　詹 (이　첨)　　雙梅堂(쌍매당) → 고려 말기 문장가
李　　摠 (이　충)　　西湖主人(서호주인) → 조선 초기 문인
李 最 應 (이최응)　　山響　(산향)　 → 조선 고종 때 영의정
李 最 中 (이최중)　　系良　(계량)　 → 조선 영조 때 문신
李　　軸 (이　축)　　沙村　(사촌)　 → 조선 선조 때 대신
李 春 永 (이춘영)　　槐隱　(괴은)　 → 조선 말기 의병장
李 春 英 (이춘영)　　體素齋(체소재) → 조선 선조 때 문장가
李 春 元 (이춘원)　　九畹　(구원)　 → 조선 광해군 때 문신
李　　沖 (이　충)　　七澤　(칠택)　 → 조선 선조 때 문신
李 忠 楗 (이충건)　　訥齋　(눌재)　 → 조선 중종 때 문관
李 忠 元 (이충원)　　松菴　(송암)　 → 조선 선조 때 문신
李　　則 (이　칙)　　[叔度 숙도]　 → 조선 성종 때 문관
李　　鐸 (이　탁)　　藥峰　(약봉)　 → 조선 선조 때 상신
李　　鐸 (이　탁)　　東愚　(동우)　 → 독립운동가
李　　迨 (이　태)　　月淵　(월연)　 → 조선 중종 때 문관
李 台 佐 (이태좌)　　鵝谷　(아곡)　 → 조선 영조 때 대신
李 台 重 (이태중)　　三山　(삼산)　 → 조선 영조 때 중신
李 泰 和 (이태화)　　丹庵　(단암)　 → 조선 중기 명신
李　　坡 (이　파)　　松菊齋(송국재) → 조선 성종 때 중신

李 必 重 (이필중)	陶谷 (도곡)	→ 조선 숙종 때 문관
李 夏 榮 (이하영)	琴山 (금산)	→ 조선 말기 문신
李 夏 源 (이하원)	藥南 (예남)	→ 조선 영조 때 문신
李 昰 應 (이하응)	石坡 (석파)	→ 조선 고종 때 흥선대원군
李 夏 鎭 (이하진)	梅山 (매산)	→ 조선 숙종 때 문관
李 韓 久 (이한구)	[漢有 한유]	→ 조선시대 의병장
李 漢 福 (이한복)	壽齋 (수재)	→ 구한말 서화가
李 漢 應 (이한응)	菊隱 (국은)	→ 구한말 외교관, 순국열사
李 漢 應 (이한응)	敬庵 (경암)	→ 조선 철종 때 학자
李 漢 鎭 (이한진)	京山 (경산)	→ 조선 영조 때 서도가
李 漢 喆 (이한철)	希園 (희원)	→ 조선 후기 화가
李 恒 (이 항)	一齋 (일재)	→ 조선 명종 때 문신
李 恒 老 (이항로)	華西 (화서)	→ 조선 말기 학자
李 恒 福 (이항복)	白沙 (백사)	→ 조선 선조 때 대신, 청백리
李 澥 (이 해)	聾翁 (농옹)	→ 조선 인조 때 공신
李 瀣 (이 해)	溫溪 (온계)	→ 조선 명종 때 문신
李 海 龍 (이해룡)	北嶽 (북악)	→ 조선 선조 때 서도가
李 海 壽 (이해수)	敬齋 (경재)	→ 조선 중기 명신
李 海 朝 (이해조)	東濃 (동농)	→ 신소설 작가
李 海 朝 (이해조)	鳴巖 (명암)	→ 조선 숙종 때 문신
李 行 (이 행)	騎牛子(기우자)	→ 고려 말기 중신
李 荇 (이 행)	容齋 (용재)	→ 조선 중종 때 대신
李 行 遠 (이행원)	西華 (서화)	→ 조선 인조 때 대신
李 獻 慶 (이헌경)	艮翁 (간옹)	→ 조선 정조 때 학자

李 憲 球 (이헌구)	菊軒 (국헌)	→ 조선 철종 때 대신
李 憲 國 (이헌국)	松谷 (유곡)	→ 조선 선조 때 대신
李 獻 吉 (이헌길)	完山 (완산)	→ 조선 영조 때 명의
李 顯 坤 (이현곤)	養悟軒(양오헌)	→ 조선 영조 때 서화가
李 賢 輔 (이현보)	聾巖 (농암)	→ 조선 중종 때 문관, 청백리
李 玄 錫 (이현석)	游齋 (유재)	→ 조선 숙종 때 문인, 학자
李 鉉 燮 (이현섭)	愚軒 (우헌)	→ 구한말 의사
李 顯 英 (이현영)	蒼谷 (창곡)	→ 조선 인조 때 명신
李 玄 逸 (이현일)	葛菴 (갈암)	→ 조선 숙종 때 중신
李 衡 詳 (이형상)	瓶窩 (병와)	→ 조선 영조 때 문관
李 好 閔 (이호민)	五峰 (오봉)	→ 조선 영조 때 공신
李 弘 淵 (이홍연)	三竹 (삼죽)	→ 조선 숙종 때 판서
李 鴻 章 (이홍장)	漸甫 (점보)	→ 중국 청대 말기 정치가
李 弘 胄 (이홍주)	梨川 (이천)	→ 조선 인조 때 대신
李 　 和 (이 　 화)	二樂亭(이요정)	→ 조선 초기 공신
李 華 鎭 (이화진)	默拙齋(묵졸재)	→ 조선 숙종 때 문신
李 　 活 (이 　 활)	陸史 (육사)	→ 신문학 시인
李 　 滉 (이 　 황)	退溪 (퇴계)	→ 조선시대 대학자, 18현, 청백리
李 回 寶 (이회보)	石屛 (석병)	→ 조선시대 문관
李 曾 齋 (이회재)	台峰 (태봉)	→ 조선 말기 학자
李 會 昌 (이회창)	徑史 (경사)	→ 법조인, 정치인, 대통령후보
李 孝 石 (이효석)	可山 (가산)	→ 소설가 시인
李 孝 祥 (이효상)	한솔	→ 시인, 정치가, 국회의장
李 　 珝 (이 　 후)	癯翁 (구옹)	→ 조선 영조 때 대신

李 後 白 (이후백)　青蓮居士(청련거사)→ 조선 선조 때 명신
李 厚 源 (이후원)　迂齋　(우재)　→ 조선 효종 때 대신
李 后 定 (이후정)　晚安堂(만안당) → 조선 영조 때 문신
李 彙 寧 (이휘령)　古溪　(고계)　→ 조선시대 학자
李 徽 之 (이휘지)　老圃　(노포)　→ 조선 정조 때 상신
李　忔 (이　흘)　雪汀　(설정)　→ 조선 선·인조 때 학자
李　恰 (이　흡)　士和　(사화)　→ 조선시대 문관
李 興 浡 (이흥발)　雲巖　(운암)　→ 조선 인조 때 애국자
李 希 儉 (이희검)　菊齋　(국재)　→ 조선 선조 때 문신
李 希 得 (이희득)　淸潭　(청담)　→ 조선 선조 때 문관
李 希 輔 (이희보)　安分堂(안분당) → 조선 중종 때 문장가
李 喜 秀 (이희수)　小南　(소남)　→ 조선 말기 서도가
李 希 顔 (이희안)　黃江　(황강)　→ 조선 명종 때 학자
李 喜 朝 (이희조)　芝村　(지촌)　→ 조선 경종 때 유학자
李 喜 之 (이희지)　疑齋　(의재)　→ 조선 경종 때 진사
李 羲 八 (이희팔)　小笫　(소시)　→ 조선 헌·철종 때 문장가
一　然 (일　연)　無極　(무극)　→ 고려 후기 고승, 속성 金
林 慶 業 (임경업)　孤松　(고송)　→ 조선 인조 때 장군
林 景 翰 (임경한)　香泉　(향천)　→ 조선 순조 때 서도가
任 啓 英 (임계영)　三島　(삼도)　→ 조선 선조 때 의병장
任 國 老 (임국노)　竹塢　(죽오)　→ 조선 선조 때 문관
任　魯 (임　노)　潁西居士(영서거사)→ 조선 순조 때 학자
林　墰 (임　담)　淸臞　(청구)　→ 조선 인조 때 명신
林 德 躋 (임덕제)　三好　(삼호)　→ 조선 영조 때 문관

林 得 明 (임득명)	松月軒(송월헌)	→ 조선 순조 때 서화가
任　　垕 (임　방)	水村　(수촌)	→ 조선 숙종 때 문신
任 百 經 (임백경)	荷漪　(하의)	→ 조선 철종 때 문신
林 百 齡 (임백령)	愧馬　(괴마)	→ 조선 명종 때 공신
林 秉 瓚 (임병찬)	遯軒　(둔헌)	→ 구한말 의사, 의병장
林 象 德 (임상덕)	老村　(노촌)	→ 조선 숙종 때 학자
林 尙 沃 (임상옥)	稼圃　(가포)	→ 조선시대 무역상인
林　　壻 (임　서)	石村　(석촌)	→ 조선 인조 때 문관
林 先 味 (임선미)	[養大　양대]	→ 고려 말기 충의사 72인
任　　珹 (임　성)	羞菴　(수암)	→ 조선 영조 때 문관
任 聖 皐 (임성고)	偶然翁(우연옹)	→ 조선 순조 때 무관
林 守 謙 (임수겸)	葛谷　(갈곡)	→ 조선 세조 때 문관
任　　氏 (임　씨)	允摯堂(윤지당)	→ 조선시대 여류시인, 申光裕의 처
林 億 齡 (임억령)	石泉　(석천)	→ 조선 명종 때 문관
林　　泳 (임　영)	滄溪　(창계)	→ 조선 숙종 때 문장가
林 禮 煥 (임예환)	淵菴　(연암)	→ 독립운동가
任 元 濬 (임원준)	四友堂(사우당)	→ 조선 초기 문신
任 有 後 (임유후)	萬休　(만휴)	→ 조선 인조 때 명신
任 應 準 (임응준)	澹齋　(담재)	→ 조선 헌종 때 문신
任 義 伯 (임의백)	今是堂(금시당)	→ 조선 효종 때 문관
任　　珽 (임　정)	扈齋　(호재)	→ 조선 영조 때 문관
任 靖 周 (임정주)	雲湖　(운호)	→ 조선 정조 때 학자
林　　悌 (임　제)	白湖　(백호)	→ 조선 선조 때 문장가
任 天 常 (임천상)	窮悟　(궁오)	→ 조선 정조 때 학자

林　　椿 (임　춘)　　[耆之 기지]　　→ 고려 인종 때 문인
任 翰 伯 (임한백)　　南谷　(남곡)　→ 고려 인조 때 문장가
林 翰 洙 (임한수)　　松石　(송석)　→ 조선 말기 문신
任 憲 晦 (임헌회)　　鼓山　(고산)　→ 조선 고종 때 문신
任　　鉉 (임　현)　　愛灘　(애탄)　→ 조선 선조 때 장군
林 亨 秀 (임형수)　　錦湖　(금호)　→ 조선 초기 문관
任 弘 望 (임홍망)　　竹室　(죽실)　→ 조선 숙종 때 문관
任 華 世 (임화세)　　是翁　(시옹)　→ 조선 영조 때 문관
林　　懽 (임　환)　　習靜　(습정)　→ 조선 선조 때 무관
林　　檜 (임　회)　　觀海　(관해)　→ 조선 인조 때 문신
林　　薰 (임　훈)　　自怡堂(자이당)→ 조선 명·선조 때 효자
任　　屹 (임　흘)　　龍潭　(용담)　→ 조선 광해군 때 학자
任 熙 載 (임희재)　　勿菴　(물암)　→ 조선 연산군 때 문장가
林 熙 之 (임희지)　　水月軒(수월헌)→ 조선 후기 화가

8. ㅈ

張 健 相 (장건상)　　宵海　(주해)　→ 독립운동가, 정치가
張 經 世 (장경세)　　沙村　(사촌)　→ 조선 중기 문인
張 德 秀 (장덕수)　　雪山　(설산)　→ 정치가, 동아일보 주필
張 得 萬 (장득만)　　睡隱　(수은)　→ 조선 영조 때 화가
張　　晚 (장　만)　　洛西　(낙서)　→ 조선 중기 문인
張　　勉 (장　면)　　雲石　(운석)　→ 정치가, 총리
張 鳳 翰 (장봉한)　　夰翁　(개옹)　→ 조선 선조 때 의사

張 錫 龍 (장석룡)	遊軒 (유헌)	→	조선 고종 때 문관
張 善 澂 (장선징)	杜谷 (두곡)	→	조선 숙종 때 상신
張 善 冲 (장선충)	蘭皐 (난고)	→	조선 숙종 때 문관
張 世 良 (장세량)	和庵 (화암)	→	조선 효·현종 때 학자
張 承 業 (장승업)	吾園 (오원)	→	조선 말기 화가
張 　 藎 (장 신)	錦江 (금강)	→	조선 숙종 때 학자
張 雲 翼 (장운익)	西村 (서촌)	→	조선 중기 문신
張 　 維 (장 유)	鷄谷 (계곡)	→	조선 중기 명신
張 應 一 (장응일)	聽天堂(청천당)	→	조선 중기 문인
張 之 洞 (장지동)	香濤 (향도)	→	중국 청대 말기 정치가
張 志 淵 (장지연)	韋庵 (위암)	→	구한말 언론인
張 智 賢 (장지현)	三槐 (삼괴)	→	조선 선조 때 의사
張 泰 秀 (장태수)	逌齋 (유재)	→	구한말 문신, 순국의사
張 澤 相 (장택상)	滄浪 (창랑)	→	초대 외무장관, 국무총리
張 弼 武 (장필무)	栢谷 (백곡)	→	조선 중기 무인
張 漢 輔 (장한보)	銀溪 (은계)	→	조선 중종 때 학자
張 顯 光 (장현광)	旅軒 (여헌)	→	조선 중기 학자
張 　 混 (장 혼)	而已 (이기)	→	조선 중기 학자
全 慶 昌 (전경창)	溪東 (계동)	→	조선 선조 때 문관
田 　 琦 (전 기)	古藍 (고람)	→	조선 철종 때 화가
田 祿 生 (전녹생)	埜隱 (야은)	→	고려 공민왕 때 문신
全 東 屹 (전동흘)	佳齋 (가재)	→	조선 현종 때 무관
全 命 龍 (전명룡)	潁西 (영서)	→	조선 인조 때 학자
田 　 闢 (전 벽)	西亭 (서정)	→	조선 인조 때 문관

全 琫 準 (전봉준)　綠斗　(녹두)　　→ 조선 고종 때 동학운동 지도자
全 盛 鎬 (전성호)　鐵舟　(철주)　　→ 독립운동가
全　　湜 (전 식)　沙西　(사서)　　→ 조선 인조 때 문관
全　　信 (전 신)　栢軒　(백헌)　　→ 고려 충숙왕 때 학자
全　　榮 (전 영)　梅隱　(매은)　　→ 조선 인조 때 서도가
田 榮 澤 (전영택)　늘봄　　　　　→ 소설가 목사
田　　愚 (전 우)　艮齋　(간재)　　→ 조선 말기 유학자
全 元 發 (전원발)　菊坡　(국파)　　→ 여말선초 문신
全 有 亨 (전유형)　鶴松　(학송)　　→ 조선 선조 때 문관
全 益 禧 (전익희)　望日堂(망일당)　→ 조선 효종 때 문관
全 希 哲 (전희철)　休溪　(휴계)　　→ 조선 초기 충신
鄭　　幹 (정 간)　鳴皐　(명고)　　→ 조선 영조 때 문신, 청백리
鄭 介 淸 (정개청)　困齋　(곤재)　　→ 조선 선조 때 도학자
鄭 建 朝 (정건조)　蓉山　(용산)　　→ 조선 말기 문신
丁 景 達 (정경달)　盤谷　(반곡)　　→ 조선 선조 때 문신
鄭 經 世 (정경세)　愚伏　(우복)　　→ 조선 인조 때 성리학자
鄭 慶 欽 (정경흠)　六吾堂(육오당)　→ 조선 숙종 때 학자
鄭 崑 壽 (정곤수)　栢谷　(백곡)　　→ 조선 선조 때 명신
鄭 觀 儉 (정관검)　鶴坡　(학파)　　→ 조선 고종 때 학자, 서예가
鄭 光 弼 (정광필)　守天　(수천)　　→ 조선 중종 때 정치가, 정승
鄭　　逑 (정 구)　寒岡　(한강)　　→ 조선 선조·광해군 때 학자
鄭 求 瑛 (정구영)　淸嵐　(청람)　　→ 정치인, 공화당의장 서리
鄭 起 龍 (정기룡)　梅軒　(매헌)　　→ 조선 선조 때 무관
鄭 期 遠 (정기원)　見山　(견산)　　→ 조선 선조 때 문관

丁 克 仁 (정극인)	不憂軒(불우헌)	→	조선 세종 때 학자
鄭 蘭 宗 (정난종)	虛白堂(허백당)	→	조선 세조·성종 때 문·무신 명필
鄭 　 魯 (정 노)	蒼坡 (창파)	→	조선 순조 때 처사
丁 大 水 (정대수)	龍西 (용서)	→	조선 선조 때 무장
丁 大 有 (정대유)	又香 (우향)	→	근대 서도가
鄭 大 哲 (정대철)	萬初 (만초)	→	정치인, 국회의원
鄭 道 應 (정도응)	無添 (무첨)	→	조선 현종 때 학자
鄭 道 傳 (정도전)	三峰 (삼봉)	→	조선 개국공신, 학자
鄭 東 愈 (정동유)	玄同 (현동)	→	조선시대 학자
鄭 斗 卿 (정두경)	東溟 (동명)	→	조선 인조~현종 때 학자
鄭 斗 源 (정두원)	壺亭 (호정)	→	조선 인조 때 문관
鄭 斗 亨 (정두형)	樂全堂(낙전당)	→	조선 중종 때 문관
鄭 晚 錫 (정만석)	過齋 (과재)	→	조선 순조 때 대신
鄭 萬 陽 (정만양)	塤叟 (훈수)	→	조선 말기 학자
鄭 萬 朝 (정만조)	茂亭 (무정)	→	조선 고종 때 학자, 문관
鄭 萬 鍾 (정만종)	棗溪 (조계)	→	조선 중종 때 문관
鄭 夢 周 (정몽주)	圃隱 (포은)	→	고려 말기 충신, 18현
鄭 文 孚 (정문부)	農圃 (농보)	→	조선 선조 때 의사
鄭 文 升 (정문승)	美堂 (미당)	→	조선 고종 때 문신
鄭 文 炯 (정문형)	野叟 (야수)	→	조선 연산군 때 대신, 청백리
鄭 敏 僑 (정민교)	寒卿子(한경자)	→	조선 숙종 때 문관
鄭 民 秀 (정민수)	碧山 (벽산)	→	조선 철종 때 문장가
鄭 百 昌 (정백창)	谷口 (곡구)	→	조선 인조 때 문관
丁 範 祖 (정범조)	海左 (해좌)	→	조선 정조 때 문신

鄭 範 朝 (정범조)　　葵堂　 (규당)　　 → 조선 고종 때 대신
鄭 丙 朝 (정병조)　　葵園　 (규원)　　 → 조선 말기 학자
鄭 復 周 (정복주)　　竹堂　 (죽당)　　 → 조선 태종 때 문관
鄭　 苯 (정　본)　　愛日堂 (애일당)　 → 조선 단종 때 대신
鄭　 鵬 (정　붕)　　新堂　 (신당)　　 → 조선 중종 때 문관
鄭 士 龍 (정사룡)　　雲卿　 (운경)　　 → 조선 명종 때 문신
丁 思 愼 (정사신)　　畸叟　 (기수)　　 → 조선 숙종 때 문관
鄭 士 信 (정사신)　　梅窓　 (매창)　　 → 조선 광해군 때 문관
鄭 賜 湖 (정사호)　　禾谷　 (화곡)　　 → 조선 광해군 때 문관
鄭 尙 驥 (정상기)　　農圃子 (농포자)　 → 조선 영조 때 학자
鄭　 叙 (정　서)　　瓜亭　 (과정)　　 → 고려 인종 때 문인
鄭　 歚 (정　선)　　謙齋　 (겸재)　　 → 조선 영조 때 화가
鄭 世 規 (정세규)　　東里　 (동리)　　 → 조선 인조 때 대신
鄭 世 雅 (정세아)　　湖叟　 (호수)　　 → 조선시대 의병장
丁 壽 崗 (정수강)　　月軒　 (월헌)　　 → 조선 성종 때 문관
鄭 邃 榮 (정수영)　　之又齋 (지우재)　 → 조선 말기 화가
鄭 守 弘 (정수홍)　　楓川　 (풍천)　　 → 조선 세종 때 문신
鄭 淑 夏 (정숙하)　　月湖　 (월호)　　 → 조선시대 문관
鄭 順 明 (정순명)　　省齋　 (성재)　　 → 조선 중종 때 대신
鄭　 蓍 (정　시)　　伯友　 (백우)　　 → 조선 순조 때 충신
鄭 時 修 (정시수)　　琴川　 (금천)　　 → 조선 인조 때 학자
鄭 時 述 (정시술)　　寓隱　 (우은)　　 → 조선 현종 때 학자
鄭 時 潤 (정시윤)　　斗湖　 (두호)　　 → 조선 숙종 때 문관
鄭 時 翰 (정시한)　　愚潭　 (우담)　　 → 조선 숙종 때 학자

鄭　軾 (정　식)	憑甫　(빙보)	→ 조선시대 문관
鄭　栻 (정　식)	延日　(연일)	→ 조선 숙종 때 문관
鄭　杖 (정　식)	明庵　(명암)	→ 조선 영조 때 지사
丁 若 鏞 (정약용)	茶山　(다산)	→ 조선 말기 대학자
丁 若 銓 (정약전)	研經齋(연경재)	→ 조선 정조 때 학자
鄭　瀁 (정　양)	孚翼子(부익자)	→ 조선 현종 때 문관
鄭 彦 信 (정언신)	懶庵　(뇌암)	→ 조선 선조 때 대신
鄭 彦 潢 (정언황)	默拙　(묵졸)	→ 조선 인조 때 문관
鄭 汝 昌 (정여창)	一蠹　(일두)	→ 조선 성종 때 성리학자, 18현
鄭　易 (정　역)	栢亭　(백정)	→ 조선 태종 때 문신
鄭　礦 (정　염)	北窓　(북창)	→ 조선 중·명종 때 학자
鄭　曄 (정　엽)	守夢　(수몽)	→ 조선 인조 때 문관
鄭　蘊 (정　온)	桐溪　(동계)	→ 조선 인조 때 명신
鄭 羽 良 (정우량)	鶴南　(학남)	→ 조선 영조 때 대신
鄭 元 容 (정원용)	經山　(경산)	→ 조선 헌종 때 대신
鄭 惟 吉 (정유길)	林塘　(임당)	→ 조선 선조 때 대신
鄭 維 成 (정유성)	陶村　(도촌)	→ 조선 현종 때 대신
鄭 允 穆 (정윤목)	淸風子(청풍자)	→ 조선 인조 때 문장가
鄭 允 容 (정윤용)	睡庵　(수암)	→ 조선 말기 학자
丁 胤 禧 (정윤희)	顧庵　(고암)	→ 조선 선조 때 정치가
鄭 以 吾 (정이오)	郊隱　(교은)	→ 여말선초 문신
鄭 以 周 (정이주)	醒齋　(성재)	→ 조선 선조 때 문신
鄭 寅 普 (정인보)	爲堂　(위당)	→ 사학자, 한문학자 남북
鄭 麟 趾 (정인지)	學易齋(학역재)	→ 조선 초기 학자

鄭 仁 弘 (정인홍)　　萊菴　　(래암)　→ 조선 광해군 때 권신
丁 一 權 (정일권)　　淸文　　(청문)　→ 군인, 국무총리
鄭　　碏 (정 작)　　古玉　　(고옥)　→ 조선 선조 때 학자
鄭 載 崙 (정재륜)　　竹軒　　(죽헌)　→ 조선 숙종 때 학자
鄭 載 嵩 (정재숭)　　松窩　　(송와)　→ 조선 숙종 때 상신
鄭 齊 斗 (정제두)　　霞谷　　(하곡)　→ 조선 영조 때 학자
鄭 存 謙 (정존겸)　　陽菴　　(양암)　→ 조선 영조 때 대신
鄭　　種 (정 종)　　吾老齋(오로재)　→ 조선 세조 때 무신
鄭 宗 榮 (정종영)　　恒齋　　(항재)　→ 조선 선조 때 명신
鄭 志 儉 (정지검)　　澈齋　　(철재)　→ 조선 영조 때 명신
鄭 知 常 (정지상)　　南湖　　(남호)　→ 고려 인종 때 문신
鄭 趾 善 (정지선)　　兢齋　　(긍재)　→ 조선 고종 때 학자
鄭 之 雲 (정지운)　　秋巒　　(추만)　→ 조선 명종 때 학자
鄭 芝 潤 (정지윤)　　壽銅　　(수동)　→ 조선 철종 때 시인
鄭 之 虎 (정지호)　　務隱　　(무은)　→ 조선 중기 문관
鄭 知 和 (정지화)　　南谷　　(남곡)　→ 조선 숙종 때 대신
鄭　　礩 (정 질)　　萬竹軒(만죽헌)　→ 조선 명종 때 문사
鄭 昌 順 (정창순)　　四於　　(사어)　→ 조선 정조 때 문신
鄭 昌 衍 (정창연)　　水竹　　(수죽)　→ 조선 인조 때 대신
鄭　　陟 (정 척)　　整菴　　(정암)　→ 조선 세조 때 대신
鄭　　澈 (정 철)　　松江　　(송강)　→ 조선 선조 때 명신, 문필가
丁　　哲 (정 철)　　靑隱　　(청은)　→ 조선 선조 때 문신
鄭　　摠 (정 총)　　文愍　　(문민)　→ 여말선초 학자
鄭　　樞 (정 추)　　圓翁　　(원옹)　→ 고려 공민왕 때 학자

丁　　春 (정　춘)　　松巖　(송암)　　→ 조선 선조 때 무장
鄭 春 洙 (정춘수)　　靑吾　(청오)　　→ 기독교인, 33인
鄭 忠 燁 (정충엽)　　梨湖　(이호)　　→ 조선 영조 때 사학자
鄭 忠 信 (정충신)　　晩雲　(만운)　　→ 조선 인조 때 공신
鄭 忠 弼 (정충필)　　魯宇　(노우)　　→ 조선 정조 때 학자
鄭 致 和 (정치화)　　棋洲　(기주)　　→ 조선 중기 대신
鄭　　琢 (정　탁)　　藥圃　(약포)　　→ 조선 선조 때 학자, 대신
鄭　　擢 (정　탁)　　春谷　(춘곡)　　→ 조선 세종 때 우의정
鄭 太 和 (정태화)　　陽坡　(양파)　　→ 조선 효종 때 대신
鄭 澤 雷 (정택뢰)　　花江　(화강)　　→ 조선 선조 때 현사
鄭　　誧 (정　포)　　雲谷　(운곡)　　→ 고려 충혜왕 때 문관
鄭 夏 彦 (정하언)　　美堂　(미당)　　→ 조선 영조 때 문관
丁 學 校 (정학교)　　香壽　(향수)　　→ 조선 말기 화가
丁 學 游 (정학교)　　耘逋　(운포)　　→ 조선 헌종 때 문인
鄭 漢 文 (정한문)　　雙溪亭(쌍계정)　→ 조선 헌종 때 효자
鄭　　澔 (정　호)　　丈巖　(장암)　　→ 조선 영조 때 학자, 재상
丁 好 善 (정호선)　　東園　(동원)　　→ 조선 인조 때 문신
鄭 弘 來 (정홍래)　　菊塢　(국오)　　→ 조선 중기 화가
鄭 弘 溟 (정홍명)　　畸庵　(기암)　　→ 조선 선조 때 학자
鄭 弘 淳 (정홍순)　　瓠東　(호동)　　→ 조선 정조 때 명신
鄭 弘 翼 (정홍익)　　休翁　(휴옹)　　→ 조선 중기 문관
丁　　熿 (정　황)　　遊軒　(유헌)　　→ 조선 명종 때 문관
鄭 孝 俊 (정효준)　　樂晩　(낙만)　　→ 조선 효종 때 문관
鄭 後 僑 (정후교)　　菊塘　(국당)　　→ 조선시대 학자

姓名	아호	설명
鄭翬良 (정휘량)	南崖 (남애)	→ 조선 영조 때 대신
鄭希良 (정희량)	虛庵 (허암)	→ 조선 연산군 때 문관
趙 璥 (조 경)	景瑞 (경서)	→ 조선 정조 때 대신
趙 絅 (조 경)	龍洲 (용주)	→ 조선 인조 때 문신
趙景望 (조경망)	寄窩 (기와)	→ 조선 숙종 때 학자
趙景命 (조경명)	歸樂亭 (귀락정)	→ 조선 경종 때 문신
趙慶鎬 (조경호)	鷗堂 (구당)	→ 조선 고종 때 문신
趙啓遠 (조계원)	藥泉 (약천)	→ 조선 현종 때 문신
趙公瑾 (조공근)	梳翁 (소옹)	→ 조선 인조 때 문신
趙觀彬 (조관빈)	晦軒 (회헌)	→ 조선 영조 때 문신
趙光輔 (조광보)	方隱 (방은)	→ 조선 중종 때 유학자
曺光益 (조광익)	竹窩 (죽와)	→ 조선 선조 때 학자
趙光組 (조광조)	靜庵 (정암)	→ 조선 중종 때 성리학자, 18현
曺匡振 (조광진)	口訥 (구눌)	→ 조선 후기 문인, 명필
趙光鉉 (조광현)	琴灘 (금탄)	→ 조선 선·인조 때 의병장
趙龜錫 (조구석)	藏六堂 (장육당)	→ 조선 현종 때 문관
趙道彬 (조도빈)	睡窩 (수와)	→ 조선 영조 때 문신
趙 暾 (조 돈)	竹石 (죽석)	→ 조선 영조 때 문신
趙東潤 (조동윤)	惠石 (혜석)	→ 조선 고종 때 문신
趙斗淳 (조두순)	心庵 (심암)	→ 조선 철종 때 명신
趙得永 (조득영)	日谷 (일곡)	→ 조선 순조 때 문신
曺晚植 (조만식)	古堂 (고당)	→ 독립운동가, 정치가
趙萬永 (조만영)	石崖 (석애)	→ 조선 현종 때 문신, 세도가
趙孟善 (조맹선)	圓石 (원석)	→ 조선 말기 항일투사

曺 命 敎 (조명교)　澹雲　(담운)　→ 조선 영조 때 문관
趙 明 履 (조명리)　蘆江　(노강)　→ 조선 영조 때 문관
趙　　穆 (조 목)　月川　(월천)　→ 조선 선조 때 학자
趙 文 命 (조문명)　鶴巖　(학암)　→ 조선 영조 때 대신
趙　　璞 (조 박)　雨亭　(우정)　→ 조선 태종 때 문신
趙 秉 夔 (조병기)　小石　(소석)　→ 조선 철종 때 문신
趙 炳 彬 (조병빈)　寬窩　(관와)　→ 조선 영조 때 문관
趙 秉 世 (조병세)　山齋　(산재)　→ 조선시대 정치가, 순국열사
趙 炳 玉 (조병옥)　維石　(유석)　→ 독립운동가, 정치가
趙 秉 準 (조병준)　菊東　(국동)　→ 독립운동가, 정치가
趙 秉 憲 (조병헌)　錦州　(금주)　→ 조선 현종 때 문신
趙 秉 鉉 (조병현)　成齋　(성재)　→ 조선 헌종 때 문신
趙 復 陽 (조복양)　松谷　(송곡)　→ 조선 현종 때 문신
曺 奉 岩 (조봉암)　竹山　(죽산)　→ 3·1운동, 정치가
曺 鳳 振 (조봉진)　愼庵　(신암)　→ 조선 헌종 때 문신
曺 鵬 九 (조붕구)　玉余齋(옥여재)　→ 조선 영조 때 학자
趙　　備 (조 비)　叢柱窩(총주와)　→ 조선 효종 때 학자
曺 備 衡 (조비형)　[平父 평부]　→ 조선 세종 때 무관
趙 師 錫 (조사석)　晩獻　(만헌)　→ 조선 숙종 때 중신
趙 士 秀 (조사수)　松岡　(송강)　→ 조선 중종 때 문신, 청백리
趙 尙 絅 (조상경)　鶴塘　(학당)　→ 조선 영조 때 문신
趙 相 禹 (조상우)　時菴　(시암)　→ 조선 인조 때 학자
趙 相 愚 (조상우)　東崗　(동강)　→ 조선 숙종 때 대신
趙 尙 治 (조상치)　丹皐　(단고)　→ 조선 초기 문인

趙 錫 與 (조석여)	荷江 (하강)	→ 조선 철종 때 문신
趙 錫 元 (조석원)	紹雲 (소운)	→ 조선 철종 때 문관
趙 錫 胤 (조석윤)	樂靜 (낙정)	→ 조선 인조 때 문관
趙 錫 晋 (조석진)	小林 (소림)	→ 구한말 화가
趙 錫 馨 (조석형)	近水軒(근수헌)	→ 조선 효종 때 문관
趙 成 夏 (조성하)	小荷 (소하)	→ 조선 고종 때 중신
曺 成 煥 (조성환)	晴簑 (청사)	→ 독립운동가, 신민회 조직
曺 世 杰 (조세걸)	浿川 (패천)	→ 조선 중기 화가
趙 世 煥 (조세환)	樹村 (수촌)	→ 조선 숙종 때 문관
趙 涑 (조 속)	滄江 (송강)	→ 조선 인조 때 화가
趙 須 (조 수)	松月堂(송월당)	→ 조선 태종 때 문인
趙 守 倫 (조수륜)	風玉軒(풍옥헌)	→ 조선 광해군 때 현감
趙 秀 三 (조수삼)	秋齋 (추재)	→ 조선 순조 때 시인
曺 植 (조 식)	南冥 (남명)	→ 조선 중기 성리학자
曺 伸 (조 신)	適庵 (적암)	→ 조선 성종 때 문장가
趙 彦 秀 (조언수)	信善堂(신성당)	→ 조선 선조 때 명신
趙 嚴 (조 엄)	永湖 (영호)	→ 조선 영조 때 문신
趙 旅 (조 여)	漁溪 (어계)	→ 조선 단종 때 생육신
趙 淵 (조 연)	耐軒 (내헌)	→ 조선 명종 때 서도가
趙 榮 祐 (조영우)	觀我齋(관아재)	→ 조선 중기 화가
趙 寧 夏 (조영하)	惠人 (혜인)	→ 조선 고종 때 무신
趙 容 和 (조용화)	晴沼 (청소)	→ 조선 헌·철종 때 문신
趙 又 新 (조우신)	白潭 (백담)	→ 조선시대 문관
曺 友 仁 (조우인)	梅湖 (매호)	→ 조선 선조 때 문관

趙　　昱 (조　욱)　　葆眞齋(보진재) → 조선 명종 때 학자
曺　　偉 (조　위)　　晦溪　(매계)　→ 조선 성종 때 문신, 학자
趙 威 明 (조위명)　　松泉　(송천)　→ 조선 명종 때 문관
趙 威 鳳 (조위봉)　　鹿門　(녹문)　→ 조선 현종 때 문신
趙 偉 韓 (조위한)　　玄谷　(현곡)　→ 조선 인조 때 정치가
趙 有 善 (조유선)　　蘿山　(나산)　→ 조선 순조 때 학자
曺 允 大 (조윤대)　　東浦　(동포)　→ 조선 정조 때 문관
趙 潤 濟 (조윤제)　　陶南　(도남)　→ 국문학자, 교수
曺 允 亨 (조윤형)　　松下翁(송하옹) → 조선 정조 때 문관
趙　　翼 (조　익)　　浦渚　(포저)　→ 조선 효종 때 상신
趙 寅 永 (조인영)　　雲石　(운석)　→ 조선 현종 때 대신
趙 任 道 (조임도)　　澗松　(간송)　→ 조선 인조 때 문관
趙 載 浩 (조재호)　　損齋　(손재)　→ 조선 영조 때 상신
趙 廷 奎 (조정규)　　琳田　(임전)　→ 조선 후기 화가
趙 正 萬 (조정만)　　悟齋　(오재)　→ 조선 영조 때 문신
趙 廷 翼 (조정익)　　樂道齋(낙도재) → 조선 인조 때 문관
趙 貞 喆 (조정철)　　靜軒　(정헌)　→ 조선 순조 때 문신
趙 廷 虎 (조정호)　　南溪　(남계)　→ 조선 인조 때 문관
趙 存 性 (조존성)　　鼎谷　(정곡)　→ 조선 중기 정치가
趙 宗 道 (조종도)　　大笑軒(대소헌) → 조선 선조 때 순국의사
趙 宗 鉉 (조종현)　　天隱　(천은)　→ 조선 정조 때 문신
趙　　浚 (조　준)　　旴齋　(우재)　→ 여말선초 정치가
趙 重 默 (조중묵)　　雲溪　(운계)　→ 조선 말기 화가
趙 重 桓 (조중환)　　一齋　(일재)　→ 근대 신소설작가

趙 持 謙 (조지겸)	迂齋 (우재)	→ 조선 숙종 때 소론의 거두
趙 之 瑞 (조지서)	知足堂 (지족당)	→ 조선 연산군 때 문관
趙 之 耘 (조지운)	梅窓 (매창)	→ 조선 중기 화가
趙 芝 薰 (조지훈)	東卓 (동탁)	→ 신문학 시인
趙 溭 (조 직)	止齋 (지재)	→ 조선 인조 때 문관
趙 鎭 寬 (조진관)	柯汀 (가정)	→ 조선 순조 때 문신
趙 晋 錫 (조진석)	慵隱 (용은)	→ 조선 효종 때 문관
趙 執 信 (조집신)	秋谷 (추곡)	→ 중국 시인
趙 澄 (조 징)	松江 (송강)	→ 조선시대 문관
趙 泰 億 (조태억)	謙齋 (겸재)	→ 조선 숙·영조 때 문신
趙 泰 采 (조태채)	二憂堂 (이우당)	→ 조선 숙종 때 대신
趙 纘 韓 (조찬한)	玄洲 (현주)	→ 조선 인조 때 문관
趙 天 經 (조천경)	易安堂 (이안당)	→ 조선 영조 때 학자
趙 春 慶 (조춘경)	升窩 (승와)	→ 조선 영조 때 학자
曺 致 虞 (조치우)	[舜卿 순경]	→ 조선 중종 때 문신, 효자, 청백리
趙 倬 (조 탁)	二養堂 (이양당)	→ 조선 광해군 때 문관
趙 夏 望 (조하망)	西州 (서주)	→ 조선 영조 때 문관
趙 漢 輔 (조한보)	忘機堂 (망기당)	→ 조선 중종 때 철학자
趙 漢 英 (조한영)	晦谷 (회곡)	→ 조선 현종 때 문관
趙 憲 (조 헌)	重峯 (중봉)	→ 조선 선조 때 학자 의병장 18현
趙 顯 (조 현)	月軒 (월헌)	→ 조선 명종 때 무관
趙 顯 命 (조현명)	歸鹿 (귀록)	→ 조선 영조 때 대신
趙 珩 (조 형)	翠屛 (취병)	→ 조선 현종 때 문신
曺 好 益 (조호익)	芝山 (지산)	→ 조선 선조 때 문인

曺 弘 立 (조홍립)	數竹 (수죽)	→ 조선 인조 때 문관
曺 孝 昌 (조효창)	桂陽 (계양)	→ 조선 숙종 때 문관
趙 熙 龍 (조희룡)	壺山 (호산)	→ 조선 후기 화가
趙 羲 淵 (조희연)	杞園 (기원)	→ 조선 고종 때 대신
趙 希 逸 (조희일)	竹陰 (죽음)	→ 조선 인종 때 문장가
朱 明 相 (주명상)	可室 (가실)	→ 조선 말기 문관
周 命 新 (주명신)	岐下 (기하)	→ 조선 말기 의학자
朱 夢 龍 (주몽룡)	龍巖 (용암)	→ 조선 선조 때 장군
周 博 (주 박)	龜峯 (구봉)	→ 조선 선조 때 문관
朱 棐 (주 비)	閒山 (한산)	→ 조선 현종 때 학자
周 世 鵬 (주세붕)	愼齋 (신재)	→ 조선 중종 때 학자, 서원창시, 청백리
周 時 經 (주시경)	한힌샘	→ 한글학자, 교육자
朱 燿 燮 (주요섭)	餘心 (여심)	→ 작가, 교육자
朱 庸 奎 (주용규)	立菴 (임암)	→ 조선 고종 때 항일의병장
朱 義 植 (주의식)	南谷 (남곡)	→ 조선 중기 가인
朱 熹 (주 희)	老亭 (노정)	→ 중국 송대 유학자
知 訥 (지 눌)	牧牛子 (목우자)	→ 고려 신종 때 고승
池 錫 永 (지석영)	松村 (송촌)	→ 대한제국 학자, 종두법
志 安 (지 안)	喚醒 (환성)	→ 조선 영조 때 승려, 속성 鄭
池 運 永 (지운영)	雪峯 (설봉)	→ 조선 고종 때 관리, 서화가
池 靑 天 (지청천)	白山 (백산)	→ 독립운동가, 광복군
陳 克 敬 (진극경)	栢谷 (백곡)	→ 조선 선조 때 학자
陳 武 晟 (진무성)	松溪 (송계)	→ 조선 인조 때 장군
陳 與 義 (진여의)	簡齋 (간재)	→ 중국 시인

秦 再 奚 (진재해)　　僻隱　(벽은)　→ 조선 영조 때 화가
秦 鍾 煥 (진종환)　　嶠陵　(교릉)　→ 조선 말기 문장가
陳　　澕 (진 화)　　梅湖　(매곡)　→ 고려 신종 때 문장가

9. ㅊ

車　　軾 (차 식)　　頤齋　(이재)　→ 조선 명·선조 때 학자
車 利 錫 (차이석)　　東岩　(동암)　→ 독립운동가, 임시정부 국무위원
車 禮 亮 (차예량)　　風泉　(풍천)　→ 조선 선조 때 의사
車 雲 輅 (차운로)　　滄洲　(창주)　→ 조선 중기 문장가
車 元 頫 (차원부)　　雲巖　(운암)　→ 고려 말기 학자
車 佐 一 (차좌일)　　四名子(사명자)　→ 조선 순조 때 문장가
車 天 輅 (차천로)　　五山　(오산)　→ 조선 선조 때 문장가
車 憲 奎 (차헌규)　　石溪　(석계)　→ 서도가
粲　　英 (찬 영)　　木庵　(목암)　→ 고려시대 승려, 속성 韓
蔡 得 沂 (채득기)　　雩潭　(우담)　→ 조선 인조 때 학자
蔡 萬 植 (채만식)　　白菱　(백릉)　→ 소설가, 극작가
蔡 無 逸 (채무일)　　逸溪　(일계)　→ 조선 중종 때 문인
蔡 相 悳 (채상덕)　　深湖　(심호)　→ 독립운동가
蔡 世 英 (채세영)　　任眞　(임진)　→ 조선 중·명종 때 문신
蔡　　壽 (채 수)　　懶齋　(난재)　→ 조선 중조 때 정국공신
蔡 裕 後 (채유후)　　湖洲　(호주)　→ 조선 경종 때 문신
蔡 濟 恭 (채제공)　　樊巖　(번암)　→ 조선 정조 때 대신

蔡 之 洪 (채지홍)	三患齋(삼환재)	→ 조선 영조 때 학자
蔡 忱 (채 침)	孝孚 (효부)	→ 조선 중종 때 문신
蔡 彭 胤 (채팽윤)	希庵 (희암)	→ 조선 영조 때 문관
蔡 洪 哲 (채홍철)	中菴 (중암)	→ 고려 충선·충숙왕 때 대신
千 壽 慶 (천수경)	松石園(송석원)	→ 조선 영조 때 학자
淸 眼 (청 안)	雲坡 (운파)	→ 조선시대 승려
體 淨 (체 정)	虎巖 (호암)	→ 조선시대 승려
崔 堈 (최 강)	蘇溪 (소계)	→ 조선 중기 무장
崔 涇 (최 경)	謹齋 (근재)	→ 조선 성종 때 화가
崔 慶 昌 (최경창)	孤竹 (고죽)	→ 조선 중기 시인
崔 慶 會 (최경회)	三溪 (삼계)	→ 조선 중기 무인
崔 關 (최 관)	[子固 자고]	→ 여말선초 문관
崔 奎 瑞 (최규서)	艮齋 (간재)	→ 조선 중기 명신
崔 沂 (최 기)	西村 (서촌)	→ 조선 광해군 때 문관
崔 起 南 (최기남)	晩谷 (만곡)	→ 조선 광해군 때 문관
崔 南 善 (최남선)	六堂 (육당)	→ 신문화운동가, 사학자, 작가
崔 德 之 (최덕지)	烟村 (연촌)	→ 조선 세종 때 학자
崔 東 立 (최동립)	杏園 (행원)	→ 조선 선조 때 문관
崔 斗 燦 (최두찬)	江海散人(강해산인)	→ 조선 순조 때 학자
崔 鳴 吉 (최명길)	遲川 (지천)	→ 조선 인조 때 문신
崔 命 昌 (최명창)	松石 (송석)	→ 조선 중종 때 문관
崔 文 炳 (최문병)	省齋 (성재)	→ 조선 선조 때 의병장
崔 簿 (최 부)	錦南 (금남)	→ 조선 성종 때 문장가
崔 北 (최 북)	星齋 (성재)	→ 조선 영조 때 화가

崔 士 柔 (최사유)	[徽之 휘지]	→ 조선 태종 때 문관
崔 山 輝 (최산휘)	洛南 (낙남)	→ 조선 인조 때 문관
崔 相 源 (최상원)	秋峰居士(추봉거사)	→ 조선 중기 명신
崔 錫 鼎 (최석정)	明谷 (명곡)	→ 조선 숙종 때 대신
崔 錫 恒 (최석항)	損窩 (손와)	→ 조선 경종 때 대신
崔 成 大 (최성대)	杜機 (두기)	→ 조선 영조 때 문장가
崔 誠 之 (최성지)	松坡 (송파)	→ 고려 중기 명신, 문장가
崔 壽 城 (최수성)	猿亭 (원정)	→ 조선 중종 때 명현
崔 淑 生 (최숙생)	忠齋 (충재)	→ 조선 중종 때 문관
崔 時 亨 (최시형)	海月 (해월)	→ 종교인, 동학교주
崔 愼 (최 신)	鶴菴 (학암)	→ 조선 순종 때 학자
崔 瀁 (최 양)	藏六堂(장육당)	→ 고려 말기 문관
崔 汝 舟 (최여주)	三節堂(삼절당)	→ 조선 명종 때 문관
崔 衍 (최 연)	星灣 (성만)	→ 조선 인조 때 문관
崔 永 慶 (최영경)	守愚堂(수우당)	→ 조선 중기 문인
崔 溫 (최 온)	砭齋 (폄재)	→ 조선 인조 때 문관
崔 有 慶 (최유경)	竹亭 (죽정)	→ 조선 초기 문신, 청백리
崔 有 海 (최유해)	默守堂(묵수당)	→ 조선 인조 때 문관
崔 潤 德 (최윤덕)	霖谷 (임곡)	→ 조선 초기 무장
崔 應 龍 (최응룡)	松亭 (송정)	→ 조선 선조 때 문관
崔 益 鉉 (최익현)	勉庵 (면암)	→ 조선 고종 때 정치가, 배일파의 거두
崔 麟 (최 인)	古友 (고우)	→ 33인, 변절
崔 逸 (최 일)	石軒 (석헌)	→ 조선 숙종 때 문관
崔 岦 (최 입)	簡易 (간역)	→ 조선 중기 학자

崔　　滋 (최　자)　　東山叟(동산수) → 고려 강·고종 때 문신
崔 載 瑞 (최재서)　　石耕牛(석경우) → 영문학자, 문학평론가
崔 井 安 (최정안)　　雅行　(아행)　 → 조선 단종 때 문관
崔 濟 默 (최제묵)　　可菴　(가암)　 → 조선 말기 학자
崔 齊 愚 (최제우)　　水雲　(수운)　 → 조선 말기 동학 창시자·교조
崔 重 吉 (최중길)　　蔬泉　(어천)　 → 서예가
崔 宗 周 (최종주)　　紫峯　(자봉)　 → 조선 영조 때 문관
崔 震 立 (최진립)　　潛窩　(잠와)　 → 조선 중기 장군
崔 瓚 植 (최찬식)　　海東樵人(해동초인) → 신소설 작가
崔 昌 大 (최창대)　　昆侖　(곤륜)　 → 조선 숙종 때 학자
崔 天 健 (최천건)　　汾陰　(분음)　 → 조선 선조 때 문신, 청백리
崔 鐵 堅 (최철견)　　夢隱　(몽은)　 → 조선 선조 때 문관
崔　　沖 (최　충)　　惺齋　(성재)　 → 고려 문종 때 학자
崔 致 雲 (최치운)　　釣隱　(조은)　 → 조선 세종 때 문관
崔 致 遠 (최치원)　　[孤雲 고운]　 → 신라 말기 석학, 문장가
崔 河 臨 (최하림)　　大虛堂(대허당) → 조선 성종 때 문신
崔 鶴 齡 (최학령)　　栗亭　(율정)　 → 조선 중·명종 때 학자
崔 鶴 松 (최학송)　　曙海　(서해)　 → 신문학 소설가
崔 漢 綺 (최한기)　　惠崗　(혜강)　 → 조선 말기 실학자
崔　　恒 (최　항)　　太虛亭(태허정) → 조선 세조 때 대신, 학자
崔　　瀣 (최　해)　　拙翁　(졸옹)　 → 고려 충숙왕 때 문학자
崔　　晛 (최　현)　　認齋　(인재)　 → 조선 중기 문신
崔 鉉 培 (최현배)　　외솔　　　　　 → 국어학자, 국어운동가, 교육가
崔 惠 吉 (최혜길)　　柳下　(유하)　 → 조선 효종 때 문관

崔 弘 度 (최홍도)　鷗浦　(구포)　→ 조선 선조 때 문관
崔　滉 (최　황)　月潭　(월담)　→ 조선 선조 때 문신
崔　璜 (최　황)　苟菴　(구암)　→ 조선 말기 학자
崔 興 霖 (최흥림)　溪堂　(계당)　→ 조선 명종 때 학자
崔 興 源 (최흥원)　松泉　(송천)　→ 조선 중기 명신
秋　鵬 (추　붕)　雪巖　(설암)　→ 조선 숙종 때 승려, 속성 金
秋 水 鏡 (추수경)　洗心堂(세심당)　→ 명나라 신종 때 장군

10. ㅌ

坦　然 (탄　연)　默庵　(묵암)　→ 고려 의종 때 승려

11. ㅍ

表 沿 沫 (표연말)　濫溪　(남계)　→ 조선 연산군 때 문관

12. ㅎ

河　崙 (하　륜)　浩亭　(호정)　→ 조선 개국공신, 학자
河 萬 里 (하만리)　養眞堂(양진당)　→ 조선 중기 학자
河　演 (하　연)　敬齋　(경재)　→ 조선 세종 때 대신
河 緯 地 (하위지)　丹溪　(단계)　→ 조선 단종 때 사육신
河 應 臨 (하응림)　菁川　(청천)　→ 조선 명종 때 문장가
河 弘 度 (하홍도)　謙齋　(겸재)　→ 조선 현종 때 학자
學　密 (학　밀)　晴湖　(청호)　→ 조선시대 승려

韓 景 琦 (한경기)　香雪堂(향설당)　→ 조선 중종 때 문관
韓 啓 源 (한계원)　公宇　(공우)　→ 조선 고종 때 대신
韓　　嶠 (한　교)　東潭　(동담)　→ 조선 인조 때 학자
韓　　曒 (한　교)　晦默齋(회묵재)　→ 고려시대 문신, 효자
韓　　構 (한　구)　安素堂(안소당)　→ 조선 숙종 때 문관
韓 圭 稷 (한규직)　基玉　(기옥)　→ 조선 고종 때 장군
韓 明 澮 (한명회)　鴨鷗亭(압구정)　→ 조선 세조 때 권신
韓 百 謙 (한백겸)　久庵　(구암)　→ 조선 명종 때 문신, 학자
韓 尙 質 (한상질)　竹所　(죽소)　→ 조선 고종 때 문신
韓　　修 (한　수)　柳巷　(유항)　→ 고려 충정왕 때 명필
韓 時 覺 (한시각)　雪灘　(설탄)　→ 조선 효종 때 화가
韓 汝 愈 (한여유)　遁翁　(둔옹)　→ 조선 숙종 때 학자
韓 汝 稷 (한여직)　十洲　(십주)　→ 조선 인조 때 문관
韓 用 龜 (한용구)　晩悟　(만오)　→ 조선 순조 때 대신
韓 龍 雲 (한용운)　萬海　(만해)　→ 승려, 시인, 독립운동가
韓 元 震 (한원진)　南塘　(남당)　→ 조선 영조 때 학자
韓　　坯 (한　은)　漫隱　(만은)　→ 조선 숙종 때 학자
韓 應 寅 (한응인)　百拙齋(백졸재)　→ 조선 선조 때 대신
韓 翼 暮 (한익모)　靜見　(정견)　→ 조선 영조 때 대신
韓 仁 及 (한인급)　玄石　(현석)　→ 조선 인조 때 문신
韓 章 錫 (한장석)　經香　(경향)　→ 조선 고종 때 문신
韓 在 濂 (한재렴)　心遠子(심원자)　→ 조선 순종 때 학자
韓 宗 愈 (한종유)　復齋　(복재)　→ 고려 후기 문신
韓　　準 (한　준)　南岡　(남강)　→ 조선 선조 때 공신

韓 浚 謙 (한준겸)	柳川 (유천)	→ 조선 인조의 장인, 문신
韓 祉 (한 지)	月嶽 (월악)	→ 조선시대 문관
韓 忠 (한 충)	松齋 (송재)	→ 조선 중종 때 문신
韓 致 淪 (한치윤)	玉蕤堂 (옥유당)	→ 조선 순조 때 학자
韓 泰 東 (한태동)	是窩 (시와)	→ 조선 숙종 때 문관
韓 濩 (한 호)	石峯 (석봉)	→ 조선 중기 명필
韓 確 (한 확)	閒易齋 (한이재)	→ 조선 세조 때 대신
韓 懷 (한 회)	苔巷 (태항)	→ 조선 선조 때 문관
韓 孝 純 (한효순)	月灘 (월탄)	→ 조선 광해군 때 대신
韓 効 元 (한효원)	梧溪 (오계)	→ 조선 중종 때 대신
韓 興 一 (한흥일)	柳市 (유시)	→ 조선 효종 때 대신
咸 悌 健 (함제건)	東巖 (동암)	→ 조선 숙종 때 화원
咸 台 永 (함태영)	松岩 (송암)	→ 독립운동가, 종교인, 84인
咸 軒 (함 헌)	七峰 (칠봉)	→ 조선 중기 문인
許 橿 (허 강)	江湖處士 (강호처사)	→ 조선 선조 때 학자
許 潁 (허 경)	氷湖 (빙호)	→ 조선 숙종 때 문관
許 景 胤 (허경윤)	竹庵 (죽암)	→ 조선 인조 때 학자
許 啓 (허 계)	醒愚 (성우)	→ 조선 인조 때 문관
許 礎 (허 굉)	澄窩 (징와)	→ 조선 중종 때 현신
許 筠 (허 균)	蛟山 (교산)	→ 조선 중기 문신, 문장가
許 錦 (허 금)	埜堂 (야당)	→ 고려시대 문관
許 得 良 (허득량)	尙武軒 (상무헌)	→ 조선 인조 때 순국자
許 穆 (허 목)	眉叟 (미수)	→ 조선 숙종 때 명신
許 伯 琦 (허백기)	三松 (삼송)	→ 조선 중종 때 문관

許 福 良 (허복량)	洛菴 (낙암)	→ 조선 인조 때 순국자
許 葑 (허 봉)	荷谷 (하곡)	→ 조선 중기 문인
許 俘 (허 부)	性齋 (성재)	→ 조선 고종 때 문신
許 筬 (허 성)	岳麓 (악록)	→ 조선 선조 때 문신
許 曄 (허 엽)	·草堂 (초당)	→ 조선 선조 때 문신, 학자
許 頊 (허 욱)	負喧 (부훤)	→ 조선 중기 명신
許 爲 (허 위)	旺山 (왕산)	→ 구한말 의병장
許 維 (허 유)	小痴 (소치)	→ 조선 말기 문관, 화가
許 玩 (허 윤)	桂洲 (계주)	→ 조선 숙종 때 현신
許 磁 (허 자)	東崖 (동애)	→ 조선 명종 때 문관
許 積 (허 적)	默齋 (묵재)	→ 조선 숙종 때 대신
許 稠 (허 조)	敬菴 (경암)	→ 조선 세종 때 대신, 청백리
許 琮 (허 종)	尙友堂 (상우당)	→ 조선 성종 때 대신, 청백리
許 浚 (허 준)	[淸源 청원]	→ 조선 선조 때 의성, 동의보감
許 采 (허 채)	聾窩 (농와)	→ 조선 영조 때 학자
許 楚 嬉 (허초희)	蘭雪軒 (난설헌)	→ 조선 선조 때 여류시인
許 琛 (허 침)	頤軒 (이헌)	→ 조선 연산군 때 대신, 청백리
許 佖 (허 필)	烟客 (연객)	→ 조선 영조 때 학자
許 厚 (허 후)	觀雪 (관설)	→ 조선 인·효종 때 학자
玄 德 潤 (현덕윤)	錦谷 (금곡)	→ 조선 영조 때 문장가
懸 辯 (현 변)	枕肱 (침굉)	→ 조선시대 승려
玄 尙 壁 (현상벽)	冠峰 (관봉)	→ 조선 영조 때 학자
玄 翼 洙 (현익수)	晦堂 (회당)	→ 조선 순조 때 학자
玄 鎰 (현 일)	皎亭 (교정)	→ 조선 말기 문관

玄 在 德 (현재덕)	弇山 (감산)	→ 조선 정조 때 문관
玄 正 卿 (현정경)	河竹 (하죽)	→ 항일독립운동가
玄 濟 明 (현제명)	玄石 (현석)	→ 작곡가, 성악가
玄 鎭 健 (현진건)	憑虛 (빙허)	→ 소설가, 언론인
玄 采 (현 채)	白堂 (백당)	→ 근대 서도가, 학자
洪 可 臣 (홍가신)	晩全 (만전)	→ 조선 선조 때 공신
洪 敬 謨 (홍경모)	冠巖 (관암)	→ 조선 현종 때 문신
洪 景 輔 (홍경보)	蒼厓 (창애)	→ 조선 영조 때 문관
洪 敬 禹 (홍경우)	月浦 (월포)	→ 조선 중종 때 학자
洪 啓 迪 (홍계적)	守許齋 (수허재)	→ 조선 중기 명신
洪 啓 禧 (홍계희)	淡窩 (담와)	→ 조선 영조 때 문신
洪 光 一 (홍광일)	華西 (화서)	→ 조선 순조 때 문신
洪 貴 達 (홍귀달)	虛白堂 (허백당)	→ 조선 초기 문인
洪 基 兆 (홍기조)	流菴 (유암)	→ 독립운동가, 33인
洪 吉 周 (홍길주)	沉瀣子 (침해자)	→ 조선 순조 때 학자
洪 樂 命 (홍낙명)	日新齋 (일신재)	→ 조선 정조 때 문신
洪 樂 性 (홍낙성)	恒齋 (항재)	→ 조선 중기 명신
洪 大 淵 (홍대연)	花隱 (화은)	→ 조선 순조 때 화가
洪 大 容 (홍대용)	湛軒 (담헌)	→ 조선 후기 학자
洪 得 龜 (홍득구)	蒼谷 (창곡)	→ 조선 중기 화가
洪 得 箕 (홍득기)	月湖 (월호)	→ 조선 효종의 부마
洪 得 禹 (홍득우)	守拙齋 (수졸재)	→ 조선 현종 때 문신
洪 得 一 (홍득일)	晩悔 (만회)	→ 조선 광해군 때 문관
洪 亮 漢 (홍량한)	嵋南 (미남)	→ 조선 영조 때 문관

洪 萬 選 (홍만선)	流岩 (유암)	→ 조선 중기 실학자
洪 萬 容 (홍만용)	金華 (금화)	→ 조선 숙종 때 문신
洪 萬 朝 (홍만조)	晚退 (만퇴)	→ 조선 숙종 때 문신
洪 萬 宗 (홍만종)	玄默子 (현묵자)	→ 조선 효종 때 학자
洪 名 耈 (홍명구)	懶齋 (나재)	→ 조선 중기 관찰사
洪 明 燮 (홍명섭)	山天 (산천)	→ 조선 헌종 때 문관
洪 命 元 (홍명원)	海峰 (해봉)	→ 조선 광해군 때 문관
洪 命 一 (홍명일)	葆翁 (보옹)	→ 조선 중기 문인
洪 命 夏 (홍명하)	沂川 (기천)	→ 조선 중기 명신
洪 命 亨 (홍명형)	無適堂 (무적당)	→ 조선 중기 역사
洪 茂 積 (홍무적)	白石 (백석)	→ 조선 중기 명신
洪 範 植 (홍범식)	一阮 (일완)	→ 구한말 순국열사
洪 秉 箕 (홍병기)	仁菴 (인암)	→ 천도교인, 독립운동, 33인
洪 鳳 祚 (홍봉조)	盂山 (우산)	→ 조선 영조 때 문관
洪 鳳 漢 (홍봉한)	翼翼齋 (익익재)	→ 조선 영조 때의 대신
洪 鵬 (홍 붕)	敬齋 (경재)	→ 조선 선조 때 문관
洪 思 容 (홍사용)	露雀 (노작)	→ 신문학 시인
洪 瑞 鳳 (홍서봉)	鶴谷 (학곡)	→ 조선 인조 때 대신
洪 瑞 翼 (홍서익)	木翁 (목옹)	→ 조선 광해군 때 문관
洪 錫 龜 (홍석구)	東湖 (동호)	→ 조선 숙종 때 학자
洪 錫 謨 (홍석모)	陶厓 (도애)	→ 조선 정·순조 때 학자
洪 奭 周 (홍석주)	淵泉 (연천)	→ 조선 중기 문신
洪 暹 (홍 섬)	忍齋 (인재)	→ 조선 선조 때 명신
洪 聖 民 (홍성민)	拙翁 (졸옹)	→ 조선 선조 때 문관

洪 世 恭 (홍세공)	鳳溪 (봉계)	→ 조선 중기 문인
洪 世 燮 (홍세섭)	石窓 (석창)	→ 조선 고종 때 문관
洪 世 泰 (홍세태)	滄浪 (창랑)	→ 조선 중기 문인
洪 受 瀗 (홍수량)	葵軒 (계헌)	→ 조선 숙종 때 문관
洪 受 疇 (홍수주)	壺隱 (호은)	→ 조선 숙종 때 화가
洪 受 憲 (홍수헌)	淡圃 (담포)	→ 조선 숙종 때 문신
洪 淳 穆 (홍순목)	汾溪 (분계)	→ 조선 고종 때 대신
洪 昇 (홍 승)	鼎崖 (정애)	→ 조선 숙종 때 학자
洪 良 浩 (홍양호)	耳溪 (이계)	→ 조선 영·정조 때 학자
洪 彦 國 (홍언국)	虛白堂 (허백당)	→ 조선 연산군 때 학자
洪 彦 忠 (홍언충)	寓菴 (우암)	→ 조선 연산군 때 문관
洪 彦 弼 (홍언필)	默齋 (묵재)	→ 조선 초기 명신
洪 汝 河 (홍여하)	山澤齋 (산택재)	→ 조선 숙종 때 문관
洪 英 植 (홍영식)	琴石 (금석)	→ 조선 고종 때 문신, 정치가
洪 永 厚 (홍영후)	蘭坡 (난파)	→ 음악인, 작곡가
洪 祐 吉 (홍우길)	靄士 (애사)	→ 조선 고종 때 문신
洪 禹 瑞 (홍우서)	西巖 (서암)	→ 조선 숙종 때 문관
洪 宇 遠 (홍우원)	南坡 (남파)	→ 조선 중기 명신
洪 禹 傳 (홍우전)	龜灣 (구만)	→ 조선 영조 때 문관
洪 元 燮 (홍원섭)	太湖 (태호)	→ 조선 순조 때 문장가
洪 瑋 (홍 위)	西潭 (서담)	→ 조선 인조 때 문관
洪 葳 (홍 위)	淸溪 (청계)	→ 조선 효종 때 문관
泓 宥 (홍 유)	秋波 (추파)	→ 조선 영조 때 승려, 속성 李
洪 裕 孫 (홍유손)	篠叢 (조총)	→ 조선 중종 때 시인

洪　　應 (홍　웅)　休休堂(휴휴당) → 조선 성종 때 재상
洪 應 輔 (홍응보)　雯洲　(문주)　→ 조선 영조 때 학자
洪 義 謨 (홍의모)　何愚堂(하우당) → 조선 순조 때 문신
洪 義 泳 (홍의영)　艮齋　(간재)　→ 조선 순조 때 문필가
洪 翼 漢 (홍익한)　花浦　(화포)　→ 조선 중기 義士
洪 履 簡 (홍이간)　南軒　(남헌)　→ 조선 순조 때 문관
洪 履 詳 (홍이상)　慕堂　(모당)　→ 조선 중기 명신
洪 仁 謨 (홍인모)　足睡居士(족수거사) → 조선 후기 문관
洪 逸 童 (홍일동)　麻川　(마천)　→ 조선 초기 명신
洪　　迪 (홍　적)　養齋　(양재)　→ 조선 선조 때 문관
洪　　疇 (홍　주)　白窩　(백와)　→ 항일투사
洪 柱 國 (홍주국)　泛翁　(범옹)　→ 조선 중기 문관
洪 柱 三 (홍주삼)　月灘　(월탄)　→ 조선 중기 문신
洪 柱 世 (홍주세)　靜虛堂(정허당) → 조선 효종 때 문장가
洪 柱 元 (홍주원)　無何堂(무하당) → 조선 인조의 부마
洪 柱 一 (홍주일)　梨川　(이천)　→ 조선 중기 명신
洪 鍾 聖 (홍종성)　芸窩　(운와)　→ 조선 중기 문장가
洪 重 寅 (홍중인)　花隱　(화은)　→ 조선 영조 때 문신
洪 重 徵 (홍중징)　梧泉　(오천)　→ 조선 영조 때 문신
洪 重 夏 (홍중하)　杜潭　(두담)　→ 조선 중기 문관
洪 重 孝 (홍중효)　栢西軒(백서헌) → 조선 영조 때 문신
洪 至 誠 (홍지성)　佛頂山人(불정산인)→ 조선 선조 때 학자
洪 直 弼 (홍직필)　梅山　(매산)　→ 조선 중기 학자
洪　　進 (홍　진)　認齋　(인재)　→ 조선 중기 명신

洪　　震 (홍　진)	晩晤　(만오)	→ 독립운동가
洪 處 大 (홍처대)	櫟軒　(역헌)	→ 조선 중기 문신
洪 處 亮 (홍처량)	北汀　(북정)	→ 조선 중기 문신
洪 處 尹 (홍처윤)	安分齋(안분재)	→ 조선 중기 문신
洪 處 厚 (홍처후)	醒巖　(성암)	→ 조선 효종 때 문신
洪 天 民 (홍천민)	栗亭　(율정)	→ 조선 중기 문신
洪 春 卿 (홍춘경)	石壁　(석벽)	→ 조선 중기 문신
洪 致 中 (홍치중)	北谷　(북곡)	→ 조선 중기 명신
洪 學 淵 (홍학연)	林磵　(임간)	→ 조선 말기 문신
洪 鉉 輔 (홍현보)	守齋　(수재)	→ 조선 영조 때 문신
洪 好 文 (홍호문)	老圃　(노포)	→ 조선 말기 문신
黃 景 源 (황경원)	江漢　(강한)	→ 조선 중기 문장가
黃 敬 中 (황경중)	梧村　(오촌)	→ 조선 인조 때 문관
黃 啓 沃 (황계옥)	草谷　(초곡)	→ 조선 성종 때 문인
黃 謹 中 (황근중)	月潭　(월담)	→ 조선 광해군 때 문관
黃 耆 老 (황기로)	孤山　(고산)	→ 조선 중·명종 때 명필
黃 基 天 (황기천)	陵山　(능산)	→ 조선 정·순조 때 문신, 서예가
黃 德 吉 (황덕길)	下廬　(하려)	→ 조선 영조 때 학자
黃 德 壹 (황덕일)	拱白堂(공백당)	→ 조선 영조 때 학자
黃 道 淵 (황도연)	惠菴　(혜암)	→ 조선 고종 때 명의
皇 甫 仁 (황보인)	芝峰　(지봉)	→ 조선 초기 명신
黃 士 佑 (황사우)	慵軒　(용헌)	→ 조선 중종 때 문관
黃 錫 禹 (황석우)	象牙塔(상아탑)	→ 신문학 시인, 폐허 창간
黃　　璿 (황　선)	鷺汀　(노정)	→ 조선 영조 때 문관

黃 守 身 (황수신)　惴夫　(췌부)　→ 조선 세조 때 상신
黃 順 承 (황순승)　執庵　(집암)　→ 조선 영조 때 효자
黃　　愼 (황　신)　秋浦　(추포)　→ 조선 선조 때 문신
黃 信 龜 (황신구)　雲溪　(운계)　→ 조선 숙종 때 학자
黃 汝 一 (황여일)　海月軒(해월헌)　→ 조선 중기 문신
黃 汝 獻 (황여헌)　柳村　(유촌)　→ 조선 중종 때 문관
黃 運 祚 (황운조)　寤修　(오수)　→ 조선 정조 때 학자
黃　　暐 (황　위)　塘村　(당촌)　→ 조선 효종 때 문관
黃 有 中 (황유중)　仲正　(중정)　→ 조선 광해군 때 문관
黃 允 吉 (황윤길)　友松堂(우송당)　→ 조선 선조 때 문관
黃 胤 錫 (황윤석)　頤齋　(이재)　→ 조선 영조 때 학자
黃 胤 後 (황윤후)　月渚　(월저)　→ 조선 인조 때 문관
黃 應 奎 (황응규)　松澗　(송간)　→ 조선 선조 때 문관
黃 應 淸 (황응청)　大海　(대해)　→ 조선 선조 때 학자
黃 翼 再 (황익재)　白華齋(백화재)　→ 조선 영조 때 학자
黃 仁 紀 (황인기)　一水戶(일수호)　→ 조선 정·순조 때 문관
黃 一 皓 (황일호)　芝所　(지소)　→ 조선 인조 때 애국자
黃 在 英 (황재영)　大溪　(대계)　→ 조선 고종 때 학자
黃 庭 堅 (황정견)　山谷　(산곡)　→ 중국 시인
黃 庭 彧 (황정욱)　芝川　(지천)　→ 조선 선조 때 문신
黃 鍾 翁 (황종옹)　雲坡堂(운파당)　→ 조선 고종 때 학자
黃 宗 海 (황종해)　朽淺　(후천)　→ 조선 인조 때 학자
黃 俊 良 (황준량)　錦溪　(금계)　→ 조선 명종 때 문관
黃 眞 伊 (황진이)　眞娘(진랑 明月)　→ 조선 중종 때 개성 명기

黃 執 中 (황집중)	影谷 (영곡)	→ 조선 선조 때 화가
黃　　最 (황　최)	獨醒齋(독성재)	→ 조선 영조 때 학자
黃 致 敬 (황치경)	夢竹 (몽죽)	→ 조선 광해군 때 문관
黃 宅 厚 (황택후)	華谷 (화곡)	→ 조선 영조 때 공신
黃 泌 秀 (황필수)	塡村 (진촌)	→ 조선 고종 때 명의
黃 學 秀 (황학수)	夢乎 (몽호)	→ 항일운동가
黃　　赫 (황　혁)	獨石 (독석)	→ 조선 선조 때 문신
黃　　玹 (황　현)	梅泉 (매천)	→ 구한말 시인, 우국열사
黃 孝 獻 (황효헌)	蓄翁 (축옹)	→ 조선 중종 때 학자
黃　　喜 (황　희)	厖村 (방촌)	→ 조선 초기 명상
休　　靜 (휴　정)	西山 (서산)	→ 조선 선조 때 고승, 승병장, 속성 崔

제 Ⅲ장. 작호법(作號法)

아호를 짓는 방법에 관한 책은 찾아보기 어렵다. 대부분은 전혀 언급조차 하지 않았고, 간혹 거론했어도 몇 줄 정도의 뜻풀이거나 일반작명법에 준한다는 암시로 끝을 맺기 일쑤다. 그중에는 몇 페이지를 할애한 책도 있으나 서설식이어서 그 논거를 찾을 수 없고, 선인들의 아호 일부를 소개하는 정도일 뿐 내용이 많지 않아 참고한 문헌도 많지 않았음을 고백한다.

그래서 아호에 관심이 있다 해도 그에 관한 자료를 구하지 못하는 현실에 착안하여 나름대로 집대성하는데 노력을 기울였다. 다음과 같이 작호법을 大別(대별)하고, 그 작호법의 명칭 역시 임의로 이름을 붙였음을 밝힌다.

1. 작호법(作號法)의 분류

1. 사주법(四柱法)

① 성씨 관계없음.
② 사주의 用神(용신) 적용. 音靈(음령) 및 字源(자원) 오행으로 보완.

③ 陰陽(음양) 數理(수리) 적용.

2. 수리법(數理法)

① 성씨 관계없음.
② 음양의 조화와 相生(상생) 오행.
③ 字劃合數(자획합수)에 따른 81수靈動力(영동력) 적용.

3. 성자합간법(姓字合看法)

① 성씨와 함께 봄.
② 일반작명법 대입. 음양, 음오행, 삼원오행, 수리오행, 易象
   (역상) 적용.
③ 사주의 평가 필요하지 않음.

4. 소지법(所志法)

① 성씨 관계없음.
② 발음 오행과 음양의 조화 자유.
③ 희망과 직업 등 고려.

5. 성명합간법(姓名合看法)

① 성씨와 함께 봄.

② 일반 작명법 대입. 자원오행은 가미하고 역상은 제외함.

③ 數理(수리, 元亨利貞) 81수영동력 적용.

④ 아호와 성명 간의 오행 生剋(생극) 관계 고려.

6. 하락이수법(河洛理數法)

① 사주의 吉神(길신)을 자원오행으로 보충.

② 河洛理數(하락이수) 作卦(작괘) 및 元氣化工(원기화공) 활용.

③ 主運(주운. 姓名)과 客運(객운. 雅號)의 作卦(작괘).

④ 字劃合數(자획합수)의 81수영동력 적용.

7. 주자식법(朱子式法)

① 朱子式(주자식) 解名法(해명법) 적용.

② 河洛理數法(하락이수법)과 함께 검토.

2. 작호(作號)하는 방법

1. 사주법(四柱法)

생년월일시로 사주팔자를 정하여 사주의 用神(용신, 가장 필요한 것이나 도움을 주는 오행)을 파악하고, 부족한 오행을

音靈五行(음령오행)이나 字源五行(자원오행)으로 보충하는 것이 원칙이다. 命理(명리) 推命學(추명학)의 格局用神(격국용신)은 너무 난해하므로 전문가가 아니면 어렵게 느껴질 것이다. 그러나 다음에 설명하는 별도의 간편법을 활용하면 어느 정도 가능할 것이라고 생각한다.

■ 작호요령
① 성씨 관계없음.
② 사주의 用神(용신) 적용.
③ 陰陽(음양) 數理(수리) 적용.

예) 남자 壬子年 1월 6일 未時生

時	日	月	年	
辛	甲	辛	壬	四
未	午	亥	子	柱
金	木	金	水	五
土	火	水	水	行

・水旺 → 水왕 4, 月支는 2로 본다.
・用神(용신) **木火** → 寒(한, 차가움)을 보완하는데 木火의
  緩(완, 따뜻함)이 필요하다.

<雅號>

남자　　　　우 **祐** 10　　　당 **堂** 11
　　　　　　　●　　　　　　　○
　　　　　　　土　　　　　　　火 (음오행)

· 祐의 음령 土 역시 사주의 水를 剋制(극제)한다.
　 - 버거운 짐이 되어 약화시킨다.
· 字劃合數(자획합수) 21은 81數靈動力으로 頭領運
　 (두령운)이며 길한 편이다.

2. 수리법(數理法)

■ 작호요령
① 성씨 관계없음.
② 陰陽調和(음양조화)
③ 字劃合數法(자획합수법)

아래의 예는 모두 남자이며 사주는 필요하지 않음.

1)　　덕 **德** 15　헌 **軒** 10
　　　　　　　○　　　　　　●
　　　　　　　火　　　　　　土

• 陰陽(음양) : 陽(양). 陰(음)으로 조화.

• 音五行(음오행) : 火生土로 相生(상생).

• 字劃合數(자획합수) 25 : 健暢運(건창운)으로 길함.

2)　　계　**桂**　10　　당　**堂**　11
　　　　　　　●　　　　　　○
　　　　　　　木　　　　　　火

• 陰陽(음양) : 陰(음). 陽(양)으로 조화

• 音五行(음오행) : 木生火로 相生(상생).

• 字劃合數(자획합수) 21 : 頭領運(두령운)으로 길함.

3)　　명　**明**　8　　재　**齋**　17
　　　　　　　●　　　　　　○
　　　　　　　水　　　　　　金

• 陰陽(음양) : 陰(음). 陽(양)으로 조화.

• 音五行(음오행) : 金生水로 相生(상생).

• 字劃合數(자획합수) 25 : 健暢運(건창운)으로 길함.

4)　　계　**桂**　10　　포　**圃**　13
　　　　　　　●　　　　　　○
　　　　　　　木　　　　　　水

- 陰陽(음양) : 陽(양). 陰(음)으로 조화.
- 音五行(음오행) : 水生木로 相生(상생).
- 字劃合數(자획합수) 23 : 隆昌運(융창운)으로 길함.

5)　　아 **雅** 10　　석 **石** 5

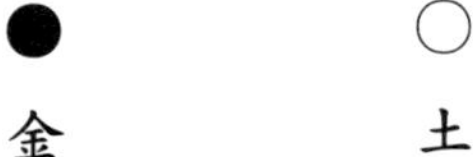

　　　　　　　　土　　　　　　　　金

- 陰陽(음양) : 陽(양). 陰(음)으로 조화.
- 音五行(음오행) : 土生金으로 相生(상생).
- 字劃合數(자획합수) 15 : 壽富運(수부운)으로 길함.

6)　　송 **松** 8　　원 **圓** 13

　　　　　　　　金　　　　　　　　土

- 陰陽(음양) : 陽(양). 陰(음)으로 조화.
- 音五行(음오행) : 土生金으로 相生(상생).
- 字劃合數(자획합수) 21 : 頭領運(두령운)으로 길함.

　이상을 제1의 四柱法(사주법)으로 본다면, 음오행이 相生(상생)되는 두 오행 또는 한 오행이 사주의 用神(용신)과 부합하면 같게 된다.

3. 성자합간법(姓字合看法)

 보통 아호만 사용하나 아호가 같은 사람이 있으면 성씨를 넣어도 무방하다. 그러나 姓과 號를 함께 검토해야 한다는 주장도 있다. 이때도 사주와 생년의 干支(간지)는 필요하지 않다.

■ 작호요령
① 성씨와 함께 봄.
② 일반작명법 대입.
③ 사주의 평가 필요하지 않음.

예)

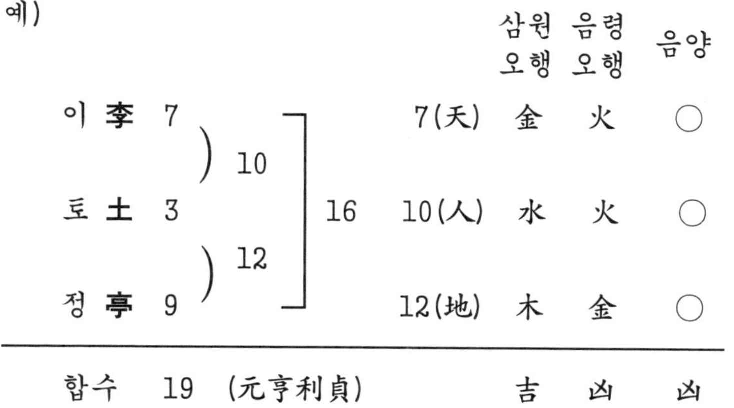

			삼원 오행	음령 오행	음양
이 李 7		7(天)	金	火	○
토 土 3	10 16	10(人)	水	火	○
정 亭 9	12	12(地)	木	金	○
합수 19 (元亨利貞)			吉	凶	凶

• 數理(수리 元亨利貞 원형이정)
• 元 12: 薄弱運(박약운) 凶,　亨 10: 短命運(단명운) 凶
• 利 16: 德望運(덕망운) 吉,　貞 19: 病弱運(병약운) 凶

易象(역상)

　　貞格(정격)19÷8=나머지 3 火(離)　上卦 ＼ 火雷噬嗑卦
　　地格(지격)12÷8=나머지 4 雷(震)　下卦 ／ 화뢰서합괘

　　화뢰서합괘는 입 안에 물건이 들어있는 상(頤中有物之象)이다. 입과 불가분의 관계로 오늘날에도 토정비결 등으로 만인의 입에 오르내리는 큰 인물이라고 풀이하고 있다. 여기에서 부득이 일반작명법과 사주를 간략하게 설명하고. 사주의 喜用神(희용신)을 잡는 간편법을 소개한다.

4. 일반작명법

1) 음양(陰陽)

① 劃數(획수) 음양

　성명 문자의 홀수인 기수(奇數) 1, 3, 5, 7, 9획 ○)을 陽數(양수), 짝수인 우수(偶數) 2, 4, 6, 8, 10획 ●)를 陰數(음수)라 하며 이의 조화여부로 길흉을 판단한다.

길한 예)

　　　　2字　　양 ○　　　　음 ●
　　　　　　　　음 ●　　　　양 ○

3字   양 ○   음 ●   음 ●

         음 ●   양 ○   양 ○

         음 ●   음 ●   양 ○

         양 ○   양 ○   음 ●

         양 ○   음 ●   양 ○

         음 ●   양 ○   음 ●

② 字形(자형) 음양

　성명 문자가 종횡으로 갈라지는 경우 陰(음) ▬ ▬, 갈라지지 않은 경우 陽 ▬ 으로 보는데, 이를 字形(자형) 음양이라 하며 서로 조화를 이루면 음양이 부합된 것으로 본다. 예를 들면 韓, 朴, 鄭, 旼, 銀, 根, 株, 鮮(한,박,정,민,은,근,주,선)은 陰에 속하는데 성명이 이런 陰으로만 이루어지는 것을 매우 꺼린다. 그리고 文, 秀, 起, 石, 李, 玉, 民, 子, 金, 九(문,수,기,석,이,옥,민,자,김,구)는 陽에 속한 것들이다.

자형의 유형

□ 國 同 我 등   ⊓ 吉 圭 夏 등   Ⅱ 鍾 油 培 등
⊟ 益 空 昌 등   Ⅲ 湘 卿 衍 등   ☰ 靈 苔 築 등
○ 婉 嬉 學 등   △ 生 必 允 등   ▽ 甲 守 午 등

③ 字源五行(자원오행)

五行	字　　　邊 (部首)	字邊例	字意例
木 (목)	목(木) 두(艹,艸) 화(禾) 생(生) 의(衣,衤) 죽(竹) 미(米) 사(糸) 각(角) 청(靑) 혈(頁) 풍(風) 향(香) 식(食) 마(麻) 서(黍) 용(龍)	林朴根本 柱李植杞 杓東杰柳 校權 등	동(東), 록(綠), 룡(龍), 묘(卯), 강(康), 건(建), 걸(杰) 등
火 (화)	심(心,忄) 화(火,灬) 일(日) 목(目) 시(示) 견(見) 적(赤) 마(馬) 고(高) 조(鳥) 비(飛)	炅性炳烈 炫煥熱輝 熹見性熙 등	형(亨), 홍(紅), 가(佳), 란(爛), 득(得), 률(律), 려(慮) 등
土 (토)	토(土) 기(己) 산(山) 우(牛) 혈(穴) 전(田) 석(石) 양(羊) 진(辰) 간(艮) 곡(谷) 리(里) 읍(邑,阝) 부(阜,阝) 황(黃)	圭均城坤 美培堂良 埈郁院隆 등	강(岡), 견(堅), 경(京), 곤(坤), 곽(郭), 균(均), 봉(峯) 등
金 (금)	도(刀,刂) 과(戈) 백(白) 옥(玉) 패(貝) 신(辛) 유(酉) 금(金)	銀鍊錦劉 錫鎭環玲 玟珪琳 등	호(皓), 상(尙), 현(現), 훈(訓), 돈(敦), 겸(兼) 등
水 (수)	수(水) 구(口) 자(子) 여(女) 정(井) 월(月) 현(玄) 수(水,氵) 혈(血) 어(魚) 흑(黑)	江河沈求 泳泉法姮 喆徹淸澤 浦 등	국(國), 기(氣), 길(吉), 랑(朗), 려(呂), 범(凡), 보(甫) 등

2) 음령오행(音靈五行, 音五行, 發音五行)

 성명을 부를 때 소리나는 닿소리(子音. 입 안에 닿아서 나는 소리)를 오행의 속성으로, 즉 인체의 구조에서 나오는 音(음)의 감각으로 분류하여 그 오행들이 相生(상생)되는지 相剋(상극)되는지에 따라 성명의 길흉을 추론하는 것이다.

① 音五行(음오행)

五行		木	火	土	金	水
音五行		ㄱ ㅋ	ㄴ ㄷ ㄹ ㅌ	ㅇ ㅎ	ㅅ ㅈ ㅊ	ㅁ ㅂ ㅍ
備 考	行音 (五音)	牙音 (어금닛소리)	舌音 (혓소리)	喉音 (목구멍소리)	齒音 (잇소리)	脣音 (입술소리)
	五音 (樂)	角音 (각음)	徵音 (치음)	宮音 (궁음)	商音 (상음)	羽音 (우음)
	結果 性能	有文, 貴賤	有權, 剛柔	有子, 貧富	有祿, 壽夭	有財, 智運
	五味 五色	酸 靑(綠)	苦 赤	甘 黃	辛 白	鹹 黑
	英語	CGKQ	DLNRT	AEHFIOUWXY	CXSZ	BFMPV

② 音靈五行(음령오행) 길흉표

木木木 ○ 立身出世格	火木木 ○ 富貴安泰格	土木木 × 虛名無實格
木木火 ○ 立身出世格	火木火 ○ 龍逢得珠格	土木火 △ 雲中之月格
木木土 △ 苦難辛苦格	火木土 △ 先苦後吉格	土木土 × 古木落葉格
木木金 × 苦難辛苦格	火木金 × 先苦後破格	土木金 × 小事難成格
木木水 ○ 成功發展格	火木水 ○ 自手成家格	土木水 × 有頭無尾格
木火木 ○ 春山花開格	火火木 ○ 日進月將格	土火木 ○ 日光春城格
木火火 ○ 古木逢春格	火火火 × 開花逢雨格	土火火 ○ 春日芳暢格
木火土 ○ 大志大業格	火火土 ○ 美麗江山格	土火土 ○ 立身出世格
木火金 × 平地風波格	火火金 × 有頭無尾格	土火金 × 苦難自成格
木火水 × 先富後貧格	火火水 × 平地風波格	土火水 × 進退兩難格
木土木 × 四顧無親格	火土木 × 先吉後苦格	土土木 × 先苦後敗格
木土火 × 骨肉相爭格	火土火 ○ 日興中天格	土土火 ○ 錦上添花格
木土土 × 速成速敗格	火土土 ○ 萬化芳暢格	土土土 △ 一慶一苦格
木土金 × 敗家亡身格	火土金 ○ 花柳長春格	土土金 ○ 古園回春格
木土水 × 古木落葉格	火土水 × 大海片舟格	土土水 × 四顧無親格
木金木 × 骨肉相爭格	火金木 × 開花風亂格	土金木 × 鳳鶴傷翼格
木金火 × 獨生歎息格	火金火 × 無主空山格	土金火 × 骨肉相爭格
木金土 △ 初失後得格	火金土 △ 先苦後吉格	土金土 ○ 日光春風格
木金金 × 不知爭論格	火金金 × 四顧無親格	土金金 ○ 幽谷回春格
木金水 × 萬事不成格	火金水 × 開花無實格	土金水 ○ 錦上有紋格
木水木 ○ 富貴雙全格	火水木 × 意外災難格	土水木 × 勞而無功格
木水火 × 速成速敗格	火水火 × 秋風落葉格	土水火 × 風波折木格
木水土 × 早起成敗格	火水土 × 錦衣夜行格	土水土 × 敗家亡身格
木水金 ○ 魚變成龍格	火水金 × 雪上加霜格	土水金 × 先貧後苦格
木水水 ○ 大富大貴格	火水水 × 病難辛苦格	土水水 × 一場春夢格

※ 大凶 × 大吉 ○ 半吉 △

金木木 × 秋風落葉格	水木木 ○ 萬花芳暢格	
金木火 × 寒山空家格	水木火 ○ 立身揚名格	
金木土 × 心身過勞格	水木土 △ 茫茫大海格	
金木金 × 流轉失敗格	水木金 × 一吉一凶格	
金木水 × 苦痛難免格	水木水 ○ 清風明月格	
金火木 × 欲求不滿格	水火木 × 病難辛苦格	
金火火 × 萬苦呻吟格	水火火 × 一葉片舟格	
金火土 ○ 立身揚名格	水火土 × 先貧後困格	
金火金 × 早起成敗格	水火金 × 心身波難格	
金火水 × 無主空山格	水火水 × 先無功德格	
金土木 × 平地風波格	水土木 × 風前燈火格	
金土火 ○ 古木逢春格	水土火 × 落馬失足格	
金土土 ○ 立身出世格	水土土 × 江上風波格	
金土金 ○ 意外得財格	水土金 △ 先苦後安格	
金土水 × 災變災難格	水土水 × 病難辛苦格	
金金木 × 平生病苦格	水金木 × 暗夜行人格	
金金火 × 敗家亡身格	水金火 × 開花狂風格	
金金土 ○ 大志大業格	水金土 ○ 發展成功格	
金金金 × 孤獨災難格	水金金 ○ 順風順成格	
金金水 ○ 發展向上格	水金水 ○ 魚變成龍格	
金水木 ○ 發展成功格	水水木 ○ 萬景暢花格	
金水火 × 先無功德格	水水火 × 孤獨短命格	
金水土 × 不意災難格	水水土 × 百謀不成格	
金水金 ○ 富貴功名格	水水金 ○ 春日芳暢格	
金水水 ○ 發展便安格	水水水 × 平地風波格	

※ 大凶 ×　　大吉 ○　　半吉 △

3) 삼원오행(三元五行, 天干五行)

성명 글자의 획수를 五行(오행)으로 분류하며, 그 오행의 배합이 相生(상생)되는지 相剋(상극)되는지에 따라 길흉을 판단하는 것이다.

① 天干五行(천간오행)의 원리

甲乙　丙丁　戊己　庚辛　壬癸
木　　火　　土　　金　　水
1 2　3 4　5 6　7 8　9 10

② 三元五行(삼원오행)의 구성

① 金 8　　俊 9　　衡 16

```
        17          25
     ┌──────┐   ┌──────┐
     金①      金②      土③          金 金 土 △
```

② 金 8　　俊 9　　衡 16

```
     ┌──────┐┌──────┐
          17金②    25土③            火 金 土 △(四格式)
     └──────────────┘
          24(火)①
```

③ 三元五行(삼원오행) 길흉표

木木木 ○	火木木 ○	土木木 △	金木木 C	水木木 ○
木木火 △	火木火 ○	土木火 △	金木火 ×	水木火 C
木木土 △	火木土 ○	土木土 C	金木土 △	水木土 ○
木木金 △	火木金 △	土木金 C	金木金 ×	水木金 △
木木水 C	火木水 △	土木水 △	金木水 △	水木水 ○
木火木 ○	火火木 △	土火木 ○	金火木 △	水火木 △
木火火 △	火火火 △	土火火 C	金火火 △	水火火 △
木火土 △	火火土 ×	土火土 ○	金火土 △	水火土 △
木火金 △	火火金 ○	土火金 ∧	金火金 ×	水火金 ×
木火水 △	火火水 △	土火水 ∧	金火水 ×	水火水 ×
木土木 △	火土木 △	土土木 C	金土木 △	水土木 ×
木土火 △	火土火 ○	土土火 ○	金土火 ∧	水土火 ∧
木土土 △	火土土 ○	土土土 △	金土土 ○	水土土 ○
木土金 △	火土金 △	土土金 ○	金土金 ○	水土金 △
木土水 ×	火土水 △	土土水 ○	金土水 △	水土水 ×
木金木 ×	火金木 ×	土金木 C	金金木 ∧	水金木 △
木金火 ×	火金火 ×	土金火 ∧	金金火 C	水金火 ∧
木金土 △	火金土 △	土金土 ○	金金土 △	水金土 ○
木金金 △	火金金 △	土金金 C	金金金 ×	水金金 ○
木金水 △	火金水 △	土金水 △	金金水 △	水金水 △
木水木 △	火水木 ∧	土水木 C	金水木 △	水水木 △
木水火 ∧	火水火 △	土水火 ×	金水火 ∧	水水火 ×
木水土 ×	火水土 ×	土水土 C	金水土 △	水水土 △
木水金 △	火水金 C	土水金 △	金水金 C	水水金 △
木水水 △	火水水 △	土水水 C	金水水 ○	水水水 △

註 ： 大凶 ×, 大吉 ○, 平吉 △, 小吉 C, 小凶 ∧

4) 삼재오행(三才五行, 三才式三元五行)

삼재는 천인지 격을 말하고, 삼원은 一元은 지격, 二元은 인격, 三元은 천격(외격)을 말하니 같은 것인데 天, 人, 地, 外, 總格(총격)으로 5분류(5格 구분 太極圖式(태극도식))하는 것은 元, 亨, 利, 貞 4격과 대별되는 개념이라 볼 수 있다.

삼재오행에서의 1字 姓에는 太極數(태극수) 1을 假成(가성, 合成)한다. 이를 假成數(가성수), 虛數(허수)라 한다. 이는 일본인 熊崎健翁(웅기건옹,구마자끼 겐오)이 1927년에 4字로 구성된 일본인의 성명풀이를 위해 고안한 방법이라 하는데, 우리의 3자 성명의 성자 위에 가성수 1을 넣는 식으로 우리 실정에 맞게 보완 변형되어 아직까지도 쓰는 사람이 많은 편이다.

1은 數의 시작이요 만물의 시초로 无極(무극)과 태극을 나타내며, 천지창조의 조물주를 뜻한다고 한다. 1을 천수라 하는데 조물주가 인간을 만들었으므로 성명 3자에 천수인 태극수를 가산하는 것인데, 易(역)의 원리에 입각한 天人地 삼재를 맞추기 위한 방편이며 元會運世(원회운세)를 맞춘 것이라고 한다.

그리고 人格(인격)은 성자와 명상자에서 나오고, 地格(지격)은 명자의 합수에서 나오며, 天格은(천격) 성자에 선천수 1을 보태어 나온다. 사람은 하늘을 머리에 이고 땅을 밟고 선 모양(天人地)인데 이것이 중요한 철칙이라 하였다.

여기서 천격수는 삼재 배치에만 적용하고 그 수리의 길흉은 운명에 직접 영향이 없으므로 보지 않는 것이며, 지격수에 가성수 1이 포함된 경우에도 삼재 배치에만 적용하고 가성이 들어가지 않은 지격수로 운명을 감정하는 것이다. 다시말하면 수리의 길흉은 인, 지, 총격 3격만 따지는데 인격이 나쁘면 凶名(흉명, 쓸데없는 씨알로 무엇을 하겠는가?)으로 본다.

① 三才五行(삼재오행)의 구성

1字姓 2字名

가성 1	⎫ 8	천격 ① (金)
이 李 7	⎭	
창 昌 8	⎫ 15	인격 ② (土)
	⎭	
민 民 5	⎫ 13	지격 ③ (火)

1字姓 1字名

가성 1	⎫ 8	天格 (金)
이 李 7	⎭	
준 峻 10	⎫ 17	人格 (金)
假成 1	⎫ 11	地格 (木)

2字姓 2字名

선 鮮 17	⎫ 20	天格 (水)
우 于 3	⎭	
진 珍 10	⎫ 13	人格 (火)
경 京 8	⎫ 18	地格 (金)

삼재오행 : 金土火	金金木	水火金
④ 외격(6) : 土	(2) 木	(25) 土
⑤ 내격(人外格) : 土土	金木	火土

⑥ 총격(20) : 水   金   金

※ 내격(內外運)은 대내외적인 환경 즉 사회운을 본다. 인격과 지격으로는 기초운 즉 초년운을 보고, 천격과 인격으로는 성공운을 본다.

● 三才配合(삼재배합)의 길흉
四格吉數(사격길수) 三才凶(삼재흉) → 일시 성사되어도 종내 불운.
四格凶數(사격흉수) 三才吉(삼재길) → 다소 免厄(면액) 小成(소성).
四格吉數(사격길수) 三才吉(삼재길) → 大成(대성) 幸福(행복).

● 삼재의 靈動力(영동력)에 대한 아래 내용을 소개한다.
　天格(천격) 출생~15세, 길흉 불분별, 부모, 윗사람, 상사, 남편.
　人格(인격) 15~30세(유도력 17~37세) 본인.
　　　主運(주운) 弱動(약동) 1~8세 中動(중동) 8~21세
　　　强動(강동) 21~36세
　地格(지격) 출생~18세, 아내, 자녀, 아랫사람, 부하.
　　　前運(전운) 약동 1~20세　중동 18~21세
　　　강동 21~36세
　外格(외격) 성자 + 명하자　31~45세(유도력 27~47세)
　　　副運(부운) 강동 21~36세　중동 36~47세
　　　약동 1~27세
　總格(총격) 자 + 명자　46~60세(유도력 37~말년)
　　　後運(후운) 약동 1~8세　중동 8~36세
　　　강동 36~말년

② 三才五行(삼재오행) 길흉표

木木木	○	火木木	○	土木木	△	金木木	×	水木木	○
木木火	○	火木火	○	土木火	△	金木火	×	水木火	△
木木土	○	火木土	○	土木土	△	金木土	∧	水木土	○
木木金	×	火木金	×	土木金	×	金木金	∧	水木金	∧
木木水	×	火木水	∧	土木水	×	金木水	∧	水木水	×
木火木	○	火火木	○	土火木	○	金火木	×	水火木	∧
木火火	△	火火火	△	土火火	△	金火火	×	水火火	×
木火土	○	火火土	×	土火土	○	金火土	×	水火土	×
木火金	×	火火金	×	土火金	×	金火金	×	水火金	×
木火水	×	火火水	×	土火水	∧	金火水	×	水火水	×
木土木	×	火土木	∧	土土木	∧	金土木	∧	水土木	∧
木土火	△	火土火	○	土土火	○	金土火	△	水土火	∧
木土土	∧	火土土	○	土土土	○	金土土	○	水土土	×
木土金	×	火土金	∧	土土金	○	金土金	○	水土金	∧
木土水	∧	火土水	×	土土水	×	金土水	∧	水土水	∧
木金木	∧	火金木	×	土金木	×	金金木	∧	水金木	×
木金火	×	火金火	×	土金火	∧	金金火	×	水金火	×
木金土	∧	火金土	×	土金土	○	金金土	○	水金土	○
木金金	×	火金金	×	土金金	○	金金金	×	水金金	×
木金水	×	火金水	×	土金水	×	金金水	∧	水金水	×
木水木	△	火水木	×	土水木	×	金水木	×	水水木	∧
木水火	∧	火水火	×	土水火	×	金水火	∧	水水火	×
木水土	×	火水土	×	土水土	∧	金水土	∧	水水土	∧
木水金	△	火水金	∧	土水金	×	金水金	○	水水金	×
木水水	△	火水水	×	土水水	∧	金水水	∧	水水水	∧

※ 大凶 ×, 大吉 ○, 中吉 △, 小凶(변괴운) ∧

5) 수리(數理)

數理(수리)는 글자의 획수에 따라 생긴다. 모든 글자와 숫자에는 고유의 영력과 유도암시력이 살아 움직이고 있는데, 숫자를 지니면 그 숫자가 발산하는 고유의 영향을 받게 된다는 것이다.

① 1~10수의 靈意(영의, 暗示誘導力)

•**1數** - 奇數 天數(1 3 7 9), 陽數 적극수(1 -4), 태극수 幼數 (1-4).
　　　　始, 收, 聚의 靈意, 집합, 독립, 단행, 창조, 신장, 최고, 발랄, 부귀, 남성적 마음.

•**2數** - 偶數 地數(2 4 6 8), 음양의 집합수, 최초 現象的수.
　　　　혼합, 집산, 분리, 불철저, 유약, 불구, 수동성, 의존성, 여성적 情(정).

•**3數** - 1의 伸長, 양수 1과 음수 2의 조화수, 만물 성형의수, 鼎足數(정족수).
　　　　완성, 다수, 성취, 성대, 발전, 안정, 자연적, 풍족, 이지, 권위, 성공, 부귀.

•**4數** - 2의 伸長, 분파형성의수, 미정수, 死數 嗣數(사수).
　　　　결합, 파괴, 쇠약, 분산, 변동, 멸망, 변란, 역경, 신고.

•**5數** - 중간수, 中幹변화수(生數에가산 成數), 주체적인 수 (五行, 五臟), 土德數.
　　　　走動(주동), 진취, 심신건전, 증후원만, 주체역할, 自得명예, 안정, 성취.

- **6數** - 음수의 두령수, 음수의 更始數(갱시수), 老數(6-9), 소극수(6-9), 天德地祥(천덕지상)의 樂數(낙수樂極낙극이면 生悲생비).

  收, 合, 續의 영의 기괴변태(변괴 등 극단적-26수 以上) 분리 파경.

- **7數** - 破劫의 수, 5의 성수와 2의 파운합수로 양극단, 홀로 서기 의미.

  頑迷(완미), 단행, 만난돌파, 건창, 융성, 출세, 권위.

- **8數** - 3+5의 합수 爲忠(위충), 4+4 합수 爲奸(위간, 음양부조화) 양기운 생동.

  勇力, 인내심, 발달, 천신만고, 自取발전의 노력, 자수성가.

- **9數** - 九宮, 3수의 積(적, 신장), 양수의 終(종), 기수의 최후수.

  智力(지력), 재능, 財利(재리), 성취활동과 궁박, 고독, 표류, 은퇴 등의 이중적 意味(의미).

- **10數** - 기본수의 終極數(종극수), 陰極(음극), 零空(영공)의수, 흉수 중 가장 忌數(기수).

  萬事虛空(만사허공), 비애, 참극, 손실, 소비, 전복, 파멸, 암흑, 종말.

② 4격 원형이정(元亨利貞)오행의 구성

1字姓1字名	1字姓 2字名	1字姓 3字名
金 8 ─8(利) 天 　　13(亨) 人 玉 5 ─5(元) 地 總13 貞格	姜 9 ┐16(亨) 人 岡 7 天(利)25 　　23(元) 地 導 16 總32 貞格	李 7 ┐18(亨) 人 梧 11 天(利)18 竹 6 28(元) 地 堂 11 總35 貞格

2字姓1字名	2字姓 2字名	2字姓 3字名
諸 16 31(利) 天 葛 15 39(亨) 人 明 8 ─8(元) 地 總39 貞格	乙 1 5 支 4 9(亨) 人 文 4 天(利)20 德 15 19(元) 地 總24 貞格	南 9 19 宮 10 27(亨) 人 松 8 天(利)34 雪 11 34(元) 地 德 15 15 總36 貞格

③ 81수 길흉표

획수	남자	여자	획수	남자	여자	획수	남자	여자
1	○	○	28	×	×	55	×	×
2	×	×	29	○	△	56	×	×
3	○	○	30	×	×	57	○	○
4	×	×	31	○	○	58	△	△
5	○	○	32	○	○	59	×	×
6	○	○	33	○	△	60	×	×
7	○	○	34	×	×	61	○	○
8	○	○	35	○	○	62	×	×
9	×	×	36	×	×	63	○	○
10	×	×	37	○	○	64	×	×
11	○	○	38	○	○	65	○	○
12	×	×	39	○	△	66	×	×
13	○	○	40	×	×	67	○	○
14	×	×	41	○	○	68	○	○
15	○	○	42	×	×	69	×	×
16	○	○	43	×	×	70	×	×
17	○	○	44	×	×	71	△	△
18	○	○	45	○	○	72	×	×
19	×	×	46	×	×	73	△	△
20	×	×	47	○	○	74	×	×
21	○	△	48	○	○	75	△	△
22	×	×	49	△	△	76	×	×
23	○	△	50	×	×	77	△	△
24	○	○	51	×	×	78	△	△
25	○	○	52	○	○	79	×	×
26	△	△	53	×	×	80	×	×
27	×	×	54	×	×	81	○	○

6) 일반작명법의 예

　일반적인 작명법은 陰陽(음양), 音靈五行(음령오행), 數理(수리), 三元五行(삼원오행) 또는 三才五行(삼재오행)만을 활용한다. 삼재오행은 같은 부류이기는 하나 내용이 매우 복잡하다.

乾命(건명), **癸未生**(계미생)

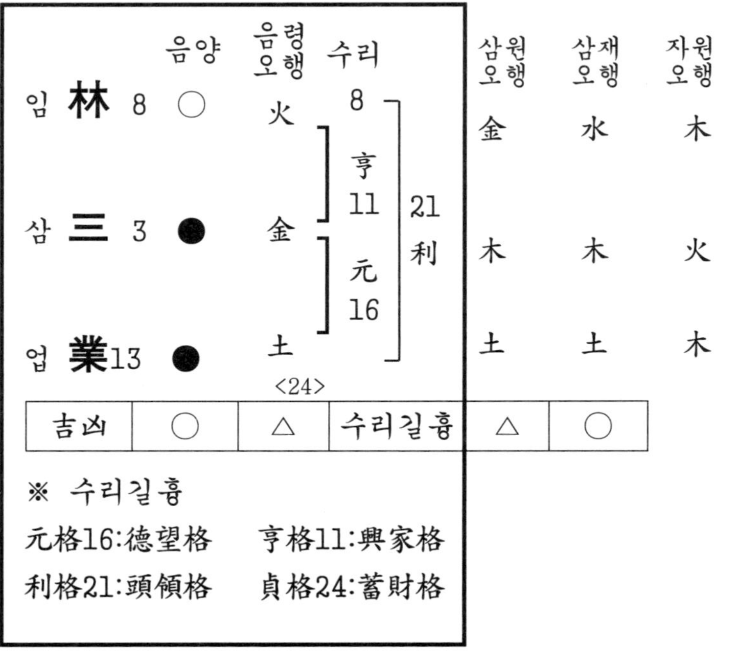

※ 수리길흉

元格16:德望格　　亨格11:興家格

利格21:頭領格　　貞格24:蓄財格

　기본 작명법을 근간으로 작명하는 사람들은 다른 방법은 외면하면서 자기 방법이 통계적으로도 적중율이 높지 않느냐며 자부하는 사례를 자주 보아 왔다. 그러나 그것이 세상에서 통용되는 진리쯤으로 생각하고 안주하여 더 학문적이며 구체적인 작명법들이 존재할 수 있는 데도 알려고 하지 않는 것은 성명 전문가로서 문제라고 생각한다. 우리 인간의 영고성쇠를 예지하여 避凶趨吉(피흉추길)하는 작명의 당위성마저 부인하는 처사라고 보아 동의하고 싶지 않다.

7) 역상(易象)

易象(역상)은 周易(주역)의 卦象(괘상)을 말한다. 대체로 성명학에서 역상을 활용함에는 성명 3자 획수의 총합을 8로 나누어 나머지 수로 上卦(상괘)를 삼고, 성씨를 제외한 이름 2자의 합수를 역시 8로 나누어 나머지 수로 下卦(하괘)를 삼는 作卦(작괘) 방법을 사용하고 있다.

■ 先天伏羲 八卦(선천복희 8괘)

1	2	3	4	5	6	7	8
天	澤	火	雷	風	水	山	地
乾	兌	離	震	巽	坎	艮	坤
☰	☱	☲	☳	☴	☵	☶	☷
건	태	리	진	손	감	간	곤

예를 들어 박 朴(6획) 정 正(5획) 희 熙(13획)는 총획수 24를 8로 나누면(除) 上卦는 8(나누어 나머지 값을 찾는데, 나머지 없이 나누어 떨어지면 除數인 8이 된다)이 되고, 이름의 합수

18을 8로 나누면(除) 下卦는 2가 되어 82(64卦 卦番卦名表 참조)가 되는데, 이는 地澤臨卦(지택림괘)에 해당한다. 이와 같이 卦象(괘상)은 성씨가 6획(朴, 安, 朱, 印, 吉, 牟 등), 14획(趙, 裵, 愼, 連, 西門 등), 22획(權, 蘇, 邊 등)인 경우와 같이 6에 순차적으로 8卦의 8을 가산한 성씨와 동일함도 알 수 있다.

天地定位　山澤通氣
雷風相薄　水火不相射
八卦相錯　數往者順
知來者逆(說卦傳第3章)

帝出乎震　齊乎巽　相見乎離
致役乎坤　說言乎兌　戰乎乾
勞乎坎　成言乎艮(說卦傳
第5章)

◖주역상경(周易上經)◗

1. 중천건 (重天乾)	2. 중지곤 (重地坤)	3. 수뢰둔 (水雷屯)	4. 산수몽 (山水蒙)	5. 수천수 (水天需)	6. 천수송 (天水訟)
7. 지수사 (地水師)	8. 수지비 (水地比)	9. 풍천소축 (風天小畜)	10. 천택리 (天澤履)	11. 지천태 (地天泰)	12. 천지비 (天地否)
13. 천화동인 (天火同人)	14. 화천대유 (火天大有)	15. 지산겸 (地山謙)	16. 뇌지예 (雷地豫)	17. 택뢰수 (澤雷隨)	18. 산풍고 (山風蠱)
19. 지택림 (地澤臨)	20. 풍지관 (風地觀)	21. 화뢰서합 (火雷噬嗑)	22. 산화비 (山火賁)	23. 산지박 (山地剝)	24. 지뢰복 (地雷復)
25. 천뢰무망 (天雷无妄)	26. 산천대축 (山天大畜)	27. 산뢰이 (山雷頤)	28. 택풍대과 (澤風大過)	29. 중수감 (重水坎)	30. 중화리 (重火離)

주역하경(周易下經)

31. 택산함 (澤山咸)	32. 뇌풍항 (雷風恒)	33. 천산돈 (天山遯)	34. 뇌천대장 (雷天大壯)	35. 화지진 (火地晉)	36. 지화명이 (地火明夷)
37. 풍화가인 (風火家人)	38. 화택규 (火澤睽)	39. 수산건 (水山蹇)	40. 뇌수해 (雷水解)	41. 산택손 (山澤損)	42. 풍뢰익 (風雷益)
43. 택천쾌 (澤天夬)	44. 천풍구 (天風姤)	45. 택지취 (澤地萃)	46. 지풍승 (地風升)	47. 택수곤 (澤水困)	48. 수풍정 (水風井)
49. 택화혁 (澤火革)	50. 화풍정 (火風鼎)	51. 중뢰진 (重雷震)	52. 중산간 (重山艮)	53. 풍산점 (風山漸)	54. 뇌택귀매 (雷澤歸妹)
55. 뇌화풍 (雷火豐)	56. 화산려 (火山旅)	57. 중풍손 (重風巽)	58. 중택태 (重澤兌)	59. 풍수환 (風水渙)	60. 수택절 (水澤節)
61. 풍택중부 (風澤中孚)	62. 뇌산소과 (雷山小過)	63. 수화기제 (水火旣濟)	64. 화수미제 (火水未濟)		

■ 64괘 조견표

상괘 하괘	1	2	3	4	5	6	7	8
1	11 重天乾 중천건	21 澤天夬 택천쾌	31 火天大有 화천대유	41 雷天大壯 뇌천대장	51 風天小畜 풍천소축	61 水天需 수천수	71 山天大畜 산천대축	81 地天泰 지천태
2	12 天澤履 천택리	22 重澤兌 중택태	32 火澤睽 화택규	42 雷澤歸妹 뇌택귀매	52 風澤中孚 풍택중부	62 水澤節 수택절	72 山澤損 산택손	82 地澤臨 지택림
3	13 天火同人 천화동인	23 澤火革 택화혁	33 重火離 중화리	43 雷火豐 뇌화풍	53 風火家人 풍화가인	63 水火旣濟 수화기제	73 山火賁 산화비	83 地火明夷 지화명이
4	14 天雷无妄 천뢰무망	24 澤雷隨 택뢰수	34 火雷噬嗑 화뢰서합	44 重雷震 중뢰진	54 風雷益 풍뢰익	64 水雷屯 수뢰둔	74 山雷頤 산뢰이	84 地雷復 지뢰복
5	15 天風姤 천풍구	25 澤風大過 택풍대과	35 火風鼎 화풍정	45 雷風恒 뇌풍항	55 重風巽 중풍손	65 水風井 수풍정	75 山風蠱 산풍고	85 地風升 지풍승
6	16 天水訟 천수송	26 澤水困 택수곤	36 火水未濟 화수미제	46 雷水解 뇌수해	56 風水渙 풍수환	66 重水坎 중수감	76 山水蒙 산수몽	86 地水師 지수사
7	17 天山遯 천산돈	27 澤山咸 택산함	37 火山旅 화산여	47 雷山小過 뇌산소과	57 風山漸 풍산점	67 水山蹇 수산건	77 重山艮 중산간	87 地山謙 지산겸
8	18 天地否 천지비	28 澤地萃 택지취	38 火地晋 화지진	48 雷地豫 뇌지예	58 風地觀 풍지관	68 水地比 수지비	78 山地剝 산지박	88 重地坤 중지곤

■ 作名易象(작명역상) 조견표

성명총수 \ 성획수	1,9,17	2,10,18	3,11,19	4,12,20
1,9,17,25,33,41,49,57	× 天地否	× 天山遯	△ 天水訟	△ 天風姤
2,10,18,26,34,42,50,58	□ 澤天夬	□ 澤地萃	□ 澤山咸	× 澤水困
3,11,19,27,35,43,51,59	× 火澤睽	○ 火天大有	□ 火地晋	× 火山旅
4,12,20,28,36,44,52,60	□ 雷火豊	△ 雷澤歸妹	□ 雷天大壯	○ 雷地豫
5,13,21,29,37,45,53,61	○ 風雷益	□ 風火家人	□ 風澤中孚	△ 風天小畜
6,14,22,30,38,46,54,62	□ 水風井	△ 水雷屯	□ 水火旣濟	□ 水澤節
7,15,23,31,39,47,55,63	△ 山水蒙	△ 山風蠱	□ 山雷頤	□ 山火賁
8,16,24,32,40,48,56,64	○ 地山謙	□ 地水師	○ 地風升	□ 地雷復

성명총수 \ 성획수	5,13,21	6,14,22	7,15,23	8,16,24
1,9,17,25,33,41,49,57	△ 天雷无妄	○ 天火同人	□ 天澤履	□ 重天乾
2,10,18,26,34,42,50,58	△ 澤風大過	□ 澤雷隨	□ 澤火革	○ 重澤兌
3,11,19,27,35,43,51,59	□ 火水未濟	○ 火風鼎	△ 火雷噬嗑	△ 重火離
4,12,20,28,36,44,52,60	△ 雷山小過	○ 雷水解	□ 雷風恒	△ 重雷震
5,13,21,29,37,45,53,61	□ 風地觀	□ 風山漸	△ 風水渙	□ 重風巽
6,14,22,30,38,46,54,62	□ 水天需	○ 水地比	× 水山蹇	× 重水坎
7,15,23,31,39,47,55,63	□ 山澤損	□ 山天大畜	× 山地剝	□ 重山艮
8,16,24,32,40,48,56,64	△ 地火明夷	□ 地澤臨	○ 地天泰	□ 重地坤

■ 元氣(원기)

　周易(주역)을　象數化(상수화)한　河洛理數(하락이수)에　의하여　인간사의　길흉을　판단함에　있어　신비스러움을　더해주고　있는　高次元的(고차원적)인　분야이다.　이러한　하락이수에서　元氣(원기)는　선천적인　기운으로　부모를　비롯한　선배나　직장　상사가　나를　돕는　상서로운　氣運(기운, 기의　흐름)을　말하는　것이다(官祿星(관록성), 誥命星(고명성)).

生年別元氣表(생년별원기표)

甲子 乾,坎	乙丑 坤,艮	丙寅 艮	丁卯 兌,震	戊辰 坎,巽	己巳 離,巽	庚午 震,離	辛未 巽,坤	壬申 乾,坤	癸酉 坤,兌
甲戌 乾	乙亥 坤,乾	丙子 艮,坎	丁丑 兌,艮	戊寅 坎,艮	己卯 離,震	庚辰 震,巽	辛巳 巽	壬午 乾,離	癸未 坤
甲申 乾,坤	乙酉 坤,兌	丙戌 艮,乾	丁亥 兌,乾	戊子 坎	己丑 離,艮	庚寅 震,艮	辛卯 巽,震	壬辰 乾,巽	癸巳 坤,巽
甲午 乾,離	乙未 坤	丙申 艮,坤	丁酉 兌	戊戌 坎,乾	己亥 離,乾	庚子 震,坎	辛丑 巽,艮	壬寅 乾,艮	癸卯 坤,震
甲辰 乾,巽	乙巳 坤,巽	丙午 艮,離	丁未 兌,坤	戊申 坎,坤	己酉 離,兌	庚戌 震,乾	辛亥 巽,乾	壬子 乾,坎	癸丑 坤,艮
甲寅 乾,艮	乙卯 坤,震	丙辰 艮,巽	丁巳 兌,巽	戊午 坎,離	己未 離,坤	庚申 震,坤	辛酉 巽,兌	壬戌 乾	癸亥 坤,乾

※ 생년간지의　원기를　출생간지(六十甲子)별로　정리하였음.

5. 사주(四柱) 상식

1) 사주를 정하는 요령

원래는 年은 물론 月頭法(월두법)에 의한 月(年과 月은 節入日 기준)과 時頭法(시두법) 등에 의하여 각 주를 정해야 하나, 대개는 만세력(연도별로 월과 일별의 달력으로 150년 이상 수록된 책)에 의하여 年의 干支, 月의 干支, 日의 干支, 時의 干支를 찾아 적는다. 컴퓨터에 생년월일을 입력하여 얻는 방법이 보편화 되어 있다. 출생일의 간지(日辰) 옆에 10년 단위로 사용되는 大運數(대운수)가 남녀로 구분되어 수록되어 있는데 통상 四柱命式(사주명식)을 작성할 때 활용한다.

예) 男 2라면 대운의 干支 밑에 2세 효運 12세 1運 식으로 10년 단위씩 기재한다.

干	干	干	干	干	干	干
支	支	支	支	支	支	支
62	52	42	32	22	12	2
53-62세	43-52세	33-42세	23-32세	13-22세	3-12세	1-2세

이는 월건(월건, 月柱)을 기준하여 陽男陰女(양남음녀)는 順行(순행)하고, 陰男陽女(음남양녀)는 逆行(역행)하여 60甲子(갑자) 순으로 진행하면 된다.

2) 오행(五行)의 상생(相生)과 상극(相剋)

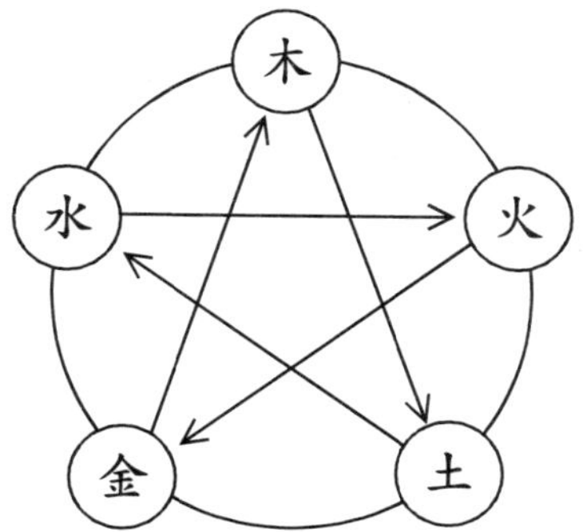

■ 상생

봄이 가면 여름이 오는 계절의 변화로 이해한다. 즉 다른 성분이 도와준다.

- 木生火-나무가 타서 불이 생긴다.
- 火生土-불에 탄 재가 흙이 된다.
- 土生金-모든 금속은 땅에서 캐낸다.
- 金生水-차가운 금속 표면에 물이 생긴다.
- 水生木-물은 초목을 자라게 한다.
  ※ 木 → 火 → 土 → 金 → 水 → 木 …

■ 상극

순서를 뒤엎고 강제로 뛰어넘는 힘의 충돌과 대결 양상이다. 즉 다른 성분이 방해한다.

- 木剋土-나무 뿌리는 땅 속 깊이 뻗어나간다(양분섭취).
- 土剋水-흙으로 둑을 쌓으면 물을 막아낸다.
- 水剋火-물은 불을 끌 수 있다.
- 火剋金-불은 금속을 녹여낸다(용기제작).
- 金剋木-도끼날에 나무가 찍혀나간다.
  ※ 木 ↔ 土 ↔ 水 ↔ 火 ↔ 金 ↔ 木 …

3) 성명자에 오행(五行) 보완

  사주에서 필요로 하는 기운의 五行(오행)에 해당하는 글자를 사용하여 성명과 사주를 부합시켜 전체적으로 조화를 이루도록 하는 것인데 字源五行(자원오행)이나 音靈五行(음령오행)을 활용한다.

四柱의 五行

干支	五行	木	火	土	金	水
天干	陽	甲	丙	戊	庚	壬
	陰	乙	丁	己	辛	癸
地支	陽	寅	巳	辰 戌	申	亥
	陰	卯	午	丑 未	酉	子

① 부족한 오행

사주팔자를 오행으로 분류하여
• 없는 오행,
• 신약사주에는 印星(인성) 오행,
• 2개 이상 없으면 財·官星(재·관성)오행 우선,
• 오행이 모두 있으면 약한 오행,
• 신강사주, 특히 비겁이 2개 이상이면 洩(설)·剋(극)하는 오행,
  그도 없으면 극하는 兩오행,
  (甲乙寅卯時 1차 火土, 2차 土金오행)을 보완한다.

② 旺相休囚社(왕상휴수사)

日主 등의 강약왕쇠를 파악하여 그 길흉의 정도와 사물의
질을 판단하는데 활용한다.

활용방법
旺왕　　比和者(비화자) (比劫비겁)
相상　　生我者(생아자) (印星인성)
休휴　　我生者(아생자) (食傷식상)
囚수　　我剋者(아극자) (財星재성)
死사　　剋我者(극아자) (官星관성)

生節 \ 日主	木 甲 乙	火 丙 丁	土 戊 己	金 庚 辛	水 壬 癸
春(봄)	旺	相	死	囚	休
夏(여름)	休	旺	相	死	囚
四季(환절기)	囚	休	旺	相	死
秋(가을)	死	囚	休	旺	相
冬(겨울)	相	死	囚	休	旺

日干이 출생한 계절과의 調候(조후)로 日干月支(일간월지),
月干日支(월간일지), 時間時支(시간시지), 年干月支(년간월지)
로 파악한다.

③ 身旺身弱(신왕신약)
我神(아신)인 日干(일간) 五行을 기준하여 나의 오행과 같거

나 나를 낳아준 오행은 내편이 되고, 나의 오행을 극하거나 내가
극한 오행이나 내가 낳은 오행은 상대편이 되어, 내편이 강하면
身旺(신왕), 약하면 身弱(신약)으로 본다. 신왕이면 洩氣(설기)
가 우선이나 剋制(극제)하여도 무방하며, 신약하면 生助(생
조)해야 日干(일간)인 나 자신이 튼튼해져 원만한 삶을 이룰
수 있는 것이다.

强弱 地位	身旺(신왕)				身弱(신약)			
	最强	中强	强	弱化 爲强	强化 爲弱	弱	中弱	最弱
月支	○	○	○	×	○	×	×	×
日支	○	×	○	○	×	×	○	×
勢力	○	○	×	○	×	○	×	×

예)　　時　　　　日　　　　月　　　　年

　　　癸　　　戊　　　辛　　　辛　四

　　　未　　　戌　　　丑　　　巳　柱

　　我(내편) : 丑② 戌 未 巳 = 5

　　他(상대편) : 辛② 癸 = 3

• 我 5 = 他 3 ∴ 身旺四柱(신왕사주, 내편이 강하므로)
　土 (戌) 生 金 (辛)으로 金오행이 필요함(用, 喜神).
• 강한 자신(戊土)의 기운을 洩氣(설기, 기운이 빠져나감)해서
　조화를 추구.

■ 身旺身弱(신왕신약) 조견표

月支 ＼ 日干			木 甲,乙	火 丙,丁	土 戊,己	金 庚,辛	水 壬,癸
양력 봄 (2월 4,5일~ 5월 4,5일)	입춘~ 경칩~ 청명~	寅월	最强 ☆	小强 ○	弱 ■	最弱 ▲	弱 ■
		卯월					
	곡우~	辰월	衰 ●	小强 ○	◎ 强	小强 ○	弱 ■
양력 여름 (5월 5,6일~ 8월 6,7일)	입하~ 망종~ 소서~	巳월	弱 ■	最强 ☆	最强 ☆	弱 ■	最弱 ▲
		午월					
	대서~	未월	弱 ■	衰 ●	最强 ☆	小强 ○	最弱 ▲
양력 가을 (8월 7,8일~ 11월 6,7일)	입추~ 백로~ 한로~	申월	最弱 ▲	弱 ■	弱 ■	最强 ☆	小强 ○
		酉월					
	상강~	戌월	最弱 ▲	弱 ■	◎ 强	小强 ○	小强 ○
양력 겨울 (11월 7,8일~ 다음해 2월 3,4일)	입동~ 대설~ 소한~	亥월	小强 ○	最弱 ▲	最弱 ▲	弱 ■	最强 ☆
		子월					
	대한~	丑월	小强 ○	最弱 ▲	◎ 强	小强 ○	衰 ●

6. 소지법(所志法)

■ 작호요령
① 성씨 관계없음.
② 발음 오행과 음양의 조화 자유.
③ 희망과 직업 등 고려.

예) 외솔   崔(최)   鉉(현)   倍(배)

　외솔은 외로운 소나무라고 직역할 수 있다. 한글이 사림의 냉대를 받았고, 참여한 학자들마저 사육신이 되었으며, 폭군 연산군이 사용을 금지시키는 등 수난을 겪으면서 부녀자나 서민 계몽용으로 명맥을 유지하여 왔다. 개화기를 거치면서 연구가 활발해지고 보급 전파의 중심에서 외롭게 분투하신 분이다.

　'솔' 은 소나무이나 늘 푸름과 독야청청을 연상하게 한다. 외솔 최현배 선생은 일제시대 조선어연구회(조선어학회)를 만들어 한글을 보급 발전시키는데 헌신하다 옥고를 치렀고, 해방 후에는 한글학회를 이끌며 '우리말큰사전' 을 편찬하는 등 국어교육의 기틀을 세웠다. 우리가 중학교 시절에 말본, 지금의 문법책의 저자로 기억한다.

7. 성명합간법(姓名合看法)

   雅號는 姓과 연결하여 名(이름)과 결부시키게 되는 것이며,
先天局(선천국, 四柱)까지 연관 조화시키는 것을 위주로 한
다. 즉 數理(수리), 陰陽(음양), 三元五行(삼원오행), 字源五行
(자원오행)의 원리를 기본으로 함은 성명의 경우와 같다. 그
러나 본 방법에는 사주의 평가는 필요하지 않으며 생년 太歲
(태세)만 활용한다는 점이 다르다.

   예 1) 남자, 乙亥生(을해생)

   〔雅號〕 계 **季** 8   원 **園** 13   合 21 木
                金   火

   〔姓名〕 김 **金** 8   춘 **春** 9   삼 **三** 3
                金   金   火
            貞 20(水)   利 11(木)   亨 17(金)   元 12(木)

   季園金의 合 29數(水)
   雅號 姓名 (季園 金春三)의 합 41數(木)
   雅號 名字 (季園 春三)의 합 33數(火)

- 亨格 17金　金生亥　<不吉> 금생수

  乙亥生 亥水를 형격 17수 金이 金生水로 生하나 소모, 낭비, 빈곤, 병약 등 불길하다.

- 號 21木　亥生木　<吉> 수생목

  아호 季園의 合 21수 木은 亥生의 水生木으로 生을 받아 元氣(원기)를 얻게 되고, 21數理(수리)는 頭領運(두령운)이 발현하여 길하다.

- 號+姓 29水　亥比水　<吉> 수비수

  호와 성의 合 29水는 亥生이 水를 만나 旺盛(왕성)하게 되며, 29수리는 壽福運(수복운)이 발현하여 길하다.

- 號+名字 33火　數理　<吉>

  號와 名字의 合 33數는 權威旺盛(권위왕성)하는 大吉(대길) 수리이다.

- 號+姓名 41木　水生木<吉>　수생목　　　數理　<吉>

  號+姓名의 合 41數는 師表(사표)가 되는 길수리이다.
  41數 木은 亥生의 生氣(생기)를 水生木(수생목)으로 받아 永生(영생)을 형성하는 大吉運(대길운)으로 성명 3字의 不運(불운, 元格 12 貞格 20수리)을 良導(양도)하는 결과가 되는 것이다.

예 2)　남자, 辛酉生(신유생)

[雅號]　송 **松** 8　　범 **汎** 7　　　　　合 15　土
　　　　　　　金　　　　　　金

[姓名]　박 **朴** 6　　재 **宰** 10　　　홍 **弘** 5
　　　　　　　土　　　　　　土　　　　　　土
　　　　　貞 21(木)　利 11(木)　亨 16(土)　元 15(土)

松汎朴의 合 21數(木)
松汎과 朴宰弘 3의 合 36 數 (土)
松汎 宰弘의 合 30數 (水)

相剋　┌　① 亨 16 土　酉金生　土生金 × (소비,소모 등)
(상극)│　② 號 15 土　　　〃　　土生金 × (소비,소모 등)
　　　└　③ 號 .姓 21 木　　〃　　金剋木 ×

數理　┌　④ 號.名 30水　酉金生　金生水(금생수)이나,
(수리)│　　　30수리로 流浪(유랑)　不安定(불안정) ×
　　　└　⑤ 號.姓名 36 土　　〃　　土生金(토생금)이며,
　　　　　　36수리로 영웅 破灘(파탄)의 悲歌運(비가운) ×

그러므로 위 雅號 松汎(송범)은 凶象(흉상, 不利, 不適格)
이 되어 그 사용이 부적절하다.

예 3) 남자, 乙巳生 (을사생)

〔雅號〕 동 **東** 8   몽 **夢** 14   合 22 木
              金   火

〔姓名〕 김 **金** 8   형 **亨** 7   준 **俊** 9
              貞 24(火)   利 17(金)   亨 16(土)   元 16(土)

東夢金 30 (水), 東夢金亨俊 46 (土), 東夢亨俊 38(金)
① 亨15土   巳生土   火生土(화생토)   ○
② 號22木   木生巳   木生火(목생화)   ○
③ 號.姓 30水   水剋巳   水剋火(수극화)   ×
④ 號.名 38金 數理   平凡運(평범운)   ○
⑤ 號.姓名 46數理 悲哀運(비애운) 載寶沈船(재보침선)×

※ 성명 3자의 운세가 雅號를 加하여 천지차이가 됨.

8. 하락이수법(河洛理數法)

■ 작호요령
① 사주의 吉神(길신)을 字源五行(자원오행)으로 보완.
② 河洛理數作卦(하락이수작괘) 활용.
③ 主客運(주객운)의 作卦(작괘).

④ 字劃合數理(자획합수리).

예) 여자, 辛未年 10월 29일 戌時生(슬시생)

　　本名　　선 **宣** 9　만 **晩** 11　순 **順** 12

〔雅號〕

	數理	字源
東	8	木
平	5	木
合	13	

東 8 ÷ 8 = 8 坤地 上卦

平 5 ÷ 8 = 5 巽風 下卦

8 5 地風升卦(지풍승괘)

※ 작괘시 문자의 획수는 實劃(실획, 筆劃)에 의하며, 3字 아호의 경우는 上 2字를 상괘로 下 1字(堂 亭字 등)를 하괘로 삼는다. 4字의 경우는 上 2字를 상괘로 下 2字(散人 居士 등)를 하괘로 삼는다.

• 본명 선만순은 늦게 순탄하게 베풀어진다는 성명의 뜻 그대로 말년에 평안하게 지내라는 염원을 담았다.

• 四柱(사주)

時	日	月	年	
庚	丁	己	辛	金土多 木及(목급. 목이 모자람)
戌	酉	亥	未	極身弱 四柱(극신약 사주)
				吉神(길신) : 木

사주의 길신 木을 아호 東平(동평)의 字源(자원) 오행으로
부합시킴.

• 河洛理數(하락이수)에서 辛未生(신미생)으로 천간 辛(신)의
天元氣(천원기, 元氣는 도움을 받는 기운) 巽卦(손괘)와 지
지 未(미)의 地元氣(지원기) 坤卦(곤괘) 모두를 雅號 東平
에 각각 넣어 작괘하여 地風升卦(지풍승괘)가 되었다.

• 성명 宣晩順(선만순)의 原劃(원획) 총수 32를 88 除之하여
主運(주운) 8坤地(곤지)를 얻어 상괘로 삼고, 아호 東 8 平 5
의 13數를 8로 나누어 客運(객운) 5 巽風(손풍)을 얻어 하괘
를 삼으니, 주객운 역시 지풍승괘로 升卦(승괘)는 周易(주역)
64卦 중 大吉卦(대길괘)에 해당한다.

• 아호 동평의 원획합수 13은 81數靈動力(수영동력)으로 보
아 知達運(지달운) 走馬紅塵格(주마홍진격)으로 남녀 모두
에게 길한 수리이다. 雅號는 청장년기에 지어 부르게 되므
로 말년과 總運(총운)은 貞格(정격)에 해당하므로 총획수
만을 보는 것이다.

• 아호의 上字로 상괘를 삼고 下字로 하괘를 삼으니 地風升卦(지풍
승괘)로 괘번호로 85에 해당한다. 朱子式解名法(주자식해명법)에
의하면 才學一枝 道德文章(재학일지 도덕문장)의 4언절구로 보아
노익장임에도 학문적임과도 맞는 것 같다.

- 東 : 동녘동, 왼쪽동, 봄동, 동녘으로 갈동, 주인동.
  平 : 평탄할평, 바를평, 화할평, 다스릴평, 고를평, 쉬울평,
    화친할평 풍년들평.

9. 주자식법(朱子式法)

■ 작호요령
① 朱子式(주자식) 解名法(해명법) 적용.

예) 남자, 癸未生 1월 29일 子時生
　　本名　임 **林** 8　경 **炅** 8 **桓** 10

[雅號]　　　　數　字源
　　　역 **易** 8　火　　易 8 ÷ 8 = 8 坤地　上卦
　　　봉 **奉** 8　木　　奉 8 ÷ 8 = 8 坤地　下卦
　　　―――――――――――
　　　合　16　　　　88 重地坤卦(중지곤괘)

- 周易(주역)과 그 주변 학문을 연구하고 있는 터에 주역을
  받든다는 의미로 평소 생활과도 부합한다.

• 四柱(사주)

時	日	月	年	
庚	壬	甲	癸	木多火及
子	戌	寅	未	身弱四柱(신약사주)
金	水	木	水	用神 :木火(煖,따뜻할난)
水	土	木	土	

사주의 吉神(길신) 木火(목화)를 아호 易奉의 자원오행으로 부합시킴.

• 하락이수에서 癸未生(계미생)의 元氣가 坤卦(곤괘)로 아호 易奉(역봉)에 넣어 작괘하여 重地坤卦(중지곤괘)가 되었다.

• 성명 林炅桓(임경환)의 원획 합수 26을 88 除之하여 주운 2 兌澤(태택)을 얻어 상괘로 삼고, 아호 易奉의 원획 합수 16을 8로 나누어 나머지 수로 객운 8坤地(곤지)를 얻어 하괘로 삼으니, 주객운이 澤地萃卦(택지취괘)로 萃卦(취괘)는 주역의 64卦 중 대길괘에 해당한다.

• 아호 역봉의 원획 합수 16은 81수영동력으로 보아 德望運(덕망운) 破屋重修格(파옥중수격)으로 남녀 모두 길한 수리이다.

• 아호 역봉은 重地坤卦(중지곤괘, 88)로 朱子式解名法(주자식해명법)에 의하면 淸香滿堂 帝傍揚名(청향만당 제방양명)

의 4언절구로 보아 품위있고 고상함이 좋아보인다.

· 易: 바꿀역, 고칠역, 바뀔역, 바꿈역, 점역, 주역역(쉬울이).
  奉: 받들봉, 바칠봉, 씀씀이봉, 기를봉, 도울봉, 편들봉, 보낼봉,

※ 위 6의 하락이수(河洛理數) 작호법과 함께 검토하면 그 완성
  도를 높이게 될 것으로 생각한다.

■ 朱子式解名法(주자식해명법)

雅號(아호)의 첫 자의 획수를 88除之하여 上卦(상괘), 아호 다음 자를 같은 방법으로 下卦(하괘)로 삼아 작괘하여, 괘별로 그 길흉을 4언절구로 간단하게 풀이하였다.

一一	始見貧困 終賴榮貴 △	一二	枯木逢春 終見開花 ○	一三	天顏好聲 英雄優遊 ○
一四	木馬行時 終成財利 ○	一五	身退九級 花落空房 ×	一六	愁心不解 爭訟不利 ×
一七	寂寞空山 逶迤高臥 ×	一八	愁見春夢 終無風景 ×	二一	暗裏衣冠 身成名利 ○
二二	碧玉琅杆 舟行江亭 ○	二三	二十年光 有似飄風 ×	二四	安身守義 名譽新風 ○
二五	睢鳩獨鳴 日食五粥 ×	二六	有求逢折 霜緣漸潤 ×	二七	骨缺調談 左漏右寒 ×
二八	有君寵保 賞賜無雙 ○	三一	日更月新 壽福綿綿 ○	三二	木火無緣 血深如塵 ×
三三	枝動不靜 謹身之務 △	三四	修竹榮長 香蓮開新 ○	三五	聰明文章 風雲有光 ○
三六	十年臥病 終身不差 ×	三七	二十光景 風雲淡蕩 ×	三八	第一金榜 俊夫餘慶 ○
四一	風雲新來 雪氣騰天 △	四二	糊口城門 低頭心事 ×	四三	一振金聲 陰谷暖氣 ○
四四	雍容自得 優遊度日 ○	四五	有財無功 終得不亨 △	四六	長秩千人 仁聲自聞 △

四七	五鬼滿林 向人弔問	×	四八	才超貌美 事事生新	○	五一	含脣切齒 千恨未伸	×
五二	太行大路 三月奄行	△	五三	琴瑟清音 一家爭春	○	五四	家門千里 刑到便留	×
五五	不願事事 老物興降	△	五六	花落無實 狂風更放	×	五七	右脚已折 左目亦盲	×
五八	大成千人 仁吉四海	○	六一	枯木逢春 千里有光	○	六二	薰風吹軒 子孫縉紳	○
六三	風生保位 巨川舟楫	○	六四	若非英雄 壽福不期	△	六五	身安保居 風塵不侵	○
六六	重遭險坂 魂魄驚散	×	六七	有魚無鱗 有財無功	△	六八	紫府背依 天恩自得	○
七一	老龍得雲 食前方丈	○	七二	老龍無聲 江邊垂淚	×	七三	青鳥無春 花盖無風	×
七四	柳枝街道 山月徘徊	×	七五	身有疾病 墻有寇賊	×	七六	射之眉間 賣少空房	×
七七	朝后折桂 零落飄風	△	七八	一入刑門 有何壽福	×	八一	多高榜籍 紫府文章	○
八二	鳳雛麟閣 光被日月	○	八三	江上起樓 心適自閑	○	八四	飄零東西 暮年得病	×
八五	才學一枝 道德文章	○	八六	初稼平地 山頭與齊	○	八七	立身揚名 文章變換	○
八八	清香滿堂 帝傍揚名	○						

※ 아호가 3字일 때는 上 2字를 상괘, 下 1字를 하괘로 삼는다. 아호가 4字일 때는 上 2字를 상괘, 下 2字를 하괘로 삼아 作卦(작괘)한다.

앞에서 作號法(작호법)을 분류하고, 그 명칭과 함께 번호까
지 붙여 나열하였으나 실제 활용에 있어서는 각 방법들이나
방법 내의 作號(작호) 요소들 간의 여러 가지 조합이 가능할
수 있을 것이다.

작호법 3의 姓字合看法(성자합간법)은 이름이 2자인 경우와
아호 역시 2자의 경우라면 성명 3자와 다름없이 일반작명 이
론의 대입이 가능하다는 인식하에 상정되었다고 보여진다. 그
러나 아호가 3자인 경우(梅月堂, 古山子 등)에도 일반적인 작
명 이론을 그대로 대입하는 것은 성명과 아호의 각기 다른
구조나 기능에 맞지 않는다고 여겨진다.

따라서 성씨를 제외한 보통 2자의 아호로써 雙方對座(쌍방
대좌)의 단순한 관계(?)를 굳이 복잡하게 삼각관계로 비약하
여 확대 해석하는 것은 아호의 본의에도 꼭 맞지 않는다는
생각이 들어 작명이론의 음양과 음령오행, 삼원오행, 수리의
원형이정을 원용하는 것은 어렵고 다만 원형이정 중에서 貞
格數理(정격수리)만의 활용은 인정하고 싶다.

그리고 작호법 5의 姓名合看法(성명합간법)에서 數理五行
(수리오행, 天干五行)으로 출생 干支(간지)에 따른 亨格(형격)
雅號, 姓 또는 이름 글자 간의 오행으로 生剋制化(생극제화)
풀이를 한 것은 이론적으로 상당한 무게가 느껴진다.

그리고 일반 작명에서의 5대요소 중에서 말한 것과 다른 易象(역상)의 경우 또한 중요하다는 측면에서 생각을 접근시켜 본다. 일반적인 易象(역상)에서 성명 3자의 경우라면 3자의 획수를 모두 합하여 上卦(상괘)로 잡고, 姓(성)과 기능이 다르다고 구별되는 名字(명자, 이름)의 합수를 下卦(하괘)로 잡아 作卦(작괘)하여 역상을 얻는데, 어찌 보면 2자의 아호에서는 작괘 자체가 불능인 처지가 되는 것이다.

문제는 사주에서 用神(용신, 吉神)을 찾아내 作號(작호)에 반영하는 것이 바람직하다고 본다지만 관련이 되는 命理學(명리학)은 거창하며 방대할 뿐 아니라 다양하기까지 하여 그것을 터득하여 활용한다는 것이 어렵다고들 말한다. 그중에서도 格局用神(격국용신)이 推命(추명)의 핵심이며 꽃이라고 하는데 상당한 전문가가 아니면 그 많은 사주들을 보아 제대로 맞추는 것이 그림의 떡 같다는 말도 있듯이 쉽지 않다.

그런 사정으로 命理書(명리서)가 아닌 본서에서는 대종을 이루고 있는, 즉 특수하고 희귀한 소수의 사주를 제외한 일반적인 경우에 대체로 합당한 간편한 요령들을 나름대로 사주(四柱) 상식에서 소개하였으니 이해하고 유용하게 쓰였으면 한다.

달리 생각하면 출생한 년월일시를 60甲子(갑자)로 4기둥을 세운 사주로 말한다면 이름을 처음 지을 때 격국용신 정도라면 아마도 필수적으로 반영되었을 것이니 아호를 지을 때 다시 강조하지 않아도 상관없을 것이라고 여긴다면 마음이 편할 수도 있다는 것이다.

아호는 成人(성인)에게 소용되는 것이며, 성인은 벌써부터 이름을 갖고 있지 않았는가? 다다익선하려다 오히려 잘못될 수도 있지 않을까 싶은 노파심에서 사족을 붙여본다.

이를 종합하여 정리하는데 있어 전체적인 것 2가지를 들겠다. 먼저 작호(作號)의 주체, 즉 당사자는 역술인일 수도 있겠지만 대부분 식자 정도의 보통 사람이라는 것이다. 다음은 본서에서 소개한 작호의 기준 6가지(所處, 所志, 所愚, 所玩, 特徵, 關聯性)를 어떤 형태로든 크게 벗어나지 않아야 한다는 것이다.

이와 같이 2가지 전제가 이루어진다면 그 다음부터는 간단하다. 아호에 쓰인 글자의 총획수만으로 길흉을 보거나, 글자별로 卦(괘)를 만들어 주역의 하락이수를 통하여 길흉을 보는 것이기 때문이다.

그리고 작호법 7의 朱子式法(주자식법)에서 주어진 도표를 보고 해당괘의 풀이인 사언절구, 다시 말하면 한자 8글자를 漢學者(한학자)가 아닌 평소의 식자 실력으로 대충 해석하는 것으로 충분하다(필자가 편의상 길흉부호를 표시하였음).

거기에다 작호법 6의 河洛理數法(하락이수법)에서의 主運(주운, 姓名)을 상괘, 客運(객운, 雅號)을 하괘로 작괘까지 하여 활용하면 금상첨화가 될 것임을 의심하지 않는다. 더욱 많은 연구와 분석을 통한 작호법의 출현을 기대하며, 아울러 여러 예의 검증이 이루어지기를 기대한다.

제 Ⅳ장. 부 록

1. 81수 영동력(靈動力, 暗示灵力)

예) 乾名, 戊辰生

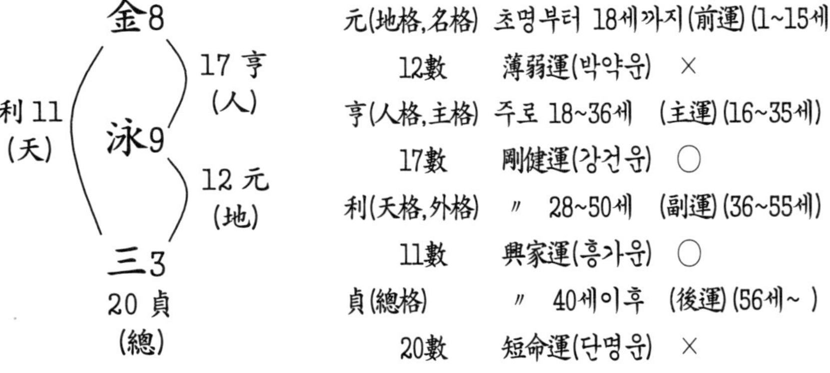

각 격이 의미하는 시기에는 영향력이 강하게 나타나지만 다른 시기에도 약간은 영향력이 나타난다는 것을 잊어서는 안 된다. 그러한 인식의 바탕에서 그러한지 통상 전체적으로 4격 모두 길수의 조합을 희망하는 경향이 지배적이다. 다시 말하면 모두 좋으면 발현시기를 염두에 둘 필요가 없어서인지 모른다.

■ 一頭領運(두령운) 삼라만상의 기본수이며 최고로 좋은 수이
다. 부귀공명하고 일생에 안락하며 태평하여 장수하고 명예
를 얻으며 말년에 이르러 더욱 좋은 수리이다.

■ 二分離運(분리운) 파란, 분리, 불안, 동요, 고독, 병약, 조
난, 불구가 따르기 쉬운 이름이며 처자와 생리사별되고
심하면 단명하다. 그러니까 혼돈미정의 최악의 수리이다.

■ 三福壽運(복수운) 음양이 형성된 좋은 수요 최대의 경사와
복이 있고 지혜가 달통하고 영민하며 공명영달하고 건강
장수하며 큰 사업을 성취하고 두령이 되며 어떤 일이든
성공되는 수리이다.

■ 四破滅運(파멸운) 파괴의 흉상을 지니며 불구, 불안, 멸망
의 징조가 있다. 진퇴가 자유롭지 못하고 독립심이 결여
되며 발광 등이 염려되고 세상에서 버림받은 수리이다.

■ 五成功運(성공운) 음양이 교감하여 화합이 완벽한 상이며
위대한 성공을 하는데 정신발달 신체건전 복록 장수 부귀
영화 혹은 중흥조가 되고 가정을 재건하는 수리이다.

■ 六蓄財運(축재운) 하늘과 땅에서 덕을 주어 경사와 복이
아주 풍성하며 가세가 성대하고 모든 보물이 집합되는데
왕성의 끝에는 슬픔이 따른다는 점만 알면 안락하게 되는

수리이다.

■ 七發達運(발달운) 독립심과 권위가 강한 반면에 동화력이 부족한 감도 있다. 일에 조리가 있고 재능과 정력도 있으며 만난을 배제하고 성공하나 여자는 남성적이 되는 수리이다.

■ 八健暢運(건창운) 의지가 철석 같고 진취의 기상이 뛰어나 천신만고도 헤쳐 나가 목적을 관철하고 명예 보물을 지키고 인내로 성공한다. 단 조난을 조심해야 하는 수리이다.

■ 九窮極運(궁극운) 이익이 없고 공도 사라지며 공박에 빠져 역경, 단명, 비통, 참담의 의미가 있고 어릴 때 부모를 잃고 곤란, 병약, 불구, 조난, 빈곤, 형벌 등이 우려되는 最凶(최흉)의 수리이다.

■ 十短命運(단명운) 끝장이요 공허, 냉암의 최흉수로 해지고 적막한데 귀신이 나오고 만사가 무력하며 장애가 많다. 파산, 빈곤, 육친이별, 조난, 형벌이 있는데 만에 하나 만난을 헤치고 사선을 넘어 성공한 사람도 있는 수리이다.

■ 十一興家運(흥가운) 음양이 서로 오듯이 천부의 행복을 누리고 매사가 순서 있게 발달하며 온건 착실하여 부귀번영하고 일가를 재기시키는 최대로 좋은 운을 지닌 수리이다.

■ 十二薄弱運(박약운) 무리를 펴며 박약무력하다. 안 되는 것을
기획하다 실패하며 의외로 실수, 액난, 비운에 빠지고 심하면
단명하게 되는 고독, 역경, 병난의 수리이다.

■ 十三智達運(지달운) 학예 재능이 풍부하고 지모와 지략이
있다. 어떠한 어려움이라도 교묘하게 잘 빠져나와 부귀행
복을 누릴 좋은 계기를 만드는 특장이 있는 수리이다.

■ 十四破壞運(파괴운) 파괴의 조짐이 있고 가족과 인연이 박
하여 부모와 형제자매를 이별하거나 고독, 불여의, 번민,
위험, 조난이 따르고 심하면 단명도 우려되는 수리이다.

■ 十五福壽運(복수운) 최대의 호운으로 복과 수가 원만하며
아량도 풍부하며 화순온량하고 윗사람의 혜택을 받으며
덕과 녹이 많고 대업성취, 부귀, 번영하는 최대길운의 수
리이다.

■ 十六德望運(덕망운) 흉이 길로 변하는 상이요 두령으로 남
위에 있고 풍후한 아량으로 신망을 받아 대중을 복종시키
며 큰 사업의 성취, 부귀발달하며 특히 부인에게 좋은 수
리이다.

■ 十七剛健運(강건운) 권위와 박력은 자기 본위로 관철하므로
인화에는 부족한 감이 있다. 교만과 고집은 금물이다. 의지

가 견고하여 만난을 돌파하여 위대한 일을 하게 되고, 건강
에 좋은 수리로 허약자에게는 더욱 좋다.

■ 十八發達運(발달운) 철석 같은 마음과 발달운에 권력과 지
략도 있어 한번 세운 뜻은 견실하게 어려움을 헤쳐서 명
리를 넓힌다. 포괄력과 완고함을 주의해야 하는 수이다.

■ 十九病惡運(병악운) 재능이 있고 활동의 소질도 있으므로
대업을 일으키고 명리를 달성할 실력은 있는데 의외의 장
애와 내외불화나 곤란 등이 많아 병약, 폐질, 불구, 졸도,
고독, 과부의 비운에 빠지고, 더 나아가서는 단명, 요절,
처자사별, 형벌, 살상의 난이 우려되는 수리이다.

■ 二十短命運(단명운) 싹 잘라버리듯 단명하고 비운을 유도하
는 대흉의 운명이며 재액, 조난, 不如意(불여의)의 역경에
빠지고, 폐질이나 부모처자를 이별하는 참담한 수리이다.

■ 二一頭領運(두령운) 구름이 개고 달이 나오듯 만사를 형성
하는 상이며 독립과 권위가 있고 두령으로 남의 위에서
존경받고 부귀영화를 누리나 부인은 고독 고생이 있는 수
리이다.

■ 二二薄弱運(박약운) 백사불여의 중도좌절되며 가을 풀이 서
리를 맞은 상으로 곤란, 병약, 무기력, 고독, 위험, 역경과

불평에 빠지게 될 운세요, 박약의 수리이다.

■ 二三隆昌運(융창운) 위대하고 세가 충천하는 상이며 비천한 몸이 윗사람이 되어 흡사 개선장군이 되고 맹호가 날개를 달게 된 상이다. 공명영달하고 큰 뜻 큰 사업을 성취시키나 여인은 고독 과부의 불평이 있는 수리이다.

■ 二四蓄財運(축재운) 경로에는 다소 어려움이 있으나 재략과 지모가 뛰어나 큰 공을 세우고 금전을 모으며 말년이 좋고 자손에게 경사를 전하는 유일의 수리이다.

■ 二五健昌運(건창운) 자성이 영민하며 귀중한 재능도 있으나 다소 유약하며 언어에도 약간 모순이 생겨 사교나 사업상으로 지장이 초래된다. 큰 사업을 성취하여 성공하는 수리이다.

■ 二六變怪運(변괴운) 파란만장의 영웅운이요, 사선을 넘어서 성공하고 불세출의 위인, 괴력자가 여기서 나오나 많이는 병난, 방탕, 고독, 배우자를 잃기 쉬운 수리이다.

■ 二七中折運(중절운) 자존심이 강하고 비난, 공격을 받아 실패하며 중도에 좌절되는 상이니 지략과 분투노력으로 명리를 넓혀도 불화, 형벌, 조난, 고독, 자살자가 나오는 수리이다.

■ 二八遭難運(조난운) 일종의 호걸적인 상태에 있는데 파란 변동이 많고 비난, 재액, 조우, 상해를 당하며, 혹은 부부 이별 골육과 헤어지며 일생에 험악한 수리이다.

■ 二九受福運(수복운) 지략이 우수하고 공을 세우며 복을 받는 운이요 재력도 있고 활동력도 있으나 일면 불평과 부족을 느끼며 여인은 과부나 황망에 흐르기 쉬운 수리이다.

■ 三十浮沈運(부침운) 선악을 정하기 어려우며 투기, 중이 되는 경우도 있고 즉 대성공하는 자도 있고, 실패의 밑바닥을 헤매는 사람도 있다. 대개 비운, 박약, 고독, 실의, 단명, 처자의 사별이 있다.

■ 三一開拓運(개척운) 지인용이 겸비하고 의지가 견고하여 굴절없이 전진하여 큰 뜻 큰 사업을 성취하고 대중을 통솔하며 명예, 번영, 부귀. 행복에 이른다. 단, 부인은 쓰지 않는 것이 좋다.

■ 三二僥倖運(요행운) 물 묻은 손에 좁쌀이 붙듯 하며 윗사람의 도움이 두터워 파죽지세로 성공하며, 가문융창, 번영, 지상의 행복을 누린다. 다른 사람의 배려를 깊게 받고 있다.

■ 三三旺盛運(왕성운) 봉황이 서로 모이고 형성이 확정된 상으로 권위와 지략도 있다. 굳세어 흡사 욱일승천하는 위력

이 있어 성운이 융창하고 명성이 천하에 퍼지나 보통사람
은 감당할 수 없으므로 윤락, 암흑, 극히 쇠퇴할 수 있다.
특히 부인은 가장 강열하므로 과부운이 된다.

■ 三四破壞運(파괴운) 파멸 괴리의 운이 강하고 한번 흉이
오면 거듭 오며 대흉, 대곤란, 신고에 빠진다. 파란, 주저,
쇠패, 참담, 비통에 이르고 다른 조합에 따라 단명 배우자
자녀의 사별, 형벌, 살벌, 발광, 패가망신수도 있다.

■ 三五平安運(평안운) 지혜와 능력이 있으나 권위의 세력이
부족하고 온화 양순한 반면 철저하지 못한 상이다. 문예
나 기술방면으로 발전하여 공을 이루고, 큰 일 큰 사업을
당하면 담력과 재간이 부족하다 기력을 일으키고, 권위와
절의를 철저히 하며 세력을 보완하되 불철저한 바탕도 교
정하면 평안해지는 좋은 수이며 여인에게는 특히 좋다.

■ 三六波爛運(파란운) 영웅운이며 파란이 중첩되며 부침이
많은 상이다. 의협심과 정의가 두터워 자신을 버리고 인
의를 취하니 일생 평안을 얻기 어렵고 신고 곤란이 많게
된다. 움직이면 움직일 때마다 파란이 생기고 큰 변동을
빚어 아주 쇠퇴의 늪으로 들어감을 암시하고 있다. 혹은
실패 윤락의 대흉이 오고 다른 운과의 조합에 따라서는
단명, 병약, 고독, 과부, 액난에 빠지게 된다.

■ 三七奏功運(주공운) 독립, 권위, 충실하여 비할 수 없는 공을 성취하고 사물에도 통달하고 화창하며 열성으로 여러 신망을 얻어 만난을 부수고 큰 사업을 성취하며 덕과 재능을 발휘하여 천부의 큰 행복을 누리고 평생에 부귀영화를 본다. 단, 일면 고립된 감이 없지 않으니 화순하는데 마음을 두라.

■ 三八平凡運(평범운) 큰 뜻 큰 사업에 대한 포부와 통솔력 권위 명망, 두령에 관한 재간이 모자라고 힘과 신망을 얻어도 목적을 관철하기는 어렵다. 평범, 박약, 무력의 상이다. 단 문학, 기술, 예술방면에서는 발전할 힘이 있다.

■ 三九平福長壽運(평복장수운) 재난이 일변하면 평복으로 되어 비할 수 없이 귀중하게 되며 권위와, 장수 재물이 풍부하고 덕택도 사방에 미치며 재략이 전신에 가득 차서 부귀번영을 자손에 영원히 전하는 상이며 호령 하나로 만인을 통솔하고 위세는 하늘을 누른다. 아울러 가장 귀중한 것 뒤에는 가장 비참한 악운이 감추어져 있어 길흉이 종이의 겉과 속 같으므로 경솔하게 쓸 수 없는 수이다. 특히 두령운이므로 부인은 과부가 되기 쉽다.

■ 四十吉凶相半運(길흉상반운) 지략도 풍부하고 담력도 남들보다 뛰어나지만 불순하고 덕망이 모자라 비난과 공격을 받을 우려가 있으며 파란과 부침 그리고 길흉의 분기점에

있으므로 때로는 투기를 좋아하는 등 객기가 있어 다른
운과의 조직에 따라 형벌, 상해, 범죄를 낳고, 혹은 병약,
단명, 고독에 빠지고 움직여도 실패를 초래하며 진취하면
어려움이 생기고 물러나 있으면 겨우 안녕을 보전하는 수
이다.

■ 四一高名運(고명운) 순수한 양의 독특한 원소는 좋은 경사
를 내포하고 담력과 재주 꾀가 겸비하며 유덕, 건전, 화순
하여 대지대업을 가질 실력이 있고 이름 높고 부귀, 최대
의 좋은 운을 감추고 있다.

■ 四二失意運(실의운) 박학달통하고 재능과 기예가 좋아 다
방면에 세상물정을 안 밖으로 통달하고 취미도 여럿이지
만 한 가지도 깊게 통달하지 못한다. 대체로는 박약하여
여의치 못하고 자아의 생각이 모자라 적막, 비애의 상이
다. 산만 실의 되기 쉬운 한결같은 뜻으로 전념하여 나아
가면은 어느 정도 성공을 할 수 있는데 그렇지 못할 경우
실패에 빠지게 된다. 개중에는 고독하고 병약자도 나오게
된다.

■ 四三散財運(산재운) 낡은 습관이나 폐단을 벗어나지 못하
고 눈앞의 안일만을 취하며 박약, 산만의 상이 있다. 비온
뒤 꽃 같아 재능과 지혜의 발달도 있는데 의지력은 확고
하지 못하고 모든 일을 수행하는데도 능통하지 못하여 외

견으로는 행복한 것 같으나 내심은 곤란이 많다. 표면상
으로 일이 성사된 것 같은데 이면으로는 파괴되고 있다.
특히 부인은 다른 운의 배합에 따라 황음에 빠지고 평생
완전하지 못하게 된다.

■ 四四破滅運(파멸운) 패가망신의 가장 흉한 징조가 있고 비
운, 참담, 파괴, 난리의 뜻을 감추고 있다. 만사가 뜻과 같
지 않아 실의, 역경, 번민, 노고가 많고 병난과 조난, 가족
과의 생리사별, 불구, 폐질이 있으며 다른 운과의 조직에
따라서 발광 단명도 하게 된다. 단 불세출의 괴걸, 위인,
열사, 효자 열부, 대발명가 등이 종종 이의 운에서 나온다.

■ 四五順調運(순조운) 순풍에 돛을 달아 놓은 것과 같은 상
이며 경륜이 깊고 지략이 커서 대지대업을 이루고 만난을
잘 타개하여 능히 성공하여 부귀번영이 극에 이른다. 단
다른 운과의 조직에 따라서 조난이 생길 우려도 있다.

■ 四六悲哀運(비애운) 보배를 싣는 배가 갈라지는 상으로 정
력이 줄어들고 박약, 비애로 나아가게 되어 곤난, 신고,
파괴가 많다 그러나 일종의 변괴적인 운이므로 개중에는
큰 어려움을 일찍 맛보고 끝나서 대성공을 하는 사람이
있으며 혹은 다른 운과의 조직에 따라서는 병신, 고독, 형
벌, 단명에 빠지게 되는데 어쨌든 불행을 면하기 어려운
운명이다.

■ 四七展開運(전개운) 꽃이 피어오르는 상과 같이 행복한 길
조의 수리이고 천부의 행복을 누리게 된다. 다른 사람과
일치하여 큰일과 큰 사업을 성취하지만 진취하면 손해되
고 물러나면 이익이 있다. 영원한 행복을 자손에게 전하는
좋은 운이다.

■ 四八榮達運(영달운) 지략이 충만하고 재능도 있으며 유덕
하다, 또한 경건하다는 의미도 있다. 다른 사람의 고문이
나 상담역으로 위엄과 명망을 떨치는데 천성이 영민하여
공명영달하고 상서로운 수리이다.

■ 四九吉凶變化運(길흉변화운) 길흉이 안팎으로 한 장의 종
이 속과 같으므로 길은 길로 변화되어 좋게 되고, 흉할
때는 흉으로 변하여 대흉하게 되므로 좋을 때는 성공되지
만 흉할 때는 손실, 재해, 액난이 따르는데 많이는 일면
대흉한 속에서 한 편으로 좋은 경사도 내포하고 있게 된
다. 어쨌든 간에 다른 운과의 배합에 따라서 행, 불행을
나눠서 볼 수 있지만 대개 흉화로 빠지게 된다.

■ 五十一成一敗運(일성일패운) 일성일패의 상이 있는데 五수
의 덕으로 한번은 진취하여 큰 사업을 성취하고 부자로
왕성하지만 가득 차면 파괴될 흉조도 있으므로 말년에 과
도한 실패를 초래하여 자신이나 가정을 멸망에 이르게 하
고 다른 운이 흉을 가중시킬 때는 형벌, 살상, 수심, 이별,

고독, 빈한에 빠지고 자주 큰 재해가 이른다.

■ 五一一盛一衰運(일성일쇠운) 일성일쇠의 상으로 한번은 성운 융창하여 아울러 명리를 달성시키지만 운속에는 자연히 흉조를 내포하고 있으므로 만년에 부침이 생겨 쇠퇴의 운으로 고생과 실패에 이르기 쉽다, 다른 좋은 수와의 결합에 따라서는 대길하게 된다.

■ 五二躍進運(약진운) 한번을 약진하여 퍼지는 상으로 세력이 강대하고 무형에서 유형을 창조하는 운이다. 선견지명이 있어 계획을 그르치는 일이 없고 달통한 안목은 능히 시세를 살필 줄 안다. 투기심도 풍부하면서 기략도 있으므로 어렵고 고통스런 속에서도 대지대업을 관철시켜 功名利達(공명이달)하게 된다. 요컨대 선견지명으로 성공하고 부귀영화를 누리게 되는 수리이다.

■ 五三障害運(장해운) 외견은 길상이니 복이 있는 것 같지만 내실은 장애, 재화가 많다. 많이는 전반생이 행복하여도 후반생은 불행에 빠지게 된다. 또한 후반생의 두터운 녹은 전반에 재액을 당했기 때문인데 단, 主運(주운) 副運(부운)과 三才의 배치가 양호하여야 대길운이 되는 것이다.

■ 五四破滅運(파멸운) 대흉을 암시하며 불행, 참절, 불화, 손실, 근심 고통이 빈번하고 패가망신, 불구, 폐질, 형벌, 단

명, 횡사, 고독 등 逆難(역난)이 있다 전반생은 좋다.

■ 五五反盛運(반성운) 성한 것이 극치면 도리어 흉이 생기게
된다. 표면은 번성하게 보이나 내용은 재해가 속출하고 일
에는 안심할 수가 없으며 신고, 액난, 이별, 産亡(산망) 등
재난이 많고 아울러 의지는 강하여 만난을 타개하고 이겨
내며 견실하게 참아내어 서두르지 않으니 일에 당하여
성공할 수 있게 되는 길흉이 상반한 운격으로 박약하고
뜻이 약한 사람도 드디어 입신하게 된다. 이수는 역시 三
才(삼재)의 배치가 좋고 나쁨에 따라 길흉이 다르다.

■ 五六亡破運(망파운) 실행하는 용기가 모자라서 진취의 기
상이 결여되고 손실, 망신, 재액이 거듭 오므로 말년이 최
대로 흉악하게 되는 운격이다. 정력도 모자라므로 만사에
어그러지는 뜻이 많다.

■ 五七剛毅運(강의운) 차가운 꾀꼬리가 봄밤에 우는 의미가
있고 본성이 굳세어 천부의 행복을 누리고 부귀영화를 이
루게 된다. 단 생중에서 한번은 커다란 어려움을 당하게
되는데 이 어려움을 넘기면 매사가 뜻과 같이 되고 상서
로움이 이르며 번영하게 된다. 주운 부운으로 좋은 수리
이고 대운에도 양호하여 최대의 길상으로 변하게 된다.

■ 五八浮沈運(부침운) 부침이 많고 消長(소장)의 극치를 내

포하고 있으므로 좋은 복이 있다가 커다란 실패와 크나큰 액이 뒤에 나타나게 된다. 집이 파산된 뒤에는 일어나고 부귀번영도 누리게 된다. 대체로는 말년에 행복과 경사를 누리게 된다.

■ 五九逆難運(역난운) 인내심이나 용기가 결여되고 의지는 쇠퇴하여 일에 성취시킬 재능이 있더라도 손실과 액난, 파산, 실의, 역경으로 당연히 귀결하게 되어서 일생에 고생과 슬픔 속에서 끝나게 된다.

■ 六十動搖運(동요운) 캄캄하고 어두워 동요하고 불안한 흉조이다. 목적을 정하지 못하고 좁은 길에 풍랑을 맡아 무모하고 계산 없이 기도하다 기업을 한번도 성취하지 못하고 실패, 고통, 슬픔에 극도로 빠지고 심하면 형벌, 살상, 병난, 단명에 이르게 된다.

■ 六一不和運(불화운) 명리가 온건히 번영되며 부귀할 길조가 있으나 오만하고 불순하여 내외로 불화를 빚고 가정은 반목하며 형제는 담을 열어 놓은 것 같은데 내용은 궁핍하다. 덕을 닦고 성질을 조심하되 항시 화순하고 간절하게 지켜 가면 위와 같은 흉환이 미연에 방지되고 천부의 행복을 누리게 된다. 재물과 보배가 풍부하고 일생에 길상을 누리는데 총격에 있다면 대운이 양호하여져서 털끝만큼의 근심도 이르지 않게 된다. 점차로 무상의 대운으

로 이르게 되는 것이다.

■ 六二衰退運(쇠퇴운) 내외불화하며 신용이 모자라고 소망을 달성하기 어려우며 점차로 쇠퇴하는 경지로 들어가게 되고 불시의 재액도 오게 되는데 일가가 쇠퇴되고 일신도 약하게 되어 점점 고생과 슬픔이 이르는 흉상이다.

■ 六三發展運(발전운) 만물이 비나 이슬의 혜택을 받아 피어나는 것과 같이 모든 일들이 자유스럽고 목적을 성취하며 다시는 우환이 오지를 않고 부귀번영을 자손에게 전하는 최대길경의 운이다.

■ 六四滅亡運(멸망운) 부침, 파괴, 멸망의 흉조가 있고 불시의 재난에 빠지거나 혹은 일가가 이산되고 만일에 병살이나 비명이 없다 해도 생애에 안정을 얻기 어려운 흉운이다.

■ 六五興隆運(흥융운) 하늘도 장원하고 땅도 오래가는 귀중한 최상의 운이요 만사가 뜻과 같이 실현되고 일생을 무사, 평안하게 행복을 누리며 가운융창 장수번영을 얻게 되고 영원히 길상을 전하게 된다.

■ 六六艱難運(간난운) 진퇴가 자유롭지 못하고 내외불화하며 어려움을 견뎌내기 어렵다. 손실과 재액도 교대로 오므로 결국에 내 몸과 가정을 멸망시키는 악운과 흉상도 있다.

■ 六七通達運(통달운) 윗사람의 원조를 받아 모든 게 통달되고 만사에 지장 없이 천부의 행운을 타서 능히 소망을 이루고 기운이 성대하여져 부귀영화도 오게 된다.

■ 六八昂進運(앙진운) 지혜와 생각은 주밀하고 지조는 견고하여 부지런하고 힘써 실행하므로 발전, 앙진되는 상이다. 발명공부에 재능도 있고 능히 대중의 신의도 얻어 소망이 달성되고 명예도 안전한 좋은 운이다.

■ 六九窮迫運(궁박운) 궁박, 막힘, 역경에 이르는 상이 있고 정신의 발달이 결여되어 질병과 재난이 교대로 온다. 불안과 동요의 흉운으로 단명하며 직업이 없고 불구, 폐질이나 혹은 사망되고 고통에 빠지게 된다.

■ 七十寂寞運(적막운) 험악, 멸망의 상이 있고 일생이 참담하여 근심 고통이 끊이지 않고 공허 적막의 감이 있으며 불구, 형벌, 살상, 단명, 이별, 수심 등의 액난이 있거나 아니면 세상에서 쓸 수 없는 폐인이 된다.

■ 七一吉凶相半運(길흉상반운) 자연의 길조를 머금고 있어 부귀영달을 얻게 되는데 내심으로 고생이 많고 실행이나 관철하려는 정신이 모자라 진취에 어려움을 견디며 용기도 결여되어 있으므로 실패하게 되고 길흉이 상반하는데 삼재가 좋으면 좋은 운이 된다.

■ 七二吉凶相半運(길흉상반운) 어두운 구름에 달이 가려있는 상으로 쾌락과 궁핍이 겹치는 뜻이 있고 전반이 행복하면 후반은 비운을 면할 수가 없다. 외견으로는 좋으나 속 내용은 흉이 생기고 심하면 말년에 패가망신하는 액을 만나게 된다.

■ 七三平凡運(평범운) 길흉이 상반하는 상으로 실행과 관철하는 용기가 적어 한갓 뜻만 높을 뿐 일을 성취시키지 못한다. 그러나 자연의 복은 있으므로 일생 편안하게 늙어가고 삼재의 좋음에 따라서 길조는 증가된다.

■ 七四不遇運(불우운) 무기, 무능, 무식에 빠져 무위도식하고 세상에서 무용하게 된다. 또한 불시의 재액으로 여러 번 고생되고 역경에 빠져 생애의 불행을 한탄한다.

■ 七五吉凶相半運(길흉상반운) 자연히 부귀영화 되는 길상인데 그렇더라도 획책이 미숙하면 일이 성취되지 않으며 실패와 어그러지는 일이 초래되므로 물러나 지키면 행복과 길상을 보전하고 진취하면 재액과 실의에 빠지게 된다.

■ 七六離散運(이산운) 내외가 불화하고 일가는 이산된 역운으로 흉하게 되고 산업실패로 집안이 기울게 된다. 일신을 망치는 비운으로 병약, 단명, 처자이별, 수심이 있다.

■ 七七吉凶相半運(길흉상반격) 흉상중에 길조도 내포되어 대체로 윗사람이 이끌어주고 원조하여 중년에는 지장 없이 행복하게 되나 중년후로 재난에 빠지고 불행을 탄식하게 된다. 즉 전반이 흉할 때 후반은 도리어 길하다.

■ 七八吉凶相半運(길흉상반운) 길흉이 상반하지만 흉이 다소 강하다. 원래가 지능도 있으므로 중년에 성공 발달되다가 중년후로는 점차로 쇠퇴하여 말년이 고생, 참담하게 된다. 삼재의 배합에 따라서는 吉祥(길상)으로 된다.

■ 七九不伸運(불신운) 궁색하고 불신의 역경에서 정신을 차릴 수 없고 절조와 실행, 정력이 모자라 신용을 잃고 비난과 공격을 받는다. 세상에서 쓰지 않는 폐물로 여기지만 단, 신체는 건전하다.

■ 八十陰遁運(음둔운) 평생 곤란과 고생이 끊이지 않고 병마, 형벌, 단명 등의 흉운이 강하다. 단, 일찍 은둔생활을 하면 안심하고 명예를 세워 재액을 면하고 행복하다.

■ 八一還喜運(환희운) 맨 끝의 수로써 원소의 一數(일수)에 돌아와 자연히 영의 힘이 왕성하며 행복이 많다. 좋은 상서와 융승한 복이 거듭 오고 귀중한 운명이며 존귀한 영광으로 크게 유도하게 되어 대체로 一의 수와 동일하다.

2. 인명용 한자

① 획수별로 가나다 순으로 배열하였다. 각 쪽의 상단 좌우 ○안의 숫자는 그 쪽에 수록된 한자의 획수를 기재하여 사전적으로 활용하도록 하였다.

② 劃字(획자) 우측 < >란의 오행은 획수의 數理五行(수리오행, 예 3劃<火>)이고, 한자 상단의 숫자는 曲劃數(곡획수)이고, 그 옆의 ( )안의 오행은 字源五行(자원오행, 예 力의 상단<土>)이다. 자원오행은 원래 글자의 원천이 되는 易理五行(역리오행)을 가리키는 것이다. 단 劃(획)이나 字(자)에 따라 오행의 배치가 달라 극소수의 경우 이중론이 있어 物象(물상)을 위주로 하나만을 기재하였다(예 三, 火 -木⇒火　　王, 金-土⇒金).

③ 또 原字(원자, 本字, 標題語)와 병기된 ( )안의 한자는 약자와 속자이며, 새김에서 ( )안의 音(음)은 본음과 다른 음을 넣었다.

④ 이는 인명용한자사전(이찬구 편저, 김석진 감수, 명문당 2007년 7월 13일 판)을 참조하였다.

■ 한문교육용 기초한자
   2000. 12. 31 현재   1,872자

■ 인명용 추가한자
   1991. 4. 1 현재   1,061자
   1994. 9. 1 현재   109자
   1998. 1. 1 현재   74자
   2001. 1. 4 현재   1,737자
   2003. 10. 20 현재   48자
   2005. 1. 1 현재   161자
   2007. 2. 15 현재   116자

원본에는 기초 한자를 검정, 추가 한자를 파랑, 동·속·약
자와 曲劃(곡획)은 빨강으로 하여 식별이 쉽도록 하였으나 출
판 편의상 전부 흑색으로 변환하였음을 양해하기 바란다.

一劃 <木>

4(木)　　1(木)
乙 새을　一 하나일

二劃 <木>

4(土)　　6(金)　　4(金)　　4(土)　　4(金)　　2(火)
冂 멀경.빌경　乃 이에내　刀 칼도　力 힘력　了 마칠료(요)　卜 점칠복

4(金)　　2(金)　　3(水)　　2(木)　　2(火)　　3(木)　　3(木)
匕 비수비　乂 어질예　又 또우　二 두이　人 사람인　入 들입　丁 고무래정

三劃 <火>

3(木)　　5(木)　　6(木)　　3(火)　　4(金)　　4(水)
干 방패간　巾 수건건　乞 빌걸　工 장인공　久 오래구　口 입구

4(水)　　7(火)　　6(土)　　4(土)　　3(木)　　5(木)
(囗 나라국)　弓 활궁　己 몸기　女 계집녀(여)　大 큰대　万 일만만

4(水)　　6(水)　　3(土)　　6(土)　　4(土)　　3(火)　　3(木)
亡 망할망　凡 무릇범　士 벼슬사　巳 뱀사　山 매산　三 석삼　上 위상

4(水)　　4(水)　　4(水)　　7(水)　　5(木)　　4(水)

尸 주검시　夕 저녁석　小 적을소　也 이끼야　兀 우뚝할올　于 어조사우

6(火)　　5(金)　　3(木)　　5(水)　　5(金)　　3(木)

巳 이미이　刃 칼날인　卄 수물입　子 아들자　勺 잔질할작　丈 어른장

4(木)　　4(水)　　3(水)　　3(水)　　4(木)　　3(土)

才 재주재　叉 깍지낄차　川 내천　千 일천천　寸 마디촌　土 흙토

3(水)　　5(水)　　6(土)

下 아래하　孑 외로울혈　丸 알환

四劃 ＜火＞

4(火)　　4(土)　　5(金)　　8(水)　　5(金)　　7(火)　　7(金)

介 끼일개　犬 개견　公 귀공　孔 구멍공　戈 창과　仇 짝구　勾 글귀구

6(金)　　4(金)　　5(火)　　6(水)　　6(木)　　6(火)

匀 고를균　斤 근근　今 이제금　及 미칠급　內 안내　丹 붉을단(란)

4(火)　　7(木)　　6(火)　　4(木)　　4(木)　　6(水) 6(水)

斗 말두　屯 둔칠둔　毛 털모　木 나무목　文 글월문　(无)毋 없을무

7(土)　　6(金)　　5(水)　　6(土)　　4(土)　　4(木)

勿 말물　反 돌이킬반　方 모방　卞 성씨변　夫 지아비부　父 아비부

6(金)　　4(水)　　7(火)　　7(水)　　5(水)　　6(水)

分 나눌분　不 아니불(부)　比 견줄비　四 녁사(실5획)　少 젊을소　水 물수

5(木)　4(木)　5(火)　4(火)　6(火)　6(金)
手 손수　升 되승　心 마음심　什 열십(세간즙)　氏 성씨　牙 어금니아

8(水)　6(火)　7(金)　5(金)　4(火)　5(火)　4(水)
厄 재앙액　円 화폐엔　予 나여　刈 풀벨예　午 낮오　曰 가로왈　夭 고울요

8(木)　5(水)　4(土)　6(土)　5(水)　8(木)
冗 번잡할용　友 벗우　牛 소우　尤 더욱우　云 이를운　亐 땅이름울

6(木)　6(水)　5(水)　7(土)　5(火)　4(火)　8(火)
元 으뜸원　月 달월　尹 맏윤　允 진실로윤　以 써이　仁 어질인　引 끌인

5(火)　4(水)　8(火)　7(金)　4(水)　4(木)
日 날일　壬 맡을임　仍 인할잉　切 끊을절(체)　井 샘정　爪 손발톱조

8(土)　5(土)　4(土)　4(土)　5(土)　5(木)
弔 조상할조　中 가운데중　之 갈지　止 그칠지　支 지탱할지　尺 자척

4(火)　5(土)　4(火)　5(木)　4(木)　7(土)
天 하늘천　丑 소축　仄 기울측　夬 터놓을쾌　太 클태　巴 땅이름파

5(木)　7(水)　7(水)　7(金)　5(木)　6(水)
片 조각편　匹 짝필　亢 높아질항　兮 어조사혜　戶 집호　互 서로호

4(火)　6(火)　8(火)　4(火)　5(水)　5(火)
火 불화　化 화할화　幻 허께비환　爻 형상효　凶 흉할흉　欠 이지러질흠

五劃 <土>

7(水)	8(水)	6(金)	5(土)	6(木)	6(水)
可 옳을가	加 더할가	刊 책펴낼간	甘 달감	甲 갑옷갑	去 갈거

6(火)	6(水)	8(水)	9(水)	7(木)	6(木)
巨 클거	古 옛고	叩 두드릴고	尻 꽁무니고	功 공공	瓜 오이과

8(火)	8(水)	5(土)	7(水)	7(土)	8(水)
巧 공교할교	句 글귀구	丘 언덕구	叫 부르짖을규	奴 종노	尼 여승니

6(火)	6(火)	6(水)	5(火)	7(火)
旦 아침단	代 대신할대	冬 겨울동	仝 한가지동	令 명령할령

5(金)	5(木)	6(土)	8(土)	8(金)	6(木)	8(木)
立 설립(입)	末 끝말	皿 그릇명	母 어미모	矛 창모	目 눈목	卯 토끼묘

6(土)	5(木)	8(火)	5(土)	6(金)
戊 다섯째천간무	未 못할미	民 백성민	半 반틈반	白 흰백

6(木)	7(火)	5(木)	6(火)	7(水)	9(木)
弁 고깔변.떨변	丙 남방병	本 근본본	付 줄부	北 북녘북(배)	弗 아니불

5(水)	7(水)	5(火)	6(水)	8(水)	5(金)	5(木)
丕 클비	氷 어름빙	仕 벼슬사	史 사기사	司 맡을사	乍 잠간사	生 날생

6(金)	6(火)	6(火)	8(水)	6(水)	8(木)	7(木)
石 돌석	仙 신선선	世 세상세	召 부를소	囚 가둘수	丞 받들승	市 저자시

6(木)	5(金)	6(金)	5(木)	6(土)	8(水)
示 볼일시	矢 화살시	申 납신	失 잃을실	央 가운대앙	永 길영

5(土) 5(金) 8(水土) 4(金) 6(火)

五 다섯오(실4획) 玉 구슬옥 瓦 질그릇와 王 임금왕(실4획) 外 밖외

8(火) 7(水) 6(水) 9(火) 6(木)

凹 오목할요 用 쓸용 右 오른쪽우 幼 어릴유 由 말미암을유

11(水) 7(火) 5(火) 6(木) 6(火) 5(土)

孕 아이밸잉 仔 맡길자 仗 기댈장 田 밭전 占 점점 正 바를정

5(火) 5(木) 6(水) 8(水) 6(木) 8(土)

左 왼좌 主 임금주 只 다만지 叱 꾸짖을질 且 또차 此 이차

7(木) 9(木) 7(木) 5(金) 5(火) 8(水) 7(木)

札 편지찰 册(冊) 책책 斥 내칠척 仟 일천천 凸 뾰족할철 朮 삽주뿌리출

7(土) 9(木) 9(火) 7(火水) 6(혹7)(水) 5(木)

出 날출 充 가득할충 他 다를타 台 별이름태 叭 나팔팔 平 평할평

7(木) 10(金) 7(金) 6(火) 6(土) 5(金) 7(火)

布 배포 包 쌀포 皮 가죽피 必 반드시필 疋 필필 乏 다할핍 玄 검을현

7(水) 8(木) 6(金) 10(火) 5(木) 5(木)

穴 구멍혈 兄 맏형 乎 온호 弘 클홍 禾 벼화 卉 풀훼

六劃 <土>

8(水) 8(土) 7(土) 12(木) 6(火) 6(火)

各 각각각 艮 괘이름간 奸 간음할간 坙 땅이름갈 价 착할개 件 사건건

⑥

9(土)9(土)　　　7(土)　　6(金)　　8(火)　7(土)　　6(火)
考(攷)상고할고 曲굽을곡 共함께공 光빛광 匡광정광 交사귈교

7(土)　　9(木)　　6(土)　　8(水)　　8(火)　　7(火)7(火)
臼확구 机책상궤 圭서옥규 劢강할근 伋생각할급 亙(亘)뻐칠긍

6(火)　　7(火)　　7(水)　　6(木)8(木)　　8(土)
企꾀할기 伎재주기 吉길할길 年(秊)(실8획)해년 老늙을로

8(水)　　9(木)　　10(金)　　9(水)　　8(金)
多많을다 宅집댁(택) 乭이름돌 同한가지동 列벌릴렬

9(土)　　8(木)　　　　4(土)　　　7(水)
劣용렬할렬(礼)예도례(禮略字) 六여섯륙(육)(실4획) 吏관리리(이)

6(火)　　8(土)　　8(水)　　7(土)　　9(金)　　6(木)　6(木)
卍일만만 妄망녕될망 名이름명 牟보리모 刎벨문 米쌀미 朴순박할박

7(水)　　7(火)　10(土)　　9(水)　　　　6(火)8(火)
百일백백 伐칠벌 犯범할범 氾넘칠범(실5획) 幷(幷)아우를병

6(火)　　7(土)　　10(土)　　8(火)　　8(土)　　7(木)
伏엎질복 缶장군부 妃왕비비 份빛날빈 牝암빈 寺절사

9(水)　　7(火)　　8(木)　　10(土)　8(혹9)(金)　8(木)　　7(火)
死죽을사 似같을사 糸실사 色빛색 西서녘서 先먼저선 舌혀설

8(木)　　8(木)　　7(金)　　9(木)　　9(火)　　7(土)
束묶을속 守지킬수 收거둘수 夙일찍숙 旬열흘순 戌개술수자리수

9(木)　　7(金)　　8(火)　　8(木)　　9(火)　　6(土)
丞정승승 式법식 臣신하신 安편안안 仰우러를앙 羊양양

⑥

8(土)　7(水)　8(火)　7(火)　8(木)　10(火)　7(土)
如같을여　亦또역　曳끌예　伍대오오　宇집우　羽깃우　圩오목할우

10(火)　11(水)　8(水)　8(水)　7(火)　7(金)
旭빛날욱　危위태할위　有있을유　肉고기육　聿드디어율　戎되융

9(土)　7(木)　10(木)　6(火)　8(水)　14(金)
圪흙더미우뚝할을　衣옷의　夷오랑캐이　耳귀이　而말이을이　弛늦을이

7(火)　8(木)　7(水)　6(火)
伊저이　印도장인　因인할인　任맡을임

9(木)　7(木)　7(土)　6(木)　6(土)　8(木)
字글자자　自스스로자　匠장인장　庄정중할장　在있을재　再두재

6(土)　6(水)　7(火)　9(土)　8(火)　8(水)
全온전전　汀물가정(실5획)　早일찍조　吊조문할조　兆조조　存있을존

6(水)　8(木)　6(木)　7(木)　7(火)　5(水)
州고을주　舟배주　朱붉을주　竹대죽　仲가운데중버금중　汁진액즙(실5획)

10(土)　9(火)　7(土)　7(火)　8(木)　7(金)
地땅지　旨뜻지　至이를지　次버금차　舛어기어질천　尖뾰족할첨

8(木)　7(水)　7(木)　10(木)　9(木)　7(水)
艸풀초　虫벌레충　打칠타(실5획)　朶떨기타　宅집택　吐토할토

7(水)　9(火)　7(水)　7(火)　9(木)　7(水)
合합할합　伉짝항　亥돼지해　行다닐행(항)　向향할향　血피혈

7(金)　9(土)　8(水)　6(火)　7(水)　9(木)
刑형벌형　好좋을호　回돌아올회　灰재회　后황후후　朽썩을후

⑥⑦

6(火)　　　9(木)　　　9(金)　　　10(水)　　　10(土)
休이름다울휴 兇흉할흉 匈가슴흉 吃먹을흘 屹산우뚝할흘

七劃 〈金〉

10(木)　10(木)　10(木)　　　7(木)　　　8(土)　　　9(木)
伽절가 角뿔각 却물리칠각 杆지레간 坎구덩이감 匣궤갑

6(水)　　　7(木)　　　10(金)　　8(火)　　　10(土)
江물강(실6획) 杠깃대강 改고칠개 更다시갱(경) 坑구덩이갱

8(火)　　　10(水)　　　10(火) 11(火)　10(火)　　9(木)
車수래거(차) 劫겁탈할겁 見볼견 冏빛날경 囧빛날경 系이를계

8(金)　　　8(水)　　　8(水) 8(水)　　7(金)　　9(金)
戒경계할계 告고할고 谷골곡 困곤할곤 攻칠공 串습관관(곶)

9(木)　12(水)　　　8(水)　　　8(火)　　　11(木) 9(水)
宏클굉 究궁리할구 求구할구 灸지질구 局판국 君임금군

11(火)　9(土)　　　10(木)　　9(土)　　　11(火)　10(木)
糾꼴규 均고를균 克이길극 妗싱긋벙긋할금 忌꺼릴기 杞구기자기

7(土)　　9(土)　　　9(土)　　　10(水)　　10(土)　　11(土)
圻지경기 岐높을기 妓기생기 卵알난(란) 男사내남 努힘쓸노

10(水)　　8(火)　　9(土)　　　　8(火)　　9(木)
尿오줌뇨 但다만단 坍물이언덕칠담 旲햇빛대 禿대머리독

9(火) 7(木) 8(木) 9(水) 9(土) 9(水)
彤붉을동 杜막을두 豆팥두 冷찰랭 良어질량(양) 呂음률려(여)

9(火) 7(金) 8(土) 8(金) 8(土)
伶영리할령(영) 弄희롱할롱 牢굳을뢰 利이로룰리(이) 里마을리(이)

9(木) 8(水) 9(火) 7(火) 10(土)
李오얏리(이) 吝인색할린 忘잊을망 忙바쁠망(실6획) 每매양매

11(木土) 7(土) 9(土) 7(火) 10(水) 10(木)
免면할면 牡수컷모 妙묘할묘 巫무당무 吻입술문 尾꼬리미

7(火) 9(土) 9(火) 10(土) 9(土) 8(火)
伴짝반 坊터방 彷거닐방 妨방해할방 尨삽쌀개방 伯맏백

9(水) 10(木) 7(火) 11(金) 7(金) 9(水)
汎뜰범(실6획) 杋나무범 采분별할변 別분별별 兵병사병 甫클보

8(土) 8(水) 9(水) 10(水) 11(火) 10(木)
步걸음보 否아니부 孚미쁠부 吩뿜을분 佛부처불 庇덮을비

8(木) 10(木) 10(火) 10(金) 7(水)
私사사사 些적을사 伺살필사 刪깎을산 汕통발산(실6획)

7(木) 7(木)9(木) 10(木) 7(水)
杉삼나무삼 床(牀(실8획))평상상 序차례서 汐저녁조수석(실6획)

9(火) 6(火) 8(木) 11(木) 8(水)
成이룰성 忕살필세, 익힐설(실6획) 宋나라송 秀빼어날수 豕돼지시

8(火) 7(金) 9(火) 9(金) 9(水) 8(金) 8(火)
伸펼신 辛매울신 身몸신 我나아 冶쇠불릴야 言멀씀언 余나여

⑦

7(水)　　　　11(土)　　　　11(火)　　10(土)　　9(水)
汝너여(실6획)　妤아름다울여　役부릴역　延맞을연　吾나오

9(水)　　　　　10(水)　　　10(木)　　10(土)　　10(土)
汚더러울오(실6획)　吳오나라오　完완전할완　妧좋을완　岏가파를완

8(土)　　10(水)　　　8(火)　　　9(火)　　　8(木)
妖고울요　甬물솟아오를용　佑도울우　旴해돋을우　扜당길우(실6획)

8(木)　　7(火)　　7(金)　　9(金)　　8(水)　　7(土)　　9(水)
夽높을운　位벼슬위　攸바유　酉닭유　听웃을은　圻언덕은　吟읊을음

11(土)　　8(金)　　　11(木)　　　10(火)　　7(水)
邑고을읍　矣어조사의　杝나무이름이　忍참을인　汃끈적거릴인(실6획)

9(土)　　7(火)　　8(土)　　9(水)
牣충만할인　佚안할일　妊아이밸임　孜부지런할자

7(火)　　9(火)　　9(土)　　8(木)　　7(木)
作지을작　灼구울작　岑매뿌리잠　壯씩씩할장　杖지팡이장

10(火)　　8(木)　　9(火)　　9(火)　　8(火)　　8(火)
災재앙재　材재목재　佇오래설저　低낮을저　赤붉을적　佃사냥할전

10(火)　　7(金)　　　　　9(土)　　8(水)　　9(木)
甸경기전　玎옥소리정(실6획)　町밭두덕정　呈보일정　廷조정정

8(土)　　7(火)　　　11(水)　　10(土)　　8(土)　　7(火)
姃전할정　怔두려워할정　弟아우제　助도울조　足발족　佐도울좌

7(土)　　7(火)　　7(火)　　8(火)　　10(水)　　　7(土)
坐앉을좌　走달아날주　住머물주　志뜻지　池못지(실6획)　址터지

234　호(雅號)책

9(水)　　8(土)　　9(水)　　8(木)　　7(火)
底숫돌지 辰별진(신) 肖어질초 村마디촌 忖헤아릴촌(실6획)

9(火)　　4(金)　　　8(土)
吹불취 七일곱칠(실2획) 妥온당할타

9(木)　　　8(水)　　10(金)　10(木)　8(金)　　8(土)
托밀칠탁(실6획) 吞삼킬탄 兌별태 兎토끼토 判판단할판 坂고개판

8(金)　　8(水)　　9(火)　　9(木)　　8(火)　　9(火)
貝조개패 吠짖을폐 佈펼포 杓자루표 佖가득할필 何어찌하

10(水)　　8(火)　　6(水)　　　10(木)　　9(水)
呀입벌릴하 旱가물한 汗땀한(실6획) 罕드물한 含머금을함

8(木)　　7(木)　10(土)　　7(火)　　9(水)　　9(水)
杏은행행 夾낄협 亨형통할형 形얼굴형 汞수은홍 孝효도효

12(水)　　　10(水)　　9(木)
吼사자우는소리후 吸마실흡 希바랄희

八劃 ＜金＞

8(火)　　11(水)　　10(金)　　11(火)　　7(金)
佳아름다울가 呵꾸짖을가 刻각할각 侃굳셀간 玕옥돌간(실7획)

10(土)　　11(土)　10(土)　10(木)　8(火)　　8(水)
岬산허리갑 岡매강 羌되강 居살거 杰빼어날걸 決정할결(실7획)

9(木)　　　　　10(土)　　　9(金)　　　　　　　11(土)　　9(火)
抉당길결(실7획) 京서울경 庚일곱째천간경 坰들경 炅빛날경

10(水)　10(木)　　10(水)　　10(土)　　　11(水)　　10(水)
季끝계 屆이를계 固굳을고 姑시어머니고 孤외로울고 呱아이가울고

9(火)　　　9(土)　　12(火)　8(水)　　　　　10(水)　　8(火)
杲밝을고 坤땅곤 昆맏곤 汩통할골(실7획) 空빌공 供이바지공

9(木)　　　11(木)　　10(金)　　10(火)　8(土)　　　　　9(火)
果과실과 官벼슬관 刮쪼갤괄 侊클광 狂미칠광(실7획) 眖비칠광

8(木)　　　10(火)　　　9(火)　　　9(金)　　8(金)
卦점괘괘 乖어그러질괴 佼예쁠교 具갖출구 玖검은옥돌구(실7획)

8(土)　　　10(水)　　11(土)　14(水)　12(木)　10(土)　11(木)
垢언덕구 咎허물구 屈굽을굴 穹높을궁 卷책권 券문서권 糾살필규

10(火)　　8(金)　　　10(木)　　　　　　9(水)
昑밝을금 金쇠금(금) 扱걷어가질급(실7획) 汲물길을급(실7획)

8(金)　9(木)　　　　10(土)　　　10(金)　　　9(水)
其그기 技재주기(실7획) 奇기이할기 玘패옥기(실7획) 汽김기(실7획)

7(水)　　　　　　11(水)　　　9(火)　　　10(木)
沂물이름기(실7획) 肌살기(실6획) 佶바를길 枏매화나무남

9(火)　　　10(火)　　14(火)　　9(木)　　11(水)　　10(土)
奈어찌내 念생각념 弩쇠뇌노 杻싸리뉴 畓유창할답 坮대대

10(土)　　10(金)　　11(土)　12(火)　10(水)　　　9(木)
岱대산대 到이를도 毒독독 旽밝을돈 沌막힐돈(실7획) 東동녘동

8(木)　　　8(火)7(火)　　　10(土)　9(金)　　10(水)　11(土)
枓두공두　來(来7획)올래　兩두량　戾허물려　冽찰렬　岺고개령

11(土)　　　11(水)　10(火)　　11(火)　　10(火)
姈영리할령(영)　囹옥령　例법식례(예)　汆나무깎을록　侖뭉치륜(윤)

10(水)　　　8(木)　　11(木)　　8(木)
阞갈빗대륵(실6획)　林숲을림(임)　罔없을망　枚줄기매

9(土)　　　11(水)　10(木)　12(火)　10(水)
妹손아래누이매　孟맏맹　盲소경맹　氓백성맹　沔물이름면(실7획)

11(火)　　11(水)　12(土)　　7(水)　　　8(土)
明밝을명　命목숨명　姆여선생모　沐머리감을목(실7획)　牧칠목

10(水)　　　12(水)　9(木)　　9(土)　　7(水)
沒빠질몰(실7획)　歿죽을몰　杳아득할묘　武굳셀무　汶더럽힐문(실7획)

8(火)　　11(木)　9(水)　　　10(土)　9(水)　9(火)
炆연기날문　門문문　沕잠길물(실7획)　物만물물　味맛미　旻하늘민

9(火)　　12(土)　　9(火)　　10(金)　11(木)　11(火)
旼온화할민　岷산이름민　忞아름다울민　放노을방　房방방　昉밝을방

10(木)　　8(木)9(木)　　9(火)　　11(木)　9(木)
枋박달방　杯(盃실9획)잔배　佰일백백　帛비단백　秉잡을병,벼묶큼병

13(水)　10(木)　　　13(木)　　8(木)
服옷복　宓업드릴복,잠잠할밀　曹땅이름볼　奉받들봉

9(土)　8(木)　　　10(水)　　8(金)　10(土)
府마을부　扶도울부(실7획)　咐분부할부　斧도끼부　阜언덕부

⑧

8(木)　　　9(水)　　　　　11(火)　　10(木)
奔달아날분 汾물이름분(실7획) 忿분할분 扮잡을분(실7획)

11(火)　　12(火)　　　12(水)　　9(土)　　11(木)　　　　8(木)
盼햇빛분 佛방불할불 朋벗붕 卑낮을비 批깎을비(실7획) 非아니비

11(木)　　　8(木)　　11(木)　　9(火)　　　9(火)　　8(水)
枇비자나무비 社모일사 事일사 使하여금사 舍집사 沙모래사(실7획)

11(木)　　9(水)　　12(木)　　11(金)　　　9(土)
祀제사사 疝산증산 乷음역자살 尙오히려상 狀형상상

11(木)　　　　9(火)　　8(木)　　9(土)　　9(木)　　9(木)
抒펼서(실7획) 昔옛석 析쪼갤석 姓성성 所처소소 松솔송

12(金)　　　10(水)　　8(土)　　　10(土)10(土)　　10(水)
刷인쇄할쇄 受받을수 垂드리울수 岫(峀)매뿌리수 叔아재비숙

11(木)　　9(火)　　　9(火)　　11(土)　　10(火)　　　10(木)
承이을승 昇오를승 侍모실시 始비로소시 侁걷는모양신 呻끙끙거릴신

8(水)　　　　　11(水)10(水)　　　11(土)
沁물적실심(실7획) 兒(児)(실7획)아이아 妸고울아

9(土)　　9(土)　　12(火)8(火)　　　11(金)　　10(土)
岳큰산악 岸언덕안 亞(亜 실7획)버금아 軋잇을알 岩바위암

6(木)　　　9(水)　　8(土)　　12(木)　　　8(火)
艾쑥애(실6획) 夜밤야 厓언덕애 扼움킬액(실7획) 佯거짓양

10(土)　　11(木)　　　11(水)　　11(火)
於어조사어 抑누를억(실7획) 奄문득엄 易바꿀역(쉬울이)

238　호(雅號)책

10(水)	12(水)	8(火)	9(水)	9(火)
沇 물흐를연(실7획)	咏 읊을영	炎 불꽃염	沏 물이름예(실7획)	昈 대낮오

7(水)	10(火)	14(木)	8(火)	9(火)
沃 기름질옥(실7획)	臥 누울와	宛 여전할완	往 갈왕	旺 왕성할왕

7(水)	8(木)	10(金)	10(水)	8(金)
汪 깊고넓을왕(실7획)	枉 굽을왕	盂 밥그릇우	雨 비우	玗 옥돌우(실7획)

8(水)	9(水)	10(水)	12(木)
沄 끓을운(실7획)	沅 물이름원(실7획)	杬 나무이름원	朊 달빛희미할원

9(土)	10(火)	12(水)	11(火)	8(水)
委 맡길위	侑 권할유	乳 젖유	昀 햇빛윤	汩 흐를율(실7획)

9(火)	10(木)	10(火)	11(土) 11(土)
依 의지할의할의	宜 마땅의	佾 춤출일	姉(姊 실7획)누이자

11(金)	9(火)	10(木)	9(土)	9(木)
刺 찌를자(척)	炙 김쪼일자(적)	秄 북돋을자	狀 배풀장	長 긴장

10(火)	10(木)	10(水)	10(土)	8(木)
爭 다툴쟁	底 밑저	咀 씹을저	姐 아가시저	杵 공이저

8(土)	11(火)	9(金)	8(火)
狄 오랑캐적.악공적(실7획)	的 과녁적	典 법전	佺 산신이름전

8(木)	9(木)	10(土)	9(木)	9(金)	8(火)
折 꺾을절(실7획)	店 가개점	岾 고개점	定 정할정	政 정사정	征 칠정

9(土)	11(金)	8(金)	10(木)	11(水)	9(土)
姃 단정할정	制 제할제	卒 군사졸	宗 마루종	周 두루주	姝 예쁠주

⑧

10(木)　8(火)　　12(水)　　9(金)　　9(木)　　7(水)
宙집주 侏난장이주 呪주저할주 知알지 枝가지지 沚물가지(실7획)

9(水)　　　10(木)　　10(木)　　9(火)　　10(木)
泜붙을지(실7획) 直곧을직 枃바디진 侄굳을질 帙책갑질

11(火)　　9(金)　10(火)　8(木)　10(土)　9(土)
侘실심할차 刹절찰 昌창성창 采캘채 妻아내처 坧기지척

7(金)　　　　9(土)　11(木)　10(木)10(木)　10(金)
玔옥고리천(실7획) 妾첩첩 帖문서첩 靑(青)푸를청 初처음초

9(木)　　　9(火)　12(土)　8(木)　　10(火)
抄배낄초(실7획) 炒볶을초 岧산높을초 竺나라이름축 忠충성충

8(水) 7　　　　　9(水)　　9(火)　　10(火)
沖(冲(실6획))화할충(실7획) 取취할취 炊밥지을취 侈사치할치

10(水)　　　　11(木)　8(火)　　　9(木)
沈잠길침(성심)(실7획) 枕벼개침 快쾌할쾌(실7획) 卓높을탁

8(土)　9(土)　　10(木)　12(木)　　7(水)
坼터질탁 坦너그러울탄 宕골집탕 帑나라곳집탕 汰넘칠태(실7획)

12(木)　　　10(土)　11(木)　11(木)
投던질투(실7획) 妬투기할투 爬긁글파 把잡을파(실7획)

11(木)　　10(土)　9(木)　10(木)　2(金)
杷비파나무파 坡언덕파 板널판 版인쇄판 八어덟팔(실2획)

12(火)　8(土)　14(水)　10(火)　11(木)
佩찰패 坪들평 咆먹일포 彼저피 抗대항할항(실7획)

10(水)　　　11(木)　　　11(水)　　8(木)　　　11(土)
沆 큰물항(실7획)　杭 건늘항.늘항　哈 웃을해　幸 다행행　享 누릴향

9(火)　　　14(木)　　　11(水)
洫 고요할혁　弦 활시위현　呟 소리현

14(水)　　10(水)　　12(혹13)(木)　9(火)　　10(土)　　　13(木)
協 화할협　呼 부를호　虎 범호　　昊 하늘호　岵 산에숲질호　弧 나무활호

10(金)　　11(火)　　　11(火)　　14(木)　　9(水)　　　10(金)
或 혹혹　昏 어두울혼　忽 문득홀　宖 클횡　和 화할화　效 본받을효

10(水)　　9(火)　　　9(火)　　　8(火)　　　　7(火)
肴 안주효　欣 기뻐할흔　昕 해돋을흔　炘 화끈거릴흔　忻 기뻐할흔(실7획)

九劃 ＜水＞

11(木)　　12(木)　　12(木)　10(木)　10(木)　　9(水)
柯 가지가　架 횃대가　枷 칼가　看 볼간　柬 분별할간　肝 간간(실7획)

12(土)　　9(木)　　13(火)　9(木)　　10(土)　11(木)　13(火)
姦 간음할간　竿 장대간　曷 어찌갈　柑 감귤감　姜 성강　舡 배강　皆 다개

9(水)　　8(金)　　　　12(木)　10(火)　　10(木)
疥 옴개　玠 큰홀게(실8획)　客 손객　炬 횃불거　拒 막을거(실8획)

12(木)　　9(火)　　　　12(火)　　9(水)　　14(金)
建 세울건　怯 겁낼겁(실8획)　俓 곧을경　涇 물경　勁 굳셀경

10(水)　　　10(土)　　10(金)　　11(火)　　11(木)
癸 열째천간계　界 기경계　計 셈할계　係 걸릴계　契 맺을계(글)

10(金)　　10(木)
故 연고고　枯 마를고

9(水)　　　9(木)　　13(木)　9(火)　　　2(木)
沽 살고(실8획)　科 과거과　冠 갓관　怪 괴이할괴(실8획)　拐 유인할괴(실8획)

10(水)　　10(土)　　5(水)　　　12(木)
咬 씹을교　姣 예쁠교　九 아홉구(실2획)　拘 거리낄구(실8획)

12(木)　　12(土)　　13(土)　　　10(土)　11(木)
枸 구기자구　狗 개구(실8획)　耈 늙은이구(耇와같음)　垢 때구　柩 널구

11(火)　　11(木)　　13(火)　10(土)　9(土)
軍 군사군　芎 궁궁이궁(실7획)　軌 굴대궤　赳 헌걸찰규　奎 별규

12(土)　　13(金)　12(火)　13(金)　14(木)　9(木)
畇 개간할균　剋 이길극　急 급할극　矜 자랑긍　紀 벼리기　祈 빌기

11　　　11(土)　　12(木)　11(火)　10(木)
祇 토지신기(지)　姞 후직이름길　拏 잡을나　南 남녁남　柰 능금내

12(水)　　10(木)　　12(火)　11(水)　　　12(木)
耐 견딜내　拈 잡을념(실8획)　怒 성낼노　泥 진흙니(실8획)　柅 무성할니

13(金)　　12(火)　　12(土)　10(火)　10(木)
段 층계단　彖 결단할단　畓 논답　待 기다릴대　度 법도도(탁)

12(水)　　12(土)　　12(金)　　11(金)
突 부딪칠돌　垌 항아리동　剌 찰라(나)　剌 (음랄)어그러질랄

9(木) 拉 꺾을랍(실8획)　13(火) 亮 밝을량　11(火) 侶 짝려　12(火) 昑 날빛령　10(火) 怜 영리할령(실8획)

10(水) 泠 깨우칠령(실8획 음영)　12(木) 柳 버들류　10(火) 律 법률　10(火) 俚 속될리　10(火) 俐 영리할리

10(土) 厘 티끌리　9(木) 抹 뭉갤말(실8획)　8(水) 沫 물방울말(실8획)　8(木) 芒 가스랑이망(실7획)

10(火) 昧 어둘울매　10(火) 面 낯면　15(金) 勉 힘쓸면　13(木) 眄 곁눈질할면　12(木) 明 밝게볼명　9(木) 某 아무모

11(水) 冒 무릅쓸모　12(火) 侮 업신여길모　13(火) 昴 별묘　10(金) 玅 땅이름묘　12(木) 拇 엄지손가락무(실8획)

9(土) 美 아름다울미　11(木) 眉 눈썹미　8(金) 玟 옥돌민(실8획)　11(水) 泯 빠질민(실8획)

12(金) 敃 강할민　10(金) 砇 옥돌민　9(水) 泊 배댈박(실8획)　10(木) 拍 손벽칠박(실8획)

10(水) 叛 배반할반　9(木) 拌 버릴반(실8획)　8(水) 泮 반궁반(실8획)　12(木) 盼 돌아볼반

9(木) 拔 뺄발(실8획)　14(金) 勃 활발할발　9(木) 拜 절배　10(木) 柏 잣백　8(水) 泛 뜰범(실8획)

10(火) 便 문득변(편)　9(水) 法 법법(실8획)　10(水) 屛 병풍병　11(火) 炳 빛날병　11(木) 柄 자루병

12(火)12(火) 昞(昺) 밝을병　10(火) 保 보호할보　11(火) 俌 도울보　10(土) 封 봉할봉　11(金) 負 질부

⑨

9(火)　　　10(金)　　　12(金)　　　13(木)　　　　13(火)
赴 다다를부　計 부고부　盆 동이분　拂 밀칠불(실8획)　飛 날비

13(金)　　　12(木)　　　13(火)
砒 비상비　秕 쭉정이비　毖 삼갈비

13(火)13(火)　　12(水)　　　　9(水)
毗毘 밝을비　沸 끓을비(실8획)　泌 샘물졸졸흐를비(실8획)

11(金)　　　　　　11(火)　　10(木)　　　10(水)
玭 구슬이름빈(실8획)　思 생각사　査 사실할사　泗 물이름사(실8획)

11(金)　　11(木)　10(火)　　12(金)　　9(木)　　10(木)
砂 모래사　柶 윷사　俟 기다릴사　削 깎을삭　衫 적삼삼　相 서로상

9(木)　　　10(土)　　9(土)　　11(水)　　11(木)　　9(水)
庠 학교상　峠 고개상　牲 희생생　叙 차례서　宣 배풀선　泄 세어날설(실8획)

11(木)　　　　11(木)　　10(火)　　8(火)　　　　13(火)
契 사람의 이름설　省 살필성(생)　星 별성　性 성정성(실8획)　昭 밝을소

11(水)　　　　12(火)　　12(木)　　　10(火)　　13(水)
沼 늪소(실8획)　炤 밝을소　柖 나무흔들릴소　俗 풍속속　帥 장수수

10(水)　　10(木)　　12(火)　　10(水)　　　　10(火)　　15(土)
首 머리수　盾 방패순　徇 부릴순　沭 물이름술(실8획)　是 이시　施 배풀시

12(木)　　　10(水)　11(木)　13(水)　　11(水)　　10(火)　　11(木)
柴 섶나무시　屎 똥시　柿 감시　屍 주검시　食 밥식　信 믿을신　室 집실

12(土)　　11(火)　　10(木)　　　　10(土)　　　　12(火)
甚 심할심　俄 잠깐아　押 누를압(실8획)　狎 참압할압(실8획)　昂 높을앙

244　호(雅號)책

9(火) 快원망할앙(실8획) 11(水) 殃재앙앙 11(水) 哀슬플애 13(木) 約대략약 12(火) 昜볕양 9(火) 彦선비언

13(水) 疫염병역 10(土) 姸고울연 9(水) 沿물따라내려갈연(실8획) 10(火) 衍퍼질연 12(水) 兗바를연

12(木) 染물들일염 11(水) 泳헤엄칠영(실8획) 11(火) 映비칠영 15(水) 盈찰영 11(火) 俉맞이할오

11(木) 屋집옥 11(火) 昷어질온 13(土) 瓮독옹(옹기) 10(金) 玩놀완(실8획) 10(土) 娃아름다운왜 9(土) 歪비틀왜

11(土) 畏드러울외 11(金) 要중요할요 12(土) 姚어여뿔요 13(木) 拗꺾을요(실8획) 13(土) 勇날랠용

12(火) 俑허수아비용 12(土) 禹우임금우 12(木) 紆얽힐우 8(木) 芋토란우(실7획) 10(火) 昱밝을욱

10(土) 垣담원 10(木) 爰이에원 12(金) 韋가죽위 11(土) 威위엄위 9(水) 油기름유(실8획) 14(火) 幽깊숙할유

12(木) 柔부드러울유 12(木) 宥용서할유 13(火) 兪성유 10(木) 柚유자유 10(土) 臾잠깐유 12(水) 囿동산유

11(金) 玧귀막는옥윤(실8획) 11(土) 垠끝은 10(金) 音소리음 8(水) 泣울읍(실8획)

10(火) 怡기쁠이(실8획) 14(土) 姨이모이 11(土) 姻혼인인 11(水) 咽목구멍인(열) 10(土) 姙자식밸임

10(土) 者놈자 11(土) 姿맵시자 11(水) 咨물을자 9(木) 芍작약작(실7획) 10(火) 昨어제작 9(火) 炸불터질작

⑨

10(金)　　11(水)　　11(木)　　　　9(水)
斫 쪼갤작　哉 어조사재　抵 막을저(실8획)　沮 막을저(실8획)

10(土)　　　　10(火)　12(金)　10(火)　10(金)　12(火)
狙 원숭이저(실8획)　畑 화전전　前 앞전　点 점점　貞 곧을정　亭 정자정

11(金)　　9(木)　　9(火)　　12(水)　　12(金)　　12(木)
訂 고칠정　柾 나무정　炡 빛날정　穽 함정정　酊 비틀거릴정　帝 임금제

10(火)　　13(火)　　11(木)　　　10(木)　　9(木)
俎 제기조　昭 빛날조,밝을조　拙 졸할졸(실8획)　柊 나무이름종　柱 기둥주

8(水)　　　9(木)　　12(水)　　9(火)　　10(土)
注 물댈주(실8획)　奏 아뢸주　胄 자손주　炷 심지주　姝 어여쁠주

12(木)　　9(木)　　　13(火)　10(土)　14(水)
紂 말고삐주　拄 떠받칠주(실8획)　俊 준걸준　重 무거울중　卽 곧즉

9(木)　11(水)　10(木)　10(水)　　9(木)
祉 복지　咫 짧을지　枳 탱자지　持 섬지(실9획)　抮 휘어잡을진(실8획)

10(水)　10(火)　11(土)　13(土)　　13(火)　11(木)
殄 멸할진　昣 밝을진　姪 조카질　奼 자랑할차　昶 밝을창　柵 우리책

10(木)　　　12(水)　14(水)　9(水)　　　14(金)
拓 열척(실8획)　泉 샘천　穿 뚫을천　沾 젖을첨(실8획)　剃 털깎을체

12(木)　　　10(木)　　　10(火)　　10(木)
招 부를초(실8획)　秒 초침초(벼까락묘)　促 재촉할촉　抽 뽑을추(실8획)

9(木)　2(金)　10(火)　10(水)　　　11(土)
秋 가을추　酋 두목추　春 봄춘　治 다스릴치(실8획)　峙 산우뚝설치

11(金) 12(土) 11(水) 12(火) 13(木)
則법칙칙 勅칙서칙 柒옷칠 侵침노할침 拖끌타(실8획)

13(水) 12(土) 9(木) 10(火) 13(木) 11(水)
咤꾸짖을타 坨언덕택 柝목탁탁 炭석탄탄 眈즐길탐 泰클태

12(火) 12(水) 10(水) 10(水)
怠게으를태 殆위태로울태 波물결파(실8획) 沛클패(실8획)

12(木) 9(木) 8(水) 14(木)
扁작을편 枰바둑판평 泙물소리평(실8획) 抱안을포(실8획)

13(木) 13(木) 13(水) 10(火)
匍엎드러질포 抛던질포(실8획) 泡물거품포(실8획) 怖두려울포

9(木) 12(水) 12(木) 11(木) 9(水)
表거죽표 品품수품 風바람풍 披헤칠피(실8획) 泌개천물필(실8획)

10(水) 10(火) 12(木) 11(水) 12(木) 11(水)
河물하(실8획) 是여름하 虐사나울학 咸다함 函함함 哈웃음소리합

10(土) 12(土) 11(土) 9(水) 11(水)
缸항아리항 巷거리항 姮항아항 肛항문항(실7획) 咳기침해

10(土) 12(水) 10(木) 10(金) 10(木) 10(水)
垓계단해 孩어릴해 香향기향 革가죽혁 奕클혁 泫물깊고넓을현(실8획)

11(火) 12(火) 12(火) 10(火)
炫밝을현 眩당혹할현 俔염탐할현 怰판매할현(실8획)

10(火) 9(火) 10(土) 11(水) 12(火)
頁머리혈 俠호협할협 型거푸집형 洞찰형(실8획) 炯빛날형

11(火)　　10(土)　　　11(木)　　13(水)

晧밝을호　狐여우호(실8획)　紅붉을홍　泓물깊을홍(실8획)

10(水)　　10(水)　　　12(木)　　12(木)

虹무지개홍　哄떠들석할홍　奐빛날환　宦벼슬환

14(木)　　10(金)　　11(水)　　　13(水)　　11(火)

紈비단환　皇임금황　況모양황(실8획)　廻돌회　徊배회할회

10(火)　　12(土)　　12(火)　10(土)　　14(木)

侯제후후　厚두터울후　後뒤후　垕두터울후　紇굵은실흘

13(土)　　11(火)

姬계집희　俙비슷할희

十劃 〈水〉

12(木)　14(水)　　11(金)　　　　13(水)

家집가　哥노래할가　珂옥이름가(실9획)　痂헌데딱지가

14(水)　　　　　9(金)　　　11(火)　　　10(木)

哿옳을가.아름다울가　珏쌍옥각(실9획)　恪삼갈각(실9획)　栞깎을간

10(水)　　14(金)　12(火)　8(木)　　　12(火)　　11(木)

疳감질병감　剛강할강　個낱개　芥겨자개(실8획)　倨거만할거　祛물리칠거

12(木)　　12(木)　12(木)　11(水)　　　12(土)

虔긍정할건　桀홰걸　格격식격　肩어깨견(실8획)　缺이지러질결

12(金)　　10(土)　13(火)　　12(火)　　10(火)　　14(水)
兼겸할겸 耕갈경 徑지름길경 倞굳셀경 耿깨끗할경 勁굳셀경

10(木)　　10(火)　　14(火)　　11(木)　　10(土)
桂계수나무계 烓화덕계 高높을고 庫창고고 羔염소고

13(木)　　　14(水)　　　12(火水) 14(金)　11(火)
拷매때릴고(실9획) 股다리고(실8획) 哭곡할곡 骨뼈골 恭공순공

14(火)　　11(金)　10(木)　　　13(水)　　11(木)
恐두려울공 貢바칠공 拱낄공(실9획) 蚣지내공 括묶을괄(실9획)

13(火)　　　11(水)　　　12(木)　13(木)　11(水)
悹걱정없을괄 洸굳셀광(실9획) 栿배틀광 紘넓을굉 肱팔둑굉(실8획)

10(木)　　10(土)　　　11(火)　11(金)　12(金)
校학교교 狡교활할교(실9획) 俱함께구 矩법구 珣옥돌구(실9획)

13(木)　16(水)　11(木)　14(火)　　14(火)　12(木)
宮집궁 躬몸궁 拳주먹권 倦게으를권 鬼귀신귀 根뿌리근

8(木)　　　　12(木)　9(木)　　　11(木)
芹미나리근(실8획) 衾옷금 芩약이름금(실8획) 衿옷깃금(실9획)

14(木)　　10(水)　　　12(水)　12(水)　14(金)　13(火)
級등급급 肯즐길긍(실8획) 氣기운기 豈어찌기 記기록기 起일어날기

13(土)　　11(木)　　11(木)　　　15(土)
耆늙은이기 桔도라지길 拮열심히일할길(실9획) 娜아름다울나

12(木)　　　14(土)　　　14(木)　12(木)　　　13(土)
拿잡을나(拏俗字) 挐깃발날릴나 納드릴납 衲장삼납(실9획) 娘어머니낭

⑩

10(火)　　　13(木)　　　12(木)　　11(水)　　10(火)
恬 편안녕(실9획)　紐 맬뉴(유)　爹 아비다　疸 황달달　倓 고요할담

12(水)　　　10(金)　　　　10(火)　　12(金)　　14(土)
唐 당나라당　玳 대모대(실9획)　徒 무리도　倒 넘어질도　島 섬도

12(木)　　　　12(木)　　　11(水)　　12(水)　　　　13(木)
挑 돋을도(실9획)　桃 복숭아도　凍 얼동　洞 고을동(통)(실9획)　桐 오동동

11(水)　　13(火)　　　11(木)　　　　11(水)
疼 아플동　烔 뜨거운모양동　苁 나무싹둔(실8획)　洛 물락(낙)(실9획)

12(火)　　12(水)　　　12(火)　　13(土)　　　12(火)
烙 지질락　凉 서늘할량(양)　倆 재주량(양)　旅 나그네려(여)　烈 매울렬(열)

11(水)　　　　11(金)　　　　10(火)
洌 매섭게렬(열)(실9획)　玲 옥소리령(영)(실9획)　料 헤아릴료(요)

12(水)　　　　14(土)　　　12(火)　　11(木)
流 흐를류(유)(실9획)　留 머무를류(유)　倫 차례륜(윤)　栗 밤률(율)

13(水)　　12(水)　　　14(火)　　11(金)　　12(火)　15(土)
凌 업신여길릉　唎 가는소리리　离 남방리　砬 약돌립　馬 말마　娩 해산할만

13(水)　9(土)　　　　11(土)　14(木)　　12(木)　　11(水)
秣 끝말　邙 터망(실6획)　埋 묻을매　眠 잠잘면　冥 어둘명　洺 이름명(실9획)

11(木)　　　　12(木)　10(木)　　　12(土)
袂 소매메(실9획)　耗 빌모　芼 나물모(실8획)　畝 이랑무(묘)

13(火)　　12(木)　　12(木)　　11(水)　　12(金)　　　10(金)
們 무리문　紋 무늬문　紊 얽힐문　蚊 모기문　珉 옥돌민(실9획)　珀 호박박

14(金) 剝 깎을박　11(土) 畔 물가반　16(木) 般 본받을반　10(木) 芳 꽃다울방(실8획)　13(土) 旁 곁방

14(木) 紡 자을방　12(水) 肪 기름방(실8획)　14(木) 舫 쌍배방　11(水) 蚌 조개방　12(火) 倣 본받을방

11(火) 倍 갑절배　10(火) 俳 광대배　15(字) 配 짝배　11(木) 栢 잣나무백　10(火) 倂 나란할병　10(金) 竝 아우를병

12(水) 病 병들병　9(水) 洑 보마기보(실9획)　12(土)12(土) 峯(峰) 봉우리봉　10(火) 俸 봉급봉

8(木) 芙 연꽃부(실8)　10(金) 釜 가마부　12(金) 剖 쪼갤부　11(火) 俯 업드릴부　14(木) 紛 어지러울분

12(木) 粉 가루분　11(木) 芬 향기분(실8획)　13(水) 肥 살찔비(실8획)　14(木)14(木) 祕(秘) 숨길비

11(木) 匪 아니비　13(木) 粃 쭉정이비　13(土) 射 쏠사　14(木) 師 스승사　13(木) 紗 깁사　12(土) 娑 춤출사

15(水) 唆 꾀일사　13(木) 祠 사당사　13(水) 朔 초하루삭　11(金) 珊 산호산(실9)　12(木) 芟 풀벨삼(실8)

13(木) 桑 뽕나무상　13(木) 索 찾을색　12(木) 書 글서　13(火) 恕 용서할서　12(木) 栖 깃들일서

11(火) 徐 천천히할서　12(木) 席 자리석　11(木) 祏 섬석　15(木) 扇 부채선　12(水) 洒 엄숙할선,씻을세(실9획)

13(水) 屑 조출할설　11(水) 洩 샐설((실9획)　13(木) 閃 피할섬　11(金) 剡 고을이름섬

12(土)　13(土)　　13(木)　　11(水)　　　12(木)　10(木)
城제성　娍헌걸찰성　宬도서실성　洗깨끗할세(실9획)　素흴소　笑웃음소

12(金)　　　13(木)　13(木)　14(水)　12(木)
珨아름다운옥소(실9획)　宵하늘소　梳빗소　孫손자손　衰쇠할쇠

11(金)　　11(水)　　10(火)　　9(水)　　　12(土)
釗힘쓸쇠　殊다를수　修닦을수　洙물가수(실9획)　狩순행할수(실9획)

15(木)　　14(水)　　12(水)　　12(火)
純순수할순　殉따라죽을순　洵믿을순(실9획)　恂진실할순(실9획)

13(木)　　11(水)　　11(木)　　　12(火)
栒순나무순　巡순행할순(실7획)　拾주울습(십)(실9획)　乘탈승

12(火)　10(火)　　12(水)　15(水)　12(火)
時때시　恃믿을시(실9획)　豺늑대시　翅날개시　息쉴식

11(木)　　11(木)　　11(木)　10(土)
栻점치는판식　拭닦을식(실9획)　神귀신신　迅빠를신(실7획)

13(金)　12(土)　12(木)　9(木)　　2(水)
訊물을신　娠애밸신　宸집신　芯등심초심(실8획)　十열십(실2획)

10(木)　　13(土)　13(土)　16(水)　13(木)
芽움아(실8획)　娥예쁠아　峨산높을아　啞벙어리아　哦옳을아

12(木)　13(火)　12(木)　　11(木)　11(土)　18(金)
案책상안　晏늦을안　按살필안(실9획)　秧모앙　埃티끌애　弱약할약

9(水)　　11(火)　13(水)　13(火)　11(火)　13(木)
洋물양(실9획)　恙근심할양　圄옥어　俺클엄　烟연기연　宴잔치연

14(土)   14(土)   10(木)   13(火)
娟아름다울연 娫환할연 芮나라이름예(실8획) 倪도울예

10(金)   13(火)   14(土)   15(火)   17(土)
珇옥돌예(실9획) 烏가마귀오 娛즐길오 翁늙은이옹 邕화할옹

13(土)   16(土)   12(土)   12(木)   13(土)   11(火)
垸뼈를완 窈고요할요 辱욕될욕 容얼굴용 埇길돋을용 倭삥돌왜

9(土)   11(火)   12(火)   12(木)   11(木)
迂굽을우(실7획) 祐복우 彧빛날욱 栯산앵두욱 耘김맬운

9(木)   12(土)   12(水)   16(火)   12(木)   10(水)
芸향풀운(실8획) 原근원원 員관원원 怨원망원 袁성원 洹흐를원(실9획)

11(水)   11(木)   11(水)   12(火)
洧물이름유(실9획) 釉벼와기장무성할유 育기를육(실8획) 恩은혜은

17(金)   12(火)   11(水)   15(水)   8(木)
殷은나라은 倚의지할의 益더할익 蚓지렁이인 茵씨인(실8획)

11(火)   12(木)   14(火)   12(火)   13(水)   14(金)
恁생각할임 苅풀깍잉(실7획) 兹이자 恣방자할자 疵흠자 酌잔질할작

11(木)   12(金)   11(木)   11(木)   11(水)   12(水)
奘클장 財재물재 宰재상재 栽심을재 疽등창저 展펼전

10(木)   12(木)   11(金)   11(金)   11(木)   13(火)
栓나무못전 庭뜰정 釘못정 祖할아비조 租구실조 晁아침조

12(火)   10(金)   12(水)   13(水)   12(火)   9(水)
曹성씨조 祚복조조 蚤벼룩조 凋시들조 倧한배종 洲물가주(실9획)

⑩

10(木)　　13(金)12(金)
株그루주酎酒술주

14(土)　　15(土)　　10(水)　　10(火)　　15(木)
埈가파를준峻높을준准승인할준隼매새준純선두를준

10(水)　　13(火)　　13(木)　　11(木)
症병중세증　烝무리증拯건질증(실9획)持가질지(실9획)

13(木)　　12(金)　　8(木)　　13(金)
指손가락지(실9획)祗공경할지芝지초지(실8획)砥숫돌지

11(水)　　8(木)　　14(木)　　14(木)11(木)
肢사지지(실8획)芷백지지(실8획)紙종이지眞(真)참진

13(火)11(火)　　10(水)　　9(金)　　10(木)
晉(晋)진나라진津나루진(실9획)珍보배진(실9획)秦진나라진

12(水)　　11(土)　　10(水)　　10(木)　　10(水)　　11(木)
唇놀랄진畛두렁길진疹홍역진秩차례질疾병질桎속박할질

13(火)　　11(火)　　10(火)　　13(水)　　11(金)　　12(火)
朕나짐借빌릴차差어긋날차窄좁을착站우두커니설참倉곳집창

12(火)　　14(金)　　12(水)　　14(金)　　11(火)
倡여광대창砦웅타리채凄쓸쓸할처剔바를척隻새한마리척

13(火)　　12(水)　　13(水)　　16(木)　　13(土)　　13(金)
倜대범할척哲어질철哨망볼초芻꼴추畜기를축祝빌축

12(木)　　12(金)　　11(水)　　12(火)　　11(土)
衷가운데충琓귀고리옥충(실9획)臭냄새취値값치致이룰치

11(火) 12(水) 10(金) 12(金) 11(火)
恥 부끄러울치 蚩 어리석을치 針 바늘침 砧 다딤이돌침 倬 클탁

13(金) 13(木) 12(金) 11(木) 11(土) 10(水)
託 부탁할탁 耽 즐길탐 討 칠토 套 전례투 特 특별특 派 물갈래파(실9획)

13(金) 11(木) 12(水) 10(木) 16(金)
破 깨트릴파 芭 파초파(실8획) 唄 염불소리패 秤 저울평 砲 대포포

13(水) 13(水) 15(水) 13(水) 11(火) 12(水)
哺 먹일포 圃 동산포 疱 부르틀포 豹 표범표 俵 흩어질표 疲 피곤

10(金) 12(火) 11(火) 10(火)10(火)
珌 칼장식옥필(실9획) 夏 여름하 恨 한할한(실9획) 恒(恆) 항상항(실9획)

11(木) 15(木) 12(水) 12(木) 11(木) 10(火)
桁 차꼬항 航 배로물건널항 奚 어찌해 害 해로울해 核 씨핵 倖 요행행

11(火) 14(土) 11(金) 13(木) 11(土)
軒 추녀헌 峴 고개현 玹 옥돌현(실9) 眩 아찔할현 峽 골짜기협

10(水) 11(金) 9(木) 12(木) 9(水)
洽 화합할협 祜 복호 芦 부들호(실8획) 笏 홀기홀 洪 넓을홍(실9획)

10(火) 11(金) 10(木) 11(木) 10(水)
烘 횃불홍 訌 어지러울홍 花 꽃화(실8획) 桓 굳셀환 活 살활(실9획)

13(火) 11(火) 13(火) 9(火) 10(金)
晃 밝을황 恍 황홀할황(실9획) 晄 밝을황 恢 클회(실9획) 效 본받을효

13(水) 11(火) 11(金) 10(火) 10(火)
哮 큰소리낼효 候 기후후 訓 가르칠훈 烋 아름다울휴 恤 근심할휼(실9획)

12(水)　　　　14(金)　　　　10(火)　　　　10(水)
洶물소리흉(실9획)　訖이를흘(끝낼글)　恰흡족할흡(실9획)　洽젖을흡(실9획)

十一劃 〈木〉

14(火)7　　　　　11(木)　　　　12(木)　　　　15(木)
假(仮실6획)거짓가　苛가혹할가(실9획)　茄가지가(실9획)　袈가사가

12(木)　　15(土)　　13(木)　　12(水)　　　　13(木)
桿줄기한간　勘헤아릴감　紺보라빛감　胛어깨쭉지갑(실9획)　康편안할강

14(土)　15(土)　15(金)　14(火)　　15(火)　14(土)　14(土)
堈언덕강　崗매강　乾하늘건　健건장헐건　偈쉴게　堅굳을견　牽끌견

13(金)　　14(金)　14(火)　　12(木)　　16(木)　15(火)
訣이별할결　竟마침경　頃기우러질경　梗곧을경　絅홑웃경　焵빛날경(炯과同)

12(木)　　13(水)　　10(木)　　　12(水)　　10(木)
械기계계　啓일께울계　苦괴로울고(실9획)　皐언덕고　苽줄고(실9획)

12(木)　　14(火)　　16(土)　12(木)　　13(木)
梏수갑곡　斛열말들이곡　崑매곤　梱문지장곤　袞곤룡포곤(袞同)

10(金)　　　　14(金)　14(木)　　12(金)
珙크고둥근옥공(실10획)　貫꿸관　梡토막나무관　珖옥피리광(실10획)

13(金)　　　12(金)　12(金)　15(土)　　12(木)
敎(教)가르칠교　皎힐교　救구할구　區구역구　苟진실로구(실9획)

15(木) 14(木) 14(水) 9(水) 14(土) 16(水) 12(木)
寇도적구 毬공구 國나라국(国)(실8획) 堀굴굴 圈우리권 眷돌볼권

14(火) 10(金) 12(金) 9(土) 11(土)
規법규 珪모날규(실8획) 硅유리만드는흙규 近가까울근(실8획) 基터기

14(木) 15(水) 14(土) 13(土) 17(水) 11(土)
寄부칠기 飢주릴기 崎산길험할기 埼낭떨어지기 旣이미기 那어찌나(실8획)

12(金) 12(木) 14(火金) 13(水)
珞목걸이낙(락)(실10획) 捏꼭찍을날(실10획) 訥말더듬거릴눌 匿숨길닉

13(水) 12(木) 12(水) 13(水) 13(土) 15(木)
蛋새알단 袒옷벗어맬단(실10획) 啖씹을담 聃귀바퀴없을담 堂집당 帶띠대

13(木) 14(水) 14(水) 16(木) 13(火) 12(土) 12(水)
袋자루대 豚돼지돈 動움직일동 兜투구두 得얻을득 婛고을람 浪물결랑(낭)(실10)

15(水) 13(火) 13(土) 12(土)
朗밝을랑(낭) 烺빛밝을랑 狼이리랑(실10획) 崍산이름래

11(火) 14(土) 13(木) 13(木) 13(土) 17(火)
徠산이름래,올래 略간략할락 梁들보량(양) 笒작은놀령 羚영양령 翎깃개령

13(火) 12(水) 15(土) 14(火) 14(木) 14(土)
聆들을령 鹵소금로(노) 鹿사슴록 聊애오라지료 累여러누(루) 婁별이름루

13(金) 14(土) 13(火) 14(金) 12(木)
琉유리류(유)(실획) 崙산이름륜(윤) 率거느릴솔(비율률(율)) 勒굴래륵 梨배리(이)

11(火) 11(水) 12(土) 12(土)
悧영리할리(이)(실10획) 浬해리리(실10) 犂얼룩소리 狸삵리(貍同字)(실10획)

⑪

11(水)　　　　　　11(木)　　11(木)　　13(木)　16(火)　14(土)
浬 다다를리(이)(실10획)　笠 삿갓립(입)　粒 낱알립(입)　麻 삼마　晩 늦을만　曼 길만

15(木)　　　　　9(木)　　　　14(水)　14(木)　12(木)
挽 당길만(실10획)　茉 말리말(실9획)　望 바랄망　梅 매화매　苺 딸기매

12(木)　14(火)　16(木)　13(木)　12(木)　10(木)
麥 보리맥　覓 찾을멱　冕 면류관면　眸 눈동자모　茅 띠모(실9획)　苗 싹묘(실9획)

10(木)　　　　16(土)　15(水)　14(木)　14(金)　14(木)
茂 성할무(실9획)　務 힘쓸무　問 물을문　梶 나무끝미　敏 민첩할민　密 빽빽할밀

14(木)　10(金)　　　10(土)　　　13(木)　14(金)
舶 큰배박　班 나눌반(실10획)　返 도라올반(실8획)　絆 얽을반　訪 찾을방

9(土)　　　12(土)　　13(水)　　11(火)　11(水)
邦 나라방(실7획)　培 북돋을배　背 등배(실9획)　徘 배회할배　胚 애밸배(실9획)

13(木)　　　14(金)　14(木)　13(土)15(土)
范 성범(실9획)　釩 떨칠범　梵 중의글범　瓶甁 (실13획)병병

11(金)　　　　　　15(金)　　12(火)　14(金)　12(木)
珤 보배보(寶古字)(실10획)　畐 엉금엉금길복　烽 봉화봉　副 버금부　符 병부부

12(水)　　　16(土)　13(土)　12(土)　　16(土)
浮 뜰부(실10획)　婦 며느리부　埠 언덕부　趺 도사리고앉을부　崩 무너질붕

13(土)　14(金)　11(火)　13(木)　10(水)
婢 계집종비　貧 가난할빈　彬 빛날빈　斌 빛날빈　浜 물가이름병(실10획)

11(土)　12(火)　15(水)　11(土)　　11(火)　12(火)
邠 나라이름빈　斜 비낄사　蛇 뱀사　邪 간사할사(실7획)　徙 옮길사　赦 놓을사

15(木) 11(木) 15(金) 14(火) 15(木) 11(金)
梭북사 産낳을산 殺죽일살 參석삼(참여할참) 常항상상 祥상서로울상

15(水) 11(火) 11(木) 12(水) 13(金) 11(木)
商장사상 爽상쾌할상 笙생황생 胥서로서(실9획) 敍펼서 庶뭇서

13(火) 17(木) 14(土) 12(金) 13(水) 15(土)
惢기뻐할여,서 船배선 旋돌선 珗옥돌선(실10획) 雪눈설 卨높을설

16(金) 11(水) 14 14(火) 11(水) 14(木)
設배풀설 涉건널섭(실10획) 晟(晠)밝을성 胜날고기성.정 細가늘세

12(木) 16(木) 15(水) 11(水) 13(水)
笹가는대세 紹이을소 巢집소 涑헹굴속(실10획) 飱밥손(飧과同)

13(金) 11(火) 12(木) 12(土) 13(木)
訟송사할송 悚두려울송(실10획) 袖소매수(실10획) 羞부끄러울수 宿잘숙

16(水) 13(金) 14(火) 14(土) 13(土) 16(水)
孰뉘구숙 珣옥그릇순(실10획) 術꾀술 崇높을숭 崧산웅장할숭 習익힐습

14(金) 13(火) 13(土) 13(火) 14(木) 12(火) 14(金)
匙수저시 偲굳셀시 埴찰흙식 晨새벽신 紳벼슬아치신 悉다실 訝의심할아

16(土) 15(土) 14(木) 14(木) 15(水) 12(土)
婀아리따울아 堊백토악 眼눈안 庵암자암 唵움켜먹을암 崖낭떨어지애

15(土) 13(火) 11(土) 10(木) 11(水) 13(水)
野들야 倻땅이름야 埜들야 若같을약(야)(실9획) 痒가려울양 魚고기어

14(火) 14(水) 14(火) 14(火) 13(土) 12(金)
御어거할어 唹고요히웃을어 偃쓰러질언 焉어찌언 域지경역 研연마할연

⑪

13(水) 涓가릴연(실10획)　14(木) 捐버릴연(실10획)　13(水) 涎침연(실10획)　14(木) 挻당길연(실10획)

13(火) 軟연할연　14(火) 悅기쁠열(실10획)　11(木) 苒덧없을염(실9획)　10(木) 英꽃뿌리영(실9획)

12(土) 迎맞을영(실8획)　14(土) 塄성가퀴예　15(土) 埶재주예　13(木) 梧오동오　12(火) 悟깨달을오(실10획)

14(火) 晤만날오　13(金) 敖장대할오　12(水) 浯강이름오(실10)　14(金) 訛그릇될와　13(水) 浣씻을완(실10획)

15(土) 娟맵시예쁠완　18(土) 婉아름다울완　14(木) 梡도마완(관)　13(木) 欲하고자할욕　11(水) 浴목욕욕(실10획)

14(木) 庸떳떳할용　13(水) 涌권할용(실10획)　14(火) 偶짝우　12(金) 釪요령우　15(水) 雩기우제우

15(土) 勖힘쓸욱　14(木) 苑동산원(실9획)　16(木) 寃원통원　14(火) 偉위대할위　12(水) 胃밥통위(실9획)

14(土) 尉벼슬위　12(水) 唯오직유　12(火) 悠멀유　12(木) 庾곳집유　13(土) 婑아리따울유　14(土) 堉기름진땅육　14(水) 胤맏윤

12(金) 珢옥돌은(실10획)　12(金) 訢공손할은　13(木) 移옮길이　12(土) 異다를이　10(金) 珥귀고리이(실10획)

9(木) 苡길경이이(실9획)　15(水) 痍상처이　15 15(火) 翊翌도울익　13(木) 寅동방인　12(金) 訨생각할임

16(木) 紫자주빛자　15(土) 瓷자기자　16(金) 張배풀장　12(金) 章글장　14(土) 將장수장　14(木) 帳휘장장

11(木)　　　11(木)　　　　15(木)　14(木)　12(木)　13(土)
梓가리나무재　苧모시저(실9획)　紵모시저　寂고요적　笛저적　專오로지전

14(火)　　　　13(火)　11(水)　　　　12(木)
悛고칠전(실10획)　晢밝을절　浙강이름절(실10획)　粘끈끈할점

14(火)　13(火)　12(火)　12(木)　12(水)
停머물정　頂정수리정　偵정탐할정　桯걸상정　涏곧을정(실10획)

13(木)　13(木)　　　　13(土)　13(火)
旌기정　挺빼어날정(실10획)　埩밭갈정　彭조촐하게꾸밀정

13(木)　15(木)　14(木)　14(火)　　　　15(木)
梃경직할정　第차례제　祭제사제　悌공손할제(실10획)　梯사다리제

14(木)　14(火)　14(火)　15(水)　13(金)　11(木)
組짤조　鳥새조　彫새길조　窕안존할조　釣낚시조　條가지조

12(木)　13(金)　14(木)　13(木)　14(木)　11(火)
粗거칠조　曹무리조　眺바라볼조　族겨래족　終마침종　從따를종

11(木)　　　　10(木)　13(火)　10(金)　　　　12(火)　14(木)
挫꺾을좌(실10획)　座자리좌　晝낮주　珠구슬주(실10획)　做지을주　紬명주주

14(水)　　　　16(火)　15(火)　14(土)　11(木)
浚깊을준(실10획)　晙밝을준　焌불땔준　埻관혁준　茁풀싹줄(실9획)

12(土)　12(木)　　　　12(木)　11(木)　　　　14(火)
趾발가락지　振떨칠진(실10획)　栚명고대진　袗홑옷진(실10획)　昣밝을진

⑪

14(水)　　13(土)　　12(木)　　　　15(木)　　14(火)　　12(金)
窒막을질 執잡을집 捉잡을착(실10획) 紮감을찰 參참여할참 斬벨참

14(水)　　14(土)　　　15(水)　11(火)　　11(土)　　12(木)
唱부를창 娼몸파는여자창 窓창창 彩빛날채 埰식읍채 寀동관(同官)채

12(金)　　12(金)　　　　12(土)　　　17(土)　　13(金)
釵비녀채 責꾸짖을책(빚채) 媫여자이름체 處곳처 戚겨레척

8(土)　　　　11(金)　　13(火)　　　12(土)　　14(水)
阡언덕천(실6획) 釧팔찌천 悊공경할철 甛달첨 涕눈물체(실10획)

13(木)　　　12(木)　　　　12(金)　　　12(土)
梢나무끝초 苕능소화초(실10획) 鈔좋은쇠초 邨마을촌(村과同)(실7획)

14(火)　　12(土)　　13(土)　　13(火)　　13(木)　　14(木)
悤바쁠총 崔높을최 娶장가들취 側곁측 厠뒷간측 梔치자나무치

12(水)　　13(水)　　　　12(水)　16(木)　　13(水)　　13(金)
痔치질치 浸잠길침(실10획) 唾침타 舵키타 啄쪼을탁 貪탐할탐

13(水)　　　　13(木)　　　11(木)
胎아이밸태(실9획) 笞볼기칠태 苔이끼태(실9획)

14(木)　　11(土)　　15(火)　　14(土)　　13(金)　　14(木)
桶통통 堆쌓을퇴 偸훔칠투 婆할미파 販팔판 捌깨트릴팔(실10획)

12(金)　　　11(水)　　　　13(水)
敗패할패 浿물이름패(실10획) 悖어그러질패(실10획)

12(土)　　　　14(火)　　14(火)　　15(木)　　13(水)
狽이리패(실10획) 烹삶을팽 偏치우칠편 閉닫을폐 肺허파폐(실9획)

16(水)　　　　12(水)　　　　　13(木)　　　　　14(木)
胞패보포(실9획)　浦물가포(실10획)　捕잡을포(실10획)　苞그렁포(실9획)

16(木)　　　　　19(木)　　13(火)　15(火)　13(木)
袍핫옷포(실10획)　麭박포　票표표　彪범표　被덮을피(실10획)

12(土)　　10(木)　　　　11(火)　　　　　15(水)
畢다할필　芯향기필(실9획)　悍사나울한(실10획)　唧명함함(衛俗字)

13(金)　13(金)　13(水)　　　　　15(火)　　　13(金)
盒합합　該그해　海바다해(실10획)　偕함께해　珦옥이름향(실10획)

12(金)　　　　12(火)　　15(木)　　　13(金)　　　　　　15(火)
許허락할허　烍붉을혁　絃악기줄현　現나타날현(실10획)　晛햇발현

15(木)　　　14(火)　10(水)　　　　　11(木)　　　11(土)
舷뱃전현　衒팔현　浹사무칠협(실10획)　挾낄협(실10획)　狹좁을협(실10)

9(土)　　　　　　11(金)　　　　　12(火)　15(火)
邢나라이름형(실7획)　珩노리개형(실10획)　彗비혜　毫터럭호

11(水)　　　　12(火)　　13(火)　　16(木)　　15(木)
浩물호(실10)　胡오랑캐호　晧밝을호　扈넓을호　瓠표주박호

12(水)　　　　　16(土)　　　　15(土)　　14(金)　　15(火)
滸물가호(실10획)　嫭계집영리할호　婚혼인혼　貨재물화　晥개끗할환

14(火)　14(木)　13(火)　　　　15(火)　14(木)　14(金)
患근심환　凰봉황새황　悔뉘우칠회(실10)　晦그믐회　梟올빼미효　珝옥이름후(실10)

13(火)　　　12(土)　　13(水)　　14(火)　　13(火)
焄불김오를훈　畦밭두둑휴　痕흉터흔　晞바를희　烯불빛희

⑫

十二劃 <木>

13(火)　　15(金)　　　16(土)　　　　13(土)
街거리가　訶꾸짖을가　跏책상다리할가　迦막을가(실9획)

15(火)　　19(金)　　16(木)　　13(木)　　17(水)　　　12(金)
軻수레가　殼껍질각　間사이간　稈짚간　喝더위먹을갈　敢구태어감

14(土)　　　14(土)　　　10(土)　　　　　　18 17(金)　　16(木)
堪견딜감　嵌산깊을감　邯땅이름감(실8획)　强(強)굳셀강　絳붉을강

15(木)　17(木)　　16(水)　　14(土)　　14(木)
開열개　凱개선할개　喀토할객　距떨어질거　据일할거(실11획)

13(金)　　14(木)　　11(土)　　　15(木)　　15(火)
鈐비녀장검　傑뛰어날걸　迲갈겁(실9획)　結맺을결　景빛경

14(金)　　15(水)　　16(木)　　13(土)　　13(火)
硬굳을경　痙심줄땅길경　卿벼슬경　堺경계계　悸두근거릴계(실11획)

13(木)　15(木)　　　13(金)　　13(火)　　16(木)
棨창계　袴바지고(실11획)　辜허물고　雇품살고　棍몽둥이곤

14(木)　　　14(金)　　15(木)　14(水)　　　13(木)
控당길공(실11획)　款정성관　棺널관　胱오줌통광(실10획)　筐광주리광

12(木)　　　16(火)　16(水)　　14(木)　　13(水)　　12(金)
掛걸괘(실11획)　傀클괴　喬높을교　絞목맬교　蛟교룡교　球구슬구(실11)

10(土)　　　16(水)　　15(木)　　　16(木)
邱언덕구(실8획)　窘군색할군　掘팔굴(실11획)　捲거둘권(실11획)

264　호(雅號)책

15(水)　　　　　14(土)　14(金)　　15(火)　　14(金)

淃물돌아흐를권(실11획)　厥그궐　貴귀할귀　晷그림자귀　鈞근균

16(金)　　　　14(金)　　15(土)　　13(火)　　16(木)

棘멧대추나무극　戟갈래진창극　勤부지런할근　僅겨우근　筋힘줄근

15(木)　14(水)　　17(火)　　11(水)　　　　12(木)　　13(木)

給줄급　期기약기　幾거의기　淇물이름기(실11획)　棋바둑기　棄버릴기

10(木)　　　　14(火)　13(金)　　15(水)　　15(木)

祁성할기(실8획)　碁돌기　欺속일기　喫마실끽　拏붙잡을나

14(水)　　　　13(木)　　　　15(火)

胮성길나(실10획)　捺누를날(실11획)　惱괴로와할뇌(실11획)

13(金)　　　14(木)　　　17(水)　　　　10(木)

鈕인꼭지뉴(유)　捻비틀념(실11획)　能능할능(실10획)　茶차풀다(차)(실10획)

14(土)　13(金)　15(水)　11(水)　　　14(金)　13(木)

窞깊을다　短짧을단　單홑단　淡맑을담(실11획)　覃미칠담　答대답답

14(木)　　　14(金)　　15(火)　14(金)　　13(土)　14(水)

棠팥배나무당　貸빌릴대　悳큰덕　盜도적도　堵담도　屠잡을도

12(火)　　　　13(木)　　　13(木)　14(水)

悼슬퍼할도(실11획)　掉흔들도(실11획)　棹노도　淘일도(실11획)

14(火)　　　　15(金)　　15(火)　　　13(金)　13(木)

惇도타울돈(실11)　敦도타울돈　焞귀갑지지는불돈　童아이동　棟마룻대동

15(水)　　　　13(水)　9(土)　　15(金)　14(火)

胴큰창자동(실10획)　痘천연두두　阧치솟을두　鈍둔할둔　登오를등

13(木)　16(木)　16(土)　13(金)　14(木)
等무리등　喇나팔라(나)　絡헌솜락(낙)　嵐람기람(남)　琅옥이름랑(실11)

14(火)　15(木)　15(水)　15(火)　12(水)
掠노략질할략(실11획)　量헤아릴량　裂찢을렬　勞수고할로　淚눈물루(실11획)

16(金)　13(水)　13(土)　13(金)
硫유황류(유)　淪물놀이륜(윤)(실11)　崒가파를률　理다스릴리(이)(실11획)

11(水)　11(木)　13(木)
痢설사리(이)　淋물뿌릴림(임)(실11획)　梣무성할림.침

13(土)　14(金)　14(木)　13(水)　15(土)
茫넓을망(실10획)　媒중매매　買살매　寐잠잘매　脈맥맥(실10획)

15(木)　15(木)　12(木)　16(木)　14(木)
猛사나울맹(실11획)　棉목화면　榆홈통명　茗차싹명(실10획)　帽모자모

12(火)　16(金)　13(金)　13(水)　13(土)
睦화목할목　無없을무　貿무역할무　珷무부무(실11획)　雯구름무늬문

13(土)　15(土)　15(土)　15(木)　16(火)
媄빛고울미　嵄깊은산미　媚아첨할미　嵋산이름미　閔민망할민

15(水)　13(水)　14(土)　12(木)　21(火)　13(土)
悶번민할민　蜜꿀밀　博넓을박　迫닥칠박(실9획)　斑얼룩반　發필발

15(火)　11(土)　15(木)　12(木)　13(火)
跋밟을발　傍곁방　防막을방(실7획)　幇도울방(幫과同)　排물리칠배(실11획)

13(土)　13(木)　13(木)　15(土)　13(火)　13(土)
焙불에쬘배　番차례번　筏뗴벌배　棅자루병　報갚을보　普넓을보

14(火)　　10(木)　　　10(木)　　　　12(木)
堡작은성보　復회복할복(부)　茯복령복(실10획)　捧받들봉(실11획)

12(木)　　14(火)　15(木)　12(火)　　13(金)　15(水)
棒몽둥이봉　傅스승부　富부자부　焚불살을분　賁꾸밀분　雰안개분

16(木)　　14(火)　13(火)　17(金)　　12(木)　　12(木)
棚시렁붕　備가출비　悲슬플비　費소비할비　斐오락가락할비　棐도지게비

13(木)　　12(金)　6(木)　16(金)　13(金)　13(木)
斌빛날빈　斯이사　絲실사　詞말씀사　詐속일사　捨놀사(실11획)

13(木)　　14(金)　12(火)　12(木)　　14(金)　15(水)
奢사치사　散흩을산　傘우산산　森나무빽빽할삼　鈒창삽　象코끼리상

15(水)　　16(火)　13(木)　15(木)　14(木)
喪복입을상　翔날상　廂행랑상　甥생질생　捿깃드릴서(栖와同)(실11획)

14(木)　16(火)　15(土)　　16(土)　　16(木)　13(土)
棲살서　舒펼서　壻(婿)사위서　絮솜서(실9획)　犀물소서　黍기장서

13(木)　　　12(水)　12(火)　　16(土)
淅일석(실11획)　晳밝을석　惜아낄석(실11획)　舃클석.까치작

13(木)　12(金)　　　　15(火)　13(火金)
善착할선　琁아름다운옥선(실11획)　盛성할성　珹옥이름성(실11획)

13(金)　15(木)　14(金)　13(金)　　16(木)
晠재물성　稅세금세　貰세낼세　訴하소연할소　掃쓸소(실11획)

14(土)　13(水)　　　13(土)　　　13(水)
疎성길소　消녹을소(실11획)　邵높을소(실8획)　甦소생할소(鯀俗字)

⑫

16(土) 疏 성길소　13(木) 粟 조속　18(木) 巽 괘이름손　12(水) 淞 강이름송(실11획)　13(火) 須 모름지기수

10(木) 授 줄수(실11획)　13(水) 琇 옥돌수(실11획)　13(火) 茱 수유수(실10획)　13(火) 淑 맑을숙(실11획)

13(火) 順 순할순　15(木) 循 돌순　13(木) 筍 죽순순　14(水) 舜 순임금순　15(火) 荀 사람이름순(실10획)

12(土) 淳 순박할순(실11획)　16(土) 焞 밝을순　15(火) 述 지을술(실9획)　14(土) 勝 이길승　15(金) 視 볼시

14(土) 猜 시기할시(실11획)　15(土) 媤 시집시　13(金) 弑 죽일시　14(土) 媞 예쁘고고울제.시　14(木) 植 심을식

15(水) 殖 번식할식　14(木) 寔 이식　13(水) 深 깊을심(실11획)　15(金) 尋 찾을심　12(土) 阿 언덕아(실8획)

14(火) 雅 맑을아　17(火) 惡 사나울악,미워할(오)　16(木) 幄 휘장악　11(水) 涯 물가애(실11획)

12(水) 液 즙액(실11)　13(木) 掖 낄액(실11)　15(火) 馭 말부릴어　15(土) 堰 방죽언　15(木) 掩 가릴엄(실11)

14(水) 淹 담글엄(실11획)　12(木) 茹 먹을여(실10획)　16(火) 暘 날흐릴역　16(金) 硯 벼루연　13(火) 然 그럴연

14(水) 淵 못연(실11획)　14(土) 堧 빈터연　14(水) 莚 자랄연　15(火) 焰 불당길염(燄과同字)　16(金) 詠 읊을영

15(土) 猊 사자예(실11획)　13(水) 蛙 개구리와

14(金) 18(木) 11(土) 14(土)

琓옥이름완(실11획) 椀주발완 阮관이름완(실7획) 堯요임금요

10(木) 14(火) 16(木) 15(土)

茸무성할용(실10획) 傛익숙한모양용 寓붙여살우 堣모퉁이우

14(水) 13(火) 14(土) 14(火) 16(水) 16(金)

雲구름운 雄수컷웅 媛예쁠원 越넘을월 圍둘레위 爲위할위

11(火) 17(水) 13(木) 15(火) 15(金)

惟오직유(실11획) 喻비유할유 釉광택유 閏윤달윤 鈗병기윤

12(土) 15(木) 11(水) 14(木) 14(金)

阭높을윤(실7획) 絨융융 淫음난음(실11획) 椅의나무의 貳두이

14(木) 15(金) 12(水) 15(木) 11(木)

黃벨이(실10) 貽줄이 胆힘줄질길이(실10) 絪기운인 茵자리인(실10획)

15(金) 14(木) 10(木) 15(金) 11(木)

靭질길인(靭과同字) 壹하나일 荏들깨임(실10) 剩남을잉 茨가시나무자(실10획)

13(火) 5(水) 19(水) 14(木) 15(土) 15(木)

雀참새작 殘해칠잔 孱잔악할잔 棧잔도잔 場마당장 掌손바닥장

12(木) 14(木) 15(金) 12(土) 14(金)

粧단장할장 裁판결할재 貯쌓을저 邸집저(실8획) 詛주저할저

11(土) 15(木) 10(木) 12(木)

迪나아갈적(실9획) 奠제사지낼전 荃겨자무침전(실10획) 筌통발전

18(木) 13(木) 13(木) 13(水)

絶끊을절 接댈댈접(실11획) 程길정 淨깨끗할정(실11획)

12(水)　　　13(火)　　　15(火)　　15(木)　　　13(金)
淀물소리정(실11)　情뜻정(실11)　晶수정정　幀그림족자정　斑옥돌정(실11)

14(火)　　16(土)　　12(金)　　　　13(土)　　16(水)　　15(水)
晸해뜰정　婷예쁠정　珵패옥정(실11획)　堤방죽제　啼울제　朝아침조

13(木)　　　　16(金)　　16(木)　　16(木)　　12(土)
措들조(실11획)　詔고할조　棗대추조　尊높을존　猝갑자기졸(실11획)

14(木)　　　　13(水)　　　　13(火)　　　　13(金)
椶종려나무종　淙물소리종(실11획)　悰즐거울종(실11획)　註주낼주

13(水)　　20(木)　　16(土)　　17(火)　　13(水)　　15(火)
蛛거미주　粥죽죽성죽　竣마칠준　畯농부준　衆무리중　曾일찍증

14(火)　　15(水)　　　13(金)　　　13(火)　　　14(水)
智지혜지　脂기름지(실10)　診볼진(진단)　軫수레뒤턱나무진　蛭거머리질

13(土)　　10(土)　　　　12(火)　　　　14(金)
跌넘어질질　迭갈마들질(실9획)　集모일집,모을집(실10)　硨조개이름차

13(土)　　15(金)　　15(金)　　14(土)　　　　12(木)
着붙을착　創비롯할창　做들어날창　猖미쳐날뜰창(실11)　採캘채(실11)

13(木)　　13(火)　　　　12(水)　　　　13(水)
策채찍책　悽슬퍼할처(실11)　脊등성마루척(실10)　淺얕을천(실11)

16(水)　　　14(水)　　12(水)　　　13(木)　　　　13(土)
喘헐떡거릴천　喆밝을철　添더할첨(실11)　捷빠를첩(실11)　堞성가퀴첩

14(金)　　13(水)13(水)　　　15(火)15(火)　　13(火)
貼붙을첩 淸(氵靑)맑을청(실11획) 晴(日靑)갤청 替바꿀체

12(木)　　　13(木)　　　　15(火)　11(木)　　12(火)
楪참나무채 茜꼭두서니천(실10획) 超뛸초 草풀초(실10) 焦마를초

14(木)　　　15(金)　　14(木)　　　16(水)　14(金) 16(火)
椒산초나무초 硝초삭초 稍벼줄기끝초 貂담비초 酢초초 蜀나라이름촉

14(水)　　12(木)　　　12(木)　　14(火)　　15(木)
最가장최 推밀추(실11획) 椎몽치추 軸굴대축 筑악기이름축

11(火)　　　16(土)　　17(水)　　　15(水)
悴파리할췌(실11) 就나아갈취 脆무를취(실10) 淄검은빛치(실11획)

13(水)　　　14(火)　　14(木)　　　12(土)
痴어리석을치 晫밝을탁 探더듬을탐(실11획) 邰나라이름태(실8획)

15(土)　　12(金)　　17(木)　　15(水)　15(木)　15(土)
跆밟을태 鈦티타늄태 統거느릴통 痛아플통 筒대통통 跛절뚝발이파

10(土)　　　13(金)　　14(木)　13(火)　　13(金)
阪산비탈판(실7획) 鈑금박판 牌패패 彭나라이름팽 貶떨어뜨릴폄

13(金)　　16(木)　14(火)　13(木) 21(金)　16(金)　13(水)
評평론할평 幅폭폭 馮성풍 筆붓필 弼도울필 賀하례할하 寒찰한

15(水)　　17(土)　　15(金)　　15(水)　　15(水)
閑한가할한 閒한가할한 割나눌할 涵젖을함(실11획) 喊소리함

⑫

14(水)　　　13(火)　11(木)　　　12(水)　　　　　15(木)
蛤대합조개합　項목항　荇마름행(실10획)　涬기운행.당길행(실11획)　虛빌허

12(火)　　　17(木)　　16(火)　　　18(水)　　　　18(水)
焱불꽃혁　絢무늬현　睍불거진눈현　脅갈비협(실10획)　脇脅과同(실10)

11(木)　　　　　14(火)12(火)　　　12(水)
荊모형나무형(실10)　惠(恵(10획))은혜혜　淏맑을호(실11획)

17(木)　14(金)　　15(火)　　　15(水)　　　　14(火)
壺병호　皓빛날호　惑미혹할혹　混섞을혼(실11획)　惚황홀할홀(실11획)

16(水)　　　13(土)　　13(木)　　　14(土)　　　13(土)　13(火)
喚부를환　黃누루황　荒거칠황(실10)　媓여자이름황　堭대궐황　徨노닐황

11(水)　　　　12(木)　　　　15(水)　　13(水)
淮강이름회(실11획)　茴회향풀회(실10획)　蛔거위회　淆뒤섞일효(실11획)

17(土)　　　14(水)　　15(木)　14(水)　　15(水)　　16(水)
嘵높은기운효　喉목구멍후　帿과녁후　嗅맡을후　喧의젖할훤　喙부리훼

17　17(金)　　　　17(火)　15(水)　　　　13(水)
毀毇해담(험담)할훼　彙무리휘　胸가슴흉(실10획)　黑검을흑

13(金)　　　17(火)　　14(水)　　14(木)
欽공경할흠　翕합할흡　喜기쁠희　稀드물희

十三劃 <火>

17(火)　　16(土)　　15(金)　　16(水)　　　14(木)
暇겨를가　嫁시집갈가　賈장사고　脚다리각(실11획)　幹줄기간

14(木)　　　16(水)　　　14(水)　　　16(火)
揀가릴간(실12획)　渴목마를갈(실12획)　減덜감(실12획)　感느낄감

16(金)　14(金)　17(木)　15(土)　16(土)　15(土)
戡칠감　鉀갑옷갑　閘물문갑　畺지경강　跫우뚝설강　塏높고건조할개

14(木)　　　13(水)　　　14(金)　16(木)　　15(火)
粳매벼갱(秔과同)　渠똘거(실12획)　鉅클거　楗문지방건　愆허물건

17(木)　　　18(木)　　13(金)　16(火)　　14(木)
揭높이들게(실12)　絹명주견　鉗칼겸　傾기울어질경　莖줄기경(실11)

16(水)　　　16(水)　　　18(木)　15(金)　15(水)　16(金)
敬공경할경　脛정강이경(실11)　經글경　鼓북고　痼고질고　琨옥돌곤(실12)

17(金)　　　17(土)　　　12(土)　　　14(木)　17(土)
誇자랑할과　跨타넘을과　适빠를괄(실10획)　罫줄괘　塊덩어리괴

11(土)　　　14(火)　　　19(火)　　16(木)　　17(土)
郊들교(실9획)　較비교할교　鳩비들기구　絿급박할구　舅시아비구

16(金)　　　15(土)　　15(木)　　　18(水)　19(金)
鉤갈고랑이구　群무리군　裙치마군(실12획)　窟굴굴　詭속일궤

14(木)　　　11(土)　　　　15(木)　　17(木)
揆헤아릴규(실12획)　邦고을규.보옥규(실9획)　筠대나무균　極다할극

⑬

14(木)　　16(火)　14(金)　　　　　12　14(金)
禁금할금　禽새금　琴거문고금(실12획)　　琪琦옥이름기(실12획)

13(木)　17(水)　16(土)　14(金)　13(木)　14 15(火)
祺복기　嗜즐길기　畸뙤기밭기　碁바둑기　稘일주년기　煖暖따뜻할난

17(金)　　　20(木)　　　15(木)　14(水)
酪진한유즙낙(락)　亂어지러울난(란)　楠녹나무남　湳물이름남(실12획)

17(火)　16(木)　17(金)　15(土)　15(火水)
寗편안녕　祿복녹(록)　碌돌모양록(녹)　農농사농　湍여울단(실12획)

16(土)　16(火)　14(水)　　13(水)　15(土)　16(土)
亶믿을단　煓빛날단　湛즐길담(실12획)　痰가래담　塘못당　當마땅당

13(水)　　　16(土) 13(土)　　14(土)　16(木)
渡건널도(실12획)　跳뛸도 逃도망할도(실10획)　塗바를도　督감독할독

17(火)　12(木)　　17(木)　15(木)　15(木)
頓조아릴돈　荳콩두(실11획)　廊복도랑(낭)　粮양식량(양)　粱기장량(양)

14(火)　14(木)　16(水)　15(金)　16(土)
煉불릴련(연)　廉살필렴(염)　零떨어질령(영)　鈴방울령(영)　路길로

18(木)　16(火)　16(金)　15(水)　18(土)　16(木)
虜포로로　輅수레로　賂뇌물줄뢰　雷우뢰뢰(뇌)　旒깃발류(유)　稜모름릉

16(木)　15(木)14(木)　12(木)　　12(金)
楞모릉　裏(裡)속리　莉말리리(이)(실11획)　琳옥이름림(임)(실12획)

15(水)　12(木)　　11(木)　　13(火)
痲저릴마　莫아닐막(실12획)　莽우거질망(실11획)　煤그을음매

12(土)　　15(水)　　17(土)　17(金)　　16(土)
陌두렁맥(실9획)　貊북방종족맥　盟맹세맹　酩술취할명　募모을모

14(木)　　14((옥편14획)水)　　14(土)　　　16(木)
描그릴묘(실12획)　渺아득할묘(실12획)　猫고양이묘(실12획)　楙무성할무

16(火)　　11(土)　　　12(水)　　　15(木)
微작을미　迷미혹할미(실10획)　渼물결무늬미(실12획)　楣문미미

14(水)　　17(土)　　　17(火)　　17(火)
湄물가미(실12획)　嫩착하고 아름다울미　愍근심할민　暋굳셀민

16(金)　14(金)　19(水)　15(水)　16(火)　13(金)
鈱철판민　鉑금박박　雹누리박　飯밥반　頒반포할반　鉢바리발

17(水)　　　12(水)　　　14(火)
渤바다이름발(실12획)　湃물결칠배(실12획)　煩번거로울번

13金　　15(木)　　　15(木)
琺법랑법(실12획)　馝갑자기향기날별　莂모종낼별(실11)

15(木)　　13(木)　　15(水)　12(金)
補도울보(실12획)　湺보보(실12획)　蜂벌봉　琫갈장식옥봉(실12획)

11(土)　　17(木)　　13(木)　　　19(火)
附붙을부(실8획)　艀작은배부　莩풀이름부(실11획)　鳧오리부

18(金)　15(金)　15(金)　　　14(水)　　　17(火)
硼붕산붕　碑비석비　琵비파비(실12획)　痺암메추라기비　聘맞을빙

19(水)　13(水)　　15(火)　　12(木)
嗣이을사　渣찌끼사(실12획)　肆방자할사　莎향부자사(실11획)

15(木) 裟가사사　15(火) 煞죽일살　14(木) 挿(실12획)　12(木) (挿)澁납(실11획)　15(火) 想생각상

14(金) 詳자상상　16(火) 傷상할상　13(水) 湘물이름상(실12획)　15(水) 嗇인색할색　14(土) 塞변방새(색)

15(火) 暑더울서　15(火) 惝지혜서(실12획)　13(木) 筮점대서　17(木) 鼠쥐서　16(木) 揟고을이름서(실12)

14(金) 鉐놋석　14(水) 渲바림선(실12획)　14(土) 羨부러워할선　14(火) 愃쾌할선(실12획)　18(火) 僊신선선

16(金) 詵많을선　16(土) 跣맨발선　15(木) 揳문설주설　13(水) 渫칠설(실12획)　14(火)14(火) 聖聖성인성

13(火) 惺깨달을성(실12획)　14(土) 猩성성이성(실12획)　15(木) 筬바디성　15(土) 歲해세　18(金) 勢기세세

16(土) 塑토우소　11(土) 送보낼송(실10)　15(火) 頌칭송할송　14(金) 碎부술쇄　13(水) (脩)포수(실11)

14(火) 愁수심수　14(木) 睡잠잘수　16(土) 嫂형수수　16(金) 竪세울수　16(木) 綏편안할수

15(金) 酬갚을수　16(火) 肅엄숙할숙　14(金) 琡옥이름숙(실12획)　14(水) 脣입술순(실11획)

14(木) 楯난간순　17(金) 詢물을순　15(火) 馴길들일순　15(金) 銂돛바늘술　18(土) 嵩높을숭　15(土) 塍밭두둑승

15(金) 詩글시　15(金) 試시험할시　17(火) 翅날개칠시　13(水) 湜물맑을식(실12획)　15(火) 軾수레난간식

13(金) 11(木) 15(水) 16(火) 13(木)
新새로울신 莘세신신(실11) 蜃조개신 衙마을아 莪지칭개아(실11)

16(水) 17(火) 15(木) 14(水)
蛾나비아 愕놀랄악(실12획) 握쥘악(실12획) 渥두터울악(실12획)

15(火) 16(火) 16(金) 11(火) 15(火)
暗어둘암 愛사랑애 碍거리낄애 耶어조사야(실8획) 惹이끌야

15(木) 15(木) 15(木) 16(木)
揶희롱지거리할야(실12획) 椰야자나무야 爺아비야 楊버들양

16(木) 16(金) 17(火) 16(火) 15(水) 13(木)
揚오를양(실12획) 敭들칠양 暘해돋이양 煬쬘양 痒병어 業업업

16(木) 12(土) 17(金) 15(火) 16(木) 16(木)
艅배이름여 逆거스릴역(실10) 鉛납연 煙연기연 筵자리연 椽서까래연

12(金) 15(火) 13(水) 19(木) 14(土)
琰비취옥염(실12획) 暎비칠영 渶물맑을영(실12획) 楹기둥영 塋무덤영

17(火) 18(木) 17(金) 17(水) 16(土) 15(火)
預미리예 裔후손예 詣이를예 嗚탄식할오 塢둑오 傲거만할오

14(木) 14(金) 16(木) 17(水) 14(火)
奧깊을오 珸옥돌오(실12획) 筽버들고리오 蜈지내오 頊삼갈옥

13(金) 16(土) 15(火) 14(金) 16(水)
鈺보배옥 媼할미온 雍화할옹 矮키작을왜 渦소용돌이와(실12획)

14(木) 18(金) 20(金)
莞빙그레웃을완(실11획) 琬홀완(실12획) 碗주발완(盌의俗字)

⑬

16(水)　　　16(火)　　　18(土)　　　15(土)
脘밥통완(실11획)頑완고할완嵬높을외猥함부로외(실12획)

16(水)　　　16(火)　　　18(木)　　　17(火)
湧솟을용(실12획)傭품팔이용虞헤아릴우愚어리석을우

15(火)　　　14(火)　　13(土)　　　　16(火)　　16(水)
愉기쁠우(실12획)煜빛날욱郁문채날욱(실9획)暈무리운圓둥굴원

14(木)　　　15(水)　16(土)　　13(水)
援도울원(실12획)園동산원嫄계집이름원湲물흐를원(실12획)

15(金)　15(水)　　　14(木)　　　　18(火)
鉞도끼월渭물이름위(실12획)裕넉넉할유(실12획)愈더욱유

16(土)　　　16(火)　　　17(木)　　17(火木)
猶오히려유(실12획)愉즐거울유(실12획)楡느티나무유揄끌유(실12획)

16(木)　　16(土)　16(水)　　　　12(金)
楢졸참나무유猷꾀할유游헤엄칠유(실12획)瑈옥같은돌유(실12획)

13(土)　　　　15(土)　　　　15(水)　13(火)
蕕연뿌리윤(실11획)建걸어가는모양율(실10획)飲마실음愔화평할음

14(木)　　　15(土)　15(火)16(火)　19(土)　14(水)
揖읍읍(실12획)義옳을의意뜻의肄익힐이嫛기쁠이湮잠길인(실12획)

18(金)　　　14(金)　　　15(木)　　15(金)　16(火)　14(火)
靭가슴걸이인賃품팔이임稔풍년들임資재물자雌암자煮삶을자

16(金)　15(木)　12(木)　　　6(木)
盞잔잔裝꾸밀장莊장중할장(실11획)(庄)장중할장(실6획)

15(火) 14(水)   14(木)   13(水)
載실을재 濈맑을재(실12획) 楮닥나무저 渚물가저(실12획)

14(土)   14(木)   14(火)   15(土)   15(金)
猪돼지저(실12획) 箸젖가락저 睢물수리저 跡자취적 賊도적적

16(土) 12(木)   12(土)   17(水)   15(火)
勣공적적 荻물억새적(실11획) 迹자취적(실10획) 電번개전 傳전할전

14(金) 13(金)   17(土)   16(火)   14(金)
詮선명할전 琠옥이름전(실12획) 塡메울전 煎달일전 鈿비녀전

18(金) 18(金)   13(水)   14(木)   16(火)
殿큰집전 剪자를전 湞물이름정(실12획) 槇쥐똥나무정 鼎솥정

13(金) 15(木)   15(水)   16(木)   15(金)
鉦정정 靖편안할정 淳물괼정(실12획) 睛눈동자정 碇닻정

17(木)   17(木)   14(木)   17(火)   11(土)
艇거룻배정 綎띠술정 提들제(실12획) 照비칠조 阻험할조(실8획)

16(木)   14(金)   17(木)   12(水)
稠빽빽할조 琮서옥이름종(실12획) 椶종려나무종 湊물모일주(실12획)

14(金) 13(金) 17(火) 16(火)   14(木)   13(金)
誅벨주 鈺쇳덜주 晭밝을주 雋영특할준 楫노즙(집) 鉁보배진

15(木)   18(水)   14(土)   15(火)   14(水)
稙일찍심은벼직 嗔성낼진 嫉시기할질 斟술따를짐 嗟탄식할차

14(土)   15(木) 14(火) 12(金)   14(木)
嵯우뚝솟을차 粲흰쌀찬 債빚채 琗주옥빛채(실12획) 睬주목할채

⑬

15(火)　16(金)　15(木)　15(木)　14(木)　18(金)
歛다첨　詹이름첨　牒글씨판첩　睫속눈썹첩　楚초나라초　剿노곤할초

15(土)　14(火)　13(土)　13(木)
塚무덤총　催재촉최　追쫓을추(실10획)　楸개오동나무추

12(水)　14(木)　14(水)　14(火)
湫다할추(실12획)　椿참죽나무춘　測잴측(실12획)　惻슬퍼할측(실12획)

16(木)　13(木)　13(火)　19(火)　16(水)　16(水)
置둘치　稚어릴치　雉꿩치　馳달릴치　嗤웃을치　飭신칙할칙

14(金)　14(火)　15(木)　13(土)
琛보배침(실12획)　惰게으를타(실12획)　楕길쭉할타　陀비탈질타(실8획)

15(火)　13(金)　13(金)　17(水)
馱실을타(태)　琢쫄탁(실12)　琸사람이름탁(실12)　脫벗을탈(실11)

14(土)　15(水)　13(土)　15(金)
塔탑탑　湯넘어질탕(실12획)　退물러날퇴(실10획)　琶비파파(실12획)

14(木)　14(火)　15(水)　16(金)
稗피패　愎괴팍할퍅(실12획)　脯포포(실11획)　剽빠를표

15(木)　15(木)　16(木)　12(土)　14(金)
稟줄품　豊풍성할풍　楓단풍나무풍　陂비탈피(실8획)　鉍창자루필

13(木)　15(木)14(木)　18(水)　15(水)
荷연하(실11획)　廈(厦)처마하(실12획)　嗃엄할학　港항구항(실12획)

15(金)　18(木)　17(木)　18(火)　15(金)　15(土)
該그해　解풀해　楷나무이름해　歇쉴헐　鉉솥귀현　嫌싫어할혐

11(木)　　14(土)　　15(水)　　22(木)
茮 풀열매협(실11획)　迥 멀형(실10획)　湖 호수호(실12획)　號 부루짖을호

16(金)　　14(水)　　16(土)14(土)
琥 호박호(실12획)　渾 흐릴혼(실12획)　畵(畫(실12획))그림화

15(金)　16(金)　16(木)　　15(水)　　16(火)
話 말할화　靴 신화　換 바꿀환(실12획)　渙 흩어질환(실12획)　煥 빛날환

14(火)　13(火)　　13(水)　　18(木)
煌 빛날황　惶 두려워할황(실12획)　湟 해자황(실12획)　幌 휘장황

15(木)　16(金)　12(土)　　17(火)　　15(土)
會 모일회　賄 뇌물회　逅 만날후(실10획)　煦 따스하게할후　塤 질나팔훈

16(火)　16(火)　15(火)　18(金)　15(木)
暈 무리훈　暄 따뜻할훤　煊 따뜻할훤　毁 헐훼　揮 휘두를휘(실12획)

16(火)　15(火)　15(火)　19(火)　15(金)
暉 빛휘　輝 빛날휘　歆 받을흠　熙 빛날희　詰 물을힐

十四劃 〈火〉

18(水)　　19(金)　19(木)　19(金)　18(金)　17(金)　19(木)
嘉 아름다울가　歌 노래가　閣 집각　碣 비갈　竭 다할갈　監 볼감　綱 벼리강

13(土)　　16(혹17획)水　17(土)　16(木)
降 내릴강(항)(실9획)　腔 빈속강(실12획)　嫝 편안할강　箇 낱개

⑭

15(火) 　　15(火) 　　17(火) 　18(土)
愷 즐거울개(실13획)　愾 성낼개(실13획)　覡 박수격　甄 질그릇견

14(火) 　　　15(木) 　　17(土) 　15(土)
慊 쩐덥지않을겸(실13획)　箝 재갈먹일겸　境 지경경　逕 소로경(실11획)

18(火) 　15(水) 　　16(金) 　19(金) 　19(火)
輕 가벼울경　溪 시내계(실13획)　誡 경계할계　敲 두드릴고　暠 힐고(호)

18(木) 　15(木) 　15(木) 　　16(金) 　17(水)
槁 마를고　皐 못고　菰 향초고(실12획)　誥 고할고　滑 어지러울골(실13획)

18(木) 　13(木) 　　19(木) 　17(木) 　15(木)
寡 적을과　菓 과일과(실12획)　廓 둘레곽　管 피리관　菅 골풀관(실12획)

17(火) 　　　18(木) 　18(火) 　18(火) 　16(木)
愧 부끄러워할괴(실13획)　槐 회나무괴　魁 으뜸괴　僑 높을교　構 얽을구

15(水) 　　　19(水) 　19(土) 　13(土) 　　20(木)
溝 붓도랑구(실13획)　嘔 노래할구　嶇 험할구　逑 짝구(실11획)　廐 마구구

14(木) 　　　14(土) 　　19(金) 　17(木)
菊 국화국(실12획)　郡 고을군(실10획)　鉅 가래귀　閨 도장방규

18(土) 　13(木) 　　　15(土) 　13(木)
嫢 가는허리규　菌 버섯균(실12획)　墐 매흙질할근　菫 노란진흙근(실12획)

19(水) 　18(木) 　14(木) 　16(木) 　17(火) 　　19(木)
兢 삼갈궁　綺 비단기　箕 키기　旗 기기　暣 볕기운기　緊 굵게얽을긴

14(土) 　　　18(火) 　17(金) 　　16(土)
郞 사나이낭(랑)(실10획)　寧 편안할녕　瑙 마노노(실13획)　嫩 어릴눈

21(水) 17(金) 17(水) 15(木) 17(土)
溺빠질닉(실13획) 端바를단 團둥글단 對대답할대 臺돈대대

18(水) 13(土) 18(土) 14(水) 16(木)
圖그림도 途길도(실11획) 嶋섬도 滔물넘칠도(실13획) 睹볼도

15(木) 18(木) 17(金) 16(水)
萄포도도(실12획) 搗찧을도(실13획) 銅구리동 蝀무지개동

13(土) 15(木) 15(金) 12(木)
逗머무를두(실11) 裸벌거벗을라(실13) 辣매울랄 萊명아주래(실12)

13(土) 17(火) 13(土)
連연할련(연)(실11획) 領옷깃령(영) 逞굳셀령(영)(실11획)

19(木) 16(火) 18(木) 18(水) 14(土)
綠푸를록 僚동료료 廖공허할료(요) 屢창루 陋좁을루(실9획)

18(木) 17(水) 18(木)
榴석류나무류(유) 溜방울저떨어질류(유)(실13획) 綸낚시줄륜

14(火) 19(木) 15(木)
慄두려워할률(율)(실13획) 綾비단릉(능) 菱마름릉(능)(실12획)

17(木) 16(木) 19(火) 15(金) 19(木) 15(木)
幕막막 寞쓸쓸할막 輓끌만 韤버선말 網그물망 萌싹맹(실12획)

19(木) 14(水) 16(金) 18(火) 15(水)
綿이어질면 滅멸망할멸(실13) 銘새길명 鳴울명 溟어두울명(실13)

17(火) 15(火) 18(水) 15(金)
暝어두울명 慏맘녀그러울명(실13획) 貌얼굴모 瑁서옥모(실13획)

⑭

17(木)　15(土)　15(金)　17(火)　18(火)
夢꿈몽　墓무덤묘　誣무고할무　聞드를문　頤강할민

19(金)　15(木)　15(木)　16(火)　20(木)
碈옥돌민　箔발박　粕지게미박　駁얼룩말박　搬옮길반(실13획)

20(木)　17(木)　16(水)　15(木)15(木)　18(木)
槃쟁반반　榜매방　滂비퍼부울방(실13획)　裵(裴)성배　閥공훈벌

17(木)　16(金)　17(火)　13(木)　16(木)　14(火)
罰죄벌　碧푸를벽　輔도울보　菩보리보(실12획)　福복복　僕종복

19(火)　13(土)　17(水)　16(水)　17(金)
鳳봉새봉　逢만날봉(실11획)　腐썩을부　溥넓을부(실13획)　賦구실부

15(水)　19(水)　16(金)　15(木)　16(木)
腑장부부(실12획)　孵알깔부　鼻코비　榧비자나무비　緋붉은빛비

18(火)　12(木)　15(水)　15(木)
翡물총새비　菲엷을비(실12획)　蜚바퀴비　裨도울비(실13획)

15(水)　16(金)　18(土)　18(水)　15(木)　20(金)
脾지라비(실12)　賓손빈　獅사자사(실13)　飼먹일사　算셈산　酸초산

17(木)　17(木)　17(火)　19(水)　14(土)　16(木)
颯바람소리삽　裳치마상　像형상상　嘗맛볼상　塽높고밝은땅상　署관서서

16(金)　16(金)　18(土)　13(土)　16(金)
瑞상서서(실13획)　誓맹세할서　墅농막서　逝갈서(실11획)　碩클석

15(金)　19(火)　16(金)　18(土)　19(金)
瑄도리옥선(실13획)　煽부채선　銑끌선　嫙예쁠선　說말씀설,말유세할세

17(金)　　14(金)　　　　18(金)　　16(木)
誠정성성　珹옥빛성(실13획)　韶풍류이름소　搔긁을소(실13획)

16(水)　　　　　　14(土)　　　　15(火)
溯거슬러올라갈소(실13획)　逍거닐소(실11획)　愫정성소(실13획)

13(土)　　　　16(木)　　　18(金)　17 8(水)　　17(水)
速빠를속(실11획)　損덜손(실13획)　誦욀송　壽(寿)목숨수　需구할수

14(金)　　16(木)　　　17(水)　18(木)　20(土)　14(木)
銖무게단수　搜찾을수(실13획)　嗽기침수　綬인끈수　塾글방숙　菽콩숙(실12획)

14(金)　　　　17(火)　16(木)　17(水)　16(火)
瑟큰거문고슬(실13획)　僧중승　滕바디승　飾꾸밀식　熄꺼질식

17(火)　　　17(水)　　　18(木)　9(木)　　15(火)
愼삼갈신(실13획)　腎콩팥신(실12획)　實(実 8획)열매실　斡관리할알

15(木)　　　　15(水)　　　　17(水)　17(金)
菴풀이름암(실12획)　腋겨드랑이액(실12획)　瘍종기양　語말씀어

18(土)　　16(土)　18(火)　19(金)　17(土)
嫣쌩긋웃을언　與더불여　鳶소리개연　說기꺼울열　厭싫을염

17(火)　　17(火)　　　15(木)10(木)　14(金)
髯구렛나루염　熀불빛이글어릴엽　榮(栄)영화영　瑛옥빛영(실13획)

16(木)　　17(土)　18(金)　18(木)　14(火)
睿깊고밝을예　嬈유순할예　誤그릇할오　寤깰오　項삼갈옥(실13획)

15(水)　　　20(水)　16(水)　20(水)　　16(木)
溫따뜻할온(실13)　窩움집와　窪웅덩이와　腕팔완(실12획)　搖흔들릴요(실13)

16(火)　17(火)　15(水)
僥바랄요 晧밝을요 溶질펀히흐를용(실13획)

16(木)　18(土) 17(土) 18(火)　16(火)　16(金)
榕뱅골보리용 踊뛸용 墉담용 滽권할용 熔녹일용 瑀패옥우(실13)

19(水)　17(木) 17(水) 16(火)　21(火) 15(水)
霑물소리우 禑복우 殞죽을운 煴노란모양운 熊곰웅 源근원원(실13)

14(金)　17(火) 16(土)　18(火)
瑗도리옥원(실13획) 愿삼갈원 猿원숭이원(실13획) 僞거짓위

13(木)　16(金)　16(木) 19(金) 13(木)
萎마를위(실12) 瑋옥이름위(실13) 維바유 誘꾈유 萸수유유(실12)

18(金)　14(土)　20(火)　17(水)
瑜美玉유 逌만족할유(실11획) 毓기를육 霱물깊고넓을윤(실13획)

16(金) 20(水)　22(火)　18(火)
銀은은 濦강이름은(실13획) 慇괴로와할은 疑의심의

16(火)　17(水) 18(火)　18(金) 16(火)　14(水)
爾너이 飴엿이 熤사람이름익 認알인 箂작은북인 溢넘칠일(실13)

17(火)　19(火) 17(水)　17(木)　18(火)
駰역마일 慈사랑자 滋부러날자(실13획) 綽너그러울작 臧착할장

14(水)　16(木) 13(木)　13(土)
滓찌끼재(실13획) 箏쟁쟁 菹채소절임저(실12획) 這이저(실11획)

18(土)　18(火) 14(金)　16(土)　16(木)　15(金)
嫡정실적 翟꿩적 銓저울질할전 塼벽돌전 箋글전 截끊을절

16(木)　　　　15(木)　　18(土)　　　14(金) 절
精정밀미로울정 禎상서정 齊가지런할제 禔제당옥제(실13획)

18(木)　16(火)　13(土)　　　　16(火)　15(木)　18(木)
製지을제 肇칠조 造지을조(실11획) 趙나라조 種씨종 綜모을종

15(木)　　19(木)　　17(水)　　　13(水)　　16(土)
罪허물죄 綢얽힐주 嗾부추길주(수) 準법준(실13획) 逡뒤걸음질칠준(실11획)

18(火)　　16(金)　　16(水)　18(土)　16(金)
儁많을준 誌기록할지 蜘거미지 塵띠끌진 賑구휼할진

13(水)　　　16(金)　17(木)　　14(木)　　16(木)
溱많을진(실13) 盡다할진 搢꽂을진(실13) 榛개암나무진 箏차자차

17(木)　　20(火)　　15(土)　　17(木)　15(水)
搾짤착(실13획) 僭참람할참 塹구덩이참 察살필찰 滄찰창(실13획)

18(火)　14(木)　　15(火)　　　16(木)　15(火)
暢펼창 菖창포창(실12획) 愴슬퍼할창(실13획) 槍창창 彰밝을창

15(水)　　　12(木)　　　16(木)　15(木)　20(木)
脹배부를창(실12획) 菜나물채(실12획) 綵비단채 寨울짱채 綴꿰맬철

17(火)　14(木)　　　17(金)　19(木)　13(土)
輒문득첩 菁우거질청(실12획) 銃총총 総거느릴총 逐쫓을축(실11획)

14(金)　　　12(木)　　　15(火)　18(火)
瑃옥이름춘(실13획) 萃모일췌(실12획) 聚모일취 翠물총새취

20(木)　　19(木)　16(木)　18(金)　16(水)
緇검은비단치 寢잠잘침 稱일컬을칭 誕태어날탄 嘆탄식할탄

⑭

17(木)   15(木)   15(木)   19(木)   22(火)

綻 옷터질탄   奪 빼앗을탈   搭 탈탑(실13획)   楊 걸상탑   態 모양태

19(木)   15(土)   17(木)   16(土)   17(火)

颱 태풍태   通 통할통(실11획)   槌 탈망치퇴(추)   透 통할투(실11획)   頗 자못파

12(木)   20(水)   14(土)   16(木)

萍 마름평(실12획)   飽 배부를포   逋 달아날포(실11획)   馝 향기로울필

16(金)   18(水)   18(金)   13(土)   15(金)

瑕 티하(실13획)   蝦 클하   碬 숫돌하   限 한계한(실9획)   銜 재갈함

18(木)   19(土)   16(火)   15(火)   17(水)   17(水)

閤 쪽문합   嫦 항아항   赫 붉을혁   熒 등불형   滎 실개천형   豪 호걸호

16(金)   17(金)   19(火)   15(金)

瑚 산호호(실13획)   酷 혹독할혹   魂 넋혼   琿 아름다운옥혼(실13획)

14(金)   12(木)   18(木)   19(木)   17(水)

銕 돌쇠뇌홍   華 꽃화(실12)   禍 재화화   廓 둘레확   滑 미끄러울활(실13)

18(土)   16(水)   17(木)   16(火)

猾 교활할활(실13획)   滉 물깊고넓을황(실13획)   榥 책상황   愰 밝을황(실13획)

16(火)   18(金)   14(水)   17(金)   18(金)

慌 어렴풋할황(실13획)   誨 가르칠회   匯 물돌회   劃 그을획   酵 술밑효

19(火)   15(火)   18(木)   16(火)   20(火)

歊 김이오를효   熏 연기낄훈   携 끌휴(실13획)   僖 기쁠희   熙 빛날희

十五劃 <土>

17(火)　17(木)　20(火)　23(火)　17(木)　　19(木)

價값가　稼심을가　駕멍에가　殼성실할각　葛칡갈(실13획)　褐털옷갈(실14획)

20(水)　16(火)　　18(火)　　19(木)

蝎독사갈　慷강개할강(실14획)　慨분개할개(실14획)　槪대개개

18(水)　　18(土)　18(水)　　18(水)

漑물댈개(실14)　踞웅크릴거　腱힘줄밑둥건(실13)　漧하늘건(실14획)

17(火)　　18(金)19(金)　18(火)　19(火)　18(火)

儉검소할검　劍(劒)칼검　熲빛날경　慶경사경　儆경계할경

18(金)　19(水)　20(木)　16(水)　　19(金)

磎시내계　稿볏집고　穀곡식곡　滾흐릴곤(실14획)　鞏묶을공

17(金)　16(土)　　20(木)　17(火)　　19(木)

課매길과　郭성곽(실11획)　槨덧널곽　慣버릇관(실14획)　寬너그러울관

16(木)6(木)　20(土)　　20(火土)　　16(水)　16(金)

廣(広)넓을광　嬌아리따울교　嶠뾰족하게높을교　餃경단교　銶끌구

20(火)　23(金)　20(火)　23(水)　14(木)

歐토할구　毆때릴구　駒망아지구　窮다할궁　葵해바라기규(실13획)

15(土)　　18(木)　　19(金)　16(木)

逵한길규(실12획)　槻물푸래나무규　劇심할극　槿무궁화나무근

15(水) 漌 맑을근(실14획)　21(土) 畿 경기기　19(火) 駑 둔할노　19(水) 腦 뇌뇌(실13획)　18(金) 鬧 시끄러울뇨

21(木) 緞 비단단　16(金) 談 말씀담　19(土) 踏 밟을답　18(木) 幢 기당　17(火) 德 덕덕　16(木) 稻 벼도　18(土) 墩 돈대돈

14(木) 董 바로잡을동(실13획)　18(土) 嶝 고개등　18(木) 揬 쌓아올릴라(실14획)

20(木) 樂 즐거울락, 좋아할요. 악　15(木) 落 떨어떨질락(낙)(실13획)　20(水) 螂 사마귀랑(낭)

18(金) 瑯 고을이름랑(실14획)　18(金) 諒 믿을량(양)　17(木) 樑 들보량(양)　18(火) 輛 수레량(양)

19(火) 慮 생각할려(여)　20(木) 閭 이문려(여)　18(木) 黎 검을려(여)　18(木) 練 익힐련(연)　16(火) 輦 손수레련(연)

16(水) 漣 물놀이련(연)(실14획)　18(水) 魯 노나라로(노)　18(金) 論 의론할론(논)　18(金) 磊 돌무더기뢰(뇌)

16(金) 賚 줄뢰(뇌)　18(木) 寮 벼슬아치료　18(木) 樓 다락루(누)　17(水) 漏 샐루(실14획)　18(金) 劉 성류(유)

18(金) 瑠 유리류(유)(실14획)　19(水) 瘤 혹류(유)　20(金) 戮 죽일륙(육)　18(火) 輪 바퀴륜(윤)

17(水) 凜 찰름(늠)　18(木) 履 신리(이)　18(金) 璃 유리리(이)(실14획)　18(木) 摩 갈마　18(金) 碼 마노마

16(金) 15(水) 16(木) 16(水)
瑪 마노마(실14획) 漠 사막막(실14획) 萬 일만만(실13획) 滿 찰만(실14획)

17(火) 17(水) 19(火) 17(金)
慢 게으를만(실14획) 漫 질펀할만(실14획) 輞 바퀴테망 賣 팔매

18(火) 19(火) 18(木) 15(木) 18(木)
罵 욕할매 魅 도깨비매 緬 가는실면 蔑 업신여길멸(실13획) 瞑 눈감을명

17(火) 17(火) 17(木) 16(木) 18(木) 16(土)
慕 그리워할모 暮 저물모 摹 베낄모(모방) 模 법모 廟 사당묘 墨 먹묵

19(火) 21(木) 22(金) 22(金) 21(水) 16(火)
慜 총명할민 緡 낚시줄민 盤 소반반 磐 너럭바위반 瘢 흉터반 髮 터럭발

19(火) 19(金) 16(火) 19(木)
魃 가물귀신발 磅 돌떨어지는소리방 輩 무리배 褙 속적삼배(실14획)

17(金) 20(火) 18(木) 15(木) 20(木) 17(火) 19(金)
賠 물어줄배 魄 넋백 幡 기번 樊 울번 範 법범 僻 후미질벽 劈 쪼갤벽

16(火) 16(木) 17(水) 17(木)
軿 거마소리병 褓 포대기보(실14획) 腹 배복(실13획) 複 겹옷복(실14)

16(金) 17(火) 16(水) 11(水)
鋒 칼끝봉 熢 연기자욱할봉 漨 내이름봉(실14획) (浲) 물이름봉(실10획)

14(土) 18(金) 18(火) 16(土) 17(水)
部 거느릴부(실11획) 敷 펼부 駙 곁마부 墳 무덤분 噴 뿜을분

16(金) 19(木) 16(火) 19(火) 19(火)
誹 헐뜯을비 寫 베낄사 僿 잘게부술사 駟 사마사 賜 줄사

⑮

17(水) 滲스밀삼(실14획)　18(金) 賞상줄상　16(木) 箱상자상　18(木) 緒실마리서　18(金) 鋤호미서

17(火) 奭클석　20(木) 線줄선　19(土) 嬋고울선　16(土) 墡백토선　18(水) 腺샘선(실13획)

12(土) 陝고울이름섬(실10획)　14(木) 葉성섭(실13획)잎엽　16(水) 腥비릴성(실13획)

20(水) 嘯휘파람소　17(水) 瘙종기소　17(金) 銷녹일소　18(金) 數셀수(삭)　16(金) 誰누구수　17(水) 瘦파리할수

16(水) 漱양치질할수(실14획)　19(金) 銹녹쓸수　16(金) 睟재물수　21(火) 熟익을숙　19(金) 諄타이를순

20(金) 醇진한술순　19(水) 蝨이슬승　12(土) 陞오를승(실10획)　16(水) 嘶울시　17(木) 簹대밥통식　17(水) 蝕좀먹을식

17(木) 審살필심　20(火) 鴉갈가마귀아　18 12(火) 鴈(雁)(실12)기러기안　18(金) 鞍안장안　16(金) 睚사람이름애

17(木) 葯구릿대잎약(실13획)　17(水) 養기를양　18(木) 樣모양양(상)　17(水) 漾출렁거릴양(실14획)

16(水) 漁고기잡을어(실14획)　17(火) 億억억　20(木) 緣인연연　17(土) 嬿아리잠직할연

16(水) 演멀리흐를연(실13획)　19(火) 熱더울열(렬)　22(金) 閱검열할열　18(火) 影그림자영

16(金) 瑩밝을영　20(水) 穎강이름영　19(金) 銳날카로울예　17(火) 熬볶을오　17(土) 獒개오

16(土)　　　16(金)　　　　　　17(木)　　17(水)
獄옥옥(실14획)　瑥사람이름온(실14획)　穏번성할온　瘟염병온

20(水)　22(火)　22(火)　18(木)　17(水)
蝸달팽이와　翫구경완　豌완두완　緩늦을완　腰허리요(실13획)

16(金)　　　　　18(土)　17(水)　　　18(火)
瑤아름다운옥요(실14획)　嶢높을요　窯기와굽는가마요　慾욕심욕

16(金)　　　　　18(木)　19(火)　　13(土)
瑢패옥소리용(실14획)　槦살대나무용　憂근심할우　郵역참우(실11획)

18(火)　　　17(木)　　　15(土)　　　16(木)
愓공경할우(실14획)　稶서직무성할욱　阮담원(실10획)　瑗패옥띠원

20(木)　19(火)　　16(木)　　　　18(木)
緯씨위　慰위로할위　葦갈대위(실13획)　禕아름다울위(실14획)

19(水)　　　19(木)　19(金)　　17(金)　　17(火)
蝟고슴도치위　牖창유　誾온화할은　璁음은(실14획)　儀거동의

18(金)　20(金)　19(火)　17(土)　　　20(金)　17(火)
誼옳을의　毅굳셀의　頤턱이　逸편안일(실12획)　磁자석자　暫잠시잠

17(木)　17(水)　　　　16(木)　　　　17(火)
箴바늘잠　腸창자장(실12획)　葬장사지낼장(실13획)　暲해돋아올장

15(水)　　　　16(木)　　18(木)　　16(土)
漳강이름장(실14획)　樟녹나무장　奬권면할장　獐노루장(실14획)

20(水)　17(金)　14(木)　　　　19(木)
漿미음장　諍간할쟁　著분명할저(실13획)　樗가죽나무저

⑮

17(水)　　　　　18(木)　　　　18(金)　　18(木)　　18(木)
滴 떨어질적(실14획)　摘 딸적(실14획)　敵 원수적　塵 가게전　箭 화살전

18(木)　　20(木)　　15(水)　　　　17(水)　　20(木)
篆 전자전　節 마디절　漸 점점점(실14획)　蝶 나비접　摺 접을접(실14획)

17(金)　　　　20(木)　　16(金)　　18(水)　　　13(土)
鋌 쇳덩이정　靚 단장할정　鋥 칼갈정　霆 천둥소리정　除 섬돌제(실10획)

19(水)　　　19(金)　　17(木)　　16(水)　　　　　　16(火)
嘲 비웃을조　調 고를조　槽 구유조　漕 배로실어나를조(실14획)　慫 권할종

16(水)　　　　　　18(土)　　17(火)　　16(土)　　　　17(木)
腫 부스럼종(실13획)　踪 자취종　駐 머무를주　週 돌주(실12획)　廚 부엌주

18(火)　　17(木)　　　　14(木)　　　　　17(土)　　16(金)
儁 준걸준　葰 큰준(실13획)　葺 기울즙(실13획)　增 더할증　銕 새길지

18(木)　　15(水)　　　　　19(木)　　13(土)　　　　　17(水)
摯 잡을지　漬 담글지(실14획)　稷 기장직　進 나아갈진(실12획)　震 벼락진

13(土)　　　　　18(金)　　　　　　17(金)15(金)
陣 진칠진(실10획)　瑱 귀막이옥진(실14획)　瑨(王晉) 아름다운돌진(실14획)

19(木)　　　20(木)　　16(金)　　18(木)　　16(火)　　14(金)
禛 복받을진　瞋 부름뜰진　質 바탕질　緝 낳을집　徵 부를징　瑳 깨끗할차(실14)

16(金)　17(火)　　　　　　15(火)　　　17(火)　　　　18(木)
磋 갈차　慘 참혹할참(실14획)　慚 (실14획)　(慙) 부끄러울참　廠 헛간창

19(水)　　　　　17(水)　　　13(土)　　　　14(水)
漲 불을창(실14획)　瘡 부스럼창　陟 오를척(실10획)　滌 씻을척(실14획)

16(火)　　17(水)　18(土)　18(金)　18(火)
慽근심할척(실14획) 膌파리할척 踐밟을천 賤천할천 徹통할철

20(火)　19(金)　18　18(金)　20(木)　18(水)
輟그칠철 諂아첨할첨 請(請)청할청 締맺을체 滯막힐체(실14획)

15(土)　　18(金)　17(火)　18(木)
逮미칠체(실12획) 醋초초 憁바쁠총(실14획) 揔모두총(실14획)

19(木)　19(土)　23(金)　13(木)　17(金)
樞지도리추 墜떨어질추 皺주름추 萩사철쑥추(실13획) 諏꾀할추

17(火)　16(火)　17(金)　22(水)　19(木)　16(金)　9(木)
衝찌를충 趣달릴취 醉취할취 嘴부리취 層층층 齒이치 幟기치

20(火)　15(水)　19(土)　20(火)　22(金)
輜짐수레치 漆옷칠(실14획) 墮떨어질타 駝낙타타 彈탄알탄

17(金)　17(火)　18(火)　20(木)　18(木)
歎탄식할탄 慟서럽게울통(실14획) 慝사특할특 編엮을편 篇책편

22(火)　19(木)　24(木)　17(水)　15(土)
翩빨리날편 幣비단폐 廢폐할폐 弊해질폐 陛섬돌폐(실10획)

17(木)　17(木)　17(金)　17(火)　16(水)
葡포도포(실13획) 褒포장할포 鋪펼포 暴사나울폭(포) 漂떠돌표(실14획)

17(木)　16(火)　19(水)　15(水)　19(木)
標표표 慓날랠표(실14획) 蝦새우하 漢한수한(실14획) 緘봉할함

12(土)　19(水)　18(土)　19(水)　19(金)
陜땅이름합,좁을협(실10획) 餉건량향 墟터허 噓불허 賢어질현

18(火)　　15(金)　　16(金)　　17(火)　　　　18(火)　　16(金)

儇총명할현 鋏집게협 瑩밝을형 慧슬기로울혜 憲깨달을혜 鞋신혜

17(火)　　　18(木)　16(木)　　　　19(水)　　15(水)

暳별반짝일혜 糊풀호 葫마를호(실13획) 蝴나비호 滸물가호(실14획)

17(金)　　16(土)　　　17(金)　　20(金)　　17(水)　　16(木)

皞밝을호 嫿여자이름화 確굳을확 (礭)굳을확 蝗누리황 篁대숲황

18(金)　　15(木)　　　　18(火)　　19(木)　　19(土)　　　18(土)

皛나타날효 萱원추리훤(실13) 輝빛날휘 麾대장기휘 興일어날흥 嬉즐길희

十六劃 <土>

18(金)　　19(土)　　　19(水)　　　　　　16(木)　　　19(金)

諫간할간 墾따비할간 澗산골물간(실15획) 橄감람나무감 鋼강철강

22(金)　　16(木)　　　12(水)　　　　18(金)　18(水)　　19(火)

彊굳셀강 蓋(실14획) (盖11획)덮을개 鋸톱거 黔검을검 憩쉴게

20(水)　　　　19(水)　　　　18(火)　　　　20(火)

膈흉격격(실14획) 潔깨끗할결(실15획) 憬깨달을경(실15획) 暻밝을경

20(火)　22(金)　　19(木)　　　19(水)　　　　18(金)

頸목경 磬경쇠경 稽머무를계 膏살찔고(실14획) 錮땜질할고

20(金)　　　18(土)　　　　20(水)　20(木)　25(水)

錕붉은쇠곤 過지날과(실13획) 舘집관 橋다리교 龜(거북구(귀),얼어터질균

18(土) 17(水) 21(水) 23(木)
獗 날뛸궐(실15획) 潰 무너질궤(실15획) 窺 엿볼규 橘 귤나무귤

16(金) 19(金) 20(水) 16(金) 18(金) 21(木)
瑾 아름다운옥근(실15) 錦 비단금 器 그릇기 鎭 호미기 錡 솥기 機 틀기

15(金) 19(土) 18(金) 17(木)
琦 피변꾸미개기(실15획) 冀 바랄기 諾 대답할낙 撚 비틀년(연)(실15획)

18(木) 19(土) 14(土) 16(金)
撓 어지러울뇨(요)(실15획) 壇 단단 達 통달할달(실13획) 錟 창담

17(水) 19(火) 17(木) 18(木) 15(土)
潭 못담(실15획) 曇 흐릴담 撞 칠당(실15획) 糖 사탕당 道 길도(실13)획)

19(木) 15(土) 16(土) 20(火) 18(金)
導 이끌도 都 도읍도(실12획) 陶 질그릇도(실11획) 覩 볼도 賭 걸도

19(木) 18(木) 20(火) 19(火) 16(火)
稌 향기로울도 篤 도타울독 暾 아침해돈 燉 이글거릴돈 憧 그리워할동(실15)

16(水) 18(火) 18(火) 15(土) 18(火)
潼 강이름동(실15획) 瞳 동틀동 頭 머리두 遁 달아날둔(실13획) 燈 등잔등

18(木) 20(火) 16(土) 17(火)
橙 등자나무등 駱 낙타락(낙) 歷 지낼력(역) 曆 책력력(역)

17(金) 17(火) 19(木)
璉 호련련(연)(실15획) 憐 불쌍히여길련(연)(실15획) 撈 잡을로(노)(실15획)

20(水) 19(金) 20(金) 18(火)
盧 성노(로) 錄 기록할록(녹) 賴 힘입을뢰(뇌) 燎 횃불료(뇨)

22(土)　13(土)　19(水)　15(土)　18(金)
龍용룡(용)（竜）(실10) 瘻부스럼루(누) 陸뭍륙(육)(실11) 錀금륜(윤)

18(木)　16(土)　18(土)　17(水)
廩곳집름(늠) 陵큰언덕릉(실11획) 釐바를리(윤) 潾맑을린(인)(실15획)

18(火)　17(水)　19(金) 19(木)　20(土)
燐도께비불린(인) 霖장마림(임) 磨갈마 瞞속일만 幎덮을멱

16(木)　19(水)　17(金) 12(木)　18(木)
蓂명협명(실14획) 螟마디충명 謀꾀할모 橅법모, 무 穆화목할목

17(木)　16(木)　16(木)　15(火)
夢꿈몽(실14) 蒙입을몽(실14) 撫어루만질무(실15) 憮어루만질무(실15)

17(火)　18(火)　18(火)
默묵묵할묵 躾예절가르칠미 憫근심할민(실15획)

18(水)　20(木) 18(水)　16(木)
潤물졸졸흘러내린민(실15획) 縛묶을박 膊포박(실14획) 撲칠박(실15획)

16(木)　16(木)　24(水)　25(木)
樸통나무박 潘뜨물반(실15획) 潑뿌릴발(실15획) 撥다스릴발(실15획)

19(水)　17(木)　14(土)
膀쌍배방(실14획) 蒡인동넝쿨방(실14획) 陪쌓아올릴배(실11획)

17(火)　18(土) 16(金)　16(金) 16(水)　19(火)
燔구울번 璧벽벽 辨분변할변 鉼판금병 潽끓을보(실15획) 輹복토복

19(火)　16(火)　17(木) 19(火)　18(火)
輻바퀴살복 憤성낼분(실15획) 奮떨칠분 憊고달플비 頻자주빈

18(火)　19(火)　20(木)　16(木)　16(木)
儐 인도할빈　憑 기댈빙　篩 체사　蔠 도롱이사(실14획)　蒜 달래산(실14획)

18(木)　15(水)　19(木)　20(金)　19(金)
撒 뿌릴살(실15획)　澁 떫을삽(실15획)　橡 상수리나무상　諝 슬기서　錫 주석석

18(水)　16(木)　18(金)　17(金)
潟 갯펄석(실15획)　蓆 자리석(실14획)　璇 아름다운옥선(실15획)　敾 글잘쓸선

19(金)　18(火)　16(木)　18(木)　18(木)
醒 깰성　燒 사를소　篠 조릿대소　穌 긁어모을소　蓀 향풀이름손(실14획)

18(木)　18(木)　16(土)　21(火)　14(木)
蒐 꼭두서니수(실14)　樹 나무수　遂 이룰수(실13)　輸 나눌수　蓚 수산수(실14)

20(木)　19(水)　19(木)　19(金)
橚 나무줄지어설숙　潚 빠를숙(실15획)　橓 무궁화나무순　錞 악기이름순

16(木)　17(木)　21(金)　18(土)
蒔 모종낼시(실14획)　蓍 시초시(실14획)　諡 시호시　諟 이시.살필체

19(金)　19(水)　19(土)　21(金)　21(木)
諶 참심　餓 주릴아　鄂 땅이름악(실12획)　謁 아뢸알　閼 가로막을알

20(火)　20(火)　19(木)　22(木)　20(木)　17(金)
鴨 오리압　鴦 원앙앙　縊 목맬액　蒻 부들약(실14획)　禦 막을어　諺 상말언

17(土)　18(水)　17(火)　19(火)　22(木)　16(火)
嶪 높고험할업　餘 남을여　燃 사를연　燕 제비연　閻 이문염　燁 빛날엽

17(火)　19(木)　24(土)　22(水)　19(火)　20(水)
曄 빛날엽　穎 이삭영　嬴 넘칠영　豫 미리예　叡 밝을예　霓 무지개예

19(木) 19(木) 17(土) 20(木) 18(土)

隸붙을예(례) 榮꽃술예(례) 壞물가오 縕헌솜온 壅막을옹

22(金) 18(木) 16(木) 17(土)

鋺저울바탕원.완 橈꺾일요(뇨) 蓉연꽃용(실14획) 運운전운(실13획)

16(土) 17(水)19(金) 18(木) 18(木)

澐큰물결일운(실15획) 暉넉넉할운 橒나무무늬운 贇왕대운

20(木) 24(火) 20(金) 17(土)

(籄)대이름운(실18획) 鴛원앙원 謂이를위를위 違어길위(실13획)

20 21(火) 18(金) 18(土) 19(火) 21(金)

衛(衞)지킬위 諛아첨할유 遊놀유(실13획) 儒선비유 諭께우칠유

20(土) 18(土) 18(水)15(水) 23(火)

蹂밟을유 逾넘을유(실13획) 潤(閏)젖을윤(門15획) 燏빛날율

21(水) 18(火) 15(土) 20(水) 17(金)

融화할융 儓남에게기댈은 陰그늘음(실11) 凝엉길응 璘사람이름인(실15)

16(水) 19(金) 22(水)

潩물흐른모양열(실14획) 諮물을자 潺물흐르는소리잔(실15획)

21(水)16(水) 16(金) 19(木) 18(金)

潛(潜)자맥질할잠(실15획) 璋반쪽홀장(실15획) 緈일재 錚쇳소리쟁

17(木) 18(金) 20(金) 18(水) 19(水) 17(金)

積쌓을적 錢돈전 戰싸울전 霑젖을점 鮎메기점 整가지런할정

19(木)18(木) 20(金)

靜(静)고요할정 諄조정할정

17(金)　　18(金)　　21(金)　　20(土)　19(金)

錠제기이름정　諸모들제　劑약지을제　蹄굽제　醍맑은술제

18(水)　　　19(火)　　15(金)　　　　18(土)

潮조수조(실15획)　雕독수리조　琮패옥소리종(실15획)　踵발굼치종

17(土)　　　15(土)　　17(水)　　　17(火)

遒다가설주(실13획)　(酒)(실11획)　澍모단비주(실15획)　輳모일주

20(木)　21(木)　17(火)　　18(火)

儁준걸준　樽술통준　蒸찔증(실14획)　憎미워할증(실15획)

14(土)　　　22(木)　21(木)　17(土)　14(木)

陳묵을진(실11획)　縝삼실진　縉꽂을진　臻이를진　蓁우거질진(실14획)

15(水) 15(水)　　　　18(火)　17(水)　　17(金)

潗(潗)샘솟을집(실15획)　輯모을집　澄맑을징(실15획)　錯섞일착

22(木)　　　20(水)　18(木)　16(木)　　20(木)

撰지을찬(실15획)　餐먹을찬　篡빼앗을찬　蒼푸를창(실14획)　艙선창창

18(水)　　　19(木)　　18(金)　20(金)　16(木)

澈물맑을철(실15획)　撤거둘철(실15획)　諜염탐할첩　諦살필체　樵땔나무초

15(火)　　　18(木)　　16(金)　16(金)　19(木)

憔수척할초16(실15)　撮취할촬(실15획)　錐송곳추　錘저울추　築쌓을축

17(木)　　　18(金)　18(火)　19(木)　19(火)

蓄쌓을축(실14획)　瞠넉넉할춘　熾성할치　緻밸치　親친할친

18(火)　　　19(木)　　19(水)

憚꺼릴탄(실15획)　撑버팀목탱(실15획)　腿넙적다리퇴(실14획)

18(木)　　18(火)　　23(木)　　17(木)　　18(金)

褪바랠퇴(실15)　頹무너질퇴　罷방면할파　播뿌릴파(실15)　辦힘쓸판

16(水)　　　　　　17(土)　　　　19(土)

澎물결부딪치는기세팽(실15획)　遍두루편(실13획)　嬖사랑할폐

16(木)　　23(水)　　19(火)　　19(木)　20(金)

蒲부들포(실14획)　鮑절인어물포　輻바퀴살통폭　瓢박표　諷욀풍

16(土)　　17(土)　　20(水)11(水)　　20(金)

逼닥칠핍(실13)　遐멀하(실13)　學(学(실8))배울학　謔희롱거릴학

21(火)　18(水)　　　　16(土)　　　21(金)　19(火)

翰날개한　澖넓을한(실15획)　陷빠질함(실11획)　諧화할해　駭놀랄해

21(金)　19(火)　　　19(火)　20(木)　17(火)　19(火)

骸뼈해　輶놀수레서로피할헌　憲법헌　縣고울현　頰빰협　衡저울대형

18(水)　17(火)　　　17(水)　　　22(木)　18(木)

螢반디형　憓사랑할혜(실15획)　滈넓을호(실15획)　縞명주호　蒿쑥호(실14획)

16(木)　　19(水)　　16(水)　　　15(土)

樺자작나무화　豁뚫린골활　潢웅덩이황(실15획)　遑허둥거릴황(실13획)

17(木)　19(火)　19(火)16(火)　18(火)　　　20(金)

橫가로힁　曉새벽효　勳(勛(실12획)　勲(실15획))공훈　諱꺼리길휘

20(金)　　18(火)　18(火)　17(火)　　　18(木)

戲희롱회　熹성할회　熺성할회　憘기쁠회(실15획)　檍나무아름회

19(水)　　20(土)　19(火)　　19(火)

噫탄식할회　羲숨회　憙기뻐할회　暿몹씨더울회(19)

十七劃 〈金〉

21(火)　　21(水)　　22(金)　　20(土)　　　18(木)　　19(火)
懇정성간　癎간기간　磵시내간　艱어려울간　瞰볼감　憾한할감(실16획)

20(金)　　19(木)　　　19(木)　　20(木)　　　　20(金)
講익힐강　橿나무이름강　糠겨강　據의거할거(실16획)　鍵열쇠건

19(土)　　19(木)　　24(木)　　19(水)　　　　　20(木)
蹇절건　檢봉합검　擊부딪칠격　激물결부딪쳐흐를격(실16획)　檄격문격

18(土)　　　　19(金)　　19(金)　　　21(木)
遣보낼견(실14획)　謙겸손할겸　璟옥광채날경(실16획)　擎들경

20(木)20(木)　　18(土)　　　　20(水)　　21(金)　　19(火)
檠(橄)도지개경　階섬돌계(실12획)　谿시내계　鍋노구솥과　顆낱알과

21(水)　　21(金)　　21(水)　　　19(水)　　20(金)　20(金)
館객사관　矯바로잡을교　膠아교교(실15획)　鮫상어교　購살구　鞠공국

21(火)　　20(木)　　　20(木)　　22(金)　　　23(金)
勤은근할근　擒사로잡을금(실16획)　檎능금금　璣구슬기(실16획)　磯물가기

18(水)　　　　20(木)　　21(金)　　21(木)
濃짙을농(롱)(실16획)　檀박달나무단　鍛쇠불릴단　擔맬담(실16획)

20(火)　　　　20(水)　　　18(木)
憺편안할담(실16획)　澹담박할담(실16획)　撻매질할달(실16획)

17(水)　　　16(土)　　　20(水)　　16(土)
澾미끄러울달(실16획)　遝뒤섞일답(실14획)　螳사마귀당　隊대대(실12획)

19(水) 18(金) 19(土) 21(土) 19(木)

黛눈썹먹대 鍍도금할도 蹈밟을도 獨홀로독(실16획) 瞳눈동자동

20(金) 21(水) 22(土) 17(木) 23(火)

謄베낄등 螺소라라(나) 勵힘쓸려(여) 蓮연밥련(연)(실15획) 聯잇달련(연)

18(金) 17(水) 19(金) 20(水)

鍊불릴련(연) 濂내이름렴(염)(실16획) 斂거둘렴(염) 殮염할렴(염)

21(土) 19(水) 18(水) 19(水)

嶺재령(영) 澪맑을령,영(실16획) 澧강이름례(예)(실16획) 潞강이름로(노)(실16획)

22(木) 18(水) 20(火)

擄사로잡을로(노)(실16획) 濃짙을롱(농)(실16획) 儡영락할뢰(뇌)

19(水) 19(木) 20(木) 22(木)

療병고칠료(뇨) 蓼여뀌료(요)(실15획) 瞭밝을료(요) 縷실루(누)

18(木) 20(木) 15(土)

蔞쑥루(누)(실15획) 樓남루할누(루)(실16획) 隆클륭(융)(실12획)

17(木) 18(金) 22(土) 18(木)

罹근심리(이)(실16획) 璘옥빛린(인)(실16획) 麟기린린 撛구원할린(실16획)

22(火) 18(水) 18(木) 18(金) 21(火)

臨임할림(임) 膜막막(실15획) 蔓덩쿨만(실15획) 錨닻묘 懋힘쓸무

23(木) 23 14(金) 19(金) 20(金)

繆얽을무 彌(弥)(실8획)두루미 謎수수께끼미 謐고요할밀

16(金) 19(金) 21(金) 22(木) 19(金)

璞옥돌박(실16획) 磻강이름반 謗헐뜯을방 繁많을번 磻강이름번(반)

18(水)　　　20(木)　　　19(木)　　　20(木)　　　18(水)
豳 나라이름빈.반　擘 엄지손가락벽　檗 황백나무벽　瞥 언뜻볼별　餠 떡병

19(金)　19(木)　　　17(木)　　　21(木)　　20(水)
鍑 솥복　蔔 무우복(실15획)　蓬 쑥봉(실15획)　縫 궤맬봉　膚 살갗부(실15획)

20(金)　　18(木)　24(木)　　20(土)　23(火)　21(金)
賻 부의부　糞 똥분　繃 묶을봉　嬪 아내빈　騁 달릴빙　謝 사례할사

18(木)　　　　19(水)　20(火)　19(金)　　20(土)　19(水)
蔘 인삼삼(실15획)　霜 서리상　償 갚을상　賽 굿할새　嶼 嵼 섬서　鮮 고울선

20(木)　20(木)　　20(木)　　　　19(火)　22(火)
禪 봉선선　褻 더러울설　䛢 향풀설(실15획)　燮 빛날섭　聲 소리성

18(土)　　　　　　　19(木)　　　　22(金)
遡 거슬러올라갈소(실14획)　蔬 푸성귀소(실15획)　謖 일어날속

19(土)　　　　　　16(土)　　　　　19(火)　19(火)
遜 겸손할손(실14획)　隋 수나라수(실12획)　雖 비록수　燧 부싯돌수

19(목)17(木)　　　　　17(水)　　　　　17(木)
穗(穂)(실15획)이삭수　濉 물이름수(실16)　蓴 순채순(실15획)

21(木)　　　18(水)　　　22(木)　　　　20(土)　　21(金)
瞬 눈깝직일순　膝 무릎슬(실15)　褶 주름습(실16)　嶽 큰산악　鍔 칼날악

21(水)　　21(土)　21(木)　　20(土)　　21(火)　　17(土)
鮟 아귀안　癌 암암　闇 닫힌문암　壓 누를압　曖 가릴애　陽 볕양(실12획)

20(木)　18(火)　　　　19(木)　　　19(火)　　21(木)
襄 도울양　憶 생각억(실16획)　檍 감탕나무억　輿 수레여　縯 길연

20(火)　　18(金)　　　20(土)　　　19(土)　　　19(水)
營경영할영　鏌방울소리영　嬰갓난아이영　嶸가파를영　霙진눈깨비영

18(水)　　　　19(木)　　　18(火)
澨깊을예(실16획)　蓺심을예(실15획)　燠손답답할오.더울욱.우

19(木)　　　20(金)　17(土)　　　21(木)　17(火)
擁안을옹(실16획)　謠노래요　遙멀요(실14획)　繇역사요　聳솟을용

17(土)　　　21(火)　　18(木)　　　　16(土)
隅모퉁이우(실12획)　優넉넉할우　蔚풀이름울(실15획)　遠멀원(실14획)

20(火)　22(水)　　21(金)　20(木)　　19(木)
轅끌채원　孺젖먹이유　鍮놋쇠유　檃도지개은　蔭그늘음(실15획)

18(火)　22(火)　19(金)　　15(木)
應응할응　翼날개익　謚웃을익(시)　蔗사탕수수자(실15획)

20(土)18(土)　　　18(木)　　　19(木)　　20(土)　20(木)
牆(墻)(실16획)담장　蔣줄장(실15획)　檣돛대장　齋집재　績짐쌈적

22(木)　21(水)　　　20(火)　20(水)　　19(水)
氈모전전　澱앙금전(실16획)　輾구를전　餞전별할전　點점점

19(火)　　18(木)　　20(木)　　　20(火)　　19(木)
頲아름다울정　檉위성류정　操잡을조(실16획)　燥마를조　糟전국조

19(木)　　19(木)　18(金)　23(火)　21(土)　17(金)
簇조릿대족　縱놀종　鍾쇠북종　駿준마준　噂기뻐할준　璡옥돌진(실16획)

18(木)　　　　21(水)　　　　18(土)　　19(火)
瘨더위지기진(실15획)　膣새살돋을질(실15획)　蹉넘어질차　燦빛날찬

18(水)　17(木)　20(木)　20(土)
澯맑을찬(실16)　蔡거북채(실15)　擅멋대로천(실16)　遞갈마들체(실14)

18(金)　21(火)　22(木)　20(火)16(火)
礁물에잠긴바위초　燭촛불촉　總거느릴총　聰(聡실14획)귀밝을총

18(木)　23(金)　21(土)　23(土)
蔥파총(실15획)　醜추할추　鄒나라이름추(실13획)　趨달릴추

21(木)　20(水)　18(木)　19(金)　20(水)　20(水)
縮다스릴축　黜물리칠출　稚어릴치　鍼침침　蟄숨을칩　濁흐릴탁(실16)

17(水)　18(木)　21(水)　20(土)　21(金)
澤못택(실16획)　擇가릴택(실16획)　霞놀하　壑골학　韓나라이름한

17(水)　20(土)　20(火)　21(火)
澣빨한(실16획)　嶰높을한　轄비녀장할　懈게으름해(실16획)

20(土)　20(土)　20(土)　19(火)
鄕시골향(실13획)　蹊지름질혜　壕해자호　鴻큰기러기홍(실16획)

21(水)21(水)　17(金)　15(土)　19(木)
闊(濶)트일활　璜서옥황(실16획)　隍해자황(실12획)　檜노송나무회

18(水)　19(土)　22(水)　18(土)
澮봇도랑회(실16획)　獪교활할회(실16획)　嚆울릴효　燻질나팔훈

22(火)　20(火)　22(木)　19(木)　19(火)
燬불훼　徽아름다울휘　虧이지러질휴　禧복희　犧불희

十八劃 〈金〉

22(木) 簡 대쪽간　23(金) 鞨 말갈갈　24(木) 襁 포대기강(실17획)　20(金) 鎧 갑옷개　21(木) 擧 들거　21(木) 瞼 눈꺼풀검

19(土) 隔 사이틀격(실13획)　24(火) 鵑 두견견　19(金) 鎌 낫겸　20(金) 璥 경옥경(실17획)　22(火) 鵠 고니곡

19(土) 壙 광중광　20(木) 蕎 매밀교(실16획)　24(火) 翹 꼬리깃털교　19(土) 舊 예구　24(水) 軀 몸구　23(金) 謳 노래구

20(木) 瞿 볼구　22(金) 鞫 국문할국　18(木) 蕨 고사리궐(실16획)　23(木) 闕 대궐궐　21(木) 櫃 함궤　24(土) 歸 돌아갈귀

23(水) 竅 구멍규　17(土) 隙 틈극(실13획)　20(金) 謹 삼갈근　22(火) 覲 뵐근　22(火) 騎 말탈기　20(火) 騏 말총이기

23(木) 鬣 갈기　20(火) 懦 나약할나(실17획)　22(土) 獰 모질녕(영)(실17획)　20(水) 膩 미끄러울니.살찔니(실16획)

19(水) 濔 넘칠니.미(실17획)　27(金) 斷 끊을단　21(木) 簞 대광주리단　19(木) 蕁 지모담(실16획)　21(木) 擡 들대(실17획)

20(金) 戴 일대　20(水) 濤 큰물결도(실17획)　21(火) 燾 비출도　22(木) 櫂 노도　19(土) 遯 달아날둔(돈)(실15획)

19(水) 朣 달빛훤히치밀동(실16획)　20(水) 濫 퍼질람(실17획)　22(木) 擥 걷어잡을람　20(木) 糧 양식량(양)

20(木) 禮 예도례(예)　21(土) 壘 진루　23(金) 謬 그릇될류(유)　19(土) 釐 다스릴리(이)　21(水) 鯉 잉어리(이)

20(水) 朦풍부할몽(실16획)　16(木) 蕪거칠어질무(실16획)　23(火) 鵡앵무새무　23(火) 顝강할민

20(水) 蟠서릴반　17(木) 蕃우거질번(실16획)　20(金) 璧둥근옥벽　20(水) 癖적취벽　20(木) 撇털별

20(火) 駢나란히할병　21(木) 馥향기복　21(金) 覆뒤집힐복　19(土) 鄙더러울비(실14획)

19(水) 濱물가빈(실17획)　20(木) 檳빈랑나무빈　21(水) 殯염할빈　21(金) 贇예쁠윤.빈　24(木) 觴잔상

20(木) 穡거둘색　19(火) 雙쌍쌍　21(火) 曙새벽서　19(水) 膳반찬선(실16획)　21(木) 繕기울선

22(水) 蟬매미선　22(木) 簫통소소　20(木) 蕭맑은대쑥소(실16획)　22(金)19(金) 鎖鎖쇠사슬쇄

24(木) 繡수놓을수　20(金) 璲패옥수(실17)　19(木) 蕣무궁화순(실16)　18(金) 璱푸른구슬슬(실17)

22(水) 濕축축할습(실17획)　20(火) 燼깜북이불신　23(火) 鵝거위아　24(火) 顎얼굴높을악　19(火) 顔얼굴안

16(土) 隘좁을애(실13획)　22(火) 額이마액　21(火) 歟어조사여　18(水) 濚물돌아나갈영(실17획)

20(木) 穢더러울예　19(木) 蕊꽃술예(실16획)　23(土) 甕독용　23(火) 曜빛날요　22(火) 燿빛날요

22(木) 繞두를요　21(水) 蟯요충요　20(金) 鎔녹일용　18(木) 蕓평지운(실16획)　17(土) 隕떨어질운(실13획)

23(火)　　20(木)　　　　20(水)　　　　23(水)
魏위나라위　蔦애기풀위(실16획)　濡젖을유(실17획)　癒병나을유

22(火)　　21(金)　　19(水)　　　　　　20(木)
曘햇빛유　贇예쁠윤(빈)　濦예강이른은(실17획)　檼마룻대은

22(木)　　　　　　22(火)　　21(金)　24(木)　18(火)　23(金)
擬헤아릴의(실17획)　彛떳떳할이　爵벼슬작　簪비녀잠　雜섞일잡　醬장장

20(火)　　19(土)　　　20(土)　　22(金)　　21(火)　　20(火)
儲쌓을저　適갈적(실15획)　蹟자취적　謫귀양갈적　轉구를전　題표제제

20(水)　　　18(土)　　　20(金)　　　　　　21(火)
濟건널제(실17획)　遭만날조(실15획)　璪면류관드림옥조(실17획)　燽밝을주

19(水)　　　23(木)　21(金)　22(木)　20(火)　22(金)
濬깊을준(실17획)　繒비단증　贄폐백지　織짤직　職직업직　鎭진압진

16(土)　　　19(金)　　　24(水)　22(木)
遮막을차(실15획)　璨빛날찬(실17획)　竄숨을찬　擦비빌찰(실17획)

19(土)　22(木)20(金)　16(木)　　　19(水)　24(火)
蹠밟을척　瞻볼첨　礎주추돌초　蕉파초초(실16획)　叢모일총　雛새끼추

21(金)　　21(土)　　21(水)　18(水)　　21(金)
鎚쇠망치추　蹙대지를축　蟲벌레충　膬췌장췌(실16획)　贅혹췌

21(水)　　22(木)　　19(木)
濯씻을탁(실17획)　擢뽑을탁(실17획)　蕩쓸어버릴탕(실16획)

23(木)　　19(水)　　20(金)　18(木)
闖말이문을나오는모양틈　膨부풀팽(실16획)　鞭채찍편　薜닮을폐(실16획)

23(金)　19(木)　21(木)　23(木)　20(火)　19(金)
斃죽을폐　豐풍년풍　檻우리함　闔문짝합　爀붉을혁　鎣줄형

18(木)　20(水)　22(金)　18(水)
蕙혜초혜(실16획)　濠해자호(실17획)　鎬호경호　濩퍼질호(실17획)

20(金)　19(木)　19(土)　19(火)
環고리환(실17획)　簧생황황　獲얻을획(실17획)　燻연기낄훈

十九劃〈水〉

25(土)　19(木)　19(土)　24(木)　23(水)　22(金)
疆지경강　薑생강강(실17획)　羹국갱　繭고치견　鯨고래경　鏡거울경

23(火)　27(木)　25(水)　27(木)　21(火)　21(土)
鶊꾀꼬리경　繫맬계　鯤곤어곤　關빗장관　曠밝을광　壞무너질괴

24(金)　22(木)　22(土)　20(木)　23(土)　25(金)
轎가마교　麴누룩국　蹶넘어질궐　襟옷깃금(실18획)　麒기린기　譏나무랄기

20(火)　21(水)　20(土)　23(水)
難어려울난　膿고름농(실17획)　鄲조나라서울단(실15획)　膽쓸개담(실17획)

22(金)　22(木)　23(金)　21(水)　22(木)　21(土)
譚이야기담　禱빌도　韜감출도　瀆도랑독(실18획)　牘편지독　犢송아지독

24(水)　19(土)　26(火)　25(土)
臀볼기둔(실17획)　鄧나라이름등(실15획)　覸자세할라　麗고울려(여)

23(木) 盧 오두막집려(여)　24(木) 櫚 종려나무려(여)　23(水) 濾 거를려(여)(실18획)　20(木) 簾 발렴(염)

26(土) 獵 사냥렵(엽)(실18획)　22(木) 櫓 방패로(노)　24(水) 嚧 웃을로(노)　25(土) 壟 언덕롱(농)

23(土) 麓 산기슭록(녹)　19(土) 遼 멀료(실16)　22(金) 鏤 새길루　20(火) 類 무리류(유)

22(水) 瀏 맑을류(유)(실18획)　22(火) 離 떠날리　26(土) 蠃 여윌리(이)　21(金) 鏋 금만　25(木) 鵬 초명명

25(水) 霧 안개무　20(木) 薇 고사리미(실17획)　21(水) 靡 쓰러질미　19(木) 薄 엷을박(실17획)

20(木) 攀 더위잡을반　30(金) 醱 술괼발　25(土) 龐 클방　21(金) 譜 계보보　21(木) 簿 장부부　26(火) 鵬 붕새붕

21(水) 臂 팔비(실17획)　20(金) 璸 구슬이름빈(실18획)　21(木) 穦 향기빈　22(水) 顰 찡그릴빈

20(水) 髟 옥광채빈　24(金) 辭 말씀사　22(水) 瀉 쏟을사(실18획)　20(金) 璽 도장새　23(土) 選 가릴선(실16획)

20(金) 璿 아름다운옥선(실18획)　19(木) 薛 맑은대쑥설(실17획)　18(火) 暹 해돋을섬(실16획)

23(水) 蟾 두꺼비섬　23(水) 霄 하늘소　23(土) 獸 짐승수　22(火) 鵐 솔개수　22(金) 璹 옥그릇숙(실18획)

25(木) 24(水) 22(金) 17(木) 20(金)
繩줄승 蠅파리승 識알식(지) 薪섶나무신(실17획) 璹옥돌신(실18획)

20(水) 20(水) 21(水) 24(水)
潘즙심(실18획) 瀁내이름양(실18획) 臆가슴억(실17획) 孼서자얼

20(金) 22(金) 22(木) 23(水) 21(金)
璵옥여(실18획) 礖돌이름여 繹풀어낼역 嚥삼킬연 瑌옥돌연(실18획)

24(土) 25(金) 23(木) 22(金) 22(金) 22(火)
嬿아름다울연 繄아름다울예 擾어지러울요(실18획) 鏞종용 韻운운 願원할원

19(土) 19(木) 22(水) 23(火)
遺끼칠유(실16획) 薏율무의(실17획) 蟻개미의 鵲까치작

17(土) 19(木) 22(金) 24(火)
障가로막을장(실14획) 薔장미장(실17획) 鏑살촉적 顚꼭대기전

19(土) 19(土) 24(木) 21(金) 23(土)
鄭나라정(실15획) 際사이제(실14획) 繰아청통견조 鏃살촉족 疇밭두둑주

21(土) 22(木) 22(金) 18(土) 22(金)
遵좇을준(실16획) 櫛빗즐,보낼즐 證증거증 遲늦을지(실16획) 識표할지

21(火) 23(金)16(金) 23(木) 20(木)
懲헌날징 贊(賛(실15획))도울찬 擲던질척(실18획) 薦천거할천(실17획)

21(土) 23(火) 21(木) 23(水) 21(金) 26(木)
遷옮길천(실16획) 轍바퀴자국철 簽농첨 鯖청어청 醮초례초 寵괼총

24(土) 23(水) 23(木) 27(木) 20(木)
蹴찰축 癡어리석을치 擄펼터(실18획) 擺열릴파(실18획) 瓣외씨판

23(金) 覇으뜸패 24(火) 騙속일편 21(火) 爆터질폭 22(火) 曝쬘폭 20(水) 瀑폭포폭(실18획) 25(水) 蟹게해

29(水) 嚮향할향 19(水) 瀅맑을형(실18획) 25(金) 醯초혜 22(金) 譓슬기로울혜 20(金) 譁시끄러울화

20(木) 穫벼벨확 20(木) 擴넓힐확(실18획) 23 繪(絵(실12획))그림회 15(木)

21(水) 膾회회(실17획) 22(木) 薨죽을훙(실17획) 27(金) 譎속일휼

二十劃 〈水〉

25(火) 覺깨달을각 25(金) 釀추렴할략 21(土) 遽갑자기거(실17획) 23(火) 騫어지러질건

23(金) 瓊경옥경(실19획) 24(金) 警경계할경 30(木) 繼이을계 22(木) 藁짚고(실18획) 24(土) 勸권할권

22(水) 饉흉년들근 25(水) 競굳셀궁 27(土) 夔조심할기 24(土) 獺수달달(실19획) 23(水) 黨무리당

25(水) 竇구멍두 24(火) 騰오를등 22(木) 羅비단라(실19획) 23(火) 懶게으를라(실19획)

21(木) 藍쪽람(남)(실18획) 23(木) 籃바구니람(남) 23(木) 襤누더기람(남)(실19획) 24(金) 礪숫돌려(여)

19(水) 26(金) 23(金) 24(金)
瀝 거를력(역)(실19획) 礫 조약돌력(역) 齡 나이령(영) 醴 단술례(예)

24(水) 24(火) 23(水) 25(水)
露 이슬로(노) 爐 화로로(노) 瀘 강이름로노)(실19획) 瀧 비올롱(농)(실19획)

23(水) 19(土) 22(金) 24(水)
瀨 여울뢰(뇌)(실19획) 隣鄰 이웃린(인)(실15획) 鏻 굳셀린 饅 만두만

22(木) 22(木) 26(火) 21(金) 23(金)9(金)
襪 버선말(실19) 麵 밀가루면 鶩 집올목 礬 명반반 寶(宝)(실8) 보배보

24(水) 23(金) 21(水) 24(木)
鰒 전복복 譬 비비할비 瀕 물가빈(실19획) 繽 어지러울빈(성한모양)

23(水) 20(木) 23(土) 20(木)
霰 싸라기눈산 薩 보살살(실18획) 孀 과부상 薯 참마서(실18획)

20(木) 21(火) 21(金) 25(金) 24(火)
藇 아름다울서(실18획) 釋 풀석 鐥 복자선 贍 넉넉할섬 騷 떠들소

23(水) 20(木) 27(水) 23(土)
瀟 강이름소(실19획) 藎 조개풀신(실18획) 鰐 악어악 嚶 양병앵

24(土) 23(土) 22(火) 22(金) 25(火)
孃 계집애양 壤 흙양 嚴 엄할엄 譯 번역할역 曣 청명할연

27(水) 21(土) 25(火) 19(木)
瀛 바다영(실19획) 邀 멀요(실17획) 耀 빛날요 藉 깔개자(실18획)

22(木) 22(土) 22(金) 21(木) 23(水)

藏감출장(실18획) 躇머뭇거릴저 齟어긋날저 籍서적적 癤부스럼절

23(水) 23(水) 21(木) 24(土)

瀞맑을정(실19획) 臍배꼽제(실18획) 薺냉이제(실18획) 躁성급할조

21(金) 23(木) 20(金) 20(金) 23(木)

鐘종종 籌투호살주 瓆사람이름질(실19획) 鐕판금집 纂모을찬

26(木) 27(木) 28(火) 22(水) 23(金)

闡열천 觸닿을촉 騶말먹이는사람추 鰍미꾸라지추 鬪싸움투

25(木) 20(土) 25(水) 24(水)

飄회오리바람표 避피할피(실17획) 鰕새우하 瀚넓고큰모양한(실19획)

25(木) 23(水) 21(水) 23(土)

艦싸움배함 鹹짤함 瀣이슬기운해(실19획) 邂만날해(실17획)

25(土) 23(木) 26(土) 25(火) 24(金)

麝사향사슴향 櫶나무이름헌 獻바칠헌 懸매달현20 譞영리할현

26(木) 23(金) 20(土) 21(火)

馨향기형 鏸날카로울혜 還돌아올환(실17획) 懷품을회(실19획)

21(金) 25(金) 19(木) 25(火) 24(土)

鑛종횡 斅가르칠효 薫향풀훈(실18획) 曦햇빛희 犧희생희

24(火)

爔불희20

二十一劃 〈木〉

26(金)　26(火) 23(火)　24(火)　27(火)　24(水)　27(水)
譴꾸짖을견 鷄닭계 顧돌아볼고 轟울릴굉 驅몰구 饋먹일궤 饑주릴기

22(火)　24(金)　22(木)　25(水)
儺역귀쫓을나 鐺쇠사슬당 藤등나무등(실19획) 癩약물중독라(원음뢰)

25(火)　25(木)　24(水)　27(火)
爛문드러질란(난) 欄난간란(난) 瀾물결란(난)(실20획) 覽볼람(남)

28(水)　29(水)　27(火)　22(木)
臘납향랍(납)(실19획) 蠟밀랍(납) 儷짝려(여) 藜나라이름려(여)(실19획)

25(水)　26(金)　28(火)　23(土)
蠣굴려(여) 瓏옥소리롱(농)(실20획) 魔마귀마 邈멀막(실18획)

21(土)　24(火) 26(火)23(火)　20(木)
邁갈매(실18획) 驀말탈맥 飜(翻)뒤칠번(실18획) 藩덮을번(실19획)

26(木) 24(水) 22(金)　28(土)　23(水)　24(金)
闢열벽 霹벼락벽 辯말잘할변 麝사향노루사 饍반찬선 屑물설

23(水)　26(木)　26(木)　21(土)　22(木)
殲다죽일섬 續이을속 屬엮을속 隨따를수(실16획) 藪늪수(실19획)

22(土)　21(土)　25(火)　24(木)
邃깊을수(실18획) 隧길수(실16획) 鶯꾀꼬리앵 櫻앵두나무앵

24(木)　26(土) 24(木)　24(火)
藥약약(실19획) 躍뛸약 攘물리칠양(실20획) 轝수레여

23(水) 24(火) 24(木)
瀅 물졸졸흐를영(실20획) 𢥠營 지킬영(실20획) 藝 재주예(실19획)

24(金) 24(水) 22(木) 25(水)
譽 기릴예 饒 넉넉할요 藕 연뿌리우21(실19획) 瀷 강이름익21(실20획)

25(水) 26(金) 25(土) 25(木) 24(金) 25(土)
嚼 씹을작 贓 장물장 齎 가져올재 纏 얽힐전 鐫 새길전 躊 머뭇거릴주

24(水) 28(水) 25(火) 17(火) 21(火)
蠢 꿈틀거릴준 饌 반찬찬 儹(攢) 모일찬 懺 뉘우칠참(실20획)

23(金) 22(金) 25(火) 24(木) 25(火)
鐵 쇠철 鐸 방울탁 驃 표절따표 飈 회리바람표 鶴 학학

20(土) 23(金) 25(火) 24(金) 24(水)
險 험할험(실16획) 護 보호할호 顥 클호 鐶 고리환 鰥 홀아비환

二十二劃 〈木〉

25(金)25(金) 29(土) 26(水) 21(木) 23(水)
鑑(鑒) 거울감 龕 감실감 鱇 아귀강 藿 콩잎곽(실20획) 灌 물댈관(실21획)

28(火) 23(火) 29(火) 24(木) 27(水)
驕 교만할교 懼 두려워할구(실21획) 鷗 갈매기구 權 권세권 囊 주머니낭

26(金) 25(金) 28(火)
讀 글읽을독.귀절두,토두 璘 옥광채란(난)(실21획) 轢 삐걱거릴력(역)

28(土) 24(木) 28(木) 28(水)
變 아름다울련(연) 蘆 갈대로(노)(실20획) 籠 대그릇롱(농) 朧 흐릿할롱(농)(실20획)

28(火)   23(木)   28(土)   31(火)   27(水)

聾 귀머거리롱(농)   繭 골풀린(실20획)   巒 뫼만   彎 굽을만   鰻 뱀장어만

25(土)   24(金)   24(水)   22(木)

邊 가변(실19획)   鑌 강철빈.광낼빈   癬 옴선   攝 당길섭(실21획)

22(木)   25(金)   24(火)   29(木)   25(木)

蘇 차조기소(실20획)   贖 속바칠속   鬚 수염수   襲 엄습할습   禳 제사이름양

25(木)   25(金)   24(火)   24(金)

穰 볏대양   齬 어긋날어   儼 의젓할엄   瓔 구슬목거리영(실21획)

23(木)   26(水)   24(木)   26(水)

蘂 꽃술예(실20획)   鰲 자라오   蘊 쌓을온(실20획)   饔 아침밥옹

21(火土)   24(木)   26(火)   22(土)

隱 숨을은(실17획)   曘 정하고볼응   懿 아름다울의   邇 가까울이(실19획)

26(木)   22(木)   26(火)   28(水)   26(水)

欌 장롱장   藷 사탕수수저(실20획)   顫 떨릴전   竊 훔칠절   霽 갤제

23(木)   25(金)   24(金)   27(土)

藻 말조(실20획)   鑄 쇠부어만들주   齪 악착할착   巑 높히솟을찬

27(土)   24(火)   29(金)   30(水)   22(水)

疊 겹쳐질첩   聽 들을청   響 울릴향   饗 잔치할향   瀅 물이름형(실21획)

25(金)   25(金)   26(火)   23(金)   26(水)

譓 슬기로울혜   歡 기뻐할환   驍 날랠효   鑂 금빛투색할훈   囍 쌍희희

二十三劃 〈火〉

28(火)　　27(水)　24(金)　　　　24(金)　　25(木)
驚 놀랄경　蠱 좀고　瓘 옥이름관(실22획)　鑛 쇳돌광　蘭 난초난(란)(실21획)

28(木)　　　　29(火)　　　29(木)　　29(火)
欒 나무이름란(난)　戀 사모할련(연)　攣 걸릴련(연)　鷺 해오라기로(노)

29(土)　　　27(火水)　　25(水)　　23(木)
麟 기린린(인)　鱗 비늘린(인)　黴 곰팡이미　蘗 황경나무벽(실21획)

29(金)　　27(水)　　23(木)　　　　26(木)　　28(水)
變 변할변　鱉 자라별　蘚 이끼선(실21획)　纖 가늘섬　灑 뿌릴쇄(실22획)

30(金)　　24(金)　　26(土)　　23(木)　　　　　26(火)
髓 골수수　讐 원수수　巖 바위암　蘖 그루터기얼(실21획)　驛 역참역

29(金)　　28(木)　　30(水)　　25(木)　　　27(木)
醼 잔치연　纓 갓끈영　癰 악창옹　蘟 은총은(실21)　攢 모일찬(실22획)

24(木)　　29(金)　30(火)　　23(水)　　　　27(火)
籤 제비첨　體 몸체　鷲 수리취　灘 여울탄(실22획)　驗 징험할험

29(火)20(火)　　　　25(金)　　33(火)
顯(顕)(실18획) 나타날현　護 구할호　鷸 도요새휼

二十四劃 <火>

27(土)　　　29(木)　　　　　　　27(火)　　　28(火)　　　25(水)

罐두레박관　攪어지러울교(실23획)　衢네거리구　羈굴레기　靂벼락력(역)

28(水)　　　27(金)　　　30(水)　　　28(金)　　　29(金)

靈신령령(영)　齷악착할악　靄아지랑이애　讓사양할양　釀빚을양

28(水)　　　30(土)25(土)　　　　　29(水)　　　32(水)　　　28(水)

鹽소금염　艶(艶(실19획))고울염　鼇자라오　蠶누에잠　臟오장장(실22획)

29(水)　　　28(木)　　　27(金)　　　　　　26(金)　　　34(金)

癲미칠전　韂관대할차　瓚제기찬(실23획)　讖참서참　讒참소할참

31(金)　　　30(木)　　　30(水)　　　27(火)　　　27(木)

韆그네천　矗우거질촉　囑부탁할촉　驟달릴취　攫붙잡을확(실23획)

二十五劃 <土>

30(火)　32(木)　26(木)　　　　31(木)　　　　　31(木)

觀볼관　矗독독　蘿무라(나)(실23)　攬잡을람(남)(실24)　欖감람나무람(남)

28(木)　　　31(水)　　　31(水)　　31(木)　27(木)　28(水)

籬울타리리(이)　蠻오랑캐만　鱉자라별　纘이을찬　廳관청청　灝넓을호(실24)

二十六劃 <土>

27(土)　　　　　　32(火)　　　34(水)

邏순행할라(나)(실23획)　驢나귀려(여)　灣물굽이만(실25획)

31(金)24(金)

讚(讃(실22획))기릴찬

二十七劃 <金>

32(火)　　　　35(木)　　　　31(土)　　　　31(金)

驥천리마기 纜닻줄람(남) 躪짓밟을린(인) 鑽끌찬

二十八劃 <金>

32(火)　　　　34(火)　　　　33(金)　　　　32(火)

戇어리석을당 鸚鳥앵무새앵 鑿뚫을착 驩기뻐할환

二十九劃 <水>

37(火)　　　　34(木)

驪가라말려(여) 鬱막힐울

三十劃 <水>

38(火)

鸞난새란(난)

3. 제작명비법(諸作名秘法)

세상에는 일반적인 작명법 외에도 수많은 비법이 있고, 그 중요도와 적중률도 매우 다양하다. 필자가 엄선한 5가지 작명비법을 요약하여 게재한다.

1. 선후천역상법(先後天易象法)

성명을 易象(역상)으로 작명하는 데는 여러 가지 방법이 있으나 그중 先後天易象法(선후천역상법)을 중요시하므로 소개한다.

앞에서 언급한 역상은 일본식 4자 성명에 쓰이던 것으로 우리의 일반적인 3자 성명에 그대로 적용하는 것은 온당치 못하다거나 작명역상 조견표에서도 알 수 있듯이 성씨별로 64괘 중 8괘에 국한되는 것을 모순으로 지적하는 사람도 있다.

본 선후천역상법은 先天數(선천수, 실획)와 後天數(후천수, 곡획)를 한자 획수로 함께 사용하는데, 아직은 세상에 알려지지 않은 작명비법으로 강호제현의 활용을 기대한다.

이 선후천역상법은 知冠(지관) 송충석 선생이 연구 창안하여 40여 년간 검증까지 한 특유의 비법으로 몇몇 제자들 외에는 세상에 처음 공개하는 것이다.

1) 작괘법(作卦法)

先天數 (正劃)	後天數 (曲劃)	

성명 선천수(正劃정획)합수 88除之 -상괘
성명 후천수(曲劃곡획)합수 88除之 -하괘
名字(이름) 선천수 합수 66除之 -動爻(동효)
※ 이름이 외자인 경우는 성명 선천수의 합

7 송 **宋** 8

24 { 8 충 **忠** 10

16 석 **錫** 19

————

31　　　37

성명 선천합수 31÷8=3…7 艮山(간산,상괘)
성명 후천합수 37÷8=4…5 巽風(손풍,하괘)
平生卦(평생괘) - 山風蠱卦(산풍고괘)
명자 선천합수 24÷6=4…6爻動 (동효)
本卦(본괘) - 山風蠱卦(산풍고괘)
之卦(지괘) - 地風升卦(지풍승괘)

2) 대상(大象)

- 선·후천괘 및 陽爻(양효) 9년　陰爻(음효) 6년

例　先天　山澤損(산택손)　　後天　水山蹇(수산건)

先天		後天	
──	37-45세	── ──	61-66세
── ──	31-36세	──	52-60세
── ──	25-30세	● ── ──	46-51세
── ──	19-24세	──	79-87세
──	10-18세	── ──	73-78세
● ──	1- 9세	── ──	67-72세

※ ●는 동효(元堂, 원당) 표시이며, 최고 나이의 경우는 先天純陽卦(선천순양괘, 9×6=54)와 後天 1陰5陽卦(9×5+6)의 경우와 같이 105세가 된다.

위에서 陽爻(—)일 때 9年을 주기로 하고, 陰爻(--)일 때 6年을 주기(大象이라 하며, 사주의 대운과 같음)로 하는 것이며, 先天卦(선천괘, 平生卦(평생괘)) 山澤損(산택손)의 初爻(초효) 1세부터 시작하여 上爻에서 45세로 끝나면 46세부터는 후천괘 水山蹇(수산건)의 4爻에서 시작하며 87세까지 소관함을 알 수 있을 것이다.

선천에서 후천으로 바뀔 때 상괘가 하괘로, 하괘가 상괘로 이동(이를 錯綜卦라 한다)하는데 선천의 初爻 왼쪽 元堂(원당, 主爻로 인식) ●은 음양이 바뀜을 알 수 있으며, 선후천 공히 원당부터 시작하고 선천괘수의 연한이 끝난 뒤에 후천괘로 넘어가는 것이다. 단 坎 屯 蹇(감 둔 건) 괘의 예외가 있다.

3) 괘상(卦象)의 활용

① 卦意(괘의)와 正位(정위)

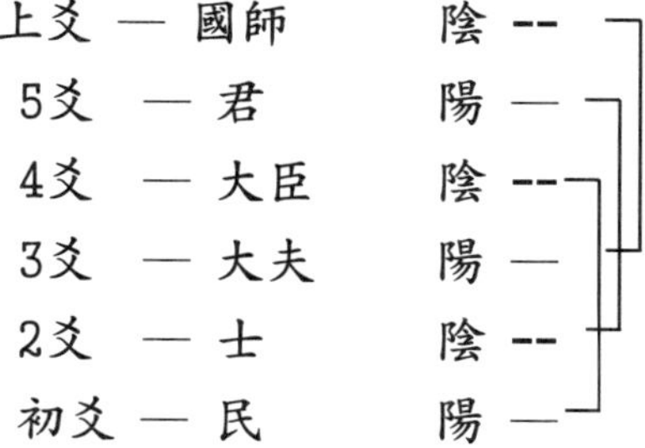

※ 보통 位吉(위길)이라 하면 2爻, 5爻를 얻는 경우를 말한다. 10점으로 환산하면 上爻 初爻 2점, 5爻 2爻 10점, 4爻 8점 3爻 6점으로 본다.

② 正對(정대)와 反對(반대)

正對(정대, 相錯 配合)　　　　　　　反對(반대, 綜卦 到轉)

山地剝　　　　澤天夬　　　　山地剝　　　　地雷復
산지박　　　　택천쾌　　　　산지박　　　　지뢰복

　　※ 元卦(원괘, 平生卦) 및 後天卦(후천괘)가 정대 또는 반대 괘가 되면 불길하다 하나 무엇보다 큰 변화가 발생하여 길흉간에 크게 작동한다고 보아야 한다.

③ 다른 變卦(변괘)

基本卦(元卦) : 山地剝(산지박)

互卦
(호괘)　　　　　　)外內　→　　　　　　重地坤
　　　　　　　　　　　　　　　　　　　　(중지곤)

倒顚卦
(도전괘)　　　　　　　　→　　　　　　地雷復
　　　　　　　　　　　　　　　　　　　　(지뢰복)

錯綜卦
(착종괘)　　　　　　　　→　　　　　　地山謙
　　　　　　　　　　　　　　　　　　　　(지산겸)

　　※ 위의 卦象(괘상)들은 本卦(본괘)의 卦意(괘의)를 들어내는 형상이다. 특히 互卦(호괘)의 활용이 크며 중요하다.

4) 원기(元氣)

卦名	乾	兌	離	震	巽	坎	艮	坤
元氣 化工	☰	☱	☲	☳	☴	☵	☶	☷
卦名	坤	艮	坎	巽	震	離	兌	乾
反元氣 反化工	☷	☶	☵	☴	☳	☲	☱	☰

天干	甲壬	乙癸	丙	丁	戊	己	庚	辛
地支	戌亥	未申	丑寅	酉	子	午	卯	辰巳
元氣(卦)	乾 ☰	坤 ☷	艮 ☶	兌 ☱	坎 ☵	離 ☲	震 ☳	巽 ☴

生年干支	元氣(원기)		反元氣(반원기)	
	八卦	吉凶	八卦	吉凶
甲壬　戌亥	乾		坤	貧賤, 剋父母 妻子
乙癸　未申	坤	富貴	乾	貧, 短命, 喜中在憂
丙　　丑寅	艮		兌	종기, 암, 暗昧
丁　　酉	兌		艮	순치有欠, 更加反對死
戊　　子	坎	名譽	離	눈병, 봉사
己　　午	離		坎	啞, 聲耳
庚　　卯	震	官祿	巽	痼疾, 손과 팔뚝病
辛　　辰巳	巽		震	跛(절름발이)

※ 원기에 납음까지 얻으면 더욱 좋다고 한다(천화동인괘를
얻은 庚午生<경오생, 路傍土노방토>은 동인 下卦의 離(리)가
로방토의 土를 火生土로 생함).

　원기는 선천적인 기운이므로 주로 부모를 비롯한 윗사람이나
선배나 직장상사가 돕는 것이다, 천간으로 얻은 天元氣(천원기)는
아버지 계통 또는 남성의 도움이 있고, 지지로 얻은 地元氣(지원
기)는 어머니 계통 또는 여성의 도움이 있다고 한다.

　화공 역시 원기와 더불어 나를 돕는 기운이라고 이해하면
된다. 다만 원기가 윗사람의 도움인데 반하여 화공은 동등
한 위치나 아랫사람의 도움이란 것이 다르다.

　예를 들어 원기인 震(진☳)이 하나 있는데 반원기인 巽
(손☴)이 있으면 巽기운의 방해가 있다지만 震의 기운으로
배겨나간다고 보면 된다.

5) 선후천괘(先後天卦) 연령변화도

1, 10, 100 단위로 표시했는데 100 자리수는 상괘, 10 자리
수는 하괘, 1 자리수는 元堂(원당)이다.

先天卦	後天卦	변경나이	先天卦	後天卦	변경나이	先天卦	後天卦	변경나이	先天卦	後天卦	변경나이
111	514	55세	146	423	49세	185	832	46세	244	461	46세
112	315	55세	151	114	52세	186	823	46세	245	442	46세
113	216	55세	152	715	52세	211	524	52세	246	413	46세
114	151	55세	153	616	52세	212	325	52세	251	124	49세
115	132	55세	154	551	52세	213	226	52세	252	725	49세
116	123	55세	155	532	52세	214	161	52세	253	626	49세
121	614	52세	156	523	52세	215	142	52세	254	561	49세
122	415	52세	161	214	49세	216	113	52세	255	542	49세
123	116	52세	162	815	49세	221	624	49세	256	513	49세
124	251	52세	163	516	49세	222	425	49세	261	224	46세
125	232	52세	164	651	49세	223	126	49세	262	825	46세
126	223	52세	165	632	49세	224	261	49세	263	526	46세
131	714	52세	166	623	49세	225	242	49세	264	661	46세
132	115	52세	171	314	49세	226	213	49세	265	642	46세
133	416	52세	172	515	49세	231	724	49세	266	613	46세
134	351	52세	173	816	49세	232	125	49세	271	324	46세
135	332	52세	174	751	49세	233	426	49세	272	525	46세
136	323	52세	175	732	49세	234	361	49세	273	826	46세
141	841	49세	176	723	49세	235	342	49세	274	761	46세
142	215	49세	181	414	46세	236	313	49세	275	742	46세
143	316	49세	182	615	46세	241	824	46세	276	713	46세
144	451	49세	183	716	46세	242	225	46세	281	424	43세
145	432	49세	184	851	46세	243	326	46세	282	625	43세

先天卦	後天卦	변경나이	先天卦	後天卦	변경나이	先天卦	後天卦	변경나이	先天卦	後天卦	변경나이
283	736	43세	371	334	46세	455	522	46세	543	356	46세
284	861	43세	372	535	46세	456	533	46세	544	411	46세
285	842	43세	373	836	46세	461	244	43세	545	472	46세
286	813	43세	374	771	46세	462	845	43세	546	463	46세
311	534	52세	375	712	46세	463	546	43세	551	154	49세
312	335	52세	376	743	46세	464	681	43세	552	735	49세
313	236	52세	381	434	43세	465	622	43세	553	656	49세
314	171	52세	382	635	43세	466	633	43세	554	511	49세
315	112	52세	383	736	43세	471	344	43세	555	572	49세
316	143	52세	384	871	43세	472	545	43세	556	563	49세
321	634	49세	385	812	43세	473	846	43세	561	254	46세
322	435	49세	386	843	43세	474	781	43세	562	855	46세
323	136	49세	411	544	49세	475	722	43세	563	556	46세
324	271	49세	412	345	49세	476	733	43세	564	611	46세
325	212	49세	413	246	49세	481	444	40세	565	672	46세
326	242	49세	414	181	49세	482	645	40세	566	663	46세
331	734	49세	415	122	49세	483	746	40세	571	354	46세
332	135	49세	416	133	49세	484	881	40세	572	555	46세
333	436	49세	421	644	46세	485	822	40세	573	856	46세
334	371	49세	422	445	46세	486	833	40세	574	711	46세
335	312	49세	423	145	46세	511	554	52세	575	772	46세
336	343	49세	424	281	46세	512	355	52세	576	763	46세
341	834	46세	425	222	46세	513	256	52세	581	454	43세
342	235	46세	426	233	46세	514	111	52세	582	655	43세
343	336	46세	431	744	46세	515	172	52세	583	756	43세
344	471	46세	432	145	46세	516	163	52세	584	811	43세
345	412	46세	433	446	46세	521	654	49세	585	872	43세
346	443	46세	434	381	46세	522	455	49세	586	863	43세
351	134	49세	435	322	46세	523	156	49세	611	564	49세
352	735	49세	436	333	46세	524	211	49세	612	365	49세
353	636	49세	441	844	43세	525	272	49세	613	266	49세
354	571	49세	442	245	43세	526	263	49세	614	121	49세
355	512	49세	443	346	43세	531	754	49세	615	182	49세
356	543	49세	444	481	43세	532	155	49세	616	153	49세
361	234	46세	445	422	43세	533	456	49세	621	664	46세
362	835	46세	446	433	43세	534	311	49세	622	465	46세
363	536	46세	451	144	46세	535	372	49세	623	166	46세
364	671	46세	452	745	46세	536	363	49세	624	221	46세
365	612	46세	453	646	46세	541	854	46세	625	282	46세
366	643	46세	454	581	46세	542	255	46세	626	253	46세

先天卦	後天卦	변경나이	先天卦	後天卦	변경나이	先天卦	後天卦	변경나이	先天卦	後天卦	변경나이
631	764	46세	684	821	40세	761	274	43세	834	341	43세
632	165	46세	685	882	40세	762	875	43세	835	362	43세
633	466	46세	686	853	40세	763	576	43세	836	373	43세
634	321	46세	711	574	49세	764	631	43세	841	884	40세
635	382	46세	712	375	49세	765	872	43세	842	285	40세
636	353	46세	713	276	49세	766	683	43세	843	386	40세
641	864	43세	714	131	49세	771	374	43세	844	441	40세
642	265	43세	715	152	49세	772	575	43세	845	462	40세
643	366	43세	716	183	49세	773	876	43세	846	473	40세
644	421	43세	721	674	46세	774	731	43세	851	184	43세
645	482	43세	722	475	46세	775	752	43세	852	785	43세
646	453	43세	723	176	46세	776	783	43세	853	686	43세
651	164	46세	724	231	46세	781	474	40세	854	541	43세
652	765	46세	725	252	46세	782	675	40세	855	562	43세
653	666	46세	726	283	46세	783	776	40세	856	573	43세
654	521	46세	731	774	46세	784	831	40세	861	284	40세
655	582	46세	732	175	46세	785	852	40세	862	885	40세
656	553	46세	733	476	46세	786	883	40세	863	586	40세
661	264	43세	734	331	46세	811	584	46세	864	641	40세
662	865	43세	735	352	46세	812	385	46세	865	662	40세
663	566	43세	736	383	46세	813	286	46세	866	673	40세
664	621	43세	741	874	43세	814	141	46세	871	384	40세
665	682	43세	742	275	43세	815	162	46세	872	585	40세
666	653	43세	743	376	43세	816	173	46세	873	886	40세
671	364	43세	744	431	43세	821	684	43세	874	741	40세
672	565	43세	745	452	43세	822	485	43세	875	762	40세
673	966	43세	746	483	43세	823	186	43세	876	773	40세
674	721	43세	751	174	46세	824	241	43세	881	484	37세
675	782	43세	752	775	46세	825	262	43세	882	685	37세
676	753	43세	753	676	46세	826	273	43세	883	786	37세
681	464	40세	754	531	46세	831	784	43세	884	841	37세
682	665	40세	755	552	46세	832	185	43세	885	862	37세
683	766	40세	756	583	46세	833	486	43세	886	873	37세

※ 앞 예의 선후천괘 및 대상에서 선천괘 산택손괘 초효동은
숫자로 721인데, 후천괘는 수산건괘 4효동으로 674이며 46세부터
시작하였음을 위표 굵은줄의 721, 674, 46세와 같이 본다(괘의
변화와 대상을 확정하기 전에 착오 발견가능).

6) 64괘의 상(象)과 길흉

길흉괘순	괘 명	괘 상	풀 이
B	1. 重天乾(건)	天行健	천행이 건장함
A	2. 重地坤(곤)	地勢	지의 형세
D	3. 水雷屯(둔)	震雷	구름과 우뢰
E	4. 山水蒙(몽)	山下出泉	산 밑에 샘이 나는 것
C	5. 水天需(수)	雲上於天	구름이 하늘에 오르는 것
E	6. 天水訟(송)	天與水違行	하늘과 물이 어긋나게 행함
C	7. 地水師(사)	地中有水	땅 가운데 물이 있음
B	8. 水地比(비)	地上有水	지상에 물이 있는 것
D	9. 風天小畜(소축)	風行天上	바람이 천상에 행하는 것
D	10. 天澤履(리)	上天下澤	위는 하늘, 아래는 연못
A	11. 地天泰(태)	天地交	하늘과 땅의 사귐
F	12. 天地否(비)	天地不交	천지가 사귀지 않는 것
A	13. 天火同人(동인)	天與火	하늘과 불이 더불음
A	14. 火天大有(대유)	火在天上	태양이 중천에 오르고 있는 것
B	15. 地山謙(겸)	地中有山	지중에 산이 있음
B	16. 雷地豫(예)	雷出地奮	우뢰가 땅에서 나와 떨침
C	17. 澤雷隨(수)	澤中有雷	못 속에 우뢰가 있음
E	18. 山風蠱(고)	山下有風	산하에 바람이 있는 것
B	19. 地澤臨(림)	澤上有地	못 위에 땅이 있음
B	20. 風地觀(관)	風行地上	바람이 땅 위에 행하는 것

C	21.	火雷噬嗑(서합)	雷電	우뢰와 번개
B	22.	山火賁(비)	山下有火	산하에 불이 있음
F	23.	山地剝(박)	山附於地	산이 땅에 붙은 것
A	24.	地雷復(복)	雷在地中	우뢰가 땅 가운데 있는 것
C	25.	天雷无妄(무망)	天下雷行物與	천하에 우뢰가 행해서 물건마다(无妄)
A	26.	山天大畜(대축)	天在山中	하늘이 산 중에 있는 것
D	27.	山雷頤(이)	山下有雷	산하에 우레가 있음
C	28.	澤風大過(대과)	澤滅木	못이 나무를 멸하는 것
F	29.	重水坎(감)	水洊至習	물이 거듭 이르는 것이 습(坎)
D	30.	重火離(리)	明雨作	밝은 것이 둘이 (離)를 지었음
B	31.	澤山咸(함)	山上有澤	산 위에 못이 있는 것
B	32.	雷風恒(항)	雷風	우뢰와 바람
F	33.	天山遯(돈)	天下有山	하늘 아래 산이 있는 것
C	34.	雷天大壯(대장)	雷在天上	우뢰가 하늘 위에 있는 것
B	35.	火地晋(진)	明出地上	밝은 것이 땅위에 나온 것
D	36.	地火明夷(명이)	明入地中	밝은 것이 지중에 들어감
C	37.	風火家人(가인)	風自火出	바람이 불에서 나오는 것
E	38.	火澤睽(규)	上火下澤	위에는 불, 아래는 물
F	39.	水山蹇(건)	山上有水	산 위에 물이 있는 것
A	40.	雷水解(해)	雷雨作	우뢰와 비가 일어나는 것
B	41.	山澤損(손)	山下有澤	산 아래에 못이 있는 것
A	42.	風雷益(익)	風雷	바람과 우뢰

C	43.	澤天夬(쾌)	澤上於天	연못이 하늘에 오름
E	44.	風垢(구)	天下有風	천하에 바람이 있는 것
A	45.	澤地萃(취)	澤上於地	연못이 땅 위에 한 것
A	46.	地風升(승)	地中生木	땅 속에서 나무가 나옴
F	47.	澤水困(곤)	澤无水	못에 물이 없는 것
B	48.	水風井(정)	木上有水	나무 위에 물이 있는 것
B	49.	澤火革(혁)	澤中有火	물 가운데 불이 있는 것
A	50.	火風鼎(정)	木上有火	나무 위에 불이 있는 것
D	51.	重雷震(진)	洊雷	우뢰가 거듭한 것
D	52.	重山艮(간)	兼山	산이 겹친 것
B	53.	風山漸(점)	山上有木	산 위에 나무가 있는 것
E	54.	雷澤歸昧(귀매)	澤上有雷	연못 위에 우뢰가 있는 것
B	55.	雷火風(풍)	雷電皆至	우뢰와 번개가 다 이르는 것
E	56.	火山旅(여)	山上有火	산 위에 불이 있는 것
B	57.	重風巽(손)	隨風	바람이 바람을 따르는 것
A	58.	重澤兌(태)	麗澤	걸린 못
E	59.	風水渙(환)	風行水上	바람이 수상에 행하는 것
D	60.	水澤節(절)	澤上有水	연못 위에 물이 있는 것
D	61.	風澤中孚(중부)	澤上有風	못 위에 바람이 있는 것
D	62.	雷山小過(소과)	山上有雷	산 위에 우뢰가 있는 것
C	63.	水火旣濟(기제)	水在火上	물이 불 위에 있는 것
A	64.	火水未濟(미제)	火在水上	불이 물 위에 있는 것

※ 앞에서 1~64의 각 괘마다의 숫자는 卦順(괘순)으로 孔子 (공자)의 十傳(십전, 십익) 중 序卦傳(서괘전)에 그 배열 및 이유를 설명하고 있다. 숫자 앞의 A~F까지의 알파벳은 64괘 의 길흉을 상념적으로나마 필자가 제시한 것으로, 卦마다 그 뜻을 이해하는데 供(공)하는 쓰임 정도의 것이다. 大吉 13, 中吉 16, 平吉 10, 半吉 11, 小吉 8, 不吉 6개로 64卦를 6가 지로 구분해 본 것일 뿐이다. 어느 누구도 정형적인 분류는 불가능한 것으로 또한 양해의 대상이다.

※ 卦의 길흉은 그렇다치고, 爻의 길흉은 간단하나마 다음의 周易爻辭吉凶表(주역효사길흉표)에 의할 수 있다.

7) 선후천역상법(先後天易象法)의 검증의 예

만물의 영장인 사람으로 태어나 처음 받은 선물이 이름이다. 이 름은 한평생 반복해서 부르는 지구상에서 가장 짧은 영혼의 소리 라고 한다. 좋은 이름(良名)은 선천적인 운명(四柱八字)을 보완 중 화하여 避凶趨吉(피흉추길)하고 개조개척하여 좋은 운세로 개운하 고, 나쁜 이름(惡名)은 일생을 암담한 불행의 길로 유도하는 암시 력을 지니고 있다.

타고난 숙명은 어느 누구도 피하거나 바꾸지 못하지만 후천적이 나마 오직 유일하게 이름으로 그 개운 가능성은 충분히 있는 것이 며, 이는 인과의 법칙이기도 하다. 우리가 알만한 인물들의 이름을 보면 개명한 경우가 많다.

• 이스라엘 ← 야곱(창 32:28)

• 베드로 ← 시몬(요한 1:42)

• 나폴레옹 보나 파르트 ← 나플레오네 부오나 파르트

• 李承晩(이승만) ← 李承龍(이승용)

• 金大中(김대중) ← 金大仲(김대중)

　그러면 박정희 전 대통령의 이름을 周易(주역)의 작명비법인 先後天易象法(선후천역상법)으로 풀어본다.

■ 乾命, 1917(丁巳)년 9월 30일 음력 寅(인)시생

선천수 (정획)		후천수 (곡획)		作卦法 上卦 선천수24÷8=8坤地(곤지)
土 6	朴 박	6 水		下卦 후천수30÷8=6坎水(감수)
木 5	正 정	5 金		動爻 名字선천수합18÷6=6爻動
金 13	熙 희	19 土		卦　象 本卦 地水師卦(지수사괘)
				之卦 山水蒙卦(산수몽괘)
24		30		互卦 地雷復卦(지뢰복괘)

선천괘(地水師卦 上爻動) 866　　　후천괘(水山蹇卦 3爻動) 673

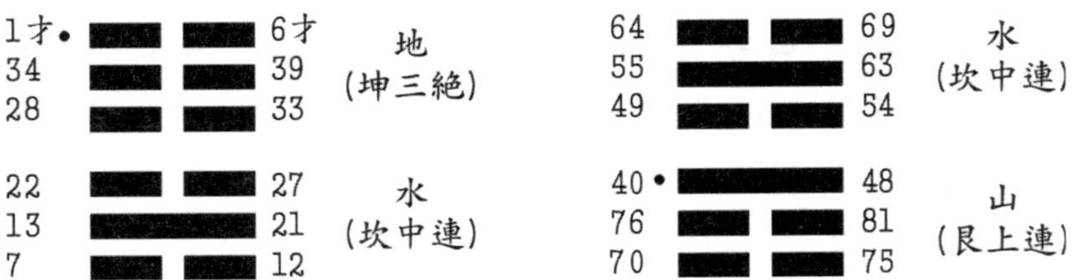

먼저 평생괘(선천괘)인 地水師(지수사)괘는 군통술 장수의 뜻이 있는데 대장까지 지낸 군인이며 통솔자였으니 전적으로 부합된다.

지수사괘 上爻(상효)에 대한 爻辭(효사)를 보면 "大君(대군)이 有名(유명)이니 開國承家(개국승가)에 小人物用(소인물용)이니라" 이는 대군이 명령을 듬이니 나라를 열고 집을 이으매 소인은 쓰지 말지니라로 풀이하고, 여기서 대군유명은 크게 임금의 명령이라는 말이며, 승전 후에 논공행상을 하는데 라는 뜻이고, 개국승가에 소인물용은 객국공신은 제후에 봉하고 경대부는 승가도 하되 소인은 정치에 무능하니 쓰지말라 함이라.

이에 대해 공자께서 형상적으로 말씀하시기를 "大君有名은 以正(이정) 功也(공야)요, 小人物用은 必亂邦也(필란방야)일세라" 대군의 명령이 있다는 것은 공을 바르게 함이요, 소인을 정치에 등용하지 말라는 것은 반드시 나라를 어지럽힐세 라고 풀이한다.

한마디로 군사 쿠데타로 권력을 장악하고 혁명에 공로가 큰 측근들을 무능함에도 불구하고 중용하였다가 나라가 거덜나고 배신까지 당하였으니 이보다 더 정확하게 적중할 수는 없는 일이다.

연령대별 流年別(유년별)로 보면 49~54才의 大象(대상, 사주의 大運 대운과 비슷)은 澤山咸(택산함)괘로 丁巳生(정사생)인 고인에게는 元氣(원기)에 해당하는 兌(태)와 巽(손)이 들어 있어 일생일대의 好運(호운)이라고 볼 수 있지만, 다음 55~63才의 대상은 地山謙(지산겸)괘이나 反元氣(반원기)인 艮(간)이 들어 있는 등 결코 길운이라 보기 어려웠는데, 결국 63才인 1979년 10월 29일 丙寅日(병인일)에 서거하였다.

8) 주역효사(周易爻辭) 길흉표

河洛理數(하락이수) CD에 의함(20점중 평가점수)

卦	初爻	二爻	三爻	四爻	五爻	上爻	卦	初爻	二爻	三爻	四爻	五爻	上爻
乾	11104	11218	11312	11416	11520	11604	遯	17108	17216	17312	17410	17520	17616
坤	88106	88220	88312	88408	88520	88608	大壯	41104	41216	41306	41420	41512	41606
屯	64120	64212	64308	64416	64512	64604	晉	38108	38216	38316	38406	38520	38614
蒙	76112	76216	76304	76404	76516	76614	明夷	83112	83216	83312	83416	83512	83602
需	61112	61216	61304	61412	61520	61616	家人	53116	53218	53312	53412	53520	53620
訟	16112	16212	16312	16414	16520	16606	睽	32114	32216	32312	32416	32520	32614
師	86112	86220	86304	86412	86516	86618	蹇	67112	67210	67312	67416	67516	67616
比	68116	68220	68302	68416	68520	68604	解	46116	46220	46304	46408	46516	46620
小畜	51116	51220	51304	51412	51520	51604	損	72116	72212	72316	72416	72520	72620
履	12116	12212	12304	12412	12512	12620	益	54118	54220	54314	54420	54520	54604
泰	81116	81220	81312	81408	81520	81604	夬	21104	21212	21308	21404	21516	21604
否	18112	18208	18308	18416	18520	18616	姤	15112	15216	15306	15408	15520	15612
同人	13112	13212	13304	13412	13516	13612	萃	28108	28220	28308	28416	28514	28604
大有	31112	31220	31314	31412	31516	31620	升	85120	85218	85320	85416	85520	85608
謙	87116	87216	87320	87416	87520	87614	困	26104	26214	26308	26412	26516	26604
豫	48108	48216	48304	48420	48512	48604	井	65108	65212	65312	65416	65520	65620
隨	24116	24208	24316	24412	24514	24610	革	23112	23216	23312	23406	23520	23616
蠱	75112	75218	75312	75408	75520	75612	鼎	35118	35214	35314	35406	35520	35620
臨	82120	82220	82308	82416	82520	82618	震	44116	44212	44308	44408	44512	44604
觀	58108	58212	58312	58420	58520	58614	艮	77104	77210	77314	77414	77518	77620
噬嗑	34108	34208	34308	34418	34518	34618	漸	57112	57216	57304	57412	57518	57620
賁	73110	73214	73316	73404	73520	73616	歸妹	42118	42212	42308	42412	42520	42604
剝	78104	78204	78310	78404	78516	78616	豐	43116	43212	43306	43414	43520	43604
復	84120	84218	84312	84416	84520	84608	旅	37108	37216	37304	37412	37520	37604
无妄	14118	14218	14312	14414	14520	14608	巽	55112	55216	55308	55416	55508	55614
大畜	71108	71208	71316	71420	71520	71620	兌	22116	22220	22308	22416	22508	22614
頤	74106	74204	74304	74416	74516	74620	渙	56116	56216	56316	56420	56520	56616
大過	25116	25220	25304	25416	25512	25604	節	62112	62204	62308	62420	62520	62608
坎	66104	66212	66304	66414	66516	66604	中孚	52116	52220	52312	52414	52520	52612
離	33106	33220	33306	33404	33510	33616	小過	47112	47216	47304	47412	47512	47604
咸	27112	27208	27312	27412	27512	27612	旣濟	63108	63214	63312	63414	63512	63608
恒	45104	45214	45304	45408	45512	45608	未濟	36108	36214	36312	36406	36520	36616

※ 5개 숫자중 1, 2번은 卦名(괘명) 3번은 爻番(효번) 4, 5번은 點數(점수)의 배열임

2. 황극책수법(皇極策數法)

예) 地天泰卦(지천태괘)
陽爻의 1爻는 36策(책)　　　36×3=108
陰爻의 1爻는 24策(책)　　　24×3=72 ﹜ 180

1) 착종수(錯綜數)

乾 216	履 204	同人 204	无妄 190	姤 204	訟 192	遯 192
否 180	夬 204	兌 192	革 192	隨 180	大過 192	困 180
咸 180	萃 168	大有 204	睽 192	離 192	噬嗑 180	鼎 192
未濟 180	旅 180	晋 168	大壯 192	歸妹 180	豊 180	震 168
恒 180	解 168	小過 168	豫 156	小畜 204	中孚 192	家人 192
益 180	巽 180	渙 180	漸 180	觀 168	需 192	節 180	旣濟 180
屯 168	井 180	坎 168	蹇 168	比 156	大畜 192	損 180
賁 180	頤 168	蠱 180	蒙 168	艮 168	剝 156	泰 180
臨 168	明夷 168	復 156	升 168	師 156	謙 156	坤 144

2) 작괘(作卦)

姓字+名上字 합수 88除之 上卦(상괘)　姓名字 합수 88除之 下卦(하괘)
姓名字(성명자) 합수 66除之 動爻(동효)

17÷8 ＝ 金 8 / 化 6 ﹜ 14÷8＝6(坎水감수) 上卦
　　　　　　　　　　　本卦 水天需卦(수천수괘)

1 下卦 ＼ 七 3　　17÷6＝5爻動　之卦 地天泰卦(지천태괘)

※ 字劃(자획)은 필히 曲劃(곡획)에 의한다.

3) 황극책수(皇極策數)

착종수 - 原數(원수, 被乘數)
內卦動時 卦數 10位 동효수 單(단)　上卦數+下卦數+爻數=□□□□
外卦動時 爻數 10位 괘수　單(단)　　　　　　　　　　　元會運世

※ 5位數時(위수시)　基位(기위) 減(감, 만 단위 제외)
　　384 괘효의 원문 원회운세표(3개 4언절구)를 종합하여
　　부호로 길흉 표시함(私見).

예 1) 地天泰(지천태)　3爻動인 경우라면
泰卦(태괘) 착종수 180　3爻動(효동) - 內卦動(내괘동)
天卦(천괘) 10位 爻數(효수)3=13　180×13=2340
2340+180(착종수)+8(上卦地)+1(下卦天)+3
(동효수)=황극책수(元會運世)

예 2) 地天泰(지천대)　5爻動(효동)인 경우라면
180×58(5효동수 10位　地卦數(지괘수) 8)=10440
10440+180+8+1+5(動爻數)=10634 →　0634

●空數(공수, 천 단위 4개 숫자 중 0이 된 것)
　元數(천 단위) : 일생사가 두서가 없고 가산이 敗壞(패괴).
　會數(백 단위) : 형제가 분리되어 孤獨無依之象(고독무의지상).
　運數(십 단위) : 자신에 불길함이 많음.
　世數(단 단위) : 자손이 부유한 상.

※ 運(운)은 自己(자기), 世(세)는 人(인, 본인)이 되니 世(세)
가 運(운)을 생하면 洩氣(설기)되고, 세가 운을 剋(극)하면 평
길하고 비화가 되도 평길하다. 원회운세는 성명자 길흉풀이
(4언절구) 외에도 만상의 변화가 있다.

4) 원회운세표(元會運世表)

重天乾(11)		天風姤(15)		天山遯(17)		天地否(18)		風地觀(58)	
111	2595 ○	151	0615 ×	171	3833 △	181	4770 ×	581	3790 ×
112	2812 ○	152	0820 ×	172	4026 ×	182	4951 △	582	3959 ×
113	3029 ×	153	1025 ×	173	4219 ○	183	5132 △	583	4128 △
114	9078 ×	154	8578 △	174	8076 ×	184	7573 ○	584	7745 △
115	1239 ×	155	0619 ×	175	9997 △	185	9374 △	585	9426 ×
116	3400 ×	156	2660 ×	176	1918 ○	186	1175 ×	586	1107 ×
火山旅(37)		山地剝(78)		火地晋(38)		火天大有(31)		重水坎(66)	
371	2972 ×	781	2808 ×	381	3788 ○	311	2453 ×	661	0429 ×
372	3152 △	782	2965 △	382	3957 ○	312	2658 △	662	0598 △
373	3333 △	783	3122 ○	383	4128 ×	313	2863 △	663	0767 ×
374	7934 △	784	7507 ×	384	7407 ×	314	8984 △	664	7912 △
375	9735 ×	785	9068 ×	385	9088 ×	315	1025 ×	665	9593 △
376	1936 ×	786	0629 △	386	0769 ×	316	3066 △	666	1274 ×
水澤節(62)		水雷屯(64)		水火旣濟(63)		澤火革(23)		雷火豊(43)	
621	3969 ○	641	7067 ×	631	5770 ×	231	6150 ×	431	5768 △
622	4150 ×	642	7236 △	632	5951 △	232	6342 ×	432	5949 △
623	4331 ○	643	7405 ×	633	6132 ○	233	6536 ○	433	6130 △
624	8472 △	644	7910 ×	634	0273 ○	234	8265 ×	434	8111 ○
625	0273 △	645	9591 △	635	0274 ×	235	0186 ×	435	9912 ○
626	2074 ×	646	1272 ○	636	2075 ×	236	2107 ×	436	1723 ×
地火明夷(83)		地水師(86)		重山艮(77)		山火賁(73)		山天大畜(71)	
831	5388 ×	861	9687 △	771	2111 ×	731	5771 △	711	2313 ×
832	5557 ×	862	9844 △	772	2280 ×	732	5952 ○	712	2506 ×
833	5726 ×	863	0001 ×	773	2449 ○	733	6133 ○	713	2699 ○
834	8247 △	864	7662 △	774	8082 ×	734	8654 ×	714	9228 ○
835	9928 △	865	9223 △	775	9763 △	735	0455 △	715	1149 ○
836	1609 ×	866	0784 △	776	1444 ○	736	2256 ○	716	3070 ×

山澤損(72)		火澤睽(32)		天澤履(12)		風澤中孚(52)		風山漸(57)	
721	3970 ×	321	4230 ×	121	4492 ○	521	4232 △	571	2973 ○
722	4151 ×	322	4423 ○	122	4697 △	522	4452 △	572	3154 △
723	4332 △	323	4616 △	123	4902 ×	523	4618 △	573	3335 ×
724	8653 ×	324	8457 △	124	8575 △	524	8843 △	574	8296 ×
725	0454 ×	325	0378 ×	125	0616 △	525	0764 ×	575	0097 ×
726	4255 ×	326	2299 ○	126	2657 ○	526	2685 ×	576	1898 ×

重雷震(44)		雷地豫(48)		雷水解(46)		雷風恒(45)		地風升(85)	
441	7065 ×	481	2805 ×	461	0427 ×	451	9370 ×	851	8750 △
442	7234 ×	482	2962 ○	462	0596 △	452	9551 ○	852	8919 ○
443	7403 ×	483	3119 ○	463	0765 ×	453	9732 ×	853	9088 ×
444	7572 △	484	7036 ×	464	7574 ○	454	8113 ×	854	8249 ○
445	9253 ×	485	8597 △	465	9255 △	455	9914 ○	855	9930 ×
446	2934 ×	486	0158 △	466	0936 △	456	1715 ×	856	1611 △

水風井(65)		澤風大過(25)		澤雷隨(24)		重風巽(55)		風天小畜(51)	
651	9372 ○	251	9992 ○	241	1367 △	551	9995 ○	511	2455 ○
652	9553 ○	252	0185 △	242	7548 ×	552	0188 △	512	2662 △
653	9734 ×	253	0378 △	243	9729 △	553	0431 △	513	2865 △
654	8475 △	254	8267 ×	244	7750 △	554	8846 △	514	9534 ×
655	0276 △	255	0188 ×	245	9551 ○	555	0767 ×	515	1615 ×
656	2077 ×	256	2109 ×	246	1352 ○	556	2688 ○	516	3656 △

風火家人(53)		風雷益(54)		天雷无妄(24)		火雷噬嗑(34)		山雷頤(74)	
531	6153 ×	541	7570 △	241	8070 △	341	7568 △	741	7068 ×
532	6346 ×	542	7751 ○	242	8178 △	342	7749 △	742	7237 ×
533	6539 ×	543	7932 △	243	8456 ○	343	7930 △	743	7406 ×
534	8844 ×	544	8253 △	244	8073 △	344	7931 △	744	8079 ×
535	0765 ×	545	0094 ×	245	9994 △	345	9731 ×	745	9760 ×
536	2686 △	546	1895 ○	246	1982 △	346	1533 ×	746	1441 ○

山風蠱(75)		重火離(33)		火風鼎(35)		火水未濟(36)		山水蒙(76)	
751	9373 ○	331	6343 ×	351	9993 ×	361	1170 ×	761	0430 ×
752	9554 ×	332	6344 ×	352	0186 △	362	1351 ×	762	0599 ×
753	9735 ×	334	6537 ×	353	0187 ×	363	1532 ×	763	0768 ×
754	8656 ×	335	8456 ×	354	8463 ×	364	7933 ×	764	8081 ○
755	0457 ○	336	0379 △	355	0381 △	365	9734 △	765	9762 △
756	2258 ×	337	2300 ×	356	2302 ×	366	1535 △	766	1443 ○

風水渙(56)		天水訟(16)		天火同人(13)		重地坤(88)		地雷復(84)	
561	1172 ×	161	1912 ○	131	6533 △	881	1825 ○	841	6565 ×
562	1353 ×	162	2105 ×	132	6738 ○	882	1970 ×	842	7722 △
563	1534 ×	163	2298 ×	133	6943 △	883	2165 ×	843	6879 ○
564	8295 ○	164	8075 ×	134	8576 ×	884	7126 ×	844	7660 ×
565	0096 ×	165	9996 △	135	0617 ×	885	8517 ×	845	9653 ×
566	1897 ×	h166	1917 ○	136	2658 ×	886	9958 ○	846	0777 △

地澤臨(82)		地天泰(81)		雷天大壯(41)		澤天夬(21)		水天需(61)	
821	3707 ×	811	2170 ×	411	2309 ×	211	2452 ○	611	2312 ×
822	3876 ○	812	2351 ×	412	2503 ×	212	2657 ○	612	2505 ×
823	4045 ×	813	2532 ×	413	2696 ×	213	2862 ×	613	2698 ×
824	8246 △	814	8833 ×	414	8649 ○	214	8779 △	614	9035 ×
825	9927 △	815	0634 △	415	0570 ×	215	0820 ×	615	0956 △
826	1608 ×	816	2435 △	416	2491 ○	216	2861 ○	616	2877 △

水地比(68)		重澤兌(22)		澤水困(26)		澤地萃(28)		澤山咸(27)	
681	2807 ×	221	4229 △	261	1169 ○	281	3787 ○	271	2970 ×
682	2964 ○	222	4422 ×	262	2350 ×	282	3956 △	272	3151 △
683	3121 ×	223	4615 ×	263	1531 △	283	4125 ×	273	3332 ○
684	3750 △	224	8264 ○	264	7752 ○	284	7283 ○	274	7753 △
685	8911 △	225	0185 △	265	9553 ×	285	8919 ○	275	9554 △
686	0472 ×	226	2106 ×	266	1354 ×	286	0600 ×	276	1355 ×

水山蹇(67)		地山謙(87)		雷山小過(47)		雷澤歸妹(42)			
671	2110 ×	871	1248 △	471	2108 ×	421	3967 △		
672	2279 ×	872	1405 ×	472	2277 ×	422	4148 ×		
673	2448 ×	873	1562 ×	473	2446 ○	423	4329 ×		
674	7913 ○	874	7663 ×	474	7575 ×	424	8110 ×		
675	9594 ○	875	9224 ×	475	9256 △	425	9911 ○		
676	1275 ×	876	0785 ×	476	0937 ×	426	1712 ×		

3. 자획자원오행법(字劃字源五行法)

발음오행과 수리에 곁들여 자획자원오행을 활용하였다. 慧東
(혜동), 金龍述(김용술) 선생이 수십 년 동안 써온 비법이다.

1) 명상자(名上字)의 상충(相沖) 불허 : 생년태세

예) 丙子生(병자생)의 경우
示玉目石禾玄生用田白立甲申(5획), 百(6획), 甫男秀究(7획), 孟
直知秉(8획), 皇盈務祗祈禹科秋(9획), 珉益眞短祖祐(10획) 등과
같이 자획자원오행이 午(火)이면 地支(지지)간 子午(자오) 相沖
(상충)이 된다.

地支	子	丑	寅	卯	辰	巳	午	未	申	酉	戌	亥
相沖	午	未	申	酉	戌	亥	子	丑	寅	卯	辰	巳

地支相沖: 신고, 병난, 상처, 別妻(별처), 파란, 파가, 송사,
파재, 충돌, 산재, 파괴, 살상, 좌천, 해임 등이 작용한다.

2) 명상자(名上字)의 원진(怨嗔) 불허 : 생년태세

예) 丙子生(병자생)인 경우

朱羽臣自艮(8획), 良(7획), 羌舍(8획), 紅約紀美耐耶致(9
획), 粉紛純紋素(10획) 등과 같이 자획자원오행이 未(士)
이면 지지간 子未(자미) 원진이 된다.

地支	子	丑	寅	卯	辰	巳	午	未	申	酉	戌	亥
怨嗔	未	午	酉	申	亥	戌	丑	子	卯	寅	巳	辰

怨嗔(원진) : 서로 싫어하여 증오하고 혐오하거나 대인관계에
서 시기 질투 원망하며 거리를 둔다는 일종의 살이다. 고독,
별거, 이혼, 부부생사이별, 단명, 부모형제 불화, 타향살이,
자녀불효, 불손 등이 작용한다.

■ 12地支(지지) 동물 비유

鼠忌羊頭角(서기양두각) - 쥐는 양의 뿔이 제 몸을 다칠
　　　　　　　　　　　　　까봐 미워한다.

牛憎馬不耕(우증마불경) - 소는 말이 논밭을 갈지 않고
　　　　　　　　　　　　　주인만 태우고 다니는 것을
　　　　　　　　　　　　　미워한다.

虎憎鷄紫短(호증계자단) - 호랑이는 닭이 울면 날이 밝
　　　　　　　　　　　　　아오므로 미워한다.

兎怨侯不平(토원후불평) - 토끼는 원숭이가 자기를 쫓아
　　　　　　　　　　　　　다니는 것을 미워한다.

龍嫌猪面黑(용혐저면흑) - 용은 돼지 얼굴이 자기와 닮아
　　　　　　　　　　검다하여 싫어한다.
蛇警犬吠聲(사경견폐성) - 뱀은 개짖는 소리에 놀라 허
　　　　　　　　　　물이 벗어진다하여 원망한다.

3) 명상자(名上字)의 고장(庫藏) 불허 : 생년태세

예 1) 丙子生인 경우

　명상자 臣(신하신)은 5획으로 丙부터 5번째는 庚경(丙丁戊
己庚)인데 臣字의 자획자원오행이 丑(축)이므로 庚(경)의 고
장은 丑(축)이 된다.

예 2) 癸未生(계미생)인 경우

　명상자 星(별성)은 9획으로 癸부터 9번째는 辛신(癸甲乙丙丁
戊己庚辛)인데 星字의 자획자원오행은 辰(진)이므로 辛(신)의
고장은 辰(진)이 된다.

天干	甲	乙	丙	丁	戊	己	庚	辛	壬	癸
庫藏	未	戌	戌	丑	戌	丑	丑	辰	辰	未

4) 천간(天干) 정록(正祿)과 상충(相沖) 불허 : 명상자의 획수에 따른 생년태세

예) 丙子生(병자생)인 경우

　명상자가 盃直知秉과 같이 자획자원오행이 午(오)이면서 8

획이니 8번째인 癸계(丙丁戊己庚辛壬癸)의 正祿(정록)이 子
(자)이므로 명상자의 자획자원 오행 午(오)와 子午(자오) 상
충이 된다.

天干	甲	乙	丙	丁	戊	己	庚	辛	壬	癸
正祿	寅	卯	巳	午	巳	午	申	酉	亥	子

正祿(정록, 建祿 건록), 合祿(합록), 爵祿(작록)을 得(득)한다
는 뜻(관직으로 성공). 공순하고 고상하여 재물이 풍부하고
운이 좋으며 부부가 행복하게 장수한다.

5) 유년신수(流年身數) : 명상자(名上字)와 상충(相沖)시

위와 같이 명상자 孟直知秉의 자획자원오행이 午(오)인 경
우 流年(유년)이 戊子年(무자년)이라면 지지간 子午(자오) 상
충이 된다. 이 경우에는 이사 등으로 모면할 수도 있다.

6) 자식관계 : 명자(名字)의 상충(相沖)시

위와 같이 명상자가 孟直知秉으로 자원자획오행이 午(오)인데
명하자가 云今元友仙과 같이 자획자원오행이 子(자)이면 子午
상충이 되어 불화, 불목 불륜 등이 발생한다.

7) 字劃字源五行 (자획자원오행)

木(목) ——————————————————————— 寅, 卯
火(화) ——————————————————————— 巳, 午
土(토) ——————————————————————— 辰,戌,丑,未
金(금) ——————————————————————— 申, 酉
水(수) ——————————————————————— 亥, 子

 즉, 申酉(신유) 밑에 있는 劃邊(획변)은 金(금)이 될 것이요, 寅卯(인묘) 밑에 있는 획변의 글자는 木(목)이 될 것이요, 亥子(해자) 밑에 있는 획변의 글자는 水(수)가 될 것이요, 巳午(사오) 밑에 있는 획변의 글자는 火(화)가 될 것이요, 辰(진) 戌(술) 丑(축) 未(미) 밑에 있는 획변의 글자는 土(토)에 해당되어 각각 五行(오행)의 작용을 갖게 되는 것이다.

一劃   子 …… (水)
丨, 丶, 乀, 乙, 丿, 乀.

二劃   子 …… (水)
丁, 乂, 乃, 了, 人, 力, 又, 亠, 几, 厶, 厂, 卩, 十, 匸, 匕, 刂, 刀, 凵, 几, 冫, 冂, 八, 亻, 冖, 卜.

三劃   丑 …… (土)
口, 囗, 土, 士, 夂, 夊, 夕, 大, 女.

三劃   寅 …… (木)
子, 宀, 寸, 小, 尢, 尸, 屮, 山, 巛, 工, 己, 巾, 干, 幺, 广, 廴,

廾, 弋, 弓, 彐, 彑, 彡, 彳, 忄, 氵, 犭, 阝右, 阝左.

四劃　　卯 …… (木)
心, 支, 攵, 文, 斗, 斤, 方, 无, 戈, 戶, 手.

四劃　　辰 …… (土)
日, 曰, 月, 木, 欠, 止, 歹, 殳, 毋, 比, 毛, 氏, 气.

四劃　　巳 …… (火)
水, 火, 灬, 爪, 父, 爻, 爿, 片, 牛, 犬, 允, 王, 辶, 罒, 冗, 冈,
月, 艹, 牛.

五劃　　午 …… (火)
玉, 爪, 瓦, 甘, 用, 生, 田, 疋, 疒, 癶, 白, 皮, 皿, 目, 四, 矛,
矢, 石, 示, 内, 禾, 穴, 立, 氺, 歺.

六劃　　未 …… (土)
竹, 米, 糸, 缶, 网, 羊, 羽, 老, 而, 耒, 耳, 聿, 肉, 臣, 自, 至,
臼, 舌, 舛, 舟, 艮, 色.

六劃　　申 …… (金)
虍, 虫, 血, 行, 衣, 襾, 艸.

七劃　　酉 …… (金)
見, 角, 言, 谷, 豆, 豕, 豸, 貝, 赤, 走, 足, 身, 車, 辛, 辰, 辵,
邑, 酉, 釆, 里.

八劃　　戌 …… (土)
金, 長, 門, 阜, 隶, 佳, 雨, 靑, 非.

九劃　　戌 …… (土)
面, 革, 韋, 韭, 音, 頁, 風, 飛, 食, 首, 香.

十劃　　亥 …… (水)
馬, 骨, 高, 髟, 鬥, 鬯, 鬲, 鬼.

十一劃 ～ 十七劃　　　亥 …… (水)
魚, 鳥, 鹵, 鹿, 麥, 麻, 黃, 黍, 黑, 黹, 黽, 鼎, 鼓, 鼠, 鼻, 齋,
齒, 龍, 龜, 龠.

※ 漢字別 자획자원오행은 생략하였음을 양지바란다.

4. 곡획작명법(曲劃作名法)

　생년 간지별로 정해진 先天生數(선천생수)에 성명의 筆劃(필
획)수와 曲劃(곡획)수를 더한 총수에 따른 길흉을 원문은 4개
의 4언절구로 판단하였다(60-147).
　(생년별 선천생수 + 성명의 정획수 + 성명의 곡획수 = 총합수)

1) 선천생수(先天生數)

甲子 42	甲戌 48	甲申 37	甲午 34	甲辰 56	甲寅 38
乙丑 40	乙亥 42	乙酉 33	乙未 46	乙巳 52	乙卯 40
丙寅 46	丙子 36	丙戌 36	丙申 44	丙午 38	丙辰 32
丁卯 32	丁丑 38	丁亥 46	丁酉 42	丁未 46	丁巳 41
戊辰 34	戊寅 36	戊子 48	戊戌 55	戊申 44	戊午 30
己巳 37	己卯 34	己丑 55	己亥 30	己酉 41	己未 32
庚午 48	庚辰 43	庚寅 57	庚子 44	庚戌 32	庚申 46
辛未 43	辛巳 41	辛卯 59	辛丑 38	辛亥 30	辛酉 35
壬申 51	壬午 30	壬辰 41	壬寅 41	壬子 59	壬戌 37
癸酉 53	癸未 35	癸巳 32	癸卯 35	癸丑 44	癸亥 40

2) 작수(作數)의 예

玄　　哲　　㊢

㊟　　 5　　　10　　　15　　　30+15+19=64

64 →　一生多福(○○○)

㊍　　 7　　　12　　　19

(壬午生 = 선천생수 30)

출생년도의 干支(간지)에 따른 先天生數(선천생수, 예 甲子生은 42)에 성명의 필획수(正劃數정획수)와 곡획수를 합한 총수를 아래 곡획작명길흉표의 해당란에서 찾아 길흉을 보면 된다. 따라서 같은 성명이라도 출생년도가 다르면 그 길흉 역시 같지 않다는 것이다.

같은 종류로 생각되지만 정획과 곡획의 합수만으로 보는 諸葛武侯作名訣(제갈무후작명결)이 있다.

3) 곡획작명(曲劃作名) 길흉표

曲劃法(곡획법)=先天生數선천생수+筆劃數필획수+曲劃數곡획수

吉凶數	吉凶 略言	吉凶 初中末	吉凶數	吉凶 略言	吉凶 初中末	吉凶數	吉凶 略言	吉凶 初中末
60	富至石崇	○○○	71	一生辛苦	×××	82	早晚財旺	○○○
61	一身無依	○××	72	壽官可期	○○○	83	冠在末年	××○
62	先困後達	×○○	73	去去高山	×××	84	寶劍出匣	○○○
63	前程有害	×××	74	一生多福	○○○	85	去去高山	×××
64	一生多福	○○○	75	終身多苦	×××	86	福祿綿綿	○○○
65	愁深家庭	××○	76	終身多福	○○○	87	前程險惡	×××
66	貴中兼富	○○○	77	累見風霜	×××	88	手握四海	○○○
67	外無人助	×××	78	自手成家	×○○	89	富貴兼全	○○○
68	貴中兼富	○○○	79	一生孤單	×××	90	一身辛苦	×××
69	外實內虛	○××	80	名振四方	○○○	91	名振四海	○○○
70	祿福綿綿	○○○	81	去去高山	×××	92	去去高山	○××

吉凶數	吉凶 略言	吉凶 初中末	吉凶數	吉凶 略言	吉凶 初中末	吉凶數	吉凶 略言	吉凶 初中末
93	自手成家	○○○	112	一生享吉	○○○	131	一身孤獨	××××
94	一生辛苦	○××	113	終身無亨	×××	132	先困後達	×○○
95	貴中兼富	○○○	114	中末多福	×○○	133	一身無依	×××
96	去去高山	×××	115	風霜重重	×××	134	內實外虛	○○○
97	名振一世	○○○	116	一生多福	○○○	135	前程無望	×××
98	一生辛苦	×××	117	一生孤單	×××	136	一生安樂	○○○
99	一生亨吉	○○○	118	仁聲四海	○○○	137	前程無望	×××
100	去去高山	×××	119	前程無望	×××	138	晚年多福	×○○
101	先困後達	×○○	120	子孫盛大	○○○	139	晚無依身	×××
102	去去高山	×××	121	東西丐乞	○××	140	壽福可知	○○○
103	安過一生	○○○	122	貴中兼富	○○○	141	先吉後凶	○××
104	外無人助	×××	123	去去高山	×××	142	晚年多福	×○○
105	安過一生	○○○	124	文章可知	○○○	143	一身孤獨	××○
106	壽福綿綿	○○○	125	風霜何多	×××	144	一生多福	○○○
107	一身無依	×××	126	多智多辯	○○○	145	晚無依身	×××
108	揚名後世	○○○	127	有何壽福	×××	146	貴中兼富	○○○
109	一生辛苦	×××	128	富至千石	○○○	147	去去高山	×××
110	文章可知	○○○	129	去去高山	×××			
111	一身孤獨	×××	130	富貴兼全	○○○			

※ 본표는 성명 획수별 해설을 필자가 대표문구(4언절구)를 기재하여
활용에 편의를 제공한 것이다.

5. 주역작명법(周易作名法)

성명을 周易八卦(주역팔괘)에 맞추어야 정확한 판단을 할 수 있다. 주역은 우리 인류의 존망과 함께 할 만세의 대진리로 이러한 주역의 괘상을 활용한 귀중한 이름으로 행복한 일생을 살아가길 바란다고 하였다.

1) 작괘(作卦)

貞格 88除之 上卦(24÷8=8), 元格 88除之 下卦(18÷8=2)
※ 반드시 필획을 사용한다.

그리고 무엇보다도 日辰(일진, 사주의 주체)은 六爻(육효, 주역괘의 밑에서부터 위에 이르는 6개의 효)를 주재하므로 일진에 맞는 괘를 먼저 뽑는 것이 중요하다 했으며, 수십 년에 걸쳐 수만 명의 사주와 궁합을 보아온 결과 성명에 있어서는 수리나 오행은 극히 미미한 작용을 하고(10%) 나머지(90%)는 팔괘에 의한다 하였다.

作卦法(작괘법)에 있어서 일반 역상법은 성명획수를 계산함에 있어 原劃(원획, 성명획 本部首劃 본부수획)에 의하나(필자판단), 본 주역작명법에서는 반드시 實劃(실획, 筆劃, 略部首劃)을 사용한다는 차이가 있다.
예시한 박朴(6) 정正(5) 희熙(13)의 경우 총획수 24를 8로 나누어 나머지 8을 상괘로 하고, 이름의 합수 18을 8로 나누어 나머지 2를 下卦(하괘)로 하여 82(숫자로 표시한 괘) 地澤臨(지택림)괘로 일반 역상법과 동일하게 나온다(氵삼수변 扌손수변 4획은 원획이나, 실획은 3획인 것을 착오없기 바람).

■ 乾命(건명), 丁巳生(정사생 1917년생)

박 **朴** 8

정 **正** 5

희 **熙** 13 ⎵ 18÷8……②下卦(하괘) 兌澤(태택)

<82 地澤臨卦지택림괘>

合   24 ÷ 8 …… ⑧上卦(상괘) 坤地(곤지)

孫 酉 亥 丑 (卦象) 應	앞의 周易作名早見表(주역작명조견표)에 보면 地澤臨(지택림)괘는 고딕체로 吉卦(길괘○)이다. ①甲辰旬(갑진순)× 　60갑자 갑진순의 갑진 을사 병오 정미 무신 기유 경술 신해 임자 계축생에 들어있으면 쓰지 않고,
財 兄 兄 丑 官 卯 父 巳 世	②甲日生(갑일생)× 　갑일(갑자 갑술 갑신 갑오 갑진 갑인)의 卯(2爻, 世)의 羊刃(양인)이 되어 형벌 살상 재난 장애 등으로 쓰지 않는다.

※ 그 외 劫煞(겁살)의 경우도 재난이나 단명 등으로 쓰지 않음을 함께 인식한다. 해당되는 괘상은 뒤의 64괘의 世應納甲表(세응납갑표) 참조하기 바란다.

위 지택림 卦象(괘상)에서 박정희는 丁巳生(정사생)으로 해당없음. 필자가 이러한 내용을 망라하여 만든 조견표를 활용하면 편리할 것으로 생각한다(공망, 겁살, 양인이 6갑순 삼합 일진천간으로 표시됨).

2) 제살(諸煞)

■ 순별공망(순별공망)

甲子旬(갑자순) 甲子(갑자) ~ 癸酉(계유) 戌,亥空亡(술해공망)

甲戌旬(갑술순) 甲戌(갑술) ~ 癸未(계미) 申,酉空亡(신유공망)

甲申旬(갑신순) 甲申(갑신) ~ 癸巳(계사) 午,未空亡(오미공망)

甲午旬(갑오순) 甲午(갑오) ~ 癸卯(계묘) 辰,巳空亡(진사공망)

甲辰旬(갑진순) 甲辰(갑진) ~ 癸丑(계축) 寅,卯空亡(인묘공망)

甲寅旬(갑인순) 甲寅(갑인) ~ 癸亥(계해) 子,丑空亡(자축공망)

■ 劫煞(겁살) : 급변, 사고, 손해, 횡액, 단명, 조실부모, 상부상처 등

申子辰(신자진) - 巳(사)　　　　巳酉丑(사유축) - 寅(인)

寅午戌(인오술) - 亥(해)　　　　亥卯未(해묘미) - 申(신)

■ 羊刃(양인) : 지도자, 주동자, 열사, 직업군인, 경찰, 형무관 등에는 길하다.

甲	乙	丙	丁	戊	己	庚	辛	壬	癸
卯	辰	午	未	午	未	酉	戌	子	丑

3) 64卦의 세응납갑표(世應納甲表)

下卦 \ 上卦	上乾卦	上兌卦	上離卦	上震卦
下坤卦	天地否〔乾·金〕 父戌 | 應 兄申 | 官午 | 財卯 || 世 官巳 || 父未 ||	澤地萃〔兌·金〕 父未 || 兄酉 | 應 孫亥 | 財卯 || 官巳 || 世 父未 ||	火地晉〔乾·金〕 官巳 | 父未 || 兄酉 | 世 財卯 || 官巳 || 父未 || 應	雷地豫〔震·木〕 財戌 || 官申 || 孫午 | 應 兄卯 || 孫巳 || 財未 || 世
下艮卦	天山遯〔乾·金〕 父戌 | 兄申 | 應 官午 | 兄申 | 官午 || 世 父辰 ||	澤山咸〔兌·金〕 父未 || 應 兄酉 | 孫亥 | 兄申 | 世 官午 || 父辰 ||	火山旅〔離·火〕 兄巳 | 孫未 || 財酉 | 應 財申 | 兄午 || 孫辰 || 世	雷山小過〔兌·金〕 父戌 || 兄申 || 官午 | 世 兄申 | 官午 || 父辰 || 應
下坎卦	天水訟〔離·火〕 孫戌 | 財申 | 兄午 | 世 兄午 || 孫辰 | 父寅 || 應	澤水困〔兌·金〕 父未 || 兄酉 | 孫亥 | 應 官午 || 父辰 | 財寅 || 世	火水未濟〔離·火〕 兄巳 | 應 孫未 || 財酉 | 兄午 || 世 孫辰 | 父寅 ||	雷水解〔震·木〕 財戌 || 官申 || 應 孫午 | 孫午 || 財辰 | 世 兄寅 ||
下巽卦	天風姤〔乾·金〕 父戌 | 兄申 | 官午 | 應 兄酉 | 孫亥 | 父丑 || 世	澤風大過〔震·木〕 財未 || 官酉 | 父亥 | 世 官酉 | 父亥 | 財丑 || 應	火風鼎〔離·火〕 兄巳 | 孫未 || 應 財酉 | 財酉 | 官亥 | 世 孫丑 ||	雷風恒〔震·木〕 財戌 || 應 官申 || 孫午 | 官酉 | 世 父亥 | 財丑 ||
下震卦	天雷无妄〔巽·木〕 財戌 | 官申 | 孫午 | 世 財辰 || 兄寅 || 父子 | 應	澤雷隨〔震·木〕 財未 || 應 官酉 | 父亥 | 財辰 || 世 兄寅 || 父子 |	火雷噬嗑〔巽·木〕 孫巳 | 財未 || 世 官酉 | 財辰 || 兄寅 || 應 父子 |	震為雷〔震·木〕 財戌 || 世 官申 || 孫午 | 財辰 || 應 兄寅 || 父子 |
下離卦	天火同人〔離·火〕 孫戌 | 應 財申 | 兄午 | 官亥 | 世 孫丑 || 父卯 |	澤火革〔坎·水〕 官未 || 應 父酉 | 兄亥 | 世 兄亥 | 官丑 || 孫卯 |	離為火〔離·火〕 兄巳 | 世 孫未 || 財酉 | 官亥 | 應 孫丑 || 父卯 |	雷火豐〔坎·水〕 官戌 || 父申 || 世 財午 | 兄亥 | 官丑 || 應 孫卯 |
下兌卦	天澤履〔艮·土〕 兄戌 | 孫申 | 世 父午 | 兄丑 || 官卯 | 應 父巳 |	兌為澤〔兌·金〕 父未 || 世 兄酉 | 孫亥 | 父丑 || 應 財卯 | 官巳 |	火澤睽〔艮·土〕 父巳 | 兄未 || 孫酉 | 世 兄丑 || 官卯 | 父巳 | 應	雷澤歸妹〔兌·金〕 父戌 || 應 兄申 || 官午 | 父丑 || 世 財卯 | 官巳 |
下乾卦	乾為天〔乾·金〕 父戌 | 世 兄申 | 官午 | 父辰 | 應 財寅 | 孫子 |	澤天夬〔坤·土〕 兄未 || 孫酉 | 世 財亥 | 兄辰 | 官寅 | 應 財子 |	火天大有〔乾·金〕 官巳 | 應 父未 || 兄酉 | 父辰 | 世 財寅 | 孫子 |	雷天大壯〔坤·土〕 兄戌 || 孫申 || 父午 | 世 兄辰 | 官寅 | 財子 | 應

下卦＼上卦	上巽卦	上坎卦	上艮卦	上坤卦
下坤卦	**風地觀**（乾天金） 上 卯財 五 巳官 四 未父 世 三 卯財 二 巳官 初 未父 應	**水地比**（坤地土） 上 子財 應 五 戌兄 四 申孫 三 卯官 世 二 巳父 初 未兄	**山地剝**（乾天金） 上 寅財 五 子孫 世 四 戌父 三 卯財 二 巳官 初 未父 應	**重地坤**（坤地土） 上 酉孫 世 五 亥財 四 丑兄 三 卯官 應 二 巳父 初 未兄
下艮卦	**風山漸**（艮山土） 上 卯官 應 五 巳父 四 未兄 三 申孫 世 二 午父 初 辰兄	**水山蹇**（兌澤金） 上 子孫 五 戌父 四 申兄 世 三 申兄 二 午官 初 辰父 應	**重山艮**（艮山土） 上 寅官 世 五 子財 四 戌兄 三 申孫 應 二 午父 初 辰兄	**地山謙**（兌澤金） 上 酉兄 五 亥孫 四 丑父 世 三 申兄 二 午官 初 辰父 應
下坎卦	**風水渙**（離火火） 上 卯父 五 巳兄 世 四 未孫 三 午兄 二 辰孫 應 初 寅父	**重水坎**（坎水水） 上 子兄 世 五 戌官 四 申父 三 午財 應 二 辰官 初 寅孫	**山水蒙**（離火火） 上 寅父 五 子官 四 戌孫 世 三 午兄 二 辰孫 初 寅父 應	**地水師**（坎水水） 上 酉父 應 五 亥兄 四 丑官 三 午財 世 二 辰官 初 寅孫
下巽卦	**重風巽**（巽風木） 上 卯兄 世 五 巳孫 四 未財 三 酉官 應 二 亥父 初 丑財	**水風井**（震雷木） 上 子父 五 戌財 世 四 申官 三 酉官 二 亥父 應 初 丑財	**山風蠱**（巽風木） 上 寅兄 應 五 子父 四 戌財 三 酉官 世 二 亥父 初 丑財	**地風升**（震雷木） 上 酉官 五 亥父 四 丑財 世 三 酉官 二 亥父 初 丑財 應
下震卦	**風雷益**（巽風木） 上 卯兄 應 五 巳孫 四 未財 三 辰財 世 二 寅兄 初 子父	**水雷屯**（坎水水） 上 子兄 五 戌官 應 四 申父 三 辰官 二 寅孫 世 初 子兄	**山雷頤**（巽風木） 上 寅兄 五 子父 四 戌財 世 三 辰財 二 寅兄 初 子父 應	**地雷復**（坤地土） 上 酉孫 五 亥財 四 丑兄 應 三 辰兄 二 寅官 初 子財 世
下離卦	**風火家人**（巽風木） 上 卯兄 五 巳孫 應 四 未財 三 亥父 二 丑財 世 初 卯兄	**水火既濟**（坎水水） 上 子兄 應 五 戌官 四 申父 三 亥兄 世 二 丑官 初 卯孫	**山火賁**（艮山土） 上 寅官 五 子財 四 戌兄 應 三 亥財 二 丑兄 初 卯官 世	**地火明夷**（坎水水） 上 酉父 五 亥兄 四 丑官 世 三 亥兄 二 丑官 初 卯孫 應
下兌卦	**風澤中孚**（艮山土） 上 卯官 五 巳父 四 未兄 世 三 丑兄 二 卯官 初 巳父 應	**水澤節**（坎水水） 上 子兄 五 戌官 四 申父 應 三 丑官 二 卯孫 初 巳財 世	**山澤損**（艮山土） 上 寅官 應 五 子財 四 戌兄 三 丑兄 世 二 卯官 初 巳父	**地澤臨**（坤地土） 上 酉孫 五 亥財 應 四 丑兄 三 丑兄 二 卯官 世 初 巳父
下乾卦	**風天小畜**（巽風木） 上 卯兄 五 巳孫 四 未財 應 三 辰財 二 寅兄 初 子父 世	**水天需**（坤地土） 上 子財 五 戌兄 四 申孫 世 三 辰兄 二 寅官 初 子財 應	**山天大畜**（艮山土） 上 寅官 五 子財 應 四 戌兄 三 辰兄 二 寅官 世 初 子財	**地天泰**（坤地土） 上 酉孫 應 五 亥財 四 丑兄 三 辰兄 世 二 寅官 初 子財

4) 주역작명(周易作名) 조견표

1,9,17획성	2,10,18획성	3,11,19획성	4,12,20획성
天地否	天山遯	天水訟	天風姤
○ 澤天夬 甲戌旬, 庚日生×	○ 澤地萃 甲午旬, 申子辰日생×	澤山咸	澤水困
火澤睽	○ 火天大有 甲午旬, 乙日生×	○ 火地晋 甲申旬日生×	火山旅
○ 雷火豊 甲戌旬, 亥卯未日生×	雷澤歸妹	○ 雷天大壯 甲申旬, 丙日生×	○ 雷地豫 甲申旬日生×
○ 風雷益 甲午旬,乙日生×	風火家人	風澤中孚	風天小畜
水風井	水雷屯	水火旣濟	水澤節
山水蒙	山風蠱	山雷頤	山火賁
地山謙	地水師	○ 地風升 甲寅旬日生×	○ 地雷復 甲寅旬 壬日生×
5,13,21	**6,14,22**	**7,15,23**	**8,16,24**
○ 天雷无妄 甲申旬, 丙戌日生×	○ 天火同人 甲子旬, 寅午戌日生×	天澤履	重天乾
澤風大過	澤雷隨	澤火革	○ 重澤兌 甲申旬日生×
火水未濟	○ 火風鼎 甲子旬, 寅午戌日生×	○ 火雷噬嗑 甲申旬日生×	○ 重火離 甲午旬, 申子辰日生×
雷山小過	○ 雷水解 甲午旬, 壬乙日生×	○ 雷風恒 甲戌旬, 庚日生×	重雷震
風地觀	○ 風山漸 甲戌旬日生×	風水渙	○ 重風巽 甲辰旬, 甲日生×
○ 水天需 甲戌旬, 亥卯未日生×	○ 水地比 甲辰旬, 甲日生×	水山蹇	重水坎
山澤損	○ 山天大畜 甲辰旬日生×	山地剝	重山艮
地火明夷	○ 地澤臨 甲辰旬, 甲日生×	○ 地天泰 甲午旬, 乙日生×	○ 重地坤 甲戌旬, 庚日生×

※고딕체는 吉卦(○表)이나 생일 日辰(일진 六甲旬으로 본다) 劫殺(겁살) 羊刃(양인)에 해당하면 단명, 형벌 질병, 사고 실패 등으로 쓰지 않는다는 표시 (×)이다.

역대 유명인사의 아호목록

(가나다 순)

호	한자	성명	한글
가귤	嘉橘	金健淳	(김건순)
가람		李秉岐	(이병기)
가산	可山	李孝石	(이효석)
가실	可室	朱明相	(주명상)
가암	可菴	崔濟黙	(최제묵)
가인	街人	金炳魯	(김병로)
가재	稼齋	金昌業	(김창업)
가재	佳齋	全東屹	(전동흘)
가정	柯汀	趙鎭寬	(조진관)
가정	嫁亭	李 穀	(이 곡)
가포	稼圃	林尙沃	(임상옥)
가헌	稼軒	申棄疾	(신기질)
각리	角里	李眞儉	(이진검)
간보	艮輔	尹 祁	(윤 기)
간송	澗松	趙任道	(조임도)
간역	簡易	崔 岦	(최 입)
간옹	艮翁	李獻慶	(이헌경)
간재	艮齋	李德弘	(이덕홍)
간재	艮齋	崔奎瑞	(최규서)
간재	艮齋	洪義泳	(홍의영)
간재	簡齋	沈弘模	(심홍모)
간재	艮齋	田 愚	(전 우)
간재	簡齋	陳與義	(진여의)
간정	侃停	李能和	(이능화)
갈곡	葛谷	林守謙	(임수겸)
갈암	葛菴	李玄逸	(이현일)
갈재	葛齋	禹 鼎	(우 정)
감산	弇山	玄在德	(현재덕)
갑봉	甲峯	金宇杭	(김우항)
강수	江叟	朴 薰	(박 훈)
강우	江右	金履載	(김이재)
강이	康夷	尹 泙	(윤 평)
강재	剛齋	宋穉圭	(송치규)
강파	江波	權尙任	(권상임)
강한	江漢	黃景源	(황경원)
강해산인	江海散人	崔斗燦	(최두찬)
강호	江湖	金叔滋	(김숙자)
강호처사	江湖處士	許 榘	(허 구)
개	介	顏之推	(안지추)
개옹	价翁	張鳳翰	(장봉한)
거경	巨卿	朴處綸	(박처륜)
거양재	居養齋	李季甸	(이계전)
거천	巨川	李彦華	(이언화)
건암	健庵	金陽澤	(김양택)
건재	健齋	金千鎰	(김천일)
건지	乾之	金 末	(김 말)
격암	格菴	南師古	(남사고)
견산	見山	鄭期遠	(정기원)
결청재	潔淸齋	柳譚厚	(유담후)
겸산	兼山	具允明	(구윤명)
겸산	兼山	俞肅基	(유숙기)
겸산	兼山	劉在建	(유재건)
겸암	謙菴	柳雲龍	(유운룡)
겸여	劍如	柳熙綱	(유희강)
겸재	謙齋	朴聖源	(박성원)
겸재	謙齋	安處謙	(안처겸)
겸재	謙齋	鄭 歚	(정 선)
겸재	謙齋	趙泰億	(조태억)
겸재	謙齋	河弘度	(하홍도)
경대	經臺	金尙鉉	(김상현)
경도	景度	楊凝式	(양응식)
경보	敬甫	金禮蒙	(김예몽)
경사	俓史	李會昌	(이회창)
경산	京山	李漢鎭	(이한진)
경산	經山	鄭元容	(정원용)
경서	景瑞	趙 璥	(조 경)
경숙	敬淑	李捺致	(이날치)
경암	敬庵	柳道三	(유도삼)
경암	絅菴	申 浣	(신 완)
경암	鏡巖	應 允	(응 윤)
경암	敬庵	李漢應	(이한응)
경암	敬菴	許 稠	(허 조)
경은	耕隱	李孟專	(이맹전)
경응	景應	安名世	(안명세)
경재	景齋	禹成圭	(우성규)
경재	敬齋	李 芑	(이 기)
경재	敬齋	李海壽	(이해수)
경재	敬齋	河 演	(하 연)

호	號	姓名 (한글)
경재	敬齋	洪 鵬 (홍 붕)
경중	敬仲	金 憑 (김 빙)
경퇴재	景退齋	李 天 相 (이천상)
경향	經香	韓 章 錫 (한장석)
계곡	鷄谷	張 維 (장 유)
계당	溪堂	崔 興 霖 (최흥림)
계동	溪東	全 慶 昌 (전경창)
계량	系良	李 最 中 (이최중)
계림	鷄林	高 兆 基 (고조기)
계산초로	溪山樵老	金 洙 根 (김수근)
계생	癸生	李 梅 窓 (이매창)
계양	桂陽	曺 孝 昌 (조효창)
계용	季容	徐 文 裕 (서문유)
계원	桂園	盧 伯 麟 (노백린)
계은	溪隱	李 廷 立 (이정립)
계은	桂隱	李 冕 宙 (이면주)
계전	桂田	申 應 朝 (신응조)
계정	桂庭	閔 泳 煥 (민영환)
계주	桂洲	許 玧 (허 윤)
계촌	桂村	李 之 翼 (이지익)
계헌	葵軒	洪 受 浤 (홍수량)
고계	古溪	李 彙 寧 (이휘령)
고광	古狂	李 世 永 (이세영)
고균	苦筠	金 玉 均 (김옥균)
고담	孤潭	李 純 仁 (이순인)
고당	古堂	曹 晩 植 (조만식)
고도암	古道菴	李 心 英 (이심영)
고동	古東	李 翊 會 (이익회)
고람	古藍	田 琦 (전 기)
고봉	高峰	奇 大 升 (기대승)
고봉	高峯	法 藏 (법 장)
고불	古佛	孟 思 誠 (맹사성)
고산	鼓山	任 憲 晦 (임헌회)
고산	孤山	黃 耆 老 (황기로)
고산	孤山	尹 善 道 (윤선도)
고산자	古山子	金 正 浩 (김정호)
고성	固城	南 秀 文 (남수문)
고송	孤松	林 慶 業 (임경업)
고송헌	孤松軒	金 龍 澤 (김용택)
고암	顧庵	丁 胤 禧 (정윤희)
고여	皐汝	閔 熙 (민 희)
고옥	古玉	鄭 磏 (정 작)
고우	古友	崔 麟 (최 인)
고운	孤雲	崔 致 遠 (최치원)
고월	古月	李 章 熙 (이장희)
고은	皋隱	安 止 (안 지)
고은	孤隱	李 智 活 (이지활)
고정	古亭	金 致 仁 (김치인)
고죽	孤竹	崔 慶 昌 (최경창)
고청초로	孤靑樵老	徐 起 (서 기)
고하	古下	宋 鎭 禹 (송진우)
곡구	谷口	鄭 百 昌 (정백창)
곡운	谷雲	金 洙 增 (김수증)
곤륜	昆侖	崔 昌 大 (최창대)
곤육재	困六齋	金 義 元 (김의원)
곤재	困齋	鄭 介 淸 (정개청)
공백당	拱白堂	黃 德 壹 (황덕일)
공우	公宇	韓 啓 源 (한계원)
공재	恭齋	尹 斗 緖 (윤두서)
공초	空超	吳 相 淳 (오상순)
공필	公弼	徐 左 輔 (서좌보)
공헌	戇軒	徐 邁 修 (서매수)
과옹	果翁	尹 師 路 (윤사로)
과재	果齋	尹 暹 (윤 섬)
과재	過齋	鄭 晩 錫 (정만석)
과정	瓜亭	鄭 叙 (정 서)
관란정	觀瀾亭	李 俁 (이 우)
관류당	觀流堂	盧 璛 (노 숙)
관물재	觀物齋	閔 淇 (민 기)
관복암	觀復庵	金 崇 謙 (김숭겸)
관복재	觀復齋	金 構 (김 구)
관봉	冠峰	玄 尙 璧 (현상벽)
관설	觀雪	許 厚 (허 후)
관송	觀松	李 爾 瞻 (이이첨)
관아재	觀我齋	趙 榮 祐 (조영우)
관암	冠巖	洪 敬 謨 (홍경모)
관와	寬窩	趙 炳 彬 (조병빈)
관원	灌園	朴 啓 賢 (박계현)
관재	貫齋	李 道 榮 (이도영)
관천자	觀泉子	愼 希 福 (신희복)
관포당	灌圃堂	魚 得 江 (어득강)
관해	觀海	林 檜 (임 회)

광남	光南	金 益 勳 (김익훈)
광뢰	廣瀨	李 野 淳 (이야순)
광재	壙齋	閔 致 福 (민치복)
광천	廣川	金 指 南 (김지남)
괴마	愧馬	林 百 齡 (임백령)
괴애	乖崖	金 守 溫 (김수온)
괴은	槐隱	李 春 永 (이춘영)
괴정	槐庭	金 寧 濟 (김영제)
교교재	嘐嘐齋	金 用 謙 (김용겸)
교릉	嶠陵	秦 鍾 煥 (진종환)
교산	蛟山	許 筠 (허 균)
교은	郊隱	鄭 以 吾 (정이오)
교정	皎亭	玄 鎰 (현 일)
구계	癯溪	權 尙 遊 (권상유)
구눌	口訥	曹 匡 振 (조광진)
구당	久堂	朴 長 遠 (박장원)
구당	鷗堂	趙 慶 鎬 (조경호)
구당	矩堂	兪 吉 濬 (유길준)
구만	龜灣	洪 禹 傳 (홍우전)
구봉	龜峯	周 博 (주 박)
구봉	龜峰	宋 翼 弼 (송익필)
구부	懼夫	宋 千 喜 (송천희)
구사	龜砂	吳 挺 一 (오정일)
구사당	九思堂	金 樂 行 (김낙행)
구소	鳩巢	權 聖 矩 (권성구)
구암	龜岩	李 禎 (이 정)
구암	龜巖	李 元 培 (이원배)
구암	苟菴	崔 璜 (최 황)
구암	久菴	金 就 文 (김취문)
구암	龜巖	沈 民 覺 (심민각)
구암	懼庵	禹 伏 龍 (우복룡)
구암	久庵	韓 百 謙 (한백겸)
구옹	癯翁	李 珝 (이 후)
구원	九畹	李 春 元 (이춘원)
구재	龜齋	辛 光 業 (신광업)
구정	龜亭	南 在 (남 재)
구주	鷗洲	姜 大 適 (강대적)
구주	龜州	金 世 鎬 (김세호)
구천	龜川	魚 孝 瞻 (어효첨)
구천	龜川	李 世 弼 (이세필)
구촌	龜村	李 溟 (이 명)

구포	驅浦	羅 萬 甲 (나만갑)
구포	鷗浦	崔 弘 度 (최홍도)
국간	國磵	尹 鉉 (윤 현)
국담	菊潭	朴 壽 春 (박수춘)
국당	菊塘	鄭 後 僑 (정후교)
국동	菊東	趙 秉 準 (조병준)
국산	菊山	金 景 河 (김경하)
국오	菊塢	鄭 弘 來 (정홍래)
국은	菊隱	李 漢 應 (이한응)
국일재	菊逸齋	盧 公 弼 (노공필)
국재	菊齋	權 浮 (권 부)
국재	菊齋	李 希 儉 (이희검)
국창	菊窓	朴 燁 (박 엽)
국창	菊牕	南 應 雲 (남응운)
국초	菊初	李 人 稙 (이인직)
국파	菊坡	全 元 發 (전원발)
국헌	菊軒	尹 滋 悳 (윤자덕)
국헌	菊軒	李 憲 球 (이헌구)
국헌	菊軒	蘇 始 萬 (소시만)
군망	君望	安 時 賢 (안시현)
군산	群山	具 宏 (구 굉)
군재	君才	王 僧 辯 (왕승변)
궁오	窮悟	任 天 常 (임천상)
귀락정	歸樂亭	趙 景 命 (조경명)
귀래정	歸來亭	申 末 舟 (신말주)
귀록	歸鹿	趙 顯 命 (조현명)
귀암	歸菴	朴 權 (박 권)
귀암	歸巖	李 元 禎 (이원정)
귀천	歸川	金 佐 明 (김좌명)
규당	葵堂	鄭 範 朝 (정범조)
규봉	圭峰	沈 演 (심 연)
규암	圭巖	金 躍 淵 (김약연)
규암	圭庵	宋 麟 壽 (송인수)
규원	葵園	鄭 丙 朝 (정병조)
규재	圭齋	南 秉 哲 (남병철)
규정	葵亭	申 厚 載 (신후재)
규창	葵窓	李 建 (이 건)
균정	筠廷	吳 慶 林 (오경림)
귤산	橘山	李 裕 元 (이유원)
극옹	屐翁	李 晩 壽 (이만수)
근수헌	近水軒	趙 錫 馨 (조석형)

호	한자	성명	한글
근암	近庵	尹 汲	(윤 급)
근옹	芹翁	李 觀 徵	(이관징)
근와	芹窩	金 熹	(김 희)
근재	謹齋	李 慶 弘	(이경홍)
근재	謹齋	崔 涇	(최 경)
근재	謹齋	安 軸	(안 축)
금강	錦江	張 灐	(장 신)
금강거사	金剛居士	尹 彦 頤	(유언이)
금강	錦江	奇 孝 諫	(기효간)
금계	錦溪	黃 俊 良	(황준량)
금곡	錦谷	玄 德 潤	(현덕윤)
금남	琴南	李 石 薰	(이석훈)
금남	錦南	崔 簿	(최 부)
금대	錦帶	李 家 煥	(이가환)
금동	琴童	金 東 仁	(김동인)
금범	錦帆	尹 致 義	(윤치의)
금산	琹山	李 夏 榮	(이하영)
금석	錦石	朴 準 源	(박준원)
금석	金石	李 存 秀	(이존수)
금석	琴石	洪 英 植	(홍영식)
금시당	今是堂	李 光 軫	(이광진)
금시당	今是堂	任 義 伯	(임의백)
금원	錦園	盧 炳 大	(노병대)
금은	琴隱	李 陽 昭	(이양소)
금재	琴齋	姜 漢	(강 한)
금재	琴齋	李 長 坤	(이장곤)
금정	錦汀	辛 景 衍	(신경연)
금주	錦州	趙 秉 憲	(조병헌)
금천	琴川	鄭 時 修	(정시수)
금탄	琴灘	趙 光 鉉	(조광현)
금포	錦浦	金 是 聲	(김시성)
금헌	琴軒	金 紐	(김 유)
금호	錦湖	林 亨 秀	(임형수)
금화	金華	洪 萬 容	(홍만용)
급건	及健	李 時 秀	(이시수)
급류정	急流亭	金 興 慶	(김흥경)
긍재	兢齋	魚 有 龜	(어유구)
긍재	兢齋	鄭 趾 善	(정지선)
긍재	兢齋	金 得 臣	(김득신)
기기재	頎頎齋	沈 豊 之	(심풍지)
기봉	騏峯	李 時 省	(이시성)
기수	畸叟	丁 思 愼	(정사신)
기암	畸庵	鄭 弘 溟	(정홍명)
기암	棄菴	安 置 民	(안치민)
기야	箕野	李 昉 運	(이방운)
기오당	寄傲堂	金 宇 亨	(김우형)
기옥	基玉	韓 圭 稷	(한규직)
기와	寄窩	趙 景 望	(조경망)
기우자	騎牛子	李 行	(이 행)
기원	杞園	魚 有 鳳	(어유봉)
기원	綺園	俞 漢 芝	(유한지)
기원	淇園	李 容 熙	(이용희)
기원	杞園	趙 義 淵	(조희연)
기은	耆隱	朴 文 秀	(박문수)
기재	企齋	申 光 漢	(신광한)
기주	棋洲	鄭 致 和	(정치화)
기지	耆之	林 椿	(임 춘)
기천	岐川	尹 絅	(윤 경)
기천	杞泉	李 珖	(이 광)
기천	己千	李 鎭 龍	(이진용)
기천	沂川	洪 命 夏	(홍명하)
기하	岐下	周 命 新	(주명신)
나산	蘿山	趙 有 善	(조유선)
나옹	懶翁	柳 成 春	(유성춘)
나옹	懶翁	李 禎	(이 정)
나재	懶齋	洪 名 耈	(홍명구)
나학자	懶學者	朴 廷 老	(박정로)
나헌	懦軒	朴 璜	(박 황)
나헌	懶軒	申 浚	(신 준)
낙건정	樂健亭	金 東 弼	(김동필)
낙남	洛南	崔 山 輝	(최산휘)
낙도재	樂道齋	趙 廷 翼	(조정익)
낙만	樂晩	鄭 孝 俊	(정효준)
낙서	洛西	金 自 點	(김자점)
낙서	駱西	尹 德 熙	(윤덕희)
낙서	洛西	張 晩	(장 만)
낙암	洛菴	許 福 良	(허복량)
낙재	駱齋	李 垫	(이 무)
낙전당	樂全堂	申 翊 聖	(신익성)
낙전당	樂全堂	鄭 斗 亨	(정두형)
낙정	樂靜	趙 錫 胤	(조석윤)
낙촌	駱村	朴 忠 元	(박충원)

낙파	駱坡	李 慶 胤 (이경윤)
낙포	洛浦	李 宗 文 (이종문)
낙포	樂圃	劉 如 大 (유여대)
낙포	洛圃	金 士 衡 (김사형)
낙한재	樂閒齋	尹 子 雲 (윤자운)
난계	蘭溪	朴 堧 (박 연)
난고	蘭皐	張 善 冲 (장선충)
난고	蘭皐	金 炳 淵 (김병연)
난곡	蘭谷	宋 民 古 (송민고)
난설헌	蘭雪軒	許 楚 嬉 (허초희)
난재	懶齋	蔡 壽 (채 수)
난재	蘭齋	金 輔 鉉 (김보현)
난파	蘭坡	洪 永 厚 (홍영후)
남강	南岡	李 昇 薰 (이승훈)
남강	南岡	韓 準 (한 준)
남계	南溪	李 輔 (이 보)
남계	南溪	趙 廷 虎 (조정호)
남계	灆溪	表 沿 沫 (표연말)
남곡	南谷	李 時 楷 (이시해)
남곡	南谷	李 鎭 衡 (이진형)
남곡	南谷	任 翰 伯 (임한백)
남곡	南谷	鄭 知 和 (정지화)
남곡	南谷	朱 義 植 (주의식)
남곽	南郭	朴 東 說 (박동열)
남당	南塘	韓 元 震 (한원진)
남록	南麓	柳 熙 緖 (유희서)
남리	南里	金 斗 樑 (김두량)
남명	南冥	曺 植 (조 식)
남애	南崖	鄭 翬 良 (정휘량)
남애	南崖	沈 諿 (심 즙)
남양	南陽	朴 賁 華 (박분화)
남일	南逸	朴 應 南 (박응남)
남정	楠亭	李 堅 基 (이견기)
남창	南窓	金 玄 成 (김현성)
남창	南滄	孫 晉 泰 (손진태)
남파	南波	金 天 澤 (김천택)
남파	南坡	朴 贊 翊 (박찬익)
남파	南坡	沈 悅 (심 열)
남파	南坡	洪 宇 遠 (홍우원)
남하	南霞	李 勉 求 (이면구)
남해	南海	姜 有 爲 (강유위)
남헌	南軒	洪 履 簡 (홍이간)
남호	南湖	邊 協 (변 협)
남호	南湖	鄭 知 常 (정지상)
내촌	耐村	姜 弘 立 (강홍립)
내헌	耐軒	趙 淵 (조 연)
내헌	耐軒	朴 師 洙 (박사수)
냉천	冷泉	朴 宗 與 (박종여)
노가재	老歌齋	金 壽 長 (김수장)
노강	蘆江	趙 明 履 (조명리)
노계	蘆溪	朴 仁 老 (박인로)
노봉	老峰	金 克 己 (김극기)
노봉	老峰	閔 鼎 重 (민정중)
노사	蘆沙	奇 正 鎭 (기정진)
노산	魯山	李 永 瑞 (이영서)
노산	鷺山	李 殷 相 (이은상)
노암	魯庵	金 演 (김 연)
노우	魯宇	鄭 忠 弼 (정충필)
노운	老耘	尹 東 晳 (윤동석)
노작	露雀	洪 思 容 (홍사용)
노저	鷺渚	李 陽 元 (이양원)
노정	老亭	朱 熹 (주 희)
노정	鷺汀	黃 璿 (황 선)
노주	老洲	吳 熙 常 (오희상)
노촌	老村	林 象 德 (임상덕)
노촌	老村	李 約 東 (이약동)
노포	老圃	朴 時 源 (박시원)
노포	老圃	李 徽 之 (이휘지)
노포	老圃	洪 好 文 (홍호문)
노포	老圃	柳 洵 (유 순)
노풍	老風	金 孝 善 (김효선)
녹두	綠斗	全 琫 準 (전봉준)
녹문	鹿門	趙 威 鳳 (조위봉)
녹천	鹿川	李 濡 (이 유)
녹촌	麓邨	安 岐 (안 기)
농계	聾溪	李 秀 彦 (이수언)
농보	農甫	鄭 文 孚 (정문부)
농암	農巖	金 昌 協 (김창협)
농암	聾巖	李 賢 輔 (이현보)
농애	農厓	安 志 (안 지)
농옹	聾翁	李 澥 (이 해)
농와	聾窩	許 采 (허 채)

호	한자	성명	한글
농재	農齋	李 翊	(이 익)
농포자	農圃子	鄭 尙 驥	(정상기)
뇌석	磊石	安克家	(안극가)
뇌암	懶庵	鄭彦信	(정언신)
뇌진자	瀨眞子	李 準	(이 준)
뇌천	雷川	金富軾	(김부식)
뇌호	籟湖	申 岳	(신 악)
눌암	訥庵	金 瓚	(김 찬)
눌운	訥雲	李炳華	(이병화)
눌재	訥齋	李 芮	(이 예)
눌재	訥齋	李思鈞	(이사균)
눌재	訥齋	李忠楗	(이충건)
눌재	訥齋	朴 祥	(박 상)
눌재	訥齋	梁誠之	(양성지)
늘봄		田榮澤	(전영택)
능산	陵山	黃基天	(황기천)
능호관	凌壺觀	李麟祥	(이인상)
다사	茶史	徐堂輔	(서당보)
다산	茶山	丁若鏞	(정약용)
단계	丹溪	河緯地	(하위지)
단고	丹皐	趙尙治	(조상치)
단릉	丹陵	李胤永	(이윤영)
단암	丹庵	李泰和	(이태화)
단암	丹巖	閔鎭遠	(민진원)
단애	丹崖	李敬中	(이경중)
단원	檀園	金弘道	(김홍도)
단재	丹齋	申采浩	(신채호)
단주	旦洲	柳 林	(유 림)
단촌	丹村	馬河秀	(마하수)
달천	達川	尹國馨	(윤국형)
담와	淡窩	洪啓禧	(홍계희)
담운	澹雲	曺命敎	(조명교)
담인	澹人	申佐模	(신좌모)
담재	澹齋	任應準	(임응준)
담포	淡圃	洪受憲	(홍수헌)
담헌	湛軒	洪大容	(홍대용)
당옹	戇翁	李 舒	(이 서)
당촌	塘村	黃 暐	(황 위)
대경	大卿	李仲燮	(이중섭)
대계	大溪	黃在英	(황재영)
대곡	大谷	金錫文	(김석문)
대곡	大谷	成 運	(성 운)
대림	大臨	李勉兢	(이면긍)
대산	大山	李象靖	(이상정)
대산	臺山	金邁淳	(김매순)
대소헌	大笑軒	趙宗道	(조종도)
대연	岱淵	李勉伯	(이면백)
대전	大田	李甫欽	(이보흠)
대해	大海	黃應淸	(황응청)
대허당	大虛堂	崔河臨	(최하림)
대호	大瓠	朴 簠	(박 노)
대훈	大勳	安 衛	(안 위)
덕계	德溪	吳 健	(오 건)
덕은	德隱	朴雲壽	(박운수)
덕전	德全	吳世才	(오세재)
도경	道卿	沈得行	(심득행)
도계	道溪	金尙星	(김상성)
도계	陶溪	尹弘圭	(윤홍규)
도곡	陶谷	李必重	(이필중)
도곡	陶谷	李宜顯	(이의현)
도구	陶丘	李濟臣	(이제신)
도남	陶南	趙潤濟	(조윤제)
도산	島山	安昌浩	(안창호)
도암	陶庵	李 縡	(이 재)
도암	道岩	金時晄	(김시황)
도애	陶厓	洪錫謨	(홍석모)
도원	道園	金弘集	(김홍집)
도원재	道源齋	朴世熹	(박세희)
도은	陶隱	李崇仁	(이숭인)
도재	陶齋	尹 昕	(윤 흔)
도촌	陶村	鄭維成	(정유성)
도향	稻香	羅慶孫	(나경손)
도헌	道軒	李大稙	(이대직)
독곡	獨谷	成石璘	(성석린)
독석	獨石	黃 赫	(황 혁)
독성재	獨醒齋	黃 最	(황 최)
독송정	獨松亭	金 鎧	(김 개)
독재	獨齋	愼居寬	(신거관)
돈암	敦巖	朴宗慶	(박종경)
돈암	遯庵	鮮于浹	(선우협)
돈재	遯齋	成世昌	(성세창)
돈중	敦仲	孫叙倫	(손서륜)

동강	東岡	南彦經 (남언경)
동강	東岡	金宇顒 (김우옹)
동강	東江	李錫奎 (이석규)
동강	東崗	趙相愚 (조상우)
동강	東岡	金添慶 (김첨경)
동강	東江	申翊全 (신익전)
동계	桐溪	權達手 (권달수)
동계	桐溪	鄭 蘊 (정 온)
동고	東皐	權仲和 (권중화)
동고	東皐	李 蓂 (이 명)
동고	東皐	姜 紳 (강 신)
동고	東皐	金 魯 (김 노)
동고	東皐	李浚慶 (이준경)
동농	東濃	李海朝 (이해조)
동담	東潭	韓 嶠 (한 교)
동리	桐里	申在孝 (신재효)
동리	東里	李殷相 (이은상)
동리	東里	鄭世規 (정세규)
동명	東溟	鄭斗卿 (정두경)
동명	東溟	金世濂 (김세렴)
동무	東武	李濟馬 (이제마)
동번	東樊	李晩用 (이만용)
동사	東沙	吳挺緯 (오정위)
동산	東山	尹趾完 (윤지완)
동산	東山	李秉泰 (이병태)
동산	東山	李鍾乾 (이종건)
동산수	東山叟	崔 滋 (최 자)
동심	冬心	金 農 (금 농)
동악	東岳	盧善卿 (노선경)
동악	東岳	李安訥 (이안눌)
동안거사	動安居士	李承休 (이승휴)
동암	東巖	柳長源 (유장원)
동암	東菴	李 潑 (이 발)
동암	東庵	李 瑱 (이 진)
동암	東巖	咸悌健 (함제건)
동암	東巖	金嘉鎭 (김가진)
동암	東庵	徐相日 (서상일)
동암	東巖	吳 端 (오 단)
동암	東岩	車利錫 (차이석)
동암수	東巖叟	李 阡 (이 천)
동애	東崖	許 磁 (허 자)
동야	東埜	金養根 (김양근)
동어	桐漁	李相潢 (이상황)
동오	東吾	安泰國 (안태국)
동우	東愚	李 鐸 (이 탁)
동원	東圓	金貴榮 (김귀영)
동원	東園	丁好善 (정호선)
동원	東園	金洪福 (김홍복)
동은	同隱	李義健 (이의건)
동주	東州	成悌元 (성제원)
동주	童舟	尹東柱 (윤동주)
동주	冬州	李東柱 (이동주)
동주	東洲	李敏求 (이민구)
동진	東津	李 輅 (이 노)
동천	東川	李 坰 (이 경)
동천	桐泉	李啓朝 (이계조)
동천	東川	李尙吉 (이상길)
동천	洞川	申八均 (신팔균)
동춘	同春	宋浚吉 (송준길)
동탁	東卓	趙芝薰 (조지훈)
동토	東土	尹舜擧 (윤순거)
동포	東浦	曺允大 (조윤대)
동헌	桐軒	尹紹宗 (윤소종)
동호	東湖	尹 洛 (윤 낙)
동호	東湖	李 舒 (이 서)
동호	東湖	洪錫龜 (홍석구)
동호	東湖	柳以升 (유이승)
두계	荳溪	朴宗薰 (박종훈)
두곡	杜谷	張善澂 (장선징)
두곡	杜谷	高應陟 (고응척)
두기	杜機	崔成大 (최성대)
두담	杜潭	洪重夏 (홍중하)
두봉	斗峯	李志完 (이지완)
두실	斗室	沈裳奎 (심상규)
두암	杜菴	沈敏謙 (심민겸)
두암	斗巖	金應南 (김응남)
두포	杜浦	尹趾善 (윤지선)
두호	斗湖	鄭時潤 (정시윤)
둔암	鈍菴	沈光彦 (심광언)
둔옹	遁翁	韓汝愈 (한여유)
둔촌	遁村	李 集 (이 집)
둔촌	屯村	閔維重 (민유중)

둔헌	逡軒	林秉瓚 (임병찬)	만해	萬海	韓龍雲 (한용운)
득지	得之	李 勵 (이 여)	만향재	晩香齋	嚴漢明 (만향재)
래암	萊菴	鄭仁弘 (정인홍)	만헌	晩獻	趙師錫 (조사석)
마천	麻川	洪逸童 (홍일동)	만회	晩悔	洪得一 (홍득일)
만계와	晩計窩	李聖麟 (이성린)	만회	晩晦	權得己 (권득기)
만곡	晩谷	崔起南 (최기남)	만회	晩悔	禹汝度 (우여도)
만구와	晩求窩	金鎭龜 (김진구)	만휴당	晩休堂	金若魯 (김약로)
만보당	晩保堂	金壽童 (김수동)	만휴	萬休	任有後 (임유후)
만봉	晩峰	朴宗儒 (박종유)	만휴정	晩休亭	兪命雄 (유명웅)
만사	晩沙	李慶涵 (이경함)	망기당	忘機堂	趙漢輔 (조한보)
만사	晩沙	徐景雨 (서경우)	망암	望菴	邊以中 (변이중)
만사	晩沙	沈友勝 (심우승)	망우	忘憂	郭再祐 (곽재우)
만사	晩沙	沈之源 (심지원)	망일당	望日堂	全益禧 (전익희)
만성	晩醒	李壽慶 (이수경)	망일재	望日齋	朴謹元 (박근원)
만송	晩松	李起鵬 (이기붕)	망헌	忘軒	李 胄 (이 주)
만수	晩修	柳謙明 (유겸명)	매간	梅磵	李翊相 (이익상)
만안당	晩安堂	李后定 (이후정)	매계	晦溪	曺 偉 (조 위)
만암	晩庵	李尙眞 (이상진)	매곡	梅湖	陳 澕 (진 화)
만암	晩菴	柳鳳輝 (유봉휘)	매곡	梅谷	金始煥 (김시환)
만암	滿庵	閔泳綺 (민영기)	매곡	梅谷	金始澳 (김시난)
만오	晩悟	房元震 (방원진)	매곡	梅谷	宣世綱 (선세강)
만오	晩悟	韓用龜 (한용구)	매산	梅山	李夏鎭 (이하진)
만오	晩晤	洪 震 (홍 진)	매산	梅山	洪直弼 (홍직필)
만옹	漫翁	李廷機 (이정기)	매서	梅墅	姜宗慶 (강종경)
만운	晩雲	鄭忠信 (정충신)	매암	梅巖	李叔樑 (이숙량)
만은	漫隱	韓 㙢 (한 은)	매운당	梅雲堂	李兆年 (이조년)
만은	晩隱	李 灌 (이 관)	매원	梅園	徐箕淳 (서기순)
만재	晩齋	金世均 (김세균)	매월당	梅月堂	金時習 (김시습)
만전	晩全	奇自獻 (기자헌)	매은	梅隱	全 榮 (전 영)
만전	晩全	洪可臣 (홍가신)	매은당	梅隱堂	朴東命 (박동명)
만절당	晩節堂	朴元亨 (박원형)	매죽헌	梅竹軒	成三問 (성삼문)
만정	晩靜	徐宗泰 (서종태)	매죽헌	梅竹軒	李 浣 (이 완)
만죽헌	萬竹軒	鄭 碩 (정 질)	매창	梅窓	鄭士信 (정사신)
만초	萬初	鄭大哲 (정대철)	매창	梅窓	趙之耘 (조지운)
만촌	晩村	柳復明 (유복명)	매천	梅泉	黃 玹 (황 현)
만취당	晩翠堂	權 慄 (권 율)	매하	梅下	金根培 (김근배)
만취	晩翠	弓寅聖 (궁인성)	매헌	梅軒	權 遇 (권 우)
만취	晩翠	吳億齡 (오억령)	매헌	梅軒	尹奉吉 (윤봉길)
만퇴	晩退	洪萬朝 (홍만조)	매헌	梅軒	李仁亨 (이인형)
만포	晩圃	沈煥之 (심환지)	매헌	梅軒	鄭起龍 (정기룡)
만하	晩霞	尹 游 (윤 유)	매호	梅湖	曹友仁 (조우인)

호	한자	성명	한글
면곡	綿谷	魚變甲	(어변갑)
면암	勉庵	崔益鉉	(최익현)
면앙정	俛仰亭	宋 純	(송 순)
면재	勉齋	孫肇瑞	(손조서)
면재	勉哉	姜大遂	(강대수)
명고	鳴皋	李 烓	(이 계)
명고	鳴皋	鄭 幹	(정 간)
명곡	明谷	崔錫鼎	(최석정)
명국	鳴國	李山甫	(이산보)
명성당	明誠堂	李 瑍	(이 여)
명암	鳴巖	李海朝	(이해조)
명암	明庵	鄭 栻	(정 식)
명재	明齋	尹 拯	(윤 증)
명촌	明村	羅良佐	(나양좌)
모건	慕軒	孫德沈	(손덕심)
모당	慕堂	洪履詳	(홍이상)
모암	慕庵	明光啓	(명광계)
모재	慕齋	金安國	(김안국)
모하당	慕夏堂	金忠善	(김충선)
목계	木溪	姜 渾	(강 혼)
목곡	牧谷	李箕鎭	(이기진)
목암	木庵	粲 英	(찬 영)
목옹	木翁	洪瑞翼	(홍서익)
목우자	牧牛子	知 訥	(지 눌)
목월	木月	朴泳鍾	(박영종)
목은	牧隱	李 穡	(이 색)
목천	牧川	李宗白	(이종백)
몽암	夢巖	權 膽	(권 담)
몽암	夢菴	李淑諴	(이숙함)
몽양	夢陽	呂運亨	(여운형)
몽어정	夢漁亭	徐文重	(서문중)
몽오	夢梧	金鍾秀	(김종수)
몽와	夢窩	金昌集	(김창집)
몽은	夢隱	崔鐵堅	(최철견)
몽응	夢應	李濟臣	(이제신)
몽죽	夢竹	黃致敬	(황치경)
몽촌	夢村	金 睟	(김 수)
몽호	夢乎	黃學秀	(황학수)
무곡	無谷	尹 絳	(윤 강)
무극	無極	一 然	(일 연)
무기당	無欺堂	方有寧	(방유녕)
무선	茂先	宋時榮	(송시영)
무송헌	撫松軒	金 淡	(김 담)
무애	无涯	梁柱東	(양주동)
무영	無影	李龍九	(이용구)
무위당	無違堂	朴大立	(박대립)
무은	務隱	鄭之虎	(정지호)
무이재	無貳齋	吳剛杓	(오강표)
무장	武壯	申 浩	(신 호)
무적당	無適堂	洪命亨	(홍명형)
무정	茂亭	鄭萬朝	(정만조)
무첨	無添	鄭道應	(정도응)
무하당	無何堂	洪柱元	(홍주원)
무항	霧巷	元 昊	(원 호)
무호당	無號堂	尹弼秉	(윤필병)
묵곡	墨谷	李繼孟	(이계맹)
묵수당	黙守堂	崔有海	(최유해)
묵암	黙庵	成 渾	(성 혼)
묵암	黙庵	坦 然	(탄 연)
묵언	黙讞	奉汝諧	(봉여해)
묵재	黙齋	金 瓘	(김 관)
묵재	黙齋	朴仲孫	(박중손)
묵재	黙齋	李深源	(이심원)
묵재	黙齋	洪彦弼	(홍언필)
묵재	黙齋	李 貴	(이 귀)
묵재	黙齋	許 積	(허 적)
묵졸	黙拙	鄭彦潢	(정언황)
묵졸재	黙拙齋	李華鎭	(이화진)
묵헌	黙軒	李萬運	(이만운)
묵호	黙好	李慶徽	(이경휘)
문경	文卿	李宗張	(이종장)
문곡	文谷	金平植	(김평식)
문곡	文谷	金壽恒	(김수항)
문도재	聞道齋	宋基厚	(송기후)
문두	文斗	成聃壽	(성담수)
문민	文愍	鄭 摠	(정 총)
문암	文菴	李宜哲	(이의철)
문암	聞巖	辛 礎	(신 초)
문주	雯洲	洪應輔	(홍응보)
물암	勿巖	金 隆	(김 융)
물암	勿菴	任熙載	(임희재)
물재	勿齋	孫舜孝	(손순효)

미남	嵋南	洪 亮 漢 (홍량한)
미당	美堂	鄭 文 升 (정문승)
미당	美堂	鄭 夏 彦 (정하언)
미수	眉叟	許 穆 (허 목)
미암	眉巖	柳 希 春 (유희춘)
미촌	美村	尹 宣 擧 (윤선거)
민세	民世	安 在 鴻 (안재홍)
밀암	密庵	金 砥 行 (김지행)
밀암	密菴	李 栽 (이 재)
박연정	博淵亭	金 太 虛 (김태허)
박천	博泉	李 沃 (이 옥)
반계	磻溪	柳 馨 遠 (유형원)
반곡	盤谷	李 德 成 (이덕성)
반곡	盤谷	丁 景 達 (정경달)
반금	伴琴	李 慶 流 (이경류)
반초당	反招堂	李 溟 翼 (이명익)
반호	盤湖	尹 光 顔 (윤광안)
방산	昉山	尹 廷 琦 (윤정기)
방은	方隱	趙 光 輔 (조광보)
방촌	厖村	黃 喜 (황 희)
방한	方閒	尹 蓍 東 (윤시동)
배와	坏窩	金 相 肅 (김상숙)
백강	白江	李 敬 輿 (이경여)
백곡	栢谷	張 弼 武 (장필무)
백곡	栢谷	陳 克 敬 (진극경)
백곡	栢谷	鄭 崑 壽 (정곤수)
백기	伯起	裵 興 立 (배흥립)
백담	栢潭	具 鳳 齡 (구봉령)
백담	白潭	趙 又 新 (조우신)
백당	白堂	玄 采 (현 채)
백록	白麓	申 應 時 (신응시)
백릉	白菱	蔡 萬 植 (채만식)
백묵당	百默堂	李 益 壽 (이익수)
백범	白凡	金 九 (김 구)
백사	白沙	李 恒 福 (이항복)
백산	白山	安 熙 濟 (안희제)
백산	白山	池 靑 天 (지청천)
백서헌	栢西軒	洪 重 孝 (홍중효)
백석	白石	洪 茂 積 (홍무적)
백암	栢巖	金 玏 (김 늑)
백암	白菴	尹 世 茸 (윤세용)
백암	白巖	朴 殷 植 (박은식)
백야	白冶	金 佐 鎭 (김좌진)
백옥헌	白玉軒	李 塏 (이 개)
백와	白窩	洪 疇 (홍 주)
백우	伯友	鄭 蓍 (정 시)
백우	白愚	金 尙 台 (김상태)
백운거사	白雲居士	李 奎 報 (이규보)
백운재	白雲齋	權 應 銖 (권응수)
백인당	百忍堂	兪 夏 益 (유하익)
백정	栢亭	鄭 易 (정 역)
백졸재	百拙齋	韓 應 寅 (한응인)
백주	白洲	李 明 漢 (이명한)
백초당	白草堂	文 參 (문 삼)
백촌	白村	金 文 起 (김문기)
백춘	伯春	金 元 行 (김원행)
백평	栢枰	孟 萬 始 (맹만시)
백하	白下	尹 淳 (윤 순)
백헌	白軒	李 景 奭 (이경석)
백헌	栢軒	全 信 (전 신)
백호	白湖	尹 鑴 (윤 휴)
백호	白湖	林 悌 (임 제)
백화재	白華齋	黃 翼 再 (황익재)
번암	樊巖	蔡 濟 恭 (채제공)
범산	梵山	金 法 麟 (김법린)
범용	泛翁	洪 柱 國 (홍주국)
범재	泛齋	沈 大 孚 (심대부)
법신	法信	允 多 (윤 다)
벽곡	碧谷	金 蘭 淳 (김난순)
벽량	碧梁	兪 應 孚 (유응부)
벽산	碧山	鄭 民 秀 (정민수)
벽서	碧棲	金 圖 鉉 (김도현)
벽은	僻隱	秦 再 奚 (진재해)
벽해	碧海	梁 世 奉 (양세봉)
별동	別洞	尹 祥 (윤 상)
병계	屛溪	尹 鳳 九 (윤봉구)
병산	鉼山	金 鸞 祥 (김난상)
병산	屛山	李 觀 命 (이관명)
병여	炳如	成 虎 徵 (성호징)
병와	甁窩	李 衡 詳 (이형상)
보만재	保晚齋	徐 命 膺 (서명응)
보산	甫山	柳 榮 河 (유영하)

보암　保庵　沈連源 (심연원)
보옹　葆翁　洪命一 (홍명일)
보진재　葆眞齋　盧思愼 (노사신)
보진재　葆眞齋　趙　昱 (조　욱)
보한재　保閑齋　申叔舟 (신숙주)
복애　伏厓　范世東 (범세동)
복재　服齋　奇　遵 (기　준)
복재　復齋　韓宗愈 (한종유)
복천　復泉　姜鶴年 (강학년)
복헌　復軒　金應煥 (김응환)
본암　本庵　金鍾厚 (김종후)
봉계　鳳溪　洪世恭 (홍세공)
봉래　蓬萊　楊士彦 (양사언)
봉서　鳳棲　兪莘煥 (유신환)
봉주　鳳洲　兪　惶 (유　황)
부용당　芙蓉堂　成安義 (성안의)
부익자　孚翼子　鄭　瀁 (정　양)
부재　溥齋　李相卨 (이상설)
부훤　負喧　許　頊 (허　욱)
북곡　北谷　李眞儒 (이진유)
북곡　北谷　洪致中 (홍치중)
북산　北山　金秀哲 (김수철)
북악　北嶽　李海龍 (이해룡)
북애　北崖　李　增 (이　증)
북저　北渚　金　瑬 (김　류)
북정　北汀　尹志述 (윤지술)
북정　北汀　洪處亮 (홍처량)
북창　北窓　鄭　礦 (정　염)
북헌　北軒　金春澤 (김춘택)
분계　汾溪　洪淳穆 (홍순목)
분사　分沙　李聖求 (이성구)
분서　汾西　朴　瀰 (박　미)
분애　汾厓　申　晸 (선　정)
분음　汾陰　崔天健 (최천건)
불곡　佛谷　李　蕆 (이　천)
불우헌　不憂軒　丁克仁 (정극인)
불정산인　佛頂山人　洪至誠 (홍지성)
비와　肥窩　元景夏 (원경하)
비천　泌川　朴彝叙 (박이서)
비해당　匪懈堂　李　瑢 (이　용)
빙보　憑甫　鄭　軾 (정　식)

빙월당　氷月堂　薛　聰 (설　총)
빙허　憑虛　玄鎭健 (현진건)
빙호　氷湖　許　潁 (허　경)
사가정　四佳亭　徐居正 (서거정)
사강　士剛　朴毅長 (박의장)
사계　沙溪　金長生 (김장생)
사기　沙磯　李是遠 (이시원)
사류거사　四留居士　李廷馣 (이정암)
사매당　四梅堂　尹三擧 (윤삼거)
사명자　四名子　車佐一 (차좌일)
사서　沙西　金　湜 (김　식)
사서　沙西　全　湜 (전　식)
사숙재　私淑齋　姜希孟 (강희맹)
사아　四雅　申儀華 (신의화)
사암　思庵　朴　淳 (박　순)
사암　思菴　柳　淑 (유　숙)
사암　思菴　成世章 (성세장)
사양당　四養堂　沈忠謙 (심충겸)
사어　四於　鄭昌順 (정창순)
사-영　思潁　金炳冀 (김병기)
사영　思潁　南公轍 (남공철)
사우당　四友堂　任元濬 (임원준)
사재　思齋　金正國 (김정국)
사정　四貞　宋德榮 (송덕영)
사정　思亭　尹鳴殷 (윤명은)
사중　士重　金基厚 (김기후)
사지당　仕止堂　愼承善 (신승선)
사촌　沙村　李　軸 (이　축)
사촌　沙村　張經世 (장경세)
사형　士馨　吳　稷 (오　직)
사화　士和　李　恰 (이　흡)
사휴　仕休　申遵美 (신준미)
사휴정　四休亭　金　徽 (김　휘)
산곡　山谷　黃庭堅 (황정견)
산목　山木　金希淳 (김희순)
산재　山齋　趙秉世 (조병세)
산천　山泉　金命喜 (김명희)
산천　山天　洪明燮 (홍명섭)
산택재　山澤齋　洪汝河 (홍여하)
산향　山響　李最應 (이최응)
산호　山湖　金應元 (김응원)

삼계	三溪	崔 慶 會 (최경회)
삼괴	三槐	張 智 賢 (장지현)
삼괴정	三魁亭	申 從 濩 (신종호)
삼당	三堂	李 種 德 (이종덕)
삼도	三島	任 啓 英 (임계영)
삼명	三溟	姜 浚 欽 (강준흠)
삼봉	三峰	鄭 道 傳 (정도전)
삼산	三山	李 台 重 (이태중)
삼산	三山	李 秉 常 (이병상)
삼송	三松	許 伯 琦 (허백기)
삼송	三松	金 補 根 (김보근)
삼연	三淵	金 昌 翕 (김창흡)
삼외당	三畏堂	申 櫄 (신 숙)
삼우당	三憂堂	文 益 漸 (문익점)
삼일산인	三一山人	卞 獻 (변 헌)
삼절당	三節堂	崔 汝 舟 (최여주)
삼주	三洲	李 鼎 輔 (이정보)
삼죽	三竹	李 弘 淵 (이홍연)
삼청	三淸	卞 榮 晩 (변영만)
삼탄	三灘	李 承 召 (이승소)
삼호	三好	林 德 躋 (임덕제)
삼환재	三患齋	蔡 之 洪 (채지홍)
삼휴자	三休子	尹 寬 (윤 관)
상경	商卿	安 夢 尹 (안몽윤)
상고당	尙古堂	金 光 遂 (김광수)
상곡	商谷	姜 瑜 (강 유)
상무헌	尙武軒	許 得 良 (허득량)
상백	想百	李 相 伯 (이상백)
상아탑	象牙塔	黃 錫 禹 (황석우)
상우당	尙友堂	許 琮 (허 종)
상유자	桑楡子	柳 思 規 (유사규)
상촌	桑村	金 子 粹 (김자수)
상촌	象村	申 欽 (신 흠)
상화	尙火	李 相 和 (이상화)
서경	西坰	柳 根 (유 근)
서계	西溪	李 得 胤 (이득윤)
서계	西溪	朴 世 堂 (박세당)
서곡	西谷	李 正 英 (이정영)
서곽	西郭	宋 象 仁 (송상인)
서교	西郊	宋 贊 (송 찬)
서담	西潭	洪 瑋 (홍 위)
서당	西堂	金 誠 立 (김성립)
서당	西堂	李 德 壽 (이덕수)
서둔	西墩	沈 岱 (심 대)
서봉	西峯	李 時 昉 (이시방)
서봉	西峰	柳 藕 (유 우)
서산	西山	休 靜 (휴 정)
서석	瑞石	金 國 光 (김국광)
서선	恕先	郭 忠 恕 (곽충서)
서소	書巢	金 宗 烋 (김종휴)
서암	西巖	金 有 聲 (김유성)
서암	恕庵	申 靖 夏 (신정하)
서암	西巖	李 震 白 (이진백)
서암	西巖	洪 禹 瑞 (홍우서)
서애	西厓	柳 成 龍 (유성룡)
서운	曙雲	朴 啓 周 (박계주)
서정	西亭	田 闢 (전 벽)
서정	西亭	金 謙 光 (김겸광)
서주	西州	趙 夏 望 (조하망)
서천	西川	魚 世 謙 (어세겸)
서촌	西村	李 慶 昌 (이경창)
서촌	西村	張 雲 翼 (장운익)
서촌	西村	崔 沂 (최 기)
서파	西波	柳 僖 (유 희)
서파	西坡	吳 道 一 (오도일)
서포	西浦	金 萬 重 (김만중)
서포	西浦	朴 東 善 (박동선)
서하	西河	李 敏 叙 (이민서)
서해	曙海	崔 鶴 松 (최학송)
서헌	西軒	金 汶 (김 문)
서호주인	西湖主人	李 摠 (이 호)
서화	西華	李 行 遠 (이행원)
석간	石澗	李 眞 洙 (이진수)
석경우	石耕牛	崔 載 瑞 (최재서)
석계	石溪	金 履 衡 (김이형)
석계	石溪	閔 昱 (민 욱)
석계	石溪	車 憲 奎 (차헌규)
석곡	石谷	成 彭 年 (성팽년)
석곡	石谷	宋 尙 敏 (송상민)
석남	石南	宋 錫 夏 (송석하)
석농	石儂	柳 瑾 (유 근)
석농	石農	李 鍾 愚 (이종우)

석담	石潭	權大運 (권대운)
석담	石潭	柳 珩 (유 형)
석당	石塘	權 悏 (권 협)
석릉	石夌	金昌熙 (김창희)
석릉	石陵	金英淳 (김영순)
석문	石門	尹鳳五 (윤봉오)
석문	石門	李景稷 (이경직)
석범	石帆	李建弼 (이건필)
석벽	石壁	洪春卿 (홍춘경)
석병	石屏	李回寶 (이회보)
석봉	石峯	韓 濩 (한 호)
석북	石北	申光洙 (신광수)
석산	石山	尹顯振 (윤현진)
석서	石棲	李慶全 (이경전)
석세	石世	金鼎集 (김정집)
석애	石崖	趙萬永 (조만영)
석여	錫汝	姜必履 (강필리)
석연	石然	梁基薰 (양기훈)
석영	夕影	安碩柱 (안석주)
석오	石吾	李東寧 (이동녕)
석운	石松	徐憲淳 (서헌순)
석음와	惜陰窩	李喬岳 (이교악)
석재	石齋	徐丙五 (서병오)
석정	石汀	尹泰駿 (윤태준)
석정	夕汀	辛錫正 (신석정)
석정	石庭	李埈鎔 (이준용)
석주	石洲	權 韠 (권 필)
석주	石洲	李相龍 (이상룡)
석지	釋之	李茂芳 (이무방)
석창	石窓	洪世燮 (홍세섭)
석천	石泉	申 綽 (신 작)
석천	石泉	林億齡 (임억령)
석천	石泉	辛引孫 (신인손)
석촌	石村	尹用求 (윤용구)
석촌	石村	林 㙦 (임 서)
석취	石醉	尹致定 (윤치정)
석탄	石灘	李愼儀 (이신의)
석탄	石灘	李存吾 (이존오)
석파	石坡	李昰應 (이하응)
석해	石海	孫貞道 (손정도)
석헌	石軒	崔 逸 (최 일)
석호	石湖	李載完 (이재완)
석호	石湖	尹文擧 (윤문거)
선석	仙石	辛啓榮 (신계영)
선암	仙庵	劉 敞 (유 창)
선원	仙源	金尙容 (김상용)
선익	善益	金良彦 (김양언)
설강	雪江	柳 泗 (유 사)
설강	雪江	安 玹 (안 현)
설곡	雪谷	魚夢龍 (어몽룡)
설봉	雪峯	池運永 (지운영)
설사	雪蓑	南以恭 (남이공)
설산	雪山	張德秀 (장덕수)
설암	雪巖	秋 鵬 (추 붕)
설정	雪汀	李 忔 (이 흘)
설천	雪泉	安 省 (안 성)
설탄	雪灘	韓時覺 (한시각)
설해	雪海	閔宅基 (민택기)
성가	聖可	沈 權 (심 권)
성곡	星谷	李南軾 (이남식)
성당	惺堂	金敦熙 (김돈희)
성만	星灣	崔 衍 (최 연)
성부	誠夫	朴尙衷 (박상충)
성석	醒石	李建奭 (이건석)
성암	醒巖	洪處厚 (홍처후)
성암	省菴	金相璣 (김상기)
성암	省庵	金孝元 (김효원)
성암	醒菴	宋秀萬 (송수만)
성우	醒愚	許 啓 (허 계)
성은	城隱	南以興 (남이흥)
성재	惺齋	金台錫 (김태석)
성재	省齋	高時彦 (고시언)
성재	省齋	奇參衍 (기삼연)
성재	誠齋	李東輝 (이동휘)
성재	省齋	李震休 (이진휴)
성재	省齋	鄭順明 (정순명)
성재	醒齋	鄭以周 (정이주)
성재	省齋	崔文炳 (최문병)
성재	性齋	許 傳 (허 부)
성재	省齋	柳重教 (유중교)
성재	成齋	明以恒 (명이항)
성재	醒齋	申翼相 (신익상)

성재	誠齋	柳 乘 (유 승)	소재	疎齋	李頤命 (이이명)
성재	省齋	李始榮 (이시영)	소전	少痊	金德承 (김덕승)
성재	成齋	趙秉鉉 (조병현)	소정	疏亭	宋眞明 (송진명)
성재	星齋	崔 北 (최 북)	소천	蘇川	權大載 (권대재)
성재	惺齋	崔 沖 (최 충)	소천	小泉	姜龍律 (강용율)
성헌	醒軒	李之億 (이지억)	소청	紹菁	姜信文 (강신문)
성헌	惺軒	白見龍 (백현룡)	소치	小痴	許 維 (허 유)
성호	星湖	李 瀷 (이 익)	소파	小波	方定煥 (방정환)
세심당	洗心堂	秋水鏡 (추수경)	소하	小荷	趙成夏 (조성하)
세심재	洗心齋	金柱臣 (김주신)	소한당	所閑堂	權 擥 (권 남)
세한재	歲寒齋	孫必大 (손필대)	소한당	所閑堂	愼守勤 (신수근)
소계	蘇溪	崔 堈 (최 강)	소한당	素閑堂	柳廷亮 (유정량)
소고	嘯皐	徐命均 (서명균)	소화	小華	朴寅亮 (박인량)
소남	小南	李喜秀 (이희수)	소화	小華	李光文 (이광문)
소당	山堂	金奭準 (김석준)	손곡	蓀谷	李 達 (이 달)
소당	素堂	金濟煥 (김제환)	손백	信伯	宋大立 (송대립)
소당	小塘	李在寬 (이재관)	손암	巽庵	沈義謙 (심의겸)
소림	小林	趙錫晋 (조석진)	손와	損窩	崔錫恒 (최석항)
소미	少湄	李正魯 (이정로)	손재	損齋	趙載浩 (조재호)
소봉	蘇峰	金大德 (김대덕)	송간	松澗	黃應奎 (황응규)
소봉	小蓬	羅壽淵 (나수연)	송강	松岡	徐 景 (서경주)
소석	小石	趙秉蘷 (조병기)	송강	松岡	趙士秀 (조사수)
소선	笑仙	申 鑑 (신 감)	송강	滄江	趙 涑 (조 속)
소소	笑笑	李穆淵 (이목연)	송강	松江	鄭 澈 (정 철)
소소옹	笑笑翁	李堯憲 (이요헌)	송강	松江	趙 澄 (조 징)
소시	小第	李義八 (이희팔)	송계	松溪	金振興 (김진흥)
소암	蘇巖	李東郁 (이동욱)	송계	松溪	李之蕃 (이지번)
소암	蘇岩	金慶門 (김경문)	송계거사	松溪居士	李麟奇 (이인기)
소암	素庵	金履元 (김이원)	송계	松溪	陳武晟 (진무성)
소옹	梳翁	趙公瑾 (조공근)	송곡	松谷	朴大厚 (박대하)
소요당	消遙堂	朴世茂 (박세무)	송곡	松谷	李瑞雨 (이서우)
소요정	逍遙亭	沈 貞 (심 정)	송곡	松谷	趙復陽 (조복양)
소운	蘇雲	閔丙吉 (민병길)	송국재	松菊齋	李 坡 (이 파)
소월	素月	金珽湜 (김소월)	송담	松潭	白受繪 (백수회)
소월	素月	金涏湜 (김정식)	송당	松堂	權孟孫 (권맹손)
소유	小游	權用正 (권용정)	송당	松堂	朴 英 (박 영)
소유	小遊	權五福 (권오복)	송당	松塘	俞 泓 (유 홍)
소은	紹雲	趙錫元 (조석원)	송목관	松穆館	李彦瑱 (이언진)
소은	蘇隱	李 封 (이 봉)	송사	松沙	奇宇萬 (기우만)
소재	蘇齋	李聖麟 (이성린)	송사	松史	李壽卿 (이수경)
소재	蘇齋	盧守愼 (노수신)	송서	松西	李景在 (이경재)

호	한자	성명	
송석	松石	姜在天	(강재천)
송석	松石	金完圭	(김완규)
송석	松石	金學性	(김학성)
송석	松石	李敎翼	(이교익)
송석	松石	林翰洙	(임한수)
송석	松石	崔命昌	(최명창)
송석원	松石園	千壽慶	(천수경)
송설헌	松雪軒	權弘	(권 홍)
송암	松庵	柳灌	(유 관)
송암	松巖	權好文	(권호문)
송암	松岩	金沔	(김 면)
송암	松巖	梁大樸	(양대박)
송암	松巖	尹儼	(윤 엄)
송암	松巖	李載亨	(이재형)
송암	松巖	李廷煥	(이정환)
송암	松菴	李忠元	(이충원)
송암	松巖	丁春	(정 춘)
송암	松菴	權徵	(권 징)
송암	松庵	朴斗星	(박두성)
송암	松菴	吳東振	(오동진)
송암	松菴	李之詩	(이지시)
송암	松岩	咸台永	(함태영)
송애	松厓	金景敍	(김경서)
송애	松厓	朴汝龍	(박여룡)
송애	松厓	潘石枰	(반석평)
송애	松厓	李畬	(이 여)
송얼당	松蘖堂	李貞臣	(이정신)
송와	松窩	鄭載嵩	(정재숭)
송운	松雲	惟政	(유 정)
송월당	松月堂	趙須	(조 수)
송월헌	松月軒	林得明	(임득명)
송은	松隱	金光粹	(김광수)
송음	松陰	李景曾	(이경증)
송재	松齋	羅世纘	(나세찬)
송재	松齋	韓忠	(한 충)
송재	松齋	徐載弼	(서재필)
송재	松齋	成子濟	(성자제)
송재	宋齋	宋日中	(송일중)
송재	松齋	尹晧	(윤 호)
송재	松齋	李堣	(이 우)
송정	松亭	金泮	(김 반)
송정	松亭	金銖	(김 수)
송정	松亭	崔應龍	(최응룡)
송천	松川	梁應鼎	(양응정)
송천	松泉	崔興源	(최흥원)
송천	松泉	趙威明	(조위명)
송촌	松村	申景洛	(신경락)
송촌	松村	池錫永	(지석영)
송파	松坡	尹居衡	(윤거형)
송파	松坡	徐文尙	(서문상)
송파	松坡	崔誠之	(최성지)
송하옹	松下翁	曹允亨	(조윤형)
송헌	松軒	李成桂	(이성계)
송호	松湖	白振南	(백진남)
수남	水南	李彝章	(이이장)
수동	壽銅	鄭芝潤	(정지윤)
수리	數里	王太	(왕 태)
수몽	守夢	鄭曄	(정 엽)
수보	壽甫	元繼蔡	(원계채)
수북	水北	金光炫	(김광현)
수분와	守分窩	李楫	(이 집)
수심당	睡心堂	安命說	(안명열)
수암	羞菴	任珹	(임 성)
수암	睡庵	鄭允容	(정윤용)
수암	遂庵	權尙夏	(권상하)
수암	守菴	朴枝華	(박지화)
수옹	睡翁	具人文	(구인문)
수와	守窩	白慶楷	(백경해)
수와	睡窩	趙道彬	(조도빈)
수우	守愚	朴煥	(박 환)
수우	守愚	李承達	(이승달)
수우당	守愚堂	崔永慶	(최영경)
수운	首雲	金龍洙	(김용수)
수운	岫雲	柳德章	(유덕장)
수운	水雲	崔齊愚	(최제우)
수월헌	水月軒	林熙之	(임희지)
수은	睡隱	張得萬	(장득만)
수은	睡隱	姜抗	(강 항)
수재	壽齋	李漢福	(이한복)
수재	守齋	洪鉉輔	(홍현보)
수재	睡齋	柳仁貴	(유인귀)
수줄재	守拙齋	洪得禹	(홍득우)

호	한자	성명	독음
수주	樹州	卞 榮 魯	(변영로)
수죽	水竹	鄭 昌 衍	(정창연)
수죽	數竹	曺 弘 立	(조홍립)
수천	守天	鄭 光 弼	(정광필)
수촌	秀村	柳 發	(유 발)
수촌	水村	吳 始 壽	(오시수)
수촌	水村	任 埅	(임 방)
수촌	樹村	趙 世 煥	(조세환)
수파	守坡	安 孝 濟	(안효제)
수허재	守許齋	洪 啓 迪	(홍계적)
숙경	叔經	金 吉 通	(김길통)
숙도	叔度	李 則	(이 칙)
숙야재	夙夜齋	尹 智 敎	(윤지교)
숙옹	塾翁	柳 興 龍	(유흥룡)
숙행	叔行	柳 季 聞	(유계문)
순경	舜卿	曺 致 虞	(조치우)
순계	醇溪	李 正 履	(이정리)
순암	順菴	安 鼎 福	(안정복)
순암	順菴	義 旋	(의 선)
순암	順菴	李 秉 成	(이병성)
순은	醇隱	申 德 隣	(신덕린)
순지	淳之	申 復 淳	(신복순)
순평	順平	高 若 海	(고약해)
숭덕재	崇德齋	李 潤 慶	(이윤경)
습재	習齋	李 尙 伋	(이상급)
습정	習靜	林 懽	(임 환)
승와	升窩	趙 春 慶	(조춘경)
시남	市南	俞 棨	(유 계)
시남	市南	俞 棨	(유 계)
시문재	是聞齋	尹 行 恁	(윤행임)
시북	市北	南 以 雄	(남이웅)
시암	時菴	裵 吉 基	(배길기)
시암	時菴	趙 相 禹	(조상우)
시옹	是翁	任 華 世	(임화세)
시와	是窩	韓 泰 東	(한태동)
시은	市隱	李 基 翊	(이기익)
식산	息山	李 滿 敷	(이만부)
식암	息庵	李 資 玄	(이자현)
식암	息庵	金 錫 胄	(김석주)
신고당	信古堂	盧 友 明	(노우명)
신곡	薪谷	尹 棨	(윤 계)
신당	新堂	鄭 鵬	(정 붕)
신독재	愼獨齋	金 集	(김 집)
신부	莘夫	李 耕 稙	(이경직)
신성당	信善堂	趙 彦 秀	(조언수)
신암	新菴	李 俊 民	(이준민)
신암	愼庵	曺 鳳 振	(조봉진)
신재	愼齋	周 世 鵬	(주세붕)
심산	心山	金 昌 淑	(김창숙)
심수	心水	李 正 根	(이정근)
심암	心庵	趙 斗 淳	(조두순)
심원자	心遠子	韓 在 濂	(한재렴)
심은	深隱	李 隨	(이 수)
심재	審齋	白 仁 海	(백인해)
심재	心齋	徐 龍 輔	(서용보)
심재	心齋	宋 煥 箕	(송환기)
심전	心田	安 重 植	(안중식)
심호	深湖	蔡 相 悳	(채상덕)
십주	十洲	韓 汝 稷	(한여직)
쌍계	雙溪	李 福 源	(이복원)
쌍계정	雙溪亭	鄭 漢 文	(정한문)
쌍곡	雙谷	李 士 慶	(이사경)
쌍매당	雙梅堂	李 詹	(이 첨)
쌍명재	雙明齋	李 仁 老	(이인로)
쌍백당	雙栢堂	李 世 華	(이세화)
쌍오	雙梧	閔 點	(민 점)
쌍청당	雙淸堂	安 宗 源	(안종원)
쌍취헌	雙翠軒	權 轍	(권 철)
쌍호당	雙壺堂	李 端 錫	(이단석)
아계	丫溪	金 一 鏡	(김일경)
아계	鵝溪	李 山 海	(이산해)
아곡	鵝谷	李 台 佐	(이태좌)
아인	雅人	金 來 成	(김내성)
아행	雅行	崔 井 安	(최정안)
악록	岳麓	許 筬	(허 성)
안분당	安分堂	李 希 輔	(이희보)
안분재	安分齋	洪 處 尹	(홍처윤)
안서	岸曙	金 億	(김 억)
안소당	安素堂	韓 構	(한 구)
안인	安仁	潘 嶽	(반 악)
안재수옹	安齋睡翁	李 世 應	(이세응)
암헌	巖軒	申 檣	(신 장)

호	한자	성명
압구정	鴨鷗亭	韓 明 澮 (한명회)
앙성	仰城	李 如 松 (이여송)
애류	崖溜	權 悳 奎 (권덕규)
애사	靄士	洪 祐 吉 (홍우길)
애서	厓西	朴 震 英 (박진영)
애일당	愛日堂	鄭 苯 (정 본)
애탄	愛灘	任 鉉 (임 현)
애헌	艾軒	金 時 獻 (김시헌)
야계산옹	倻溪散翁	宋 希 奎 (송희규)
야당	野塘	金 南 重 (김남중)
야당	野堂	柳 赫 然 (유혁연)
야당	野黨	金 守 렴 (김수렴)
야당	埜堂	許 錦 (허 금)
야산	也山	李 達 (이 달)
야수	野叟	鄭 文 炯 (정문형)
야은	冶隱	吉 再 (길 재)
야은	埜隱	田 祿 生 (전녹생)
야족당	也足堂	魚 叔 權 (어숙권)
약봉	藥峰	李 鐸 (이 탁)
약봉	藥峯	徐 渻 (서 성)
약산	若山	姜 彛 五 (강이오)
약산	約山	金 炳 德 (김병덕)
약산	藥山	金 有 淵 (김유연)
약천	藥泉	趙 啓 遠 (조계원)
약천	樂泉	南 九 萬 (남구만)
약포	藥圃	鄭 琢 (정 탁)
약헌	約軒	宋 徵 殷 (송징은)
약현	藥峴	沈 檀 (심 단)
양간	瑈玕	柳 誠 源 (유성원)
양경	讓卿	沈 思 遜 (심사손)
양곡	陽谷	蘇 世 讓 (소세양)
양곡	暘谷	吳 斗 寅 (오두인)
양기재	兩棄齋	安 瑞 羽 (안서우)
양대	養大	林 先 味 (임선미)
양송당	養松堂	金 禔 (김 시)
양암	陽菴	鄭 存 謙 (정존겸)
양암	陽巖	朴 性 黙 (박성묵)
양암	惕菴	李 在 中 (이존중)
양오헌	養悟軒	李 顯 坤 (이현곤)
양원	陽園	申 箕 善 (신기선)
양재	養齋	洪 迪 (홍 적)
양정당	養靜堂	吳 天 民 (오천민)
양진당	養眞堂	河 萬 里 (하만리)
양촌	陽村	權 近 (권 근)
양파	陽坡	鄭 太 和 (정태화)
어계	漁溪	趙 旅 (조 여)
어계	漁溪	楊 士 衡 (양사형)
어우당	於于堂	柳 夢 寅 (유몽인)
어은	漁隱	閔 霽 (민 제)
어천	菸泉	崔 重 吉 (최중길)
어촌	漁村	沈 彦 光 (심언광)
언신	彦信	梁 誌 (양 지)
언용	彦容	梁 應 深 (양응심)
여남	汝南	金 益 兼 (김익겸)
여락당	余樂堂	朴 昌 夏 (박창하)
여량	汝量	李 廓 (이 곽)
여순	汝順	白 弘 悌 (백홍제)
여승	與乘	朴 世 橋 (박세교)
여심	餘心	朱 燿 燮 (주요섭)
여암	旅庵	申 景 濬 (신경준)
여원	汝源	徐 孝 修 (서효수)
여유	灑由	高 秉 幹 (고병간)
여장	汝障	朴 之 屛 (박지병)
여초	如初	金 應 顯 (김응현)
여해	汝諧	李 舜 臣 (이순신)
여헌	旅軒	張 顯 光 (장현광)
여호	黎湖	朴 弼 周 (박필주)
여화	汝華	文 希 舜 (문희순)
여회	如晦	成 世 明 (성세명)
역매	亦梅	吳 慶 錫 (오경석)
역암	櫟菴	姜 晉 圭 (강진규)
역암	櫟菴	閔 起 文 (민기문)
역암	易菴	成 士 達 (성사달)
역옹	櫟翁	尹 寧 (윤 영)
역천	櫟泉	宋 明 欽 (송명흠)
역헌	櫟軒	洪 處 大 (홍처대)
연객	烟客	許 佖 (허 필)
연경재	硏經齋	成 海 應 (성해응)
연경재	硏經齋	丁 若 銓 (정약전)
연년	延年	顔 延 之 (안연지)
연담	蓮潭	金 明 國 (김명국)
연담	蓮潭	有 一 (유 일)

호		이름	
연방	蓮坊	李 球	(이 구)
연빙당	淵氷堂	申錫祖	(신석조)
연암	淵菴	林禮煥	(임예환)
연암	燕巖	朴趾源	(박지원)
연여실	燃藜室	李肯翊	(이긍익)
연일	延日	鄭 栻	(정 식)
연재	淵齋	宋秉璿	(송병선)
연재	淵齋	尹宗儀	(윤종의)
연천	淵泉	洪奭周	(홍석주)
연초재	燕超齋	尹新之	(윤신지)
연촌	烟村	崔德之	(최덕지)
연파	蓮坡	金進洙	(김진수)
열암	洌巖	朴鍾鴻	(박종홍)
염윤	廉允	徐 熙	(서 희)
영계	靈溪	吉善宙	(길선주)
영곡	影谷	黃執中	(황집중)
영랑	永郎	金允植	(김윤식)
영매	嶺梅	柳厚祚	(유후조)
영모당	永慕堂	金 質	(김 질)
영모당	永慕堂	安 瑭	(안 당)
영모암	永慕庵	吳命恒	(오명항)
영서	潁西	全命龍	(전명룡)
영서거사	潁西居士	任 魯	(임 노)
영어	潁漁	金炳國	(김병국)
영재	寧齋	李建昌	(이건창)
영천자	靈川子	申 潛	(신 잠)
영초	潁樵	金炳學	(김병학)
영호	永湖	趙 嚴	(조 엄)
영호정	映湖亭	李 滌	(이 척)
예관	睨觀	申圭植	(신규식)
예남	藥南	李夏源	(이하원)
예재	豫才	魯 迅	(노 신)
오계	梧溪	韓效元	(한효원)
오당	悟堂	李象秀	(이상수)
오로재	吾老齋	鄭 種	(정 종)
오리	梧里	李元翼	(이원익)
오백	梧栢	李柱國	(이주국)
오봉	五峰	李好閔	(이호민)
오봉	五峰	徐 椿	(서 춘)
오봉	梧峰	申之悌	(신지제)
오산	五山	車天輅	(차천로)
오서	梧墅	朴永元	(박영원)
오석	烏石	金 赫	(김 혁)
오수	寤修	黃運祚	(황운조)
오애	悟涯	金震標	(김진표)
오옹	梧翁	尹 璟	(윤 겸)
오원	吾園	張承業	(장승업)
오음	梧陰	尹斗壽	(윤두수)
오재	俉齋	趙正萬	(조정만)
오주	五州	李奎景	(이규경)
오창	梧窓	朴東亮	(박동량)
오천	梧泉	洪重徵	(홍중징)
오천	梧川	李宗城	(이종성)
오천	梧泉	金奭鎮	(김석진)
오촌	梧村	黃敬中	(황경중)
오탄	梧灘	沈 攸	(심 유)
오한	悟漢	朴 濂	(박 염)
오헌	梧軒	閔應洙	(민응수)
오헌	娛軒	尹晃東	(윤면동)
옥계	玉溪	盧 禛	(노 진)
옥계	玉溪	李貞敏	(이정민)
옥계	玉溪	姜裕後	(강유후)
옥국재	玉局齋	李運永	(이운영)
옥동	玉洞	文益成	(문익성)
옥봉	玉峰	白光勳	(백광훈)
옥산	玉山	李 瑀	(이 우)
옥여재	玉余齋	曺鵬九	(조붕구)
옥오재	玉吾齋	宋相琦	(송상기)
옥유당	玉㽎堂	韓致㴠	(한치윤)
옥촌	沃村	盧克弘	(노극홍)
옥파	沃坡	李鍾一	(이종일)
온계	溫溪	李 瀣	(이 해)
온당	溫堂	朴三奎	(박삼규)
옹재	甕齋	安崇善	(안숭선)
와은	臥隱	金翰東	(김한동)
완구	宛丘	申大羽	(신대우)
완당	阮堂	金正喜	(김정희)
완산	完山	李獻吉	(이헌길)
완서	翫西	李祖淵	(이조연)
완역재	玩易齋	姜碩德	(강석덕)
완정	浣亭	李彦英	(이언영)
왕산	旺山	許 蔿	(허 위)

호	한자	성명
외솔		崔鉉培 (최현배)
외재	畏齋	李端夏 (이단하)
요산	樂山	金偉男 (김위남)
용담	龍潭	朴而章 (박이장)
용담	龍潭	任屹 (임흘)
용산	蓉山	鄭建朝 (정건조)
용서	龍西	尹元擧 (윤원거)
용서	龍西	丁大水 (정대수)
용성	龍成	白相奎 (백상규)
용아	龍兒	朴龍喆 (박용철)
용암	龍巖	朱夢龍 (주몽룡)
용암	蓉庵	金炳始 (김병시)
용암	龍岩	朴雲 (박운)
용암	庸巖	金履素 (김이소)
용암	龍庵	馬應房 (마응방)
용암	容庵	袁世凱 (원세개)
용은	慵隱	趙晋錫 (조진석)
용은거사	慵隱居士	兪大逸 (유대일)
용재	容齋	李荇 (이행)
용재	慵齋	李宗準 (이종준)
용재	庸齋	白樂濬 (백낙준)
용재	慵齋	成俔 (성현)
용졸재	用拙齋	申湜 (신식)
용주	龍洲	趙絅 (조경)
용주	龍洲	金有慶 (김유경)
용포	龍浦	尹世紀 (윤세기)
용헌	容軒	李原 (이원)
용헌	慵軒	黃士佑 (황사우)
용호	龍湖	尹以道 (윤이도)
우강	友江	宋鍾翊 (송종익)
우경	虞卿	宋汝諧 (송여해)
우계	牛溪	成渾 (성혼)
우남	雩南	李承晩 (이승만)
우담	愚潭	鄭時翰 (정시한)
우담	雩潭	蔡得沂 (채득기)
우당	憂堂	權東鎭 (권동진)
우당	藕堂	閔應植 (민응식)
우당	愚堂	兪昌煥 (유창환)
우당	于堂	尹喜求 (윤희구)
우당	藕堂	閔泳達 (민영달)
우보	牛步	閔泰瑗 (민태원)
우복	愚伏	柳珙 (유전)
우복	愚伏	鄭經世 (정경세)
우봉	牛峯	李克培 (이극배)
우사	尤史	金圭植 (김규식)
우산	盂山	洪鳳祚 (홍봉조)
우석	又石	李載冕 (이재면)
우선	藕船	李尙迪 (이상적)
우성	宇醒	朴容萬 (박용만)
우송당	友松堂	黃允吉 (황윤길)
우수	迂叟	宋廷奎 (송정규)
우암	寓菴	金澍 (김주)
우암	尤庵	宋時烈 (송시열)
우암	寓菴	洪彦忠 (홍언충)
우연옹	偶然翁	任聖皐 (임성고)
우월	又月	金活蘭 (김활란)
우은	寓隱	鄭時述 (정시술)
우재	愚齋	孫仲敦 (손종돈)
우재	迂齋	李厚源 (이후원)
우재	迂齋	趙持謙 (조지겸)
우재	旴齋	趙浚 (조준)
우정	雨亭	趙璞 (조박)
우졸자	迂拙子	朴漢柱 (박한주)
우준	于俊	柳子光 (유자광)
우창	于蒼	申錫雨 (신석우)
우천	牛泉	李若水 (이약수)
우청	雨晴	沈筌 (심영)
우촌	雨村	南尙敎 (남상교)
우향	又香	丁大有 (정대유)
우헌	愚軒	李鉉燮 (이현섭)
우현	又玄	高裕燮 (고유섭)
우호	友壺	金哲熙 (김철희)
우화	雨華	李同春 (이동춘)
욱재	勖齋	沈通源 (심통원)
운강	雲岡	李慶民 (이경민)
운강	雲岡	梁起鐸 (양기탁)
운강	雲崗	李康年 (이강년)
운경	雲卿	鄭士龍 (정사룡)
운계	雲溪	趙重默 (조중묵)
운계	雲溪	黃信龜 (황신구)
운계	雲溪	金鍾正 (김종정)
운곡	雲谷	南老星 (남노성)

운곡	雲谷	宋翰弼 (송한필)	월담	月潭	崔 滉 (최 황)
운곡	耘谷	元天錫 (원천석)	월담	月潭	黃謹中 (황근중)
운곡	雲谷	鄭 誧 (정 포)	월담	月潭	尹毅立 (윤의립)
운미	芸楣	閔泳翊 (민영익)	월담	月潭	李久源 (이구원)
운사	雲沙	李世白 (이세백)	월당	月塘	姜碩期 (강석기)
운석	雲石	趙寅永 (조인영)	월봉	月峰	李 曙 (이 서)
운석	雲石	張 勉 (장 면)	월사	月蓑	成好善 (성호선)
운소	雲巢	金思穆 (김사목)	월사	月沙	李廷龜 (이정귀)
운소자	雲巢子	朴文逵 (박문규)	월악	月嶽	韓 祉 (한 지)
운암	雲巖	李興浡 (이홍발)	월암	月巖	李匡呂 (이광려)
운암	雲巖	車元頫 (차원부)	월연	月淵	李 迨 (이 태)
운암	雲巖	金 緣 (김 연)	월저	月渚	黃胤後 (황윤후)
운양	雲養	金允植 (김윤식)	월정	月亭	柳廷顯 (유정현)
운와	芸窩	洪鍾聖 (홍종성)	월정	月汀	尹根壽 (윤근수)
운재	芸齋	偰長壽 (설장수)	월천	月川	趙 穆 (조 목)
운재	雲齋	李義養 (이의양)	월촌	月村	李聖任 (이성임)
운재	芸齋	尹濟述 (윤제술)	월탄	月灘	韓孝純 (한효순)
운정	雲亭	白樂龜 (백낙구)	월탄	月灘	洪柱三 (홍주삼)
운정	雲庭	金鍾必 (김종필)	월탄	月灘	朴鍾和 (박종화)
운초	雲樵	朴基駿 (박기준)	월포	月浦	李佑贇 (이우빈)
운파당	雲坡堂	黃鍾翁 (황종옹)	월포	月浦	洪敬禹 (홍경우)
운파	雲坡	淸 眼 (청 안)	월헌	月軒	丁壽崗 (정수강)
운평	雲坪	宋能相 (송능상)	월헌	月軒	趙 顯 (조 현)
운포	耘逋	丁學游 (정학교)	월호	月湖	李貞恩 (이정은)
운포	雲浦	呂聖齊 (여성제)	월호	月湖	洪得箕 (홍득기)
운호	雲湖	任靖周 (임정주)	월호	月湖	鄭淑夏 (정숙하)
원곡	雲谷	李光佐 (이광좌)	월화당	月華堂	盧克復 (노극복)
원곡	原谷	金基昇 (김기승)	위당	威堂	申 櫶 (신 헌)
원교	圓嶠	李匡師 (이광사)	위당	爲堂	鄭寅普 (정인보)
원귀	元龜	金開物 (김개물)	위사	渭師	姜碩賓 (강석빈)
원백	遠伯	李 森 (이 삼)	위산	緯山	徐光範 (서광범)
원석	圓石	趙孟善 (조맹선)	위암	韋菴	申 鏛 (신 상)
원시	元始	穀梁赤 (곡양적)	위암	韋庵	張志淵 (장지연)
원옹	圓翁	鄭 樞 (정 추)	위창	葦滄	吳世昌 (오세창)
원정	猿亭	崔壽城 (최수성)	유곡	松谷	李憲國 (이헌국)
원정	圓亭	呂希臨 (여희림)	유관	遊觀	金興根 (김흥근)
원효	元曉	薛誓幢 (설서당)	유당	酉堂	金魯敬 (김노경)
월간	月澗	李 㙉 (이 전)	유사	有四	李振武 (이진무)
월곡	月谷	吳 瑗 (오 원)	유석	維石	趙炳玉 (조병옥)
월곡	月谷	禹拜善 (우배선)	유시	柳市	韓興一 (한흥일)
월남	月南	李商在 (이상재)	유시재	有是齋	李義淵 (이의연)

호	한자	성명
유암	流菴	洪基兆 (홍기조)
유암	流岩	洪萬選 (홍만선)
유연재	悠然齋	金希壽 (김희수)
유일재	唯一齋	金彦璣 (김언기)
유재	游齋	李玄錫 (이현석)
유재	迪齋	張泰秀 (장태수)
유천	柳川	韓浚謙 (한준겸)
유촌	柳村	黃汝獻 (황여헌)
유춘	有春	李寅文 (이인문)
유포	柳浦	具仁垕 (구인후)
유하	游霞	金宗漢 (김종한)
유하	柳下	崔惠吉 (최혜길)
유항	柳巷	韓 修 (한 수)
유헌	遊軒	張錫龍 (장석룡)
유헌	遊軒	丁 熿 (정 황)
유회당	有懷堂	權以鎭 (권이진)
육곡	六谷	徐必遠 (서필원)
육교	六橋	李祖默 (이조묵)
육당	六堂	崔南善 (최남선)
육사	陸史	李 活 (이 활)
육사	陸史	李源綠 (이원록)
육오당	六吾堂	鄭慶欽 (정경흠)
육유당	六有堂	權 格 (권 격)
육일	六一	金係錦 (김계금)
육일재	六一齋	南秉吉 (남병길)
윤지당	允摯堂	任 氏 (임 씨)
율곡	栗谷	李 珥 (이 이)
율원	栗園	李 拱 (이 공)
율정	栗亭	尹 澤 (윤 택)
율정	栗亭	洪天民 (홍천민)
율정	栗亭	權 節 (권 절)
율정	栗亭	崔鶴齡 (최학령)
율촌	栗村	金元亮 (김원량)
은계	銀溪	張漢輔 (장한보)
은봉	隱峰	安邦俊 (안방준)
은암	隱庵	李秀一 (이수일)
음애	陰崖	李 耔 (이 자)
읍건재	泣愆齋	朴致遠 (박치원)
읍취헌	挹翠軒	朴 誾 (박 은)
응경	應卿	成夢井 (성몽정)
응룡	應龍	邕夢辰 (옹몽진)
응명	應明	閔天符 (민천부)
응암	凝菴	尹聚東 (윤취동)
응와	凝窩	李源祚 (이원조)
응칠	應七	安重根 (안중근)
의관	宜觀	尹安性 (윤안성)
의석	宜石	金應根 (김응근)
의암	毅庵	柳麟錫 (유인석)
의암	義菴	孫秉熙 (손병희)
의암	毅庵	柳仁錫 (유인석)
의재	疑齋	李喜之 (이희지)
의졸	宜拙	南二星 (남이성)
의지	儀之	申鴻周 (신홍주)
이건	而建	成夏宗 (성하종)
이계	耳溪	洪良浩 (홍양호)
이계	伊溪	金 詮 (김 전)
이계	伊溪	申公濟 (신공제)
이기	而己	張 混 (장 혼)
이당	以堂	金殷鎬 (김은호)
이락정	二樂亭	申用漑 (신용개)
이상	李箱	金海卿 (김해경)
이소재	履素齋	李仲虎 (이중호)
이안당	易安堂	趙天經 (조천경)
이암	移庵	權一身 (권일신)
이암	頤庵	宋 寅 (송 인)
이양당	二養堂	趙 倬 (조 탁)
이요정	二樂亭	李 和 (이 화)
이우당	二憂堂	趙泰采 (조태채)
이유당	怡愉堂	李德洙 (이덕수)
이재	彛齋	權敦仁 (권돈인)
이재	彛齋	金厚臣 (김후신)
이재	頤齋	車 軾 (차 식)
이재	頤齋	黃胤錫 (황윤석)
이증	而仲	徐理修 (서이수)
이지당	二知堂	尹憲柱 (윤헌주)
이천	梨川	李弘冑 (이홍주)
이천	梨川	洪柱一 (홍주일)
이탄재	履坦齋	朴綺壽 (박기수)
이헌	怡軒	成汝完 (성여완)
이헌	頤軒	朴錫命 (박석명)
이헌	頤軒	許 琛 (허 침)
이호	梨湖	鄭忠燁 (정충엽)

익익재	翼翼齋	洪鳳漢 (홍봉한)	임간	林磵	洪學淵 (홍학연)
익재	益齋	李齊賢 (이제현)	임계	林溪	俞好仁 (유호인)
인암	仁菴	洪秉箕 (홍병기)	임계	林溪	尹 集 (윤 집)
인재	認齋	朴世煦 (박세후)	임고자	臨皐子	李尙權 (이상권)
인재	仁齋	成希顔 (성희안)	임곡	霖谷	崔潤德 (최윤덕)
인재	麟齋	李鍾學 (이종학)	임당	琳堂	朴殷培 (박은배)
인재	認齋	崔 晛 (최 현)	임당	林塘	鄭惟吉 (정유길)
인재	忍齋	洪 暹 (홍 섬)	임벽당	林碧堂	俞汝舟 (유여주)
인재	認齋	洪 進 (홍 진)	임암	立菴	朱庸奎 (주용규)
인재	仁齋	姜希顔 (강희안)	임연	臨淵	裵三益 (배삼익)
인촌	仁村	金性洙 (김성수)	임재	臨齋	尹心衡 (윤심형)
일계	逸溪	蔡無逸 (채무일)	임전	琳田	趙廷奎 (조정규)
일곡	日谷	趙得永 (조득영)	임진	任眞	蔡世英 (채세영)
일당	一堂	李完用 (이완용)	임하	林下	李祉永 (이지영)
일두	一蠹	鄭汝昌 (정여창)	입암	立岩	柳仲郢 (유중영)
일로당	佚老堂	金盛最 (김성최)	입암	笠巖	孫比長 (손비장)
일석	逸石	卞榮泰 (변영태)	입재	立齋	盧 欽 (노 흠)
일석	一石	李維棟 (이유동)	입재	立齋	訟近洙 (송근수)
일성	一聲	金守漢 (김수한)	자고	子固	崔 關 (최 관)
일성	一醒	李 儁 (이 준)	자락헌	自樂軒	俞最基 (유최기)
일송	一松	金東三 (김동삼)	자봉	紫峯	崔宗周 (최종주)
일송	一松	沈喜壽 (심희수)	자수	自受	成佑吉 (성우길)
일수호	一水戶	黃仁紀 (황인기)	자암	自庵	金 絿 (김 구)
일신재	日新齋	洪樂命 (홍낙명)	자암	泚菴	朴準承 (박준승)
일암	一菴	尹東源 (윤동원)	자암	紫巖	李民寏 (이민환)
일암	逸庵	尹德駿 (윤덕준)	자양	子讓	姜叔突 (강숙돌)
일와	一窩	金魯應 (김노응)	자연당	自然堂	金時瑞 (김시서)
일완	一阮	洪範植 (홍범식)	자오	紫塢	金祖根 (김조근)
일우	日愚	姜宇奎 (강우규)	자운	紫雲	申禹鉉 (신우현)
일재	一齋	李 恒 (이 항)	자유	子游	魚有沼 (어유소)
일재	一齋	金 勘 (김 감)	자유재	自有齋	尹容善 (윤용선)
일재	逸齋	成 任 (성 임)	자이당	自怡堂	林 薰 (임 훈)
일재	一齋	漁允中 (어윤중)	자장	子章	姜孟卿 (강맹경)
일재	一齋	趙重桓 (조중환)	자장	子長	司馬遷 (사마천)
일중	一中	金忠顯 (김충현)	자하	紫霞	申 緯 (신 위)
일청	一靑	金達淳 (김달순)	잠계	木岑溪	尹定鉉 (윤정현)
일퇴	一退	柳尙運 (유상운)	잠곡	潛谷	金 堉 (김 육)
일호	一濠	南啓宇 (남계우)	잠야	潛冶	朴知誡 (박지계)
일홍당	日紅堂	權常愼 (권상신)	잠와	潛窩	李命俊 (이명준)
일휴	逸休	朴弼正 (박필정)	잠와	潛窩	崔震立 (최진립)
일휴정	逸休亭	李 翿 (이 숙)	장밀헌	藏密軒	宋寅明 (송인명)

호	한자	성명	한글
장암	壯岩	羅德憲	(나덕헌)
장암	丈巖	鄭 澔	(정 호)
장육당	藏六堂	元振海	(원진해)
장육당	藏六堂	趙龜錫	(조구석)
장육당	藏六堂	崔 瀁	(최 양)
장주	長州	尹 暉	(윤 휘)
장호	長湖	尹敬敎	(윤경교)
저암	著菴	兪漢雋	(유한전)
저절로		禹昇圭	(우승규)
적곡	赤谷	金益廉	(김익렴)
적곡	赤谷	成 勝	(성 승)
적암	適庵	曹 伸	(조 신)
적이	積而	姜善餘	(강선여)
절곡	節谷	金時觀	(김시관)
절재	節齋	金宗瑞	(김종서)
점보	漸甫	李鴻章	(이홍장)
점필재	佔畢齋	金宗直	(김종직)
정견	靜見	韓翼暮	(한익모)
정경	靜卿	李艮男	(이간남)
정곡	貞谷	李壽長	(이수장)
정곡	鼎谷	趙存性	(조존성)
정관	井觀	金復鎭	(김복진)
정관재	靜觀齋	李端相	(이단상)
정림	亭林	顧炎武	(고염무)
정산	鼎山	宋 樞	(송 추)
정수	靜叟	柳仁淑	(유인숙)
정암	正庵	李鍾勳	(이종훈)
정암	整菴	鄭 陟	(정 척)
정암	正菴	朴民獻	(박민헌)
정암	靜庵	趙光組	(조광조)
정애	鼎崖	洪 昇	(홍 승)
정열	貞烈	宋松禮	(송송례)
정월	晶月	羅蕙錫	(나혜석)
정은	貞隱	姜 澔	(강 노)
정이	正而	盧峻命	(노준명)
정재	定齋	柳致明	(유치명)
정재	貞齋	朴宜中	(박의중)
정재산인	定齋散人	朴泰輔	(박태보)
정허당	靜虛堂	洪柱世	(홍주세)
정허와	靜虛窩	李源坤	(이원고)
정헌	靜軒	趙貞喆	(조정철)
제교	霽嶠	柳希亮	(유희량)
제봉	霽峰	高敬命	(고경명)
제월당	霽月堂	宋奎濂	(송규렴)
제헌	霽軒	沈定鎭	(심정진)
조계	棗溪	鄭萬鍾	(정만종)
조선	勤之	南致勤	(남치근)
조암	釣庵	李範稷	(이범직)
조암	釣巖	李時白	(이시백)
조은	釣隱	金聖器	(김성기)
조은	釣隱	朴 訔	(박 은)
조은	釣隱	宋德馹	(송덕일)
조은	釣隱	辛景行	(신경행)
조은	釣隱	崔致雲	(최치운)
조총	葆叢	洪裕孫	(홍유손)
죽소	竹所	金光煜	(김광욱)
족수거사	足睡居士	洪仁謨	(홍인모)
존재	存齋	朴允黙	(박윤묵)
존재	存齋	郭 赹	(곽 준)
존재	存齋	具宅奎	(구택규)
존재	存齋	魏伯珪	(위백규)
졸당	拙堂	閔聖徽	(민성휘)
졸옹	拙翁	崔 瀣	(최 해)
졸옹	拙翁	洪聖民	(홍성민)
졸재	拙齋	金 銚	(김 조)
졸재	拙齋	柳元之	(유원지)
졸재	拙齋	李文馨	(이문형)
졸탄	拙灘	金 權	(김 권)
졸헌	拙軒	朴應福	(박응복)
종삼	鍾三	李參鉉	(이삼현)
좌옹	佐翁	尹致昊	(윤치호)
주경	周卿	芮承錫	(예승석)
주옹	周翁	安玟英	(안민영)
주은	酒隱	金命元	(김명원)
주천	朱川	朴 瑞	(박 서)
주하	柱下	金道喜	(김도희)
주해	宵海	張健相	(장건상)
죽계	竹溪	文 瓘	(문 관)
죽계	竹溪	安 純	(안 순)
죽계	竹溪	安處誠	(안처성)
죽남	竹南	吳 竣	(오 준)
죽당	竹堂	柳辰仝	(유진동)

호	한자	성명	한글
죽당	竹堂	鄭復周	(정복주)
죽로	竹老	申 活	(신 활)
죽리	竹里	金履喬	(김이교)
죽림	竹林	金承萬	(김승만)
죽림	竹林	權山海	(권산해)
죽림처사	竹林處士	李山光	(이산광)
죽봉	竹峰	金 準	(김 준)
죽비	竹扉	柳永謹	(유영근)
죽산	竹山	安桑鷄	(안상계)
죽산	竹山	曹奉岩	(조봉암)
죽서	竹西	李敏迪	(이민적)
죽석	竹石	趙 暾	(조 돈)
죽소	竹所	韓尙質	(한상질)
죽실	竹室	任弘望	(임홍망)
죽암	竹庵	許景胤	(허경윤)
죽오	竹塢	任國老	(임국노)
죽오	竹塢	沈益顯	(심익현)
죽와	竹窩	李廷翼	(이정익)
죽와	竹窩	曹光益	(조광익)
죽유	竹牖	李舜岳	(이순악)
죽음	竹陰	趙希逸	(조희일)
죽일	竹日	金光燁	(김광엽)
죽재	竹齋	尹 兢	(윤 긍)
죽재	竹齋	尹仁涵	(윤인함)
죽재	竹齋	李得元	(이득원)
죽재	竹齋	楊士奇	(양사기)
죽정	竹亭	崔有慶	(최유경)
죽창	竹窓	姜 籀	(강 주)
죽창	竹窓	朴元度	(박원도)
죽창	竹窓	安 挺	(안 정)
죽창	竹窓	安 琛	(안 침)
죽창	竹窓	尹 暾	(윤 돈)
죽창	竹窓	李時稷	(이시직)
죽천	竹泉	金鎭圭	(김진규)
죽천	竹泉	李德泂	(이덕형)
죽천	竹川	朴光前	(박광전)
죽천	竹泉	朴定陽	(박정양)
죽촌	竹村	朴信圭	(박신규)
죽취	竹醉	姜克誠	(강극성)
죽포	竹圃	李元卿	(이원경)
죽헌	竹軒	金齊顔	(김제안)
죽헌	竹軒	鄭載崙	(정재륜)
죽헌	竹軒	金 倫	(김 윤)
죽호	竹湖	李廷濟	(이정제)
준봉	準峰	高從厚	(고종후)
준암	樽巖	李若氷	(이약빙)
준평	準平	徐有榘	(서유구)
중니	仲尼	孔 丘	(공 구)
중립	仲立	宋時吉	(송시길)
중봉	重峯	趙 憲	(조 헌)
중수	中樹	朴正熙	(박정희)
중암	重庵	金平黙	(김평묵)
중암	中菴	蔡洪哲	(채홍철)
중정	仲正	黃有中	(황유중)
중주	中洲	李直輔	(이직보)
중호	重湖	尹卓然	(윤탁연)
중화	仲和	李時程	(이시정)
증산	甑山	姜一淳	(강일순)
지강	芝江	梁漢黙	(양한묵)
지담	芷潭	申得洪	(신득홍)
지봉	芝峰	李睟光	(이수광)
지봉	芝峰	皇甫仁	(황보인)
지산	芝山	南致熏	(남치훈)
지산	止山	沈壽賢	(심수현)
지산	芝山	曹好益	(조호익)
지소	芝所	黃一皓	(황일호)
지수재	知守齋	兪拓基	(유척기)
지암	止庵	金亮行	(김양행)
지애	芝厓	閔馨男	(민형남)
지우재	之又齋	鄭遂榮	(정수영)
지재	止齋	趙 澂	(조 직)
지재	止齋	權 踶	(권 제)
지전	芝田	李炅憲	(이경헌)
지정	止亭	南 袞	(남 곤)
지족	知足	孫 冠	(손 관)
지족당	知足堂	權應昌	(권응창)
지족당	知足堂	趙之瑞	(조지서)
지지당	止止堂	金孟性	(김맹성)
지지당	知止堂	宋 欽	(송 흠)
지천	遲川	崔鳴吉	(최명길)
지천	芝川	黃庭彧	(황정욱)
지촌	芝村	李喜朝	(이희조)

호	한자	성명	한글
지퇴당	知退堂	李廷馨	(이정형)
지포	芝浦	李在學	(이재학)
지호	芝湖	李選	(이선)
직곡	直谷	南以信	(남이신)
직암	直庵	尹師國	(윤사국)
직재	直齋	李箕洪	(이기홍)
직하	稷下	金相福	(김상복)
진랑	眞娘	黃眞伊	(황진이)
진암	晋庵	李天輔	(이천보)
진일재	眞一齋	柳崇組	(유숭조)
진촌	塡村	黃泌秀	(황필수)
집암	執庵	黃順承	(황순승)
징암	懲菴	朴文一	(박문일)
징암	懲庵	尹深	(윤심)
징와	澄窩	許硡	(허광)
차호	叉湖	閔黯	(민암)
창강	滄江	金澤榮	(김택영)
창계	滄溪	林泳	(임영)
창곡	蒼谷	李顯英	(이현영)
창곡	蒼谷	洪得龜	(홍득구)
창랑	滄浪	張澤相	(장택상)
창랑	滄浪	洪世泰	(홍세태)
창랑	滄浪	成文濬	(성문준)
창산	蒼山	金綺秀	(김기수)
창석	蒼石	李埈	(이준)
창설재	蒼雪齋	權斗經	(권두경)
창암	蒼巖	李三晩	(이삼만)
창애	蒼厓	洪景輔	(홍경보)
창주	滄洲	金益熙	(김익희)
창주	滄洲	沈之漢	(심지한)
창주	滄州	尹春年	(윤춘년)
창주	滄洲	李成吉	(이성길)
창주	滄洲	車雲輅	(차운로)
창주	滄洲	南宮鈺	(남궁옥)
창주	滄州	尹知敬	(윤지경)
창파	蒼坡	鄭魯	(정노)
창해	滄海	李士洪	(이사홍)
채숙	采叔	姜敏著	(강민저)
척약재	惕若齋	金九容	(김구용)
척약재	惕若齋	金若恒	(김약항)
척재	惕齋	金普澤	(김보택)
척재	惕齋	李書九	(이서구)
천묵재	天黙齋	李尙馨	(이상형)
천민	天民	金黃元	(김황원)
천식	泉食	閔泳穆	(민영목)
천은	天隱	趙宗鉉	(조종현)
천장	天章	禹倬	(우탁)
철기	鐵驥	李範奭	(이범석)
철재	徹齋	鄭志儉	(정지검)
철주	鐵舟	全盛鎬	(전성호)
첨재	瞻齋	李溵	(이은)
청계	淸溪	洪葳	(홍위)
청고	靑皐	尹愹	(윤용)
청구	淸臞	林土覃	(임담)
청담	淸潭	李重煥	(이중환)
청담	淸潭	李希得	(이희득)
청대	淸臺	權相一	(권상일)
청라	靑羅	金克成	(김극성)
청람	淸嵐	鄭求瑛	(정구영)
청련거사	靑蓮居士	李後白	(이후백)
청마	靑馬	柳致環	(유치환)
청문	淸文	丁一權	(정일권)
청봉	晴峰	尹順勳	(윤순훈)
청사	淸沙	金在魯	(김재로)
청사	晴簑	曹成煥	(조성환)
청소	晴沼	趙容和	(조용화)
청송	聽松	成守琛	(성수침)
청암	淸庵	權秉德	(권병덕)
청오	靑吾	鄭春洙	(정춘수)
청운	靑雲	姜璡熙	(강진희)
청원	淸源	許浚	(허준)
청은	靑隱	丁哲	(정철)
청음	淸陰	金尙憲	(김상헌)
청재	淸齋	朴審問	(박심문)
청재	聽齋	元萬里	(원만리)
청전	靑田	李象範	(이상범)
청천	菁川	河應臨	(하응림)
청천당	聽天堂	沈守慶	(심수경)
청천당	聽天堂	張應一	(장응일)
청천	聽川	金晋燮	(김진섭)
청천	靑泉	申維翰	(신유한)
청파	靑坡	奇虔	(기건)

호	호(漢)	성명	한글		호	호(漢)	성명	한글
청파	靑坡	李 陸	(이 육)		추탄	楸灘	吳允謙	(오윤겸)
청풍자	淸風子	鄭允穆	(정윤목)		추파	秋波	泓 宥	(홍 유)
청하	聽荷	金起宗	(김기종)		추파	楸坡	宋麒壽	(송기수)
청하	靑霞	權克中	(권극중)		추포	秋浦	黃 愼	(황 신)
청한거사	淸閒居士	辛 旽	(신 돈)		축옹	蓄翁	黃孝獻	(황효헌)
청향당	淸香堂	尹 淮	(윤 회)		춘강	春江	徐世忠	(서세충)
청허당	淸虛堂	李巨易	(이거이)		춘경	春景	具然英	(구연영)
청헌	聽軒	李敬一	(이경일)		춘곡	春谷	鄭 擢	(정 탁)
청호	靑湖	李一相	(이일상)		춘곡	春谷	高義東	(고희동)
청호	晴湖	學 密	(학 밀)		춘곡	春谷	安魯生	(안노생)
체소재	體素齋	李春英	(이춘영)		춘당	春堂	卞仲良	(변중량)
초간	草磵	權文海	(권문해)		춘사	春史	羅雲奎	(나운규)
초곡	草谷	黃啓沃	(황계옥)		춘산	春山	金弘根	(김홍근)
초당	草堂	許 曄	(허 엽)		춘성	春成	盧子泳	(노자영)
초당	草堂	姜景叙	(강경서)		춘소	春沼	申 最	(신 최)
초려	草廬	金震陽	(김진양)		춘암	春庵	朴寅浩	(박인호)
초려	草廬	李惟泰	(이유태)		춘원	春園	李光洙	(이광수)
초몽	草夢	南宮壁	(남궁벽)		춘전	春田	李用雨	(이용우)
초성	焦星	金祐鎭	(김우진)		춘정	春亭	卞季良	(변계량)
초암	草庵	申 混	(신 혼)		춘파	春坡	李星齡	(이성령)
초원	蕉園	金錫臣	(김석신)		춘호	春湖	柳永慶	(유영경)
초정	楚亭	朴齊家	(박제가)		충암	冲菴	金 淨	(김 정)
촌은	村隱	劉希慶	(유희경)		충재	冲齋	權 橃	(권 벌)
총주와	叢柱窩	趙 備	(조 비)		충재	忠齋	崔淑生	(최숙생)
최락당	最樂堂	李 侃	(이 간)		췌부	惴夫	黃守身	(황수신)
추강	秋江	白樂寬	(백낙관)		취금헌	醉琴軒	朴彭年	(박팽년)
추강	秋江	南孝溫	(남효온)		취병	翠屏	趙 珩	(조 형)
추계	楸溪	尹孝孫	(윤효손)		취부	醉夫	尹 潔	(윤 결)
추곡	秋谷	金鼎鉉	(김정현)		취선	醉仙	尹以明	(윤이명)
추곡	秋谷	趙執信	(조집신)		취수옹	醉睡翁	朴 漉	(박 녹)
추금	秋琴	姜 瑋	(강 위)		취애	翠崖	都應兪	(도응유)
추담	秋潭	吳達濟	(오달제)		취옹	醉翁	朴慶後	(박경후)
추만	秋巒	鄭之雲	(정지운)		취옹	醉翁	兪 㯙	(유 철)
추봉	秋峯	尹履之	(윤이지)		취죽	翠竹	蘗 玄	(얼 현)
추봉거사	秋峰居士	崔相源	(최상원)		취촌	醉村	李 土集	(이 집)
추연	秋淵	禹性傳	(우성전)		취헌	翠軒	兪伯曾	(유백증)
추재	秋齋	趙秀三	(조수삼)		치계	稚溪	呂祐吉	(여우길)
추정	秋汀	廉溫東	(염온동)		치암	恥菴	朴忠佐	(박충좌)
추정	秋汀	李 甲	(이 갑)		치재	恥齋	李昌壽	(이창수)
추천	鄒川	孫英濟	(손영제)		치천	稚川	尹 昉	(윤 방)
추천	秋泉	李直彦	(이직언)		치헌	癡軒	權景裕	(권경유)

칙지헌	則止軒	兪彦鎬 (유언호)	파서	琶西	李集斗 (이집두)
친친재	親親齋	宣居怡 (선거이)	파은	坡隱	南益熏 (남익훈)
칠봉	七峰	咸 軒 (함 헌)	파인	巴人	金東煥 (김동환)
칠실	漆室	李德一 (이덕일)	팔곡	八谷	具思孟 (구사맹)
칠우정	七友亭	權大任 (권대임)	팔무당	八無堂	尹東暹 (윤동섬)
칠택	七澤	李 沖 (이 충)	팔송	八松	尹 煌 (윤 황)
침굉	枕肱	懸 辯 (현 변)	팔오헌	八吾軒	金聲久 (김성구)
침해자	沉瀣子	洪吉周 (홍길주)	패천	浿川	曹世杰 (조세걸)
탁연	卓然	獨孤入 (독고입)	폄재	砭齋	崔 溫 (최 온)
탁영	濯纓	金馹孫 (김일손)	평부	平父	曹備衡 (조비형)
탄수	灘叟	元斗杓 (원두표)	평암	平庵	權正忱 (권정침)
탄실	彈實	金明淳 (김명순)	평옹	萍翁	金必振 (김필진)
탄옹	炭翁	權 視 (권 시)	평재	平齋	朴齊純 (박제순)
탄옹	灘翁	李 杬 (이 운)	평재	平齋	李 岡 (이 강)
탄옹	炭翁	李周鎭 (이주진)	평천	坪川	卞玉希 (변옥희)
탄은	灘隱	李 霆 (이 정)	포암	圃菴	朴性源 (박성원)
태고	太古	普 愚 (보 우)	포암	圃巖	尹鳳朝 (윤봉조)
태봉	台峰	李會齋 (이회재)	포암	蒲庵	李師命 (이사명)
태수	太綬	李不害 (이불해)	포은	圃隱	鄭夢周 (정몽주)
태순	太純	成世純 (성세순)	포저	浦渚	趙 翼 (조 익)
태재	泰齋	柳方善 (유방선)	표민	表民	徐有望 (서유망)
태천	苔川	金地粹 (김지수)	표암	豹菴	姜世晃 (강세황)
태천	苔泉	閔仁伯 (민인백)	표옹	瓢翁	宋英耈 (송영구)
태촌	泰村	高尙顔 (고상안)	표정	杓庭	閔台鎬 (민태호)
태항	苔巷	韓 懷 (한 회)	표정	票亭	尹 軫 (윤 진)
태허정	太虛亭	崔 恒 (최 항)	풍계	楓溪	李景華 (이경화)
태호	太湖	李元鎭 (이원진)	풍고	楓皐	金祖淳 (김조순)
태호	太湖	洪元燮 (홍원섭)	풍돈	楓墩	閔有慶 (민유경)
태화자	太華子	南有常 (남유상)	풍암	楓巖	柳光翼 (유광익)
택당	澤堂	李 植 (이 식)	풍암	楓庵	文緯世 (문위세)
택암	澤菴	羅龍煥 (나용환)	풍애	楓崖	禹善言 (우선언)
토정	土亭	李之菡 (이지함)	풍애	楓厓	李仁孫 (이인손)
통정	通亭	姜淮伯 (강회백)	풍옥헌	風玉軒	趙守倫 (조수륜)
통지	通之	沈 決 (심 결)	풍천	楓川	鄭守弘 (정수홍)
퇴계	退溪	李 滉 (이 황)	풍천	風泉	車禮亮 (차예량)
퇴암	退庵	權重道 (권중도)	피구자	披裘子	金汝岉 (김여물)
퇴우당	退憂堂	金壽興 (김수흥)	필암	筆菴	裴克廉 (배극렴)
퇴우정	退憂亭	朴承宗 (박승종)	필재	㐌齋	李亶佃 (이단전)
퇴촌	退村	金 埴 (김 치)	필재	華齋	朴光佑 (박광우)
퇴촌	退村	尹 洞 (윤 형)	하강	荷江	趙錫與 (조석여)
파곡	坡谷	李誠中 (이성종)	하계	霞溪	金相魯 (김상로)

하곡	霞谷	尹 堦 (윤 계)
하곡	荷谷	許 葑 (허 봉)
하곡	霞谷	鄭齊斗 (정제두)
하구	河求	金時顯 (김시현)
하담	荷潭	金時讓 (김시양)
하당	荷堂	閔致庠 (민치상)
하려	下廬	黃德吉 (황덕길)
하몽	何夢	李相協 (이상협)
하빈	河濱	愼後聃 (신후담)
하빈옹	河濱翁	尹 墀 (윤 지)
하사	下沙	安承禹 (안승우)
하산	霞山	兪致鳳 (유치봉)
하산	霞山	南廷哲 (남정철)
하서	荷西	李眞淳 (이진순)
하서	河西	金麟厚 (김인후)
하석	霞石	朴 炡 (박 정)
하옥	荷屋	金左根 (김좌근)
하옹	霞翁	李益馝 (이익필)
하우당	何愚堂	洪義謨 (홍의모)
하음	河陰	申 楫 (신 집)
하의	荷漪	任百經 (임백경)
하정	夏亭	柳 寬 (하 정)
하정	荷亭	金永壽 (김영수)
하정	荷汀	閔泳徽 (민영휘)
하정	荷亭	呂圭亭 (여규정)
하죽	河竹	玄正卿 (현정경)
하천	霞川	高 雲 (고 운)
학곡	鶴谷	洪瑞鳳 (홍서봉)
학남	鶴南	鄭羽良 (정우량)
학당	鶴塘	趙尙絅 (조상경)
학봉	鶴峰	高因厚 (고인후)
학봉	鶴峯	金誠一 (김성일)
학산	鶴山	尹貞立 (윤정립)
학산	鶴山	李 肇 (이 조)
학산목재	學山木齋	兪最鎭 (유최진)
학서	鶴棲	柳台佐 (유태좌)
학석	鶴石	劉在韶 (유재소)
학송	鶴松	全有亨 (전유형)
학암	鶴菴	崔 愼 (최 신)
학암	鶴巖	趙文命 (조문명)
학역재	學易齋	鄭麟趾 (정인지)
학천	學川	宋明輝 (송명휘)
학촌	鶴村	安 縝 (안 진)
학파	鶴坡	鄭觀儉 (정관검)
학해	學海	金元植 (김원식)
한강	寒岡	鄭 逑 (정 구)
한결		金允經 (김윤경)
한경자	寒卿子	鄭敏僑 (정민교)
한계	寒溪	沈健永 (심건영)
한계	寒溪	孫弘祿 (손홍록)
한뫼		安浩相 (안호상)
한뫼		李允宰 (이윤재)
한산	閒山	朱 棐 (주 비)
한산	翰山	閔種默 (민종묵)
한서	翰西	南宮檍 (남궁억)
한석당	閑碩堂	朴仲林 (박중림)
한솔		李孝祥 (이효상)
한송	寒松	尹 晳 (윤 석)
한유	漢有	李韓久 (이한구)
한음	漢陰	李德馨 (이덕형)
한이재	閒易齋	韓 碻 (한 확)
한재	漢齋	李孟畇 (이맹균)
한재	寒齋	李 穆 (이 목)
한죽	漢竹	申 銋 (신 임)
한포재	寒圃齋	李健命 (이건명)
한훤당	寒暄堂	金宏弼 (김굉필)
한힌샘		周時經 (주시경)
함재	函齋	安鍾和 (안종화)
합강	合江	朴大德 (박대덕)
항재	恒齋	鄭宗榮 (정종영)
항재	恒齋	洪樂性 (홍낙성)
항재	恒齋	柳 雲 (유 운)
해강	海崗	金奎鎭 (김규진)
해고	海皐	李光庭 (이광정)
해공	海公	申翼熙 (신익희)
해관	海觀	劉漢翼 (유한익)
해동초인	海東樵人	崔瓚植 (최찬식)
해봉	海峰	洪命元 (홍명원)
해사	海史	柳秉禹 (유병우)
해산	海山	李容九 (이용구)
해석	海石	金載瓚 (김재찬)
해송	海松	馬湘圭 (마상규)

해악	海岳	金基澄 (김기형)		현주	玄州	李昭漢 (이소한)
해옹	海翁	呂爾栽 (여이재)		현주	玄洲	趙纘韓 (조찬한)
해월	海月	崔時亨 (최시형)		현지	縣之	成周德 (성주덕)
해월헌	海月軒	黃汝一 (황여일)		현현거사	玄玄居士	朴泳孝 (박영효)
해위	海葦	尹潽善 (윤보선)		형암	炯庵	李德懋 (이덕무)
해은	海隱	金宗南 (김종남)		형재	亨齋	李 稷 (이 직)
해좌	海左	丁範祖 (정범조)		혜강	惠崗	崔漢綺 (최한기)
해풍	海風	沈 熏 (심 훈)		혜보	惠甫	柳得恭 (유득공)
해학	海鶴	李 沂 (이 기)		혜산	惠山	劉 淑 (유 숙)
행명	涬冥	尹順之 (윤순지)		혜석	惠石	趙東潤 (조동윤)
행사	杏史	梁會一 (양회일)		혜암	惠菴	黃道淵 (황도연)
행산	杏山	朴全之 (박전지)		혜연	惠淵	方戊吉 (방무길)
행원	杏園	崔東立 (최동립)		혜원	惠園	白鍾烈 (백종열)
행좌	杏左	李翼延 (이익연)		혜원	蕙園	申潤福 (신윤복)
행촌	杏村	閔 純 (민 순)		혜인	惠人	趙寧夏 (조영하)
행촌	杏村	李 嵒 (이 암)		혜재	惠齋	漁允迪 (어윤적)
향도	香濤	張之洞 (장지동)		혜환재	惠寰齋	李用休 (이용휴)
향산	響山	李晚燾 (이만도)		호곡	壺谷	南龍翼 (남용익)
향산거사	香山居士	白居易 (백거이)		호곡	壺谷	朴晦壽 (박회수)
향설당	香雪堂	韓景琦 (한경기)		호동	瓠東	鄭弘淳 (정홍순)
향수	香壽	丁學校 (정학교)		호량	濠梁	申翊龍 (신익룡)
향운	響雲	李址鎔 (이지용)		호봉	壺峯	宋彦愼 (송언신)
향천	香泉	林景翰 (임경한)		호산	壺山	朴文鎬 (박문호)
허백당	虛白堂	鄭蘭宗 (정난종)		호산	壺山	趙熙龍 (조희룡)
허백당	虛白堂	洪貴達 (홍귀달)		호수	湖叟	鄭世雅 (정세아)
허백당	虛白堂	洪彦國 (홍언국)		호암	浩菴	李基祚 (이기조)
허암	虛庵	鄭希良 (정희량)		호암	湖岩	文一平 (문일평)
허응당	虛應堂	普 雨 (보 우)		호암	虎巖	體 淨 (체 정)
허주	虛舟	金 槃 (김 반)		호은	壺隱	洪受疇 (홍수주)
허주	虛舟	李 澄 (이 징)		호재	扈齋	任 珽 (임 정)
현곡	玄谷	趙偉韓 (조위한)		호정	湖亭	盧元相 (노원상)
현동자	玄洞子	安 堅 (안 견)		호정	壺亭	鄭斗源 (정두원)
현동	玄同	鄭東愈 (정동유)		호정	浩亭	河 崙 (하 륜)
현묵자	玄黙子	洪萬宗 (홍만종)		호주	湖洲	蔡裕後 (채유후)
현석	玄石	朴世采 (박세채)		홍암	泓庵	羅仁協 (나인협)
현석	玄石	韓仁及 (한인급)		홍암	弘巖	羅 喆 (나 철)
현석	玄石	玄濟明 (현제명)		화강	花江	鄭澤雷 (정택뢰)
현암	玄岩	閔齊仁 (민제인)		화계	花溪	柳宜健 (유의건)
현와	弦窩	尹東野 (윤동야)		화곡	樗谷	呂 稱 (여 칭)
현은	玄隱	金德成 (김덕성)		화곡	華谷	徐元履 (서원리)
현재	玄齋	沈師正 (심사정)		화곡	華谷	李慶億 (이경억)

호	한자	성명	독음
화곡	禾谷	鄭賜湖	(정사호)
화곡	華谷	黃宅厚	(황택후)
화남	華南	朴長浩	(박장호)
화남	華南	柳希奮	(유희분)
화담	花潭	徐敬德	(서경덕)
화서	華西	李恒老	(이항로)
화서	華西	洪光一	(홍광일)
화서	華西	金尙喆	(김상철)
화성	花城	朴景順	(박경순)
화암	和庵	張世良	(장세량)
화은	和隱	李時恒	(이시항)
화은	花隱	洪大淵	(홍대연)
화은	花隱	洪重寅	(홍중인)
화천	華泉	李 采	(이 채)
화포	花浦	洪翼漢	(홍익한)
화헌	樗軒	李石亨	(이석형)
환범재	換凡齋	元繼孫	(원계손)
환성	喚醒	志 安	(지 안)
환재	桓齋	朴珪壽	(박규수)
황강	黃江	李希顔	(이희안)
황강	黃岡	金繼輝	(김계휘)
황사	黃史	閔奎鎬	(민규호)
황산	黃山	金逌根	(김유근)
황중	黃中	安 瓚	(안 찬)
회곡	檜谷	朴仁碩	(박인석)
회곡	晦谷	趙漢英	(조한영)
회곡	檜谷	成石璔	(송석용)
회당	悔堂	申元錄	(신원록)
회당	晦堂	玄翼洙	(현익수)
회당	晦堂	孫一民	(손일민)
회당	悔堂	申元綠	(신원록)
회묵재	晦黙齋	韓 曒	(한 교)
회와	晦窩	尹陽來	(윤양래)
회월	懷月	朴英熙	(박영희)
회은	晦隱	柳圖發	(유도발)
회재	懷齋	朴光玉	(박광옥)
회재	晦齋	尹 漑	(윤 개)
회재	晦齋	李 迪	(이 적)
회재	晦齋	李彦迪	(이언적)
회헌	檜軒	柳義孫	(유의손)
회헌	晦軒	李庭綽	(이정탁)
회헌	晦軒	趙觀彬	(조관빈)
회헌	晦軒	安 裕	(안 유)
회헌	晦軒	安 珦	(안 향)
횡보	橫步	廉想涉	(염상섭)
효경	孝卿	孫鼎九	(손정구)
효부	孝孚	蔡 忱	(채 침)
효부	孝夫	成奉祖	(성봉조)
효원	孝元	權順長	(권순장)
후계	後溪	金 範	(김 범)
후농	後農	金相賢	(김상현)
후몽	後夢	金鶴鎭	(김학진)
후재	厚齋	金 幹	(김 간)
후천	朽淺	黃宗海	(황종해)
후촌	後村	尹 烇	(윤 전)
훈수	塤叟	鄭萬陽	(정만양)
휘지	徽之	崔士柔	(최사유)
휴계	休溪	全希哲	(전희철)
휴곡	休谷	金德遠	(김덕원)
휴암	休巖	孔瑞麟	(공서린)
휴암	休菴	金尙寯	(김상준)
휴암	休菴	白仁傑	(백인걸)
휴옹	休翁	沈光世	(심광세)
휴옹	休翁	鄭弘翼	(정홍익)
휴휴당	休休堂	李繼祐	(이계우)
휴휴당	休休堂	洪 應	(홍 응)
흡재	翕齋	李思質	(이사질)
희락당	希樂堂	金安老	(김안로)
희암	希庵	蔡彭胤	(채팽윤)
희열	希說	李起築	(이기축)
희용	希容	沈逢源	(심봉원)
희원	希園	李漢喆	(이한철)
희천	希天	金道泰	(김도태)

■ 참고문헌

姓名大學   蔡洙岩 著
號를 짓는 법과 성명철학   金一基 編著
인명용 한자사전   李讚九 編著
인명용한자表   宋忠錫 編著
姓名判斷法   金栢滿 著
작명옥편 五行漢字典   權勢埈 編著
우리이름 교과서   정 강 著
컴퓨터 세대를 위한 성명학 대전   박용찬 著
國史事典   고려출판사 編
인명사전   민중서관 編
한국인물대사전   한국정신문화연구원 編
國史大辭典   백만사 編
四柱와 姓名學   金于齋 著
알기쉬운 作名辭典   강진태 編著
易象姓名編   鄭 濬 著
周易작명법   李尚昱 著
秘法姓名大典   曺鳳佑 著
좋은 이름과 만족한 …   趙勇鶴 著
綜合易理 上下   宋忠錫 編譯
周易 上下經   宋忠錫 編譯
周易 上下經   文明洙 著
河洛理數 上下   金秀吉外 共譯

조화원약 평주

신비한 동양철학 35

명리학의 정통교본!

이 책은 자평진전, 난강망, 명리정종, 적천수 등과 함께 명리학의 교본에 해당하는 것으로 중국 청나라 때 나온 난강망이라는 책을 서낙오 선생께서 설명을 붙인 것이다. 기존의 많은 책들이 격국과 용신으로 감정하는 것과는 달리 십간십이지와 음양오행을 각각 자연의 이치와 춘하추동의 사계절의 흐름에 대입하여 인간의 길흉화복을 알 수 있게 했다.

· 동하 정지호 편역

용의 혈·풍수지리 실기 100선

신비한 동양철학 30

실전에서 실감나게 적용하는 풍수지리의 길잡이!

이 책은 풍수지리 문헌인 조선조 고무엽(古務葉) 태구승(泰九升) 부집필(父輯筆)로 된 만두산법(巒頭山法), 채성우의 명산론(明山論), 금랑경(錦囊經) 등을 알기 쉬운 주제로 간추려 풍수지리의 길잡이가 되고자 했다. 그리고 인간의 뿌리와 한 사람의 고유한 이름의 중요성을 풍수지리와 연관하여 살펴보아야 하기 때문에 씨족의 시조와 본관, 작명론(作名論)을 같이 편집했다.

· 호산 윤재우 저

천직·사주팔자로 찾은 나의 직업

신비한 동양철학 34

역경없이 탄탄하게 성공할 수 있는 방법 !

잘 되겠지 하는 막연한 생각으로 의욕만 갖고 도전하는 것과 나에게 맞는 직종은 무엇이고 때는 언제인가를 알고 도전하는 것은 근본적으로 다르고, 결과 또한 다르다. 더구나 요즈음은 I.M.F.시대라 하여 모든 사람들이 정신까지 위축되어 생기를 잃어가고 있다. 이런 때 의욕만으로 팔자에도 없는 사업을 시작했다고 하자, 결과는 불을 보듯 뻔하다. 그러므로 이런 때일수록 침착과 냉정을 찾아 내 그릇부터 알고, 생활에 대처하는 지혜로움을 발휘해야 한다.

· 백우 김봉준 저

통변술해법

신비한 동양철학 ㉑

가닥가닥 풀어내는 역학의 비법 !

이 책은 역학에 대해 다 알면서도 밖으로 표출되지 않아 어려움을 겪는 사람들을 위한 실습서다. 특히 틀에 박힌 교과서적인 역술의 고정관념에서 벗어나, 한차원 높게 공부할 수 있도록 원리통달을 설명하는데 중점을 두었다. 실명감정과 이론강의라는 두 단락으로 나누어 역학의 진리를 설명했기 때문에 누구나 쉽게 이해할 수 있다. 역학계의 대가 김봉준 선생의 역서 「알기쉬운 해설·말하는 역학」의 후편이다.

· 백우 김봉준 저

주역육효 해설방법 上·下

신비한 동양철학 38

한 번만 읽으면 주역을 활용할 수 있는 책!

이 책은 주역을 해설한 것으로, 될 수 있는 한 여러 가지 사설을 덧붙이지 않고 주역을 공부하고 활용하는데 필요한 요건만을 기록했다. 따라서 주역의 근원이나 하도낙서, 음양오행에 대해서도 많은 설명을 자제했다. 다만 누구나 이 책을 한 번 읽어서 주역을 이해하고 활용할 수 있도록 하는데 중점을 두었다.

· 원공선사 저

사주명리학 핵심

신비한 동양철학 ⑲

맥을 잡아야 모든 것이 보인다!

이 책은 잡다한 설명을 배제하고 명리학자들에게 도움이 될 비법만을 모아 엮었기 때문에 초심자가 이해하기에는 다소 어려운 부분도 있겠지만 기초를 튼튼히 한 다음 정독한다면 충분히 이해할 것이다. 신살만 늘어놓으며 감정하는 사이비가 되지말기를 바란다.

· 도관 박흥식 저

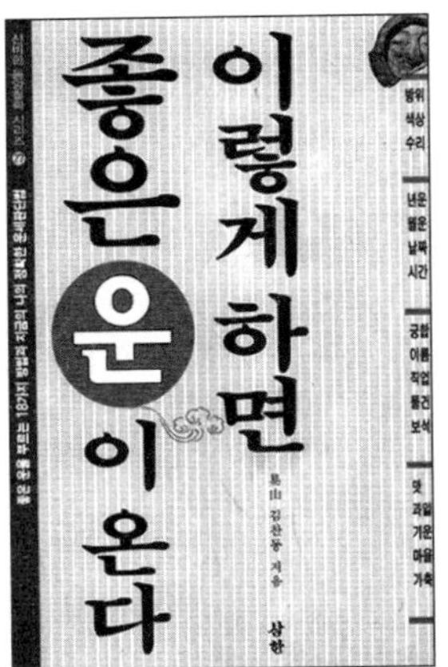

이렇게 하면 좋은 운이 온다

신비한 동양철학 ㉗

한 가정에 한 권씩 놓아두고 볼만한 책!

좋은 운을 부르는 방법은 방위·색상·수리·년운·월운·날짜·시간·궁합·이름·직업·물건·보석·맛·과일·기운·마을·가축·성격 등을 정확하게 파악하여 자신에게 길한 것은 취하고 흉한 것은 피하면 된다. 간혹 예외인 경우가 있지만 극소수에 불과하고 대부분은 적중하기 때문에 좋은 효과를 본다. 이 책의 저자는 신학대학을 졸업하고 역학계에 입문했다는 특별한 이력을 갖고 있기 때문에 더 많은 화제가 되고 있다.

· 역산 김찬동 저

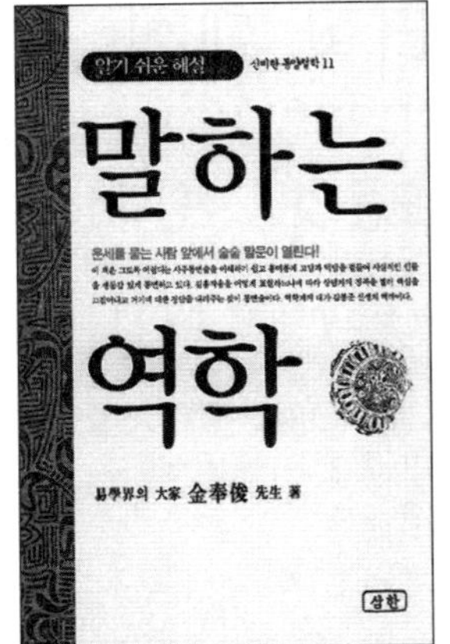

말하는 역학

신비한 동양철학 ⑪

신수를 묻는 사람 앞에서 말문이 술술 열린다!

이 책은 그토록 어렵다는 사주통변술을 이해하기 쉽고 흥미롭게 고담과 덕담을 곁들여 사실적인 인물을 궁금해 하는 사람에게 생동감있게 통변하고 있다. 길흉작용을 어떻게 표현하느냐에 따라 상담자의 정곡을 찔러 핵심을 끄집어내고 여기에 대한 정답을 내려주는 것이 통변술이다. 역학계의 대가 김봉준 선생의 역작이다.

· 백우 김봉준 저

술술 읽다보면 통달하는 사주학

신비한 동양철학 ㉗

술술 읽다보면 나도 어느새 도사!

당신은 당신 마음대로 모든 일이 이루어지던가. 지금까지 누구의 명령을 받지 않고 내 맘대로 살아왔다고, 운명 따위는 믿지도 않고 매달리지 않는다고, 이렇게 말하는 사람들이 많다. 그러나 그것은 우주법칙을 모르기 때문에 하는 소리다.

· 조철현 저

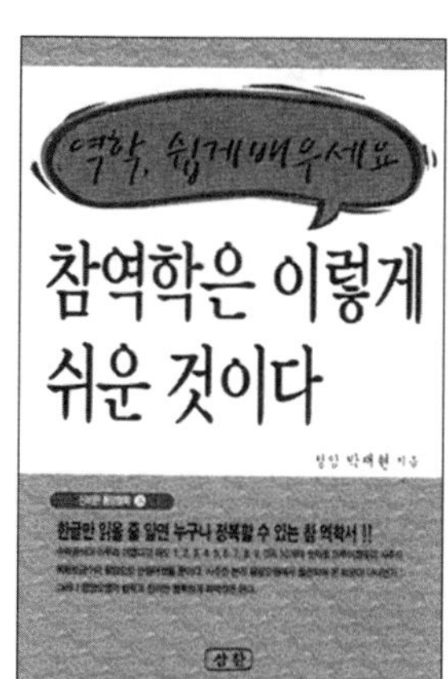

참역학은 이렇게 쉬운 것이다

신비한 동양철학 ㉔

음양오행의 이론으로 이루어진 참역학서!

수학공식이 아무리 어렵다고 해도 1, 2, 3, 4, 5, 6, 7, 8, 9, 0의 10개의 숫자로 이루어졌듯이, 사주도 음양과 목, 화, 토, 금, 수의 오행으로 이루어졌을 뿐이다. 그러니 용신과 격국이라는 무거운 짐을 벗어버리고 음양오행의 법칙과 진리만 정확하게 파악하면 된다. 사주는 단지 음양오행의 변화일 뿐이고, 용신과 격국은 사주를 감정하는 한가지 방법에 지나지 않는다.

· 청암 박재현 저

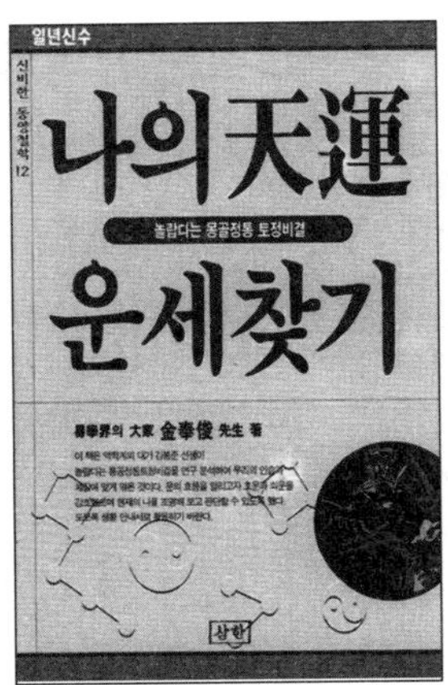

나의 천운 운세찾기

신비한 동양철학 ⑫

놀랍다는 몽골정통 토정비결 !

이 책은 역학계의 대가 김봉준 선생이 놀랍다는 몽공토정비결을 연구 ·분석하여 우리의 인습 및 체질에 맞게 엮은 것이다. 운의 흐름을 알리고자 호운과 쇠운을 강조했으며, 현재의 나를 조명해보고 판단할 수 있도록 했다. 모쪼록 생활서나 안내서로 활용하기 바란다.

· 백우 김봉준 저

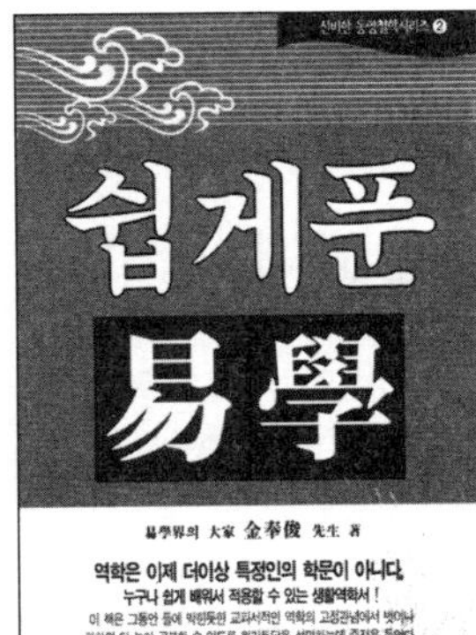

쉽게푼 역학

신비한 동양철학 ❷

쉽게 배워서 적용할 수 있는 생활역학서 !

이 책에서는 좀더 많은 사람들이 역학의 근본인 우주의 오묘한 진리와 법칙을 깨달아 보다 나은 삶을 영위하는데 도움이 될 수 있도록 가장 쉬운 언어와 가장 쉬운 방법으로 풀이했다. 역학계의 대가 김봉준 선생의 역작이다.

· 백우 김봉준 저

이름이 운명을 바꾼다

신비한 동양철학 ㉕

이름은 제2의 자신이다 !

이름에는 각각 고유의 뜻과 기운이 있어서 그 기운이 성격을 만들고 그 성격이 운명을 만든다. 나쁜 이름은 부르면 부를수록 불행을 부르고 좋은 이름은 부르면 부를수록 행복을 부른다. 만일 이름이 거지 같다면 아무리 운세를 잘 만나도 밥을 좀더 많이 얻어 먹을 수 있을 뿐이다. 이 책의 저자는 신학대학을 졸업하고 역학계에 입문했다는 특별한 이력을 갖고 있기 때문에 더 많은 화제가 되고 있다.

· 역산 김찬동 저

작명해명

신비한 동양철학 ㉖

누구나 쉽게 배워서 활용할 수 있는 체계적인 작명법 !

일반적인 성명학으로는 알 수 없는 한자이름, 한글이름, 영문이름, 예명, 회사명, 상호, 상품명 등의 작명방법을 여러 사례를 들어 체계적으로 분석하여 누구나 쉽게 배워서 활용할 수 있도록 서술했다.

· 도관 박홍식 저

운세십진법 · 本大路

신비한 동양철학 ❶

운명을 알고 대처하는 것은 현대인의 지혜다 !

타고난 운명은 분명히 있다. 그러니 자신의 운명을 알고 대처한다면 비록 운명을 바꿀 수는 없지만 충분히 향상시킬 수 있다. 이것이 사주학을 알아야 하는 이유다. 이 책에서는 자신이 타고난 숙명과 앞으로 펼쳐질 운명행로를 찾을 수 있도록 운명의 기초를 초연하게 설명하고 있다.

· 백우 김봉준 저

국운 · 나라의 운세

신비한 동양철학 ㉒

역으로 풀어본 우리나라의 운명과 방향 !

아무리 서구사상의 파고가 높다하기로 오천년을 한결같이 가꾸며 살아온 백두의 혼이 와르르 무너지는 지경에 왔어도 누구하나 입을 열어 말하는 사람이 없으니 답답하다. IMF라는 특수한 상황에서 불확실한 내일에 대한 해답을 이 책은 명쾌하게 제시하고 있다.

· 백우 김봉준

명인재

신비한 동양철학 43

신기한 사주판단 비법 !

살(殺)의 활용방법을 완벽하게 제시하는 책!
이 책은 오행보다는 주로 살을 이용하는 비법이다. 시중에 나온 책들을 보면 살에 대해 설명은 많이 하면서도 실제 응용에서는 무시하고 있다. 이것은 살을 알면서도 응용할 줄 모르기 때문이다. 그러나 이 책에서는 살의 활용방법을 완전히 터득해, 어떤 살과 어떤 살이 합하면 어떻게 작용하는지를 자세하게 설명하고 있다.

· 원공선사 지음

사주학의 방정식

신비한 동양철학 18

가장 간편하고 실질적인 역서 !

이 책은 종전의 어려웠던 사주풀이의 응용과 한문을 쉬운 방법으로 터득할 수 있게 하는데 목적을 두었고, 역학의 내용이 어떤 것이며 무엇이 어디에 속하는지를 알고자 하는데 있다.

· 김용오 저

원토정비결

신비한 동양철학 53

반쪽으로만 전해오는 토정비결의 완전한 해설판

지금 시중에 나와 있는 토정비결에 대한 책들을 보면 옛날부터 내려오는 완전한 비결이 아니라 반쪽의 책이다. 그러나 반쪽이라고 말하는 사람이 없다. 그것은 주역의 원리를 모르기 때문이다. 따라서 늦은 감이 없지 않으나 앞으로의 수많은 세월을 생각하면서 완전한 해설본을 내놓기로 한 것이다.

· 원공선사 저

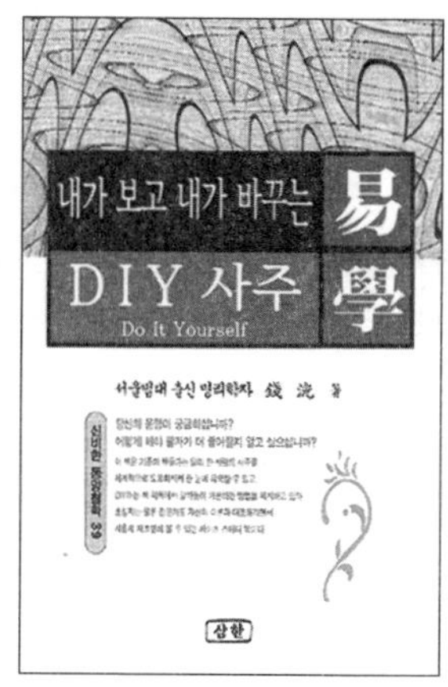

내가 보고 내가 바꾸는 DIY사주

신비한 동양철학 40

내가 보고 내가 바꾸는 사주비결！

이 책은 기존의 책들과는 달리 한 사람의 사주를 체계적으로 도표화시켜 한 눈에 파악할 수 있고, DIY라는 책 제목에서 말하듯이 개운하는 방법을 제시하고 있다. 초심자는 물론 전문가도 자신의 이론을 새롭게 재조명해 볼 수 있는 케이스 스터디 북이다.

· 석오 전 광 지음

남사고의 마지막 예언

신비한 동양철학 29

이 책으로 격암유록에 대한 논란이 끝나기 바란다

감히 이 책을 21세기의 성경이라고 말한다. 〈격암유록〉
은 섭리가 우리민족에게 준 위대한 복음서이며, 선물이
며, 꿈이며, 인류의 희망이다. 이 책에서는 〈격암유록〉
이 전하고자 하는 바를 주제별로 정리하여 문답식으로
풀어갔다. 이 책으로 〈격암유록〉에 대한 논란은 끝나기
바란다.

· 석정 박순용 저

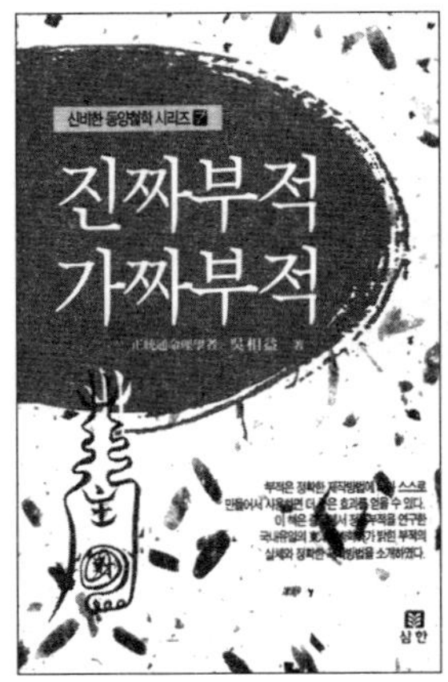

진짜부적 가짜부적

신비한 동양철학 7

부적의 실체와 정확한 제작방법

인쇄부적에서 가짜부적에 이르기까지 많게는 몇백만원
에 팔리고 있다는 보도를 종종 듣는다. 그러나 부적은
정확한 제작방법에 따라 자신의 용도에 맞게 스스로
만들어 사용하면 훨씬 더 좋은 효과를 얻을 수 있다.
이 책은 중국에서 정통부적을 연구한 국내유일의 동양
오술학자가 밝힌 부적의 실체와 정확한 제작방법을 소
개하고 있다.

· 오상익 저

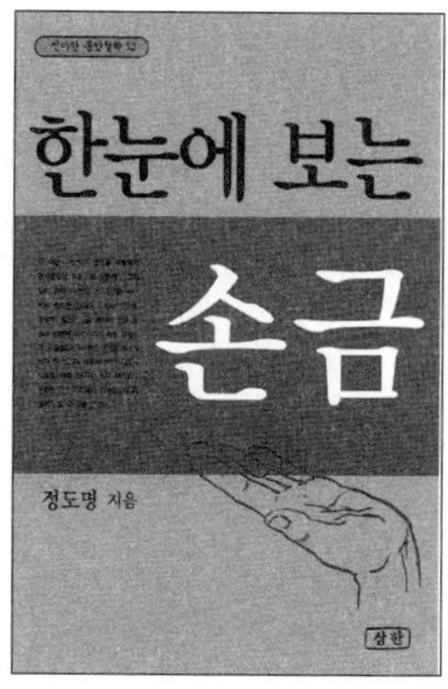

한눈에 보는 손금

신비한 동양철학 52

논리정연하며 바로미터적인 지침서

이 책은 수상학의 연원을 초월해서 동서합일의 이론으로 집필했다. 그야말로 완벽하리만치 논리정연한 수상학을 정리한 것이다. 그래서 운명적, 철학적, 동양적, 심리학적인 면을 예증과 방편에 이르기까지 아주 상세하게 기술했다. 이 책은 수상학이라기 보다 한 인간의 바로미터적인 지침서 역할을 해줄 것이다. 독자 여러분의 꾸준한 연구와 더불어 인생성공의 지침서가 될 수 있을 것이다.

· 정도명 저

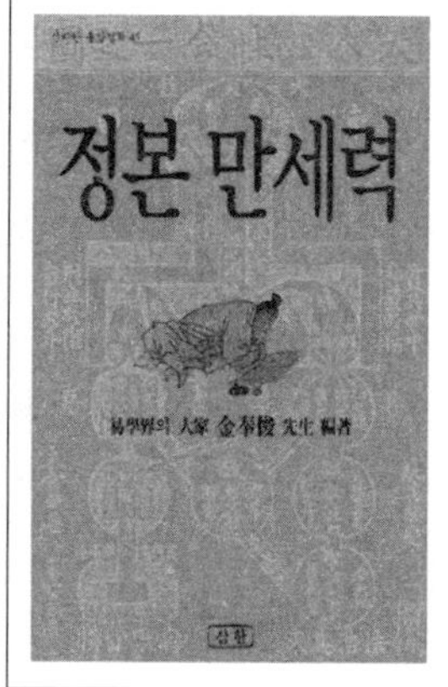

만세력 | 사륙배판 · 신국판
 사륙판 · 포켓판

신비한 동양철학 45

찾기 쉬운 만세력

이 책은 완벽한 만세력으로 만세력 보는 방법을 자세하게 설명했다. 그리고 역학에 대한 기본적인 내용과 결혼하기 좋은 나이·좋은 날·좋은 시간, 아들·딸 태아감별법, 이사하기 좋은 날·좋은 방향 등을 부록으로 실었다.

· 백우 김봉준 저

수명비결

신비한 동양철학 14

주민등록번호 13자로 숙명의 정체를 밝힌다

우리는 지금 무수히 많은 숫자의 거미줄에 매달려 허우적거리며 살아가고 있다. 1분 ·1초가 생사를 가름하고, 1등 · 2등이 인생을 좌우하며, 1급 · 2급이 신분을 구분하는 세상이다. 이 책은 수명리학으로 13자의 주민등록번호로 명예, 재산, 건강, 수명, 애정, 자녀운 등을 미리 읽어본다.

· 장충한 저

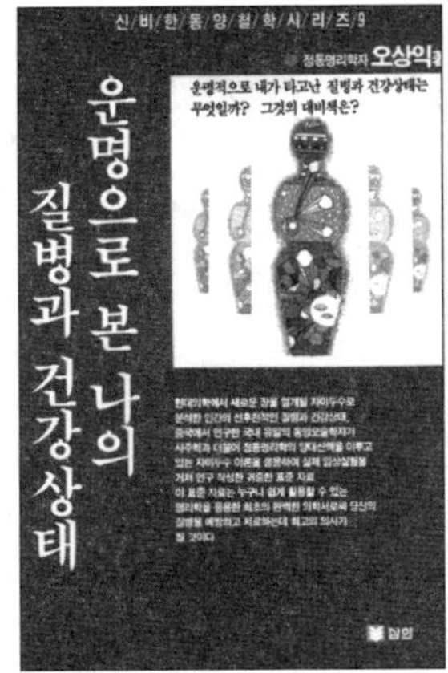

운명으로 본 나의 질병과 건강상태

신비한 동양철학 9

타고난 건강상태와 질병에 대한 대비책

이 책은 국내 유일의 동양오술학자가 사주학과 더불어 정통명리학의 양대산맥을 이루는 자미두수 이론으로 임상실험을 거쳐 작성한 표준자료다. 따라서 명리학을 응용한 최초의 완벽한 의학서로 질병을 예방하고 치료하는데 활용한다면 최고의 의사가 될 것이다. 또한 예방의학적인 차원에서 건강을 유지하는데 훌륭한 지침서로 현대의학의 새로운 장을 여는 계기가 될 것이다.

· 오상익 저

오행상극설과 진화론

신비한 동양철학 5

인간과 인생을 떠난 천리란 있을 수 없다

과학이 현대를 설정하여 설명하고 있으나 원리는 동양철학에도 있기에 그 양면을 밝히고자 노력했다. 우주에서 일어나는 모든 일을 과학으로 설명될 수는 없다. 비과학적이라고 하기보다는 과학이 따라오지 못한다고 설명하는 것이 더 솔직하고 옳은 표현일 것이다. 특히 과학분야에 종사하는 신의사가 저술했다는데 더 큰 화제가 되고 있다.

· 김태진 저

사주학의 활용법

신비한 동양철학 17

가장 실질적인 역학서

우리가 생소한 지방을 여행할 때 제대로 된 지도가 있다면 편리하고 큰 도움이 되듯이 역학이란 이와같은 인생의 길잡이다. 예측불허의 인생을 살아가는데 올바른 안내자나 그 무엇이 있다면 그 이상 마음 든든하고 큰 재산은 없을 것이다.

· 학선 류래웅 저

쉽게 푼 주역

신비한 동양철학 10

귀신도 탄복한다는 주역을 쉽고 재미있게 풀어놓은 책

주역이라는 말 한마디면 귀신도 기겁을 하고 놀라 자빠진다는데, 운수와 일진이 문제가 될까. 8×8=64괘라는 주역을 한 괘에 23개씩의 회답으로 해설하여 1472괘의 신비한 해답을 수록했다. 당신이 당면한 문제라면 무엇이든 해결할 수 있는 열쇠가 이 한 권의 책 속에 있다.

· 정도명 저

핵심 관상과 손금

신비한 동양철학 54

사람을 볼 줄 아는 안목과 지혜를 알려주는 책

오늘과 내일을 예측할 수 없을만큼 복잡하게 펼쳐지는 현실에서 살아남기 위해서는 사람을 볼줄 아는 안목과 지혜가 필요하다. 시중에 관상학에 대한 책들이 많이 나와있지만 너무 형이상학적이라 전문가도 이해하기 어렵다. 이 책에서는 누구라도 쉽게 보고 이해할 수 있도록 핵심만을 파악해서 설명했다.

· 백우 김봉준 저

진짜궁합 가짜궁합

신비한 동양철학 8

남녀궁합의 새로운 충격

중국에서 연구한 국내유일의 동양오술학자가 우리나라 역술가들의 궁합법이 잘못되었다는 것을 학술적으로 분석·비평하고, 전적과 사례연구를 통하여 궁합의 실체와 타당성을 분석했다. 합리적인 「자미두수궁합법」과 「남녀궁합」 및 출생시간을 몰라 궁합을 못보는 사람들을 위하여 「지문으로 보는 궁합법」 등을 공개한다.

· 오상익 저

좋은꿈 나쁜꿈

신비한 동양철학 15

그날과 앞날의 모든 답이 여기 있다

개꿈이란 없다. 꿈은 반드시 미래를 예언한다. 이 책은 프로이드의 정신분석학적인 입장이 아닌 미래판단의 근거에 입각한 예언적인 해몽학이다. 여러 형태의 꿈을 체계적으로 정리했으니 올바른 해몽법으로 앞날을 지혜롭게 대처해 보자. 모쪼록 각 가정에서 한 권씩 두고 이용하면 생활하는데 많은 도움이 될 것이다.

· 학선 류래웅 저

완벽 만세력

신비한 동양철학 58

착각하기 쉬운 썸머타임 2도 인쇄

시중에 많은 종류의 만세력이 나와있지만 이 책은 단순한 만세력이 아니라 완벽한 만세경전으로 만세력 보는 법 등을 실었기 때문에 처음 대하는 사람이라도 쉽게 볼 수 있도록 편집되었다. 또한 부록편에는 사주명리학, 신살종합해설, 결혼과 이사택일 및 이사방향, 길흉보는 법, 우주천기와 한국의 역사 등을 수록했다.

· 백우 김봉준 저

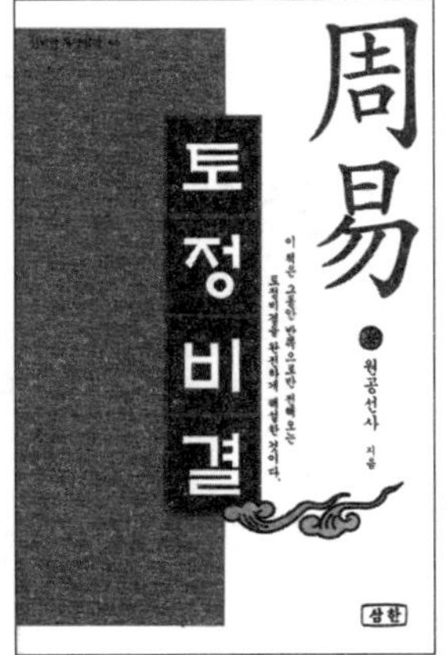

주역 · 토정비결

신비한 동양철학 40

토정비결의 놀라운 비결

지금 시중에 나와 있는 토정비결에 대한 책들을 보면 옛날부터 내려오는 완전한 비결이 아니라 반쪽의 책이다. 그러나 반쪽이라고 말하는 사람이 없다. 그것은 주역의 원리를 모르기 때문이다. 따라서 늦은 감이 없지 않으나 앞으로의 수많은 세월을 생각하면서 완전한 해설본을 내놓기로 했다.

· 원공선사 저

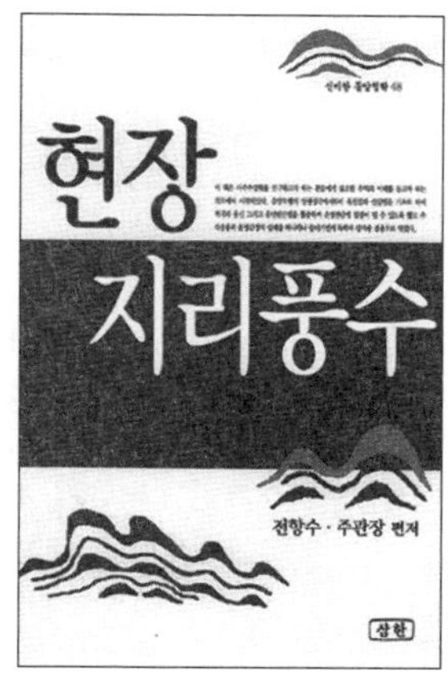

현장 지리풍수

● ●

신비한 동양철학 48

현장감을 살린 지리풍수법

풍수를 업으로 삼는 사람들이 진(眞)과 가(假)를 분별할 줄 모르면서 24산의 포태사묘의 법을 익히고는 많은 법을 알았다고 자부하며 뽐내고 있다. 그리고는 재물에 눈이 어두워 불길한 산을 길하다 하고, 선하지 못한 물(水)을 선하다 하면서 죄를 범하고 있다. 이는 분수 밖의 것을 망녕되게 바라기 때문이다. 마음 가짐을 바로하고 고대 원전에 공력을 바치면서 산간을 실사하며 적공을 쏟으면 정교롭고 세밀한 경지를 얻을 수 있을 것이다.

· 전항수 · 주관장 편저

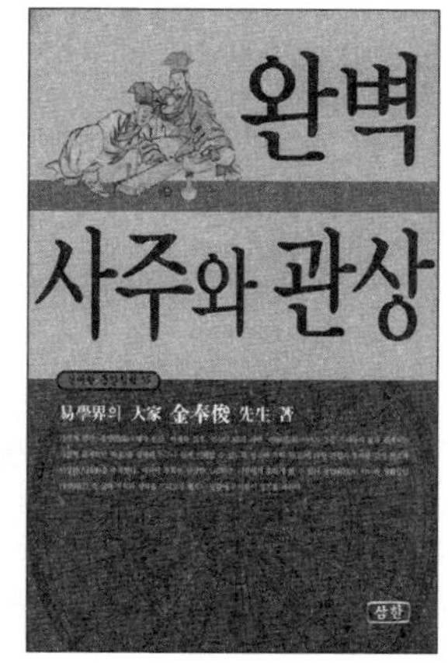

완벽 사주와 관상

● ●

신비한 동양철학 55

사주와 관상의 핵심을 한 권에

자연과 인간, 음양(陰陽)오행과 인간, 사계와 절후, 인상(人相)과 자연, 신(神)들의 이야기 등등 우리들의 삶과 관계되는 사실적 관계로만 역(易)을 설명해 누구나 쉽게 이해할 수 있도록 썼으며 특히 역(易)에 대한 관심과 흥미를 갖게 하고자 인상학(人相學)을 추록했다. 여기에 추록된 인상학(人相學)은 시중에서 흔하게 볼 수 있는 상법(相法)이 아니라 생활상법(生活相法) 즉 삶의 지식과 상식을 드리고자 했으니 생활에 유익함이 있기를 바란다.

· 김봉준 · 유오준 공저

해몽 · 해몽법

신비한 동양철학 50

해몽법을 알기 쉽게 설명한 책

인생은 꿈이 예지한 시간적 한계에서 점점 소멸되어
가는 현존물이기 때문에 반드시 꿈의 뜻을 따라야 한
다. 이것은 꿈을 먹고 살아가는 인간 즉 태몽의 끝장면
인 죽음을 향해 달려가고 있는 인간이기 때문이다. 꿈
은 우리의 삶을 이끌어가는 이정표와도 같기에 똑바로
가도록 노력해야 한다.

· 김종일 저

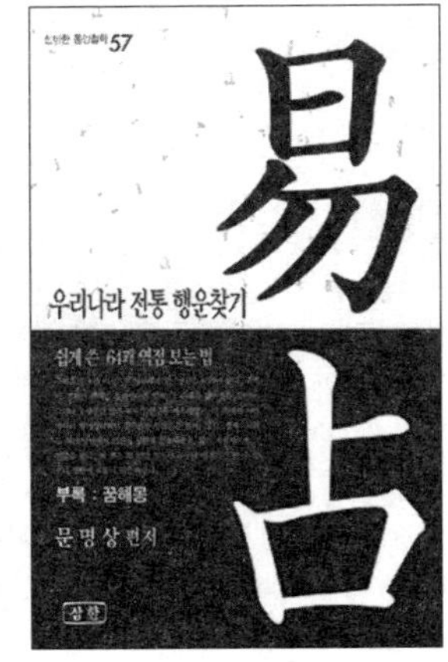

역점

신비한 동양철학 57

우리나라 전통 행운찾기

주역을 무조건 미신으로 치부해버리는 생각은 버려야
한다. 주역이 점치는 책에만 불과했다면 벌써 그 존재
가 없어졌을 것이다. 그러나 오랫동안 많은 학자가 연
구를 계속해왔고, 그 속에서 자연과학과 형이상학적인
우주론과 인생론을 밝혀, 정치·경제·사회 등 여러 방
면에서 인간의 생활에 응용해왔고, 삶의 지침서로써 그
역할을 했다. 이 책은 한 번만 읽으면 누구나 역점가가
될 수 있으니 생활에 도움이 되길 바란다.

· 문명상 편저

명리학연구

신비한 동양철학 59

체계적인 명확한 이론

이 책은 명리학 연구에 핵심적인 내용만을 모아 하나의 독립된 장을 만들었다. 명리학은 분야가 넓어 공부를 하다보면 주변에 머무르는 경우가 많아, 주요 내용을 잃고 헤매는 경우가 많다. 그러므로 뼈대를 잡는 것이 중요한데, 여기서는 「17장. 명리대요」에 핵심 내용만을 모아 학문의 체계를 잡는데 용이하게 하였다.

· 권중주 저

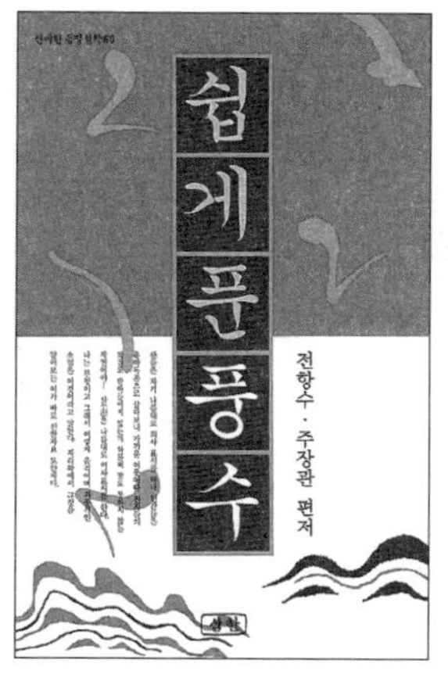

쉽게 푼 풍수

신비한 동양철학 60

현장에서 활용하는 풍수지리법

산도는 매우 광범위하고, 현장에서 알아보기 힘들다. 더구나 지금은 수목이 울창해 소조산 정상에 올라가도 나무에 가려 국세를 파악하는데 애를 먹는다. 그러므로 사진을 첨부하니 많은 도움이 되길 바란다. 물론 결록에 있고 산도가 눈에 익은 것은 혈 사진과 함께 소개하니 참고하기 바란다. 이 책을 열심히 정독하면서 답산하면 혈을 알아보고 용산도 할 수 있을 것이다.

· 전항수 · 주장관 편저

올바른 작명법

신비한 동양철학 61

세상의 부모들에게 가장 소중한 것이 무엇이냐고 물으면 누구든 자녀라고 할 것이다. 그런데 왜 평생을 좌우할 이름을 함부로 짓는가. 이름이 얼마나 소중한지를. 이름의 오행작용이 사람의 일생을 어떻게 좌우하는지를 모르기 때문이다. 세상만물은 음양오행의 영향을 받지 않는 것이 없다. 봄이 가면 여름이 오고, 여름이 가면 가을이 오고, 가을이 가면 겨울이 오고, 겨울이 가면 봄이 오는 것 또한 음양오행의 원리다.

· 이정재 저

신수대전

신비한 동양철학 62

흉함을 피하고 길함을 부르는 방법

신수를 보는 방법은 여러 가지가 있는데 대부분이 주역과 사주추명학에 근거를 둔다. 수많은 학설 중에서 몇 가지를 보면 사주명리, 자미두수, 관상, 점성학, 구성학, 육효, 토정비결, 매화역수, 대정수, 초씨역림, 황극책수, 하락리수, 범위수, 월영도, 현무발서, 철판신수, 육임신과, 기문둔갑, 태을신수 등이다. 역학에 정통한 고사가 아니면 제대로 추단하기 어려운데 엉터리 술사들이 넘쳐난다. 그래서 누구나 자신의 신수를 볼 수 있도록 몇 가지를 정리했다.

· 도관 박흥식

음택양택

신비한 동양철학 63

현세의 운·내세의 운

이 책에서는 음양택명당의 조건이나 기타 여러 가지를 설명하여 산 자와 죽은 자의 행복한 집을 만들 수 있도록 했다. 특히 죽은 자의 집인 음택명당은 자리를 옳게 잡으면 꾸준히 생기를 발하여 흥하나, 그렇지 않으면 큰 피해를 당하니 돈보다도 행·불행의 근원인 음양택 명당에 관심을 기울여야 한다.

· 전항수·주장관 지음

이런 집에 살아야 잘 풀린다

신비한 동양철학 64

운이 트이는 좋은 집 알아보는 비결

힘든 상황에서 내 가족이 지혜롭게 대처하고 건강을 지켜주는, 한마디로 운이 트이는 집은 모두의 꿈일 것이다. 가족이 평온하게 생활할 수 있는 집, 나가서는 발전을 가져다 줄 수 있는 그런 집이 있다면 얼마나 좋을까? 그런 소망에 한 걸음이라도 가까워지려면 막연하게 운만 기대해서는 안 된다. '호랑이를 잡으려면 호랑이 굴로 들어가라' 는 속담이 있듯이 좋은 집을 가지려면 그만한 노력이 있어야 한다.

· 강현술·박흥식 감수

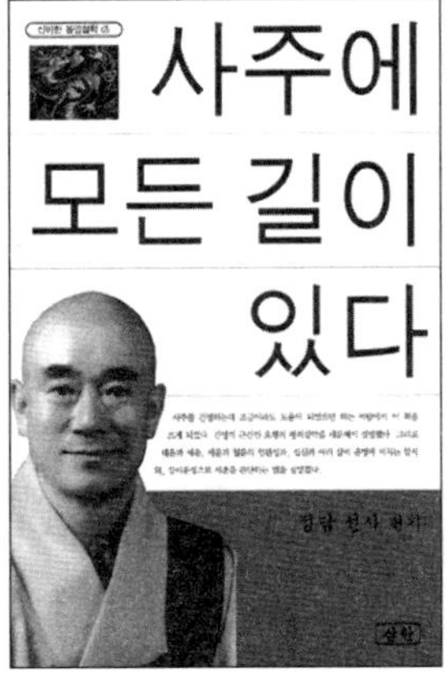

사주에 모든 길이 있다

신비한 동양철학 65

사주를 간명하는데 조금이라도 도움이 되었으면 하는 바람에서 이 책을 쓰게 되었다. 간명의 근간인 오행의 왕쇠강약을 세분해서 설명했다. 그리고 대운과 세운, 세운과 월운의 연관성과, 십신과 여러 살이 운명에 미치는 암시와, 십이운성으로 세운을 판단하는 방법을 설명했다.

· 정담 선사 편저

사주학

신비한 동양철학 66

5대 원서의 핵심과 실용

이 책은 사주학을 체계적으로 공부하려는 학도들을 위해 꼭 알아야 할 내용과 용어를 수록하는데 중점을 두었다. 이 학문을 공부하려고 찾아온 사람들에게 여러 가지 질문을 던져보면 거의 기초지식이 시원치 않다. 그런 상태로 사주를 읽으려니 제대로 될 리가 없다. 이 책으로 용어와 제반지식을 터득하면 빠른 시일에 소기의 목적을 이룰 수 있을 것이다.

· 글갈 정대엽 저

주역 기본원리

신비한 동양철학 67

주역의 기본원리를 통달할 수 있는 책

이 책에서는 기본괘와 변화와 기본괘가 어떤 괘로 변했을 경우 일어날 수 있는 내용들을 설명하여 주역의 변화에 대한 이해를 돕는데 주력하였다. 그러나 그런 내용을 구분할 수 있는 방법을 전부 다 설명할 수는 없기에 뒷장에 간단하게설명하였고, 다른 책들과 설명의 차이점도 기록하였으니 참작하여 본다면 조금이나마 도움이 될 것이다.

· 원공선사 편저

사주특강

신비한 동양철학 68

자평진전과 적천수의 재해석

이 책은 『자평진전(子平眞詮)』과 『적천수(滴天髓)』를 근간으로 명리학(命理學)의 폭넓은 가치를 인식하고, 실전에서 유용한 기반을 다지는데 중점을 두고 썼다. 일찍이 『자평진전(子平眞詮)』을 교과서로 삼고, 『적천수(滴天髓)』로 보완하라는 서낙오(徐樂吾)의 말에 깊이 공감한다.

청월 박상의 편저

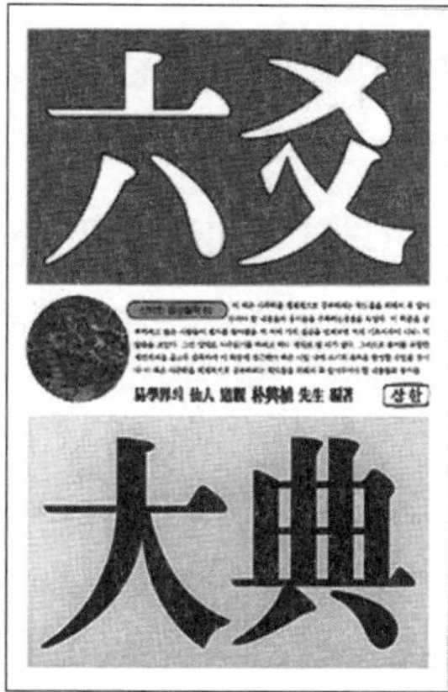

육효대전

신비한 동양철학 37

정확한 해설과 다양한 활용법

동양의 고전 중에서도 가장 대표적인 것이 주역이다. 주역은 옛사람들이 자연의 법칙을 거울삼아 인간이 생활을 영위해 나가는 처세에 관한 지혜를 무한히 내포하고, 피흉추길하는 얼과 슬기가 함축된 점서)인 동시에 수양·과학서요 철학·종교서라고 할 수 있다.

·도관 박흥식 편저

사람을 보는 지혜

신비한 동양철학 73

관상학의 초보에서 완성까지

현자는 하늘이 준 명을 알고 있기에 부귀에 연연하지 않는다. 사람은 마음을 다스리는 심명이 있다. 마음의 명은 자신만이 소통하는 유일한 우주의 무형의 에너지이기 때문에 잠시도 잊으면 안된다. 관상학은 사람의 상으로 이런 마음을 살피는 학문이니 잘 이해하여 보다 나은 삶을 삶을 영위할 수 있도록 노력해야 한다.

·이부길 편저

명리학 | 재미있는 우리사주

신비한 동양철학 74

사주 세우는 방법부터 용어해설 까지!!

몇 년 전 『사주에 모든 길이 있다』가 나온 후 선배 제현들께서 알찬 내용의 책다운 책을 접했다면서 매월 한 번만이라도 참 역학의 발전을 위하여 학술세미나를 열자는 제의를 받았다. 그러나 사주의 작성법을 설명하지 않아 독자들에게 많은 질타를 받고 뒤늦게 이 책을 출판하기로 결심했다. 이 책은 한글만 알면 누구나 역학과 가까워질 수 있도록 사주 세우는 방법부터 실제 간명, 용어해설에 이르기까지 분야별로 엮었다.

・정담 선사 편저

성명학 | 바로 이 이름

신비한 동양철학 75

사주의 운기와 조화를 고려한 이름짓기

사람은 누구나 타고난 운명, 즉 숙명이라는 것이 있다. 숙명인 사주팔자는 선천운이고, 성명은 후천운이 되는 것으로 이름을 지을 때는 타고난 운기와의 조화를 고려함이 중요하다. 따라서 역학에 대한 깊은 이해가 선행되어야 함은 지극히 당연한 일이다. 부연하면 작명의 근본은 타고난 사주에 운기를 종합적으로 분석하여 부족한 점을 보강하고 결점을 개선한다는 큰 뜻이 있다고 할 수 있다.

・정담 선사 편저

운을 잡으세요 | 개운비법

신비한 동양철학 76

염력강화로 삶의 문제를 해결한다!

염력(念力)이 강한 사람은 운명을 개척하며 행복하게 살고, 염력이 약한 사람은 운명의 노예가 되어 불행하게 살아간다. 때문에 행복과 불행은 누가 주는 것이 아니라 자기 자신이 만든다고 할 수 있다. 한 마디로 말해 의지의 힘, 즉 염력이 운명을 바꾸는 것이다. 이 책에서는 이러한 염력을 강화시켜 삶에서 일어나는 문제를 해결하는 방법을 알려준다. 누구나 가벼운 마음으로 읽고 실천한다면 반드시 목적을 이룰 수 있을 것이다.

· 역산 김찬동 편저

작명정론

신비한 동양철학 77

이름으로 보는 역대 대통령이 나오는 이치

사주팔자가 네 기둥으로 세워진 집이라면 이름은 그 집을 대표하는 문패라고 할 수 있다. 사람은 태어나면서 사주를 통해 운을 타고나고 이름이 주어진 순간부터 명(命)이 작용한다. 사주와 이름이 곧 운명을 결정한다는 것이다. 따라서 이름을 지을 때는 사주의 격에 맞추어야 한다. 사주 그릇이 작은 사람이 원대한 뜻의 이름을 쓰면 감당하지 못할 시련을 자초하게 되고 오히려 이름값을 못할 수 있다. 즉 분수에 맞는 이름으로 작명해야 하기 때문에 사주의 올바른 분석이 필요하다.

· 청월 박상의 편저

원심수기 통증예방 관리비법

신비한 동양철학 78

쉽게 배워 적용할 수 있는 통증관리법

이 책을 세상에 내놓는 것은 우리 전통 민중의술도 세상의 그 어떤 의술에 못지 않게 아주 훌륭한 치료술이 있고 그 전통이 수백 년, 또는 수천 년을 내려오면서 전해지고 있는데 현재 사회를 보면 무조건 외국에서 들어온 것만이 최고라고 하는 식으로 하여 우리의 전통 민중의술을 뿌리째 버리려고 하는데 문제가 있는 것 같기에 우리것을 지키고자 하는데 그 첫째의 목적이 있다 할 수 있을 것이다.

· 원공 선사 저

사주비기

신비한 동양철학 79

역학으로 보는 대통령이 나오는 이치 !!

이 책에서는 고서의 이론을 근간으로 하여 근대의 사주들을 임상하여, 적중도에 의구심이 가는 이론들은 과감하게 탈피하고 통용될 수 있는 이론만을 수용했다. 따라서 기존 역학서의 아쉬운 부분들을 충족시키며 일반인도 열정만 있으면 누구나 자신의 운명을 감정하고 피흉취길할 수 있는 생활지침서로 활용할 수 있을 것이다.

청월 박상의 편저

찾기 쉬운 명당

신비한 동양철학 44

풍수지리의 모든 것 !

이 책은 가능하면 쉽게 풀려고 노력했고, 실전에 도움이 되도록 했다. 특히 풍수지리에서 방향측정에 필수인 패철(佩鐵)사용과 나경(羅經) 9층을 각 층별로 간추려 설명했다. 그리고 이 책에 수록된 도설, 즉 오성도, 명산도, 명당 형세도 내거수 명당도, 지각(枝脚)형세도, 용의 과협출맥도, 사대혈형(穴形) 와겸유돌(窩鉗乳突) 형세도 등은 국립중앙도서관에 소장된 문헌자료인 만산도단, 만산영도, 이석당 은민산도의 원본을 참조했다.

· 호산 윤재우 저

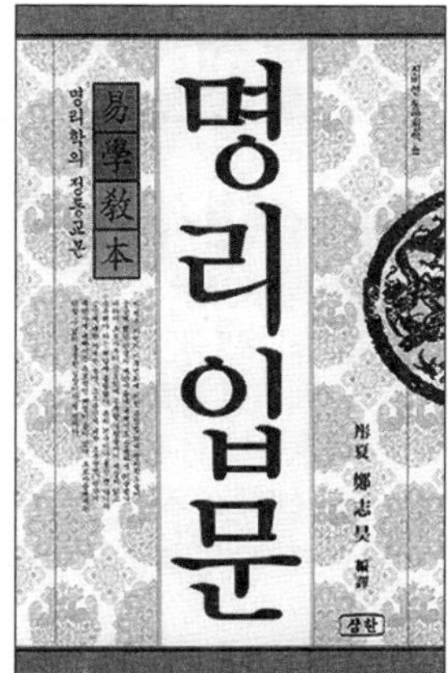

명리입문

신비한 동양철학 41

명리학의 필독서 !

이 책은 자연의 기후변화에 의한 운명법 외에 명리학도들이 궁금해 했던 인생의 제반사들에 대해서도 상세하게 기술했다. 따라서 초보자부터 심도있게 공부한 사람들까지 세심히 읽고 숙독해야 하는 책이다. 특히 격국이나 용신뿐 아니라 십신에 대한 자세한 설명, 조후용신에 대한 보충설명, 인간의 제반사에 대해서는 독보적인 해설이 들어 있다. 초보자들에게는 더할 수 없이 훌륭한 길잡이가 될 것이다.

· 동하 정지호 편역

육효점 정론

육효학의 정수!

이 책은 주역의 원전소개와 상수역법의 꽃으로 발전한 경방학을 같이 실어 독자들의 호기심을 충족시키는데 중점을 두었습니다. 주역의 원전으로 인화의 처세술을 터득하고, 어떤 사안의 답은 육효법을 탐독하여 찾으시기 바랍니다.

· 효명 최인영 편역

작명 백과사전

36가지 이름짓는 방법과 선후천 역상법 수록

이름은 나를 대표하는 생명체이므로 몸은 세상을 떠날지라도 영원히 남는다. 성명운의 유도력은 후천적으로 가공 인수되는 후존적 수기로써 조성 운화되는 작용력이 있다. 선천수기의 운기력이 50%이면 후천수기도의 운기력도50%이다. 이와 같이 성명운의 작용은 운로에 불가결한조건일 뿐 아니라, 선천명운의 범위에서 기능을 충분히 할 수 있다.

· 임삼업 편저 | 송충석 감수

사주대성

신비한 동양철학 33

초보에서 완성까지

이 책은 과거 현재 미래를 모두 알 수 있는 비결을 실었다. 그러나 모두 터득한다는 것은 어려울 것이다. 역학은 수천 년간 동방의 석학들에 의해 갈고 닦은 철학이요 학문이며, 정신문화로서 영과학적인 상수문화로서 자랑할만한 위대한 학문이다.

· 도관 박흥식 저

해몽정본

신비한 동양철학 36

꿈의 모든 것 !

막상 꿈해몽을 하려고 하면 내가 꾼 꿈을 어디다 대입시켜야 할지 모를 경우가 많았을 것이다. 그러나 이 책은 찾기 쉽고, 명료하며, 최대한으로 많은 갖가지 예를 들었으니 꿈해몽을 하는데 어려움이 없을 것이다.

· 청암 박재현 저

적천수 정설

신비한 동양철학 82

적천수 원문을 쉽고 자세하게 해설

적천수(滴天髓)는 명나라 개국공신인 유백온(劉伯溫) 선생이 처음으로 저술한 후 여러 사람이 각각 자신의 주장을 내세워 해설하여 오늘날에는 많은 분량이 되었다. 그러나 원래 유백온(劉伯溫) 선생이 저술한 적천수(滴天髓)의 원문은 내용이 그렇게 많지가 않다. 저자는 적천수(滴天髓) 원문을 보고 30년 역학(易學)의 경험을 총동원하여 감히 해설해 보았다.

· 역산 김찬동 편역

궁통보감 정설

신비한 동양철학 83

궁통보감 원문을 쉽고 자세하게 해설

『궁통보감(窮通寶鑑)』은 5대원서 중에서 가장 이론적이며 사리에 맞는 책이라고 생각한다. 이 책은 조후(調候)를 중심으로 설명하며 간명한 것이 특징이다. 역학을 공부하는 학도들에게 도움을 주려고 먼저 원문에 음독을 단 다음 해설하였다. 그리고 예문은 서낙오(徐樂吾) 선생이 해설한 것을 그대로 번역하였고, 저자가 상담한 사람들의 사주와 점서에 있는 사주들을 실었다.

· 역산 김찬동 편역

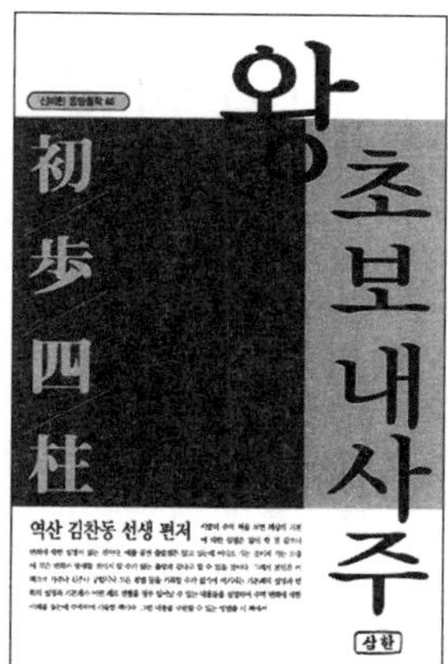

왕초보 내 사주

신비한 동양철학 84

초보 입문용 역학서

이 책은 역학을 너무 어렵게 생각하는 초보자들에게 조금이나마 도움을 주고자 쉽게 엮으려고 노력했다. 이 책을 숙지한 후 역학(易學)의 5대 원서인 『적천수(滴天髓)』, 『궁통보감(窮通寶鑑)』, 『명리정종(命理正宗)』, 『연해자평(淵海子平)』, 『삼명통회(三命通會)』에 접근한다면 훨씬 쉽게 터득할 수 있을 것이다. 이 책들은 저자가 이미 편역하여 삼한출판사에서 출간한 것도 있고, 앞으로 모두 갖출 것이니 많이 활용하기 바란다.

· 역산 김찬동 편저

스스로 공부하게 하는 방법과 천부적 적성

신비한 동양철학 85

내 아이를 성공시키고 싶은 부모들에게

자녀를 성공시키고 싶은 마음은 부자나 가난한 사람이나 모두 같을 것이다. 그러나 가난한 부모를 둔 아이들은 공부할 수 있는 환경이 열악하다. 빈익빈 부익부 현상이 배우는 아이들 때부터 시작되기 때문이다. 그러니 가난한 집 아이가 좋은 성적을 내기는 매우 어렵고, 원하는 학교에 들어가기도 어렵다. 그러나 실망하기에는 아직 이르다. 내 아이가 훌륭한 인재로 성장해 아름답고 멋진 삶을 살아가는 방법이 이 책에 있다.

· 청암 박재현 지음

기문둔갑 비급대성

신비한 동양철학 86

기문의 정수

기문둔갑은 천문지리·인사명리·법술병법 등에 영험한 술수로 예로부터 은밀하게 특권층에만 전승되었다. 그러나 아쉽게도 기문을 공부하려는 이들에게 도움이 될만한 책이 거의 없다. 필자는 이 점이 안타까워 천견박식함을 돌아보지 않고 감히 책을 내게 되었다. 한 권에 기문학을 다 표현할 수는 없지만 이 책을 사다리 삼아 저 높은 경지로 올라간다면 제갈공명과 같은 지혜를 발휘할 수 있을 것이다.

· 도관 박흥식 편저

아호연구

신비한 동양철학 87

여러 가지 작호법과 실예 모음

필자는 오래 전부터 작명을 연구했다. 그러나 시중에 나와 있는 책에는 대부분 아호에 관해서는 전혀 언급하지 않았다. 그래서 아호에 관심이 있어도 자료를 구하지 못하는 분들을 위해 이 책을 내게 되었다. 아호를 짓는 것은 그리 대단하거나 복잡하지 않으니 이 책을 처음부터 끝까지 착실히 공부한다면 누구나 좋은 아호를 지어 쓸 수 있을 것이라고 생각한다.

· 임삼업 편저

점포, 이렇게 하면 부자됩니다

신비한 동양철학 88

부자되는 점포, 보는 방법과 만드는 방법

사업의 성공과 실패는 어떤 사업장에서 어떤 품목으로 어떤 사람들과 거래하느냐에 따라 판가름난다. 그리고 사업을 성공시키려면 반드시 몇 가지 문제를 살펴야 하는데 무작정 사업을 시작하여 실패하는 사람들이 많다. 그래서 이 책에서는 이러한 문제와 방법들을 조목조목 기술하여 누구나 성공하도록 도움을 주는데 주력하였다.

· 김도희 편저

새로 나온 완성 주역비결

신비한 동양철학 92

반쪽으로 전해오는 토정비결을 완전하게 해설

지금 시중에 나와 있는 토정비결에 대한 책들은 옛날부터 내려오는 완전한 비결이 아니라 반쪽의 책이다. 그러나 반쪽이라고 말하는 사람은 없다. 그것은 주역의 원리를 모르기 때문이다. 그래서 늦은 감이 없지 않으나 앞으로 수많은 세월을 생각해서 완전한 해설판을 내놓기로 했다.

· 원공선사 편저

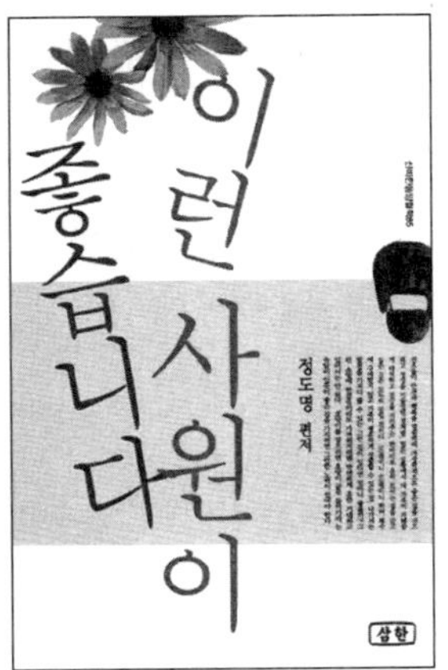

이런 사원이 좋습니다

신비한 동양철학 90

사원선발 면접지침

사회가 다양해지면서 인력관리의 전문화가 매우 필요하며 인력수급 계획이 기업주들의 애로사항이 되었다. 필자는 그동안 수많은 기업의 사원선발 면접시험에 참여했는데 한결같이 기업주들이 면접지침에 관한 책이 하나쯤 있으면 좋겠다는 것이었다. 그리하여 필자가 경험한 사례들을 참작하여 이 책을 내게 되었으니 좋은 사원을 선발하는데 많은 도움이 될 것이라고 믿는다.

· 정도명 지음

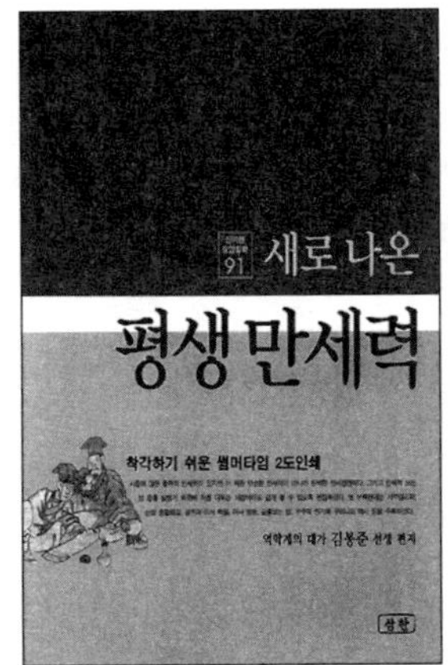

새로 나온 평생만세력

신비한 동양철학 91

착각하기 쉬운 썸머타임 2도인쇄

시중에 많은 종류의 만세력이 있지만 이 책은 단순한 만세력이 아니라 완벽한 만세경전이다. 그리고 만세력 보는 법 등을 실러 처음 대하는 사람이라도 쉽게 볼 수 있도록 편집하였다. 또 부록편에는 사주명리학, 신살 종합해설, 결혼과 이사 택일, 이사 방향, 길흉보는 법, 우주의 천기와 우리나라 역사 등을 수록하였다.

· 백우 김봉준 편저

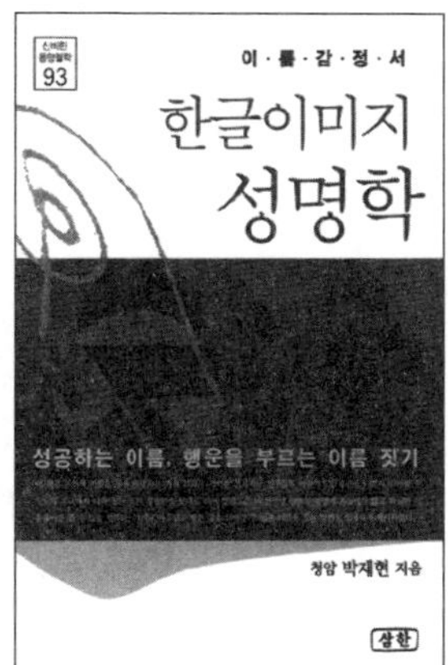

한글이미지 성명학

신비한 동양철학 93

이름감정서

이 책은 본인의 이름은 물론 사랑하는 가족 그리고 가까운 친척이나 친구들의 이름까지도 좋은지 나쁜지 알아볼 수 있도록 지금까지 나와 있는 모든 성명학을 토대로 하여 썼다. 감언이설이나 협박성 감명에 흔들리지 않고 확실한 이름풀이를 볼 수 있을 것이다. 그리고 아름답고 멋진 삶을 살아갈 수 있는 이름을 짓는 방법도 상세하게 제시하였다.

· 청암 박재현 지음

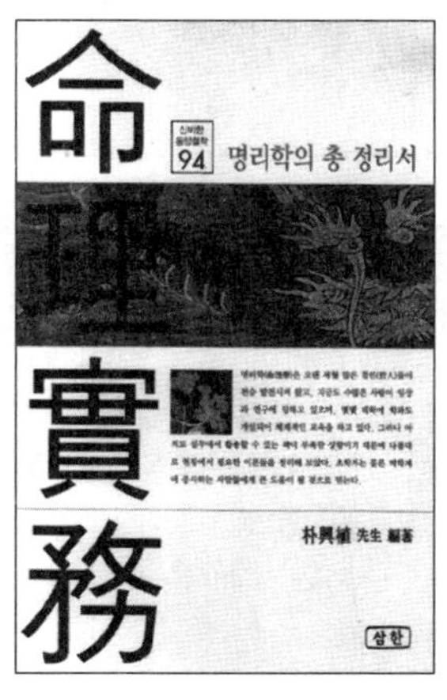

명리실무

신비한 동양철학 94

명리학의 총 정리서

명리학(命理學)은 오랜 세월 많은 철인(哲人)들에 의하여 전승 발전되어 왔고, 지금도 수많은 사람이 임상과 연구에 임하고 있으며, 몇몇 대학에 학과도 개설되어 체계적인 교육을 하고 있다. 그러나 아직도 실무에서 활용할 수 있는 책이 부족한 상황이기 때문에 나름대로 현장에서 필요한 이론들을 정리해 보았다. 초학자는 물론 역학계에 종사하는 사람들에게 큰 도움이 될 것이라고 믿는다.

· 박홍식 편저

음파메세지(氣) 성명학

신비한 동양철학 51

새로운 시대에 맞는 새로운 성명학

지금까지의 모든 성명학은 모순의 극치를 이루고 있다. 이제 새로운 시대에 맞는 음파메세지(氣) 성명학이 탄생했으니 차근차근 읽어보고 복을 계속 부르는 이름을 지어 사랑하는 자녀가 행복하고 아름다운 삶을 살아갈 수 있도록 하는데 도움이 되었으면 한다.

· 청암 박재현 저

정법사주

신비한 동양철학 49

독학과 강의용 겸용의 책

이 책은 사주추명학을 연구하고자 하는 분들에게 심오한 주역의 이해를 돕고자 하는 의도에서 시작되었다. 음양오행의 상생상극에서부터 육친법과 신살법을 기초로 하여 격국과 용신 그리고 유년판단법을 활용하여 운명판단에 첩경이 될 수 있도록 했고, 추리응용과 운명감정의 실례를 하나 하나 들어가면서 독학과 강의용 겸용으로 엮었다.

· 원각 김구현 저

기문둔갑옥경

신비한 동양철학 32

가장 권위있고 우수한 학문!

우리나라의 기문역사는 장구하지만 상세한 문헌은 전무한 상태라 이 책을 발간하기로 했다. 기문둔갑은 천문지리는 물론 인사명리 등 제반사에 관한 길흉을 판단함에 있어서 가장 우수한 학문이며 병법과 법술방면으로도 특징과 장점이 있다. 초학자는 포국편을 열심히 익혀 설국을 자유자재로 할 수 있도록 하고 개인의 이익보다는 보국안민에 일조하기 바란다.

· 도관 박흥식 저

정본·관상과 손금

신비한 동양철학 42

바로 알고 사람을 사귑시다

이 책은 관상과 손금은 인생을 행복으로 이끌기 위해 있다는 관점에서 다루었다. 그야말로 관상과 손금의 혁명이라고 할 수 있을 것이다. 여러분도 관상과 손금을 통한 예지력으로 인생의 참주인이 되기 바란다. 용기를 불어넣어 주고 행복을 찾게 하는 것이 참다운 관상과 손금술이다. 이 책으로 미래의 좋은 예지력을 한번쯤 발휘해 보기 바란다. 이 책이 일상사에 고민하는 분들에게 해결방법을 제시해 줄 것이다.

· 지창룡 감수

사주 속으로

신비한 동양철학 95

역학서의 고전들로 입증하며 쉽고 자세하게 푼 책

십 년 동안 역학계에 종사하면서 나름대로는 실전과 이론에서 최선을 다했다고 자부한다. 역학원의 비좁은 공간에서도 항상 후학을 생각하는 마음으로 역학에 대한 배움의 장을 마련하고자 노력한 것도 사실이다. 이 책을 역학으로 이름을 알리고 역학으로 생활하면서 조금이나마 역학계에 이바지할 것이 없을까라는 고민의 산물이라 생각해주기 바란다.

·김상회 편저

비법 작명기술

신비한 동양철학 96

복과 성공을 함께 하려면

이 책은 성명의 발음오행이나 이름글자의 획수에 따른 수리를 근간으로 하는, 실제 이용이 가장 많은 기본 작명법을 서술하고, 주역의 괘상으로 풀어 길흉을 판단하는 역상법 5가지와 그외 중요한 작명법 5가지를 합하여 「보배로운 10가지 이름 짓는 방법」을 부재로 실었다. 따라서 성명학의 학술적 이정표 역할과 작명전문서로도 손색이 없을 것이다. 특히 작명비법인 선후천역상법은 이름글자의 획수계산을 원획에 의존하는 일반작명법과 달리 정획과 곡획을 함께 사용해 주역 상수학을 대표하는 하락이수를 쓰고, 육효가 들어가 응험률을 높였다.

·임삼업 편저